KB188099

0~20개월까지, 꼬마 아인슈타인을 위한 두뇌육아법

엄마, 나는 자라고 있어요

OEI, IK GROEI!
(English Title : The Wonder Weeks)

by Dr. Hetty van de Rijt, Xaviera Plas-Plooij and Dr. Frans X. Plooij
Copyright © 2005, 2018 by Kiddy World Promotions B. V.
All rights reserved
Korean Translation Copyright© 2019 by Mirae-N Co., Ltd.
Korean edition published by arrangement with Kiddy World Promotions B.V. through MOMO Agency, Seoul.

NEW!
개정
증보판

0~20개월까지, 꼬마 아인슈타인을 위한 두뇌육아법

엄마, 나는 자라고 있어요

헤티 판 더 레이트 · 프란스 X. 프로에이 · 자비에라 플라스-프로에이 지음 | 김수연 감수 | 유영미 옮김

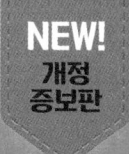

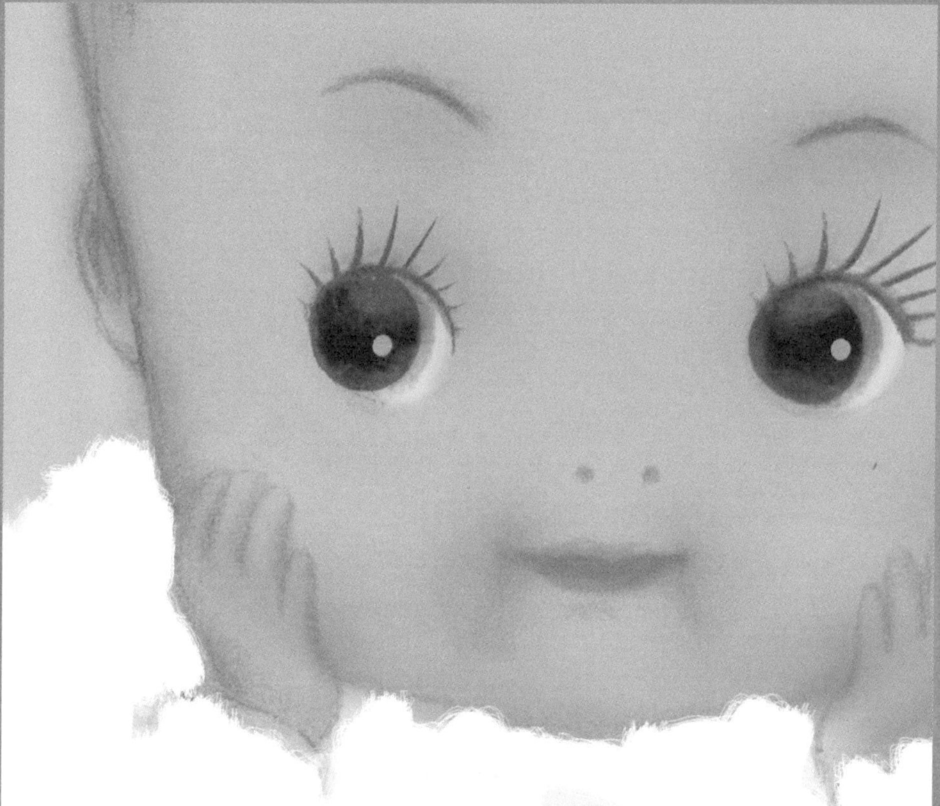

B 북폴리오

0~20개월까지, 꼬마 아인슈타인을 위한 두뇌육아법

엄마, 나는 자라고 있어요(개정증보판)

초판 1쇄 발행 2019년 11월 15일 | 초판 16쇄 발행 2025년 5월 30일

지은이 헤티 판 더 레이트·프란스 X. 프로에이·자비에라 플라스-프로에이
옮긴이 유영미 | 감수 김수연

펴낸이 신광수
출판사업본부장 강윤구 | 출판개발실장 위귀영
단행본팀 김혜연, 조기준, 조문채, 정혜리
출판디자인팀 최진아, 당승근 | 출판기획팀 정승재, 김마이, 이아람, 전지현
출판사업팀 이용복, 민현기, 우광일, 김선영, 이강원, 신지애, 허성배, 정유, 정슬기, 박세화, 정재욱,
　　　　　 김종민, 정영묵
출판지원파트 이형배, 이주연, 이우성, 전효정, 장현우

펴낸곳 (주)미래엔 | 등록 1950년 11월 1일(제16-67호)
주소 06532 서울시 서초구 신반포로 321
미래엔 고객센터 1800-8890
팩스 (02)541-8249 | 이메일 bookfolio@mirae-n.com
홈페이지 www.mirae-n.com

ISBN 979-11-6413-305-5 03370

아기 발달에 관한 흥미로운 관찰

이 책은 아기가 태어나 20개월 동안 일어나는 아기의 성장과 변화를 중점적으로
다루고 있다. 실제로 이 시기가 부모들이 아기를 돌보기 가장 힘들어하는 시기이
자 아기들에겐 부모의 손길과 돌봄이 절대적으로 필요한 시기이다.

　아기는 한동안 전혀 자라지 않는 듯 보이다가도 어느 순간 갑자기 자라는 것처
럼 보인다. 저자들의 연구 결과에 따르면, 아기는 생후 20개월 동안 10단계에 걸
쳐 몸만 자라는 것이 아니라 정신도 함께 자란다. 물론 이후에도 아기의 발달은 계
속 이루어진다.

　잘 지내던 아기가 갑자기 짜증이 심해지면 어머니는 당황하게 된다. 혹시 어디
가 아픈 것은 아닌지, 엄마가 무언가 잘못한 것은 아닌지…….

　이 책에서는 아기가 한 단계 더 높은 수준으로 발달(도약)할 때 혼란스러워하고
힘들어한다고 이야기한다. 아기가 달라붙고 칭얼대고 보채는 것이 바로 발달의 도
약을 예고하는 행동이다. 이렇듯 어려운 시기를 겪는 데는 그럴 만한 이유들이 있
다.　아기는 발달(도약)할 때마다 새로운 지각능력과 학습능력을 획득한다. 그러나
이런 변화로 인해 아기의 세계는 우선 혼란스러워진다. 그리하여 아기는 불안해하
고 가장 친숙한 대상에게 달라붙으려고 한다. 새로운 세계를 탐색하기 전에 일단
"엄마의 사랑을 충분히 빨아들이고자" 것이다.

　저자들은 친절하게 각 시기마다 아기가 혼란스러워할 때의 증상들을 정리해놓

았다. 이러한 증상을 보일 때, 원인을 찾으려고 하기보다는 '아, 아기가 다음 단계로 발전(도약)하려고 하는구나' 생각하라고 조언한다. 이 책을 통해 각 시기마다 아기들이 보일 수 있는 다양한 행동에 대해 알아두고, 아기의 행동에 변화가 왔을 때 당황하지 말고 마음의 여유를 찾을 수 있기를 바란다.

이 책에서 제시하고 있는 아기의 주 수에는 크게 집착할 필요가 없다고 생각된다. 간간이 발달이 빠른 아기들에게 맞춰 정리되어 있다는 느낌이 드는데, 저자들의 말처럼 그보다 더 빠를 수도, 더 늦을 수도 있다. 건강한 52명의 아기들을 관찰한 만큼 발달이 좀 빠른 아기들이지 않았나 하는 생각이 든다. 정상적인 아기들의 발달은 아래의 그림처럼 세 가지 유형을 보인다. 따라서 이 책에서 제시하는 월령보다 내 아기의 발달이 2개월가량 늦는다 해도 크게 걱정할 일은 아니다.

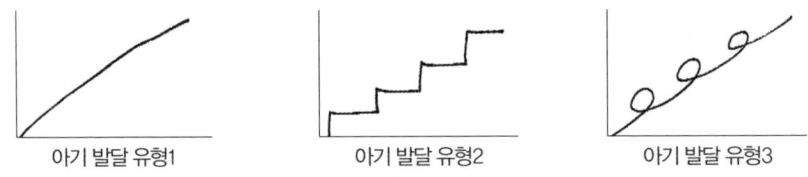

아기 발달 유형1   아기 발달 유형2   아기 발달 유형3

아기의 발달을 돕는 부모가 되려면 아기의 행동을 관찰자의 자세로 바라볼 수 있어야 한다. 그런 의미에서 이 책은 부모들이 어떻게 관찰자의 역할을 할 수 있는지 잘 지도해준다. 또 한 주 단위로 아기의 행동을 관찰하고 집요하리만큼 세세한 묘사를 시도한 저자들의 노고가 놀랍다.

아기가 부모의 화를 돋우기 위해 일부러 힘들게 하는 것이 아니라는 것을 안다면, 그리고 아기의 머릿속에서 무슨 일이 일어나고 있는지를 이해한다면 부모는 이 어려운 시기들을 좀더 수월하게 견딜 수 있을 것이다. '먹여주고 재워주면 혼자서 잘 크려니……' 하는 태도보다는 이 책의 도움으로 매순간 아기의 행동을 관찰하고 아기의 세계를 함께 하는 즐거움을 가져보기를 권한다.

김수연 김수연아기발달연구소 소장

인생에는 결코 잊지 못할 순간이 있다. 인생에서 가장 잊지 못할 순간은 무엇보다 자녀가 태어났을 때가 아닐까? 이때의 기분을 과연 무슨 말로 표현할 수 있을까? 상투적인 표현이야 쉽게 할 수 있지만, 그날의 감동은 무슨 말로도 표현하지 못할 듯하다.

아기가 태어나던 날 저녁, 우리 부부가 무엇을 먹었는지, 아기가 태어난다는 소식을 가장 먼저 누구에게 알렸는지, 아기가 정확히 몇 시에 태어났는지 모두 정확히 기억이 난다. 이런 기억은 도무지 잊어버릴 수 없다. 태어난 아기 덕분에 우리는 엄마 아빠가 되었다. 첫 아이든, 둘째 아이든 아기가 태어난다는 것은 너무나 특별한 일이다.

이 책도 우리에겐 자식이나 다름없다. 우리가 알아낸 지식이 그동안 전 세계에 전파되고, 많은 연구자에 의해 확인되었다는 사실이 너무나 자랑스럽다. 전 세계 수천만 부모에게 도움을 주었다는 사실이 기쁘고, 많은 부모가 이메일이나 편지로 이 책에 대한 피드백을 전해오면, 마치 "어머나, 아기가 참 예쁘네요"라는 소리를 들은 부모처럼 뿌듯하다. 독자의 질문에 답변을 해주고, 실제적인 도움을 줄 수 있다는 사실이 마냥 행복하다. 그동안 독자의 질문이 너무나 많이 밀려들어, 우리는 질문에 답을 해주는 전담팀까지 구성해야 했다. 그러니 궁금한 것이 있으면 언제든지 질문해주시기 바란다!

《엄마, 나는 자라고 있어요》의 독일어판은 1994년에 출간되었다. 그 이래 사회적으로 많은 변화가 있었다. 초판이 출간되었을 즈음 우리는 독자들이 손 글씨로 쓴 편지들을 받곤 했다. 하지만 요즘에는 의사소통 수단이 이메일이나 SNS로 완전히 대체되었다. 부모에 대한 상도 달라졌고, 아빠들의 육아 참여율도 대폭 상승했다. 우리가 처음 연구를 시작할 때만 해도 아빠는 직장에서 돈을 벌고, 엄마가 거의 전적으로 육아를 담당하는 경우가 대부분이었다. 아빠가 아기를 돌보는 경우는 참으로 예외적인 일이었다. 저자 프란스가 바로 이런 예외적인 아빠에 속했다. 공동저자인 헤티가 케임브리지 대학에서 박사 논문을 쓰는 동안, 프란스는 2년 동안 오전 육아를 담당했다. 집에서 딸 자비에라를 돌보다가, 점심 때 출근해 밤 10시까지 풀타임으로 일을 했다. 오늘날에는 다행히 엄마 아빠가 공평하게 육아를 분담하는 쪽으로 가고 있다. 모유 수유에 대한 태도도 많이 변했다. 예전에는 6개월 된 아기에게 모유 수유를 할라치면, 사방에서 아직도 젖을 안 끊었느냐는 비난이 빗발쳤다. 하지만 이젠 모유 수유가 전적인 권장사항이 되어 원하는 만큼 얼마든지 젖을 먹일 수 있게 되었다. 게다가 장소와 때를 가리지 않고 당당하게 모유 수유를 할 수 있게 되었다.

또한 예전에는 시간을 정해놓고 꼭 그 시간에만 수유를 한다거나 아기가 울면 냉큼 안아주어서는 안 된다는 등 육아와 관련하여 자연을 거스르는 여러 가지 불문율이 존재했다. 하지만 요즘에는 식탁 앞에서 아이를 안고 있어도 될 정도로 경직된 육아관이 많이 깨졌다. 분위기가 이런 만큼 요즘 부모는 아이와 돈독한 유대관계를 형성하기가 훨씬 쉬워졌고, 아름다운 추억도 훨씬 많이 만들 수 있게 되었다.

책이 밀리언셀러가 되고, 이로 말미암아 많은 부모와 접촉을 하다 보니 배우는 것이 많았다. 그리고 책이 나온 지 오래되다 보니, 내용을 다시 한 번 살펴서, 시대에 뒤떨어진 내용과 필요한 부분을 보충하고 싶었다. 그래서 이번에 개정증보판을 내게 되었다. 이 개정증보판에서 보완한 내용은 수면에 관한 내용과 아기의 도약과 관련하여 숙지해야 할 10가지 사항이다.

아버지 프랑스와 딸 자비에라의 협업으로 새롭게 탄생한 이 책이 도약하는 아기를 키우는 부모에게 많은 즐거움을 안겨줄 것이다.

결혼생활뿐 아니라 직업 활동까지 함께 하는 행복한 부부가 간혹 있다. 헤티와 나도 그런 부부다. 우리는 대학에서 신체인류학, 행동생물학을 전공한 뒤, 결혼해서 동아프리카 탄자니아의 곰베국립공원으로 떠났다. 제인 구달 밑에서 침팬지를 연구할 요량이었다. 생필품과 옷가지가 든 커다란 나무 상자를 힘들게 짊어지고 탄자니아에 도착했을 때, 우리는 계획이 물거품이 되어버렸음을 알게 되었다. 그때 얼마나 절망스러웠는지! 하지만 바로 이런 운명의 개입이 우리에게 새로운 방향으로 나아가게끔 했다.

　그래서 우리는 연구 주제를 새로 정했다. 곰베국립공원이 침팬지를 가까이에서 관찰할 수 있는 세계 유일의 장소임은 확실했다. 하지만 우리는 검증해야 할 이론이나 가설도 없이 백지상태로 그곳에 머물러야 했다. 우리는 우리가 가진 학문적인 강점이 무엇인지에 착안했다. 우리는 같은 네덜란드인으로서 노벨상을 받은 니콜라스 틴베르헌을 계승하여 동물의 행동을 정확히 관찰하고 전문적으로 기록하기가 강점이었다. 그래서 일단 침팬지 엄마와 새끼의 상호작용과 침팬지 새끼의 행동발달을 집중 관찰하기로 마음먹었다. 그렇게 관찰하다 보면 무언가 흥미로운 점을 발견하지 않을까 했다. 그러나 이런 작업은 참으로 많은 시간과 노력이 필요했다. 그렇게 2년을 보내고 아무런 성과가 없으면 어쩌나 하는 우려도 강하게 들었다.

우리는 처음에 침팬지와 그들의 서식환경에 적응하느라 6개월을 보냈다. 사실 아직 연구가 미비한 동물의 경우는 이 작업만 해도 보통 몇 년씩 걸린다. 하지만 곰베 침팬지에 대해서는 이미 20년간의 연구 경험이 축적되어 있었기에 우리는 그것을 토대로 연구를 해나가면 되었다. 그렇게 우리는 상대적으로 빠르게 침팬지 새끼들의 전형적인 행동을 관찰하고, 행동 목록을 만들 수 있었고, 이 목록을 토대로 이후 1년 반 동안 침팬지 새끼들을 연구했다. 이 연구에서 우리의 프로젝트에 유의미한 행동양식은 하나도 빠뜨리지 않았다고 확신했고, 그로써 특정 행동 패턴이 얼마나 자주, 얼마나 오래 나타나는지, 그리고 그런 패턴이 시간이 흐르면서, 즉 침팬지 새끼의 월령이 높아지면서 어떻게 변해가는지 신빙성 있게 밝혀냈다.

아프리카에서의 관찰연구를 마친 뒤, 우리는 영국 케임브리지대학 내의 로버트 힌데 행동학 실험실에서 우리의 관찰 자료를 분석했다. 이 과정에서 오늘날 우리가 '도약'이라고 부르는 현상을 설명하는 첫 번째 성과가 나왔다. 우리의 기록은 침팬지 새끼에게 정기적으로 퇴행기가 찾아온다는 것을 뚜렷이 보여주었다. 침팬지 새끼는 이 시기에 전보다 의존적이 되어, 어미에게 더욱 달라붙고, 젖도 더 자주 먹으려 하고, 흐느껴 우는 듯한 소리를 내곤 했다. 우리의 이런 연구 전에 12종의 다른 원숭이를 비롯한 2종의 하급 포유류에서 이미 이와 비슷한 퇴행기가 나타난다는 것이 확인된 바 있다. 이런 현상은 진화사에서 태곳적인 족히 7천만 년 전에 생겨났다.

우리의 자료 분석 결과는 중추신경계에서 진화적으로 위계질서적인 조직이 형성되었다는 사실을 뒷받침해주었다. 이런 조직이 무엇보다 야생에서 사는 침팬지 새끼의 행동 토대가 되는 것이었다(이 무렵에 우리의 친한 친구이자 동료인 네덜란드 네이메헌 소재 라드바우드대학의 신경생물학자 렉스 쿨스가 우리의 연구 결과를 윌리엄 T. 파워스가 기술한 위계적 지각통제 이론과 한번 비교연구 해볼 것을 제안했다. 이 지각통제 이론을 테스트하고, 학술지에 긍정적인 연구 결과를 발표한 학자가 이미 많이 있었다. 그리고 이 이론은 기대했던 대로 우리의 연구 결과와도 맞아떨어졌다. 지각통제 이

론에 대해 더 많은 것을 알고 싶은 독자는 www.pctweb.org 참고).

박사학위를 받은 뒤(헤티는 케임브리지대학에서, 나는 그로닝겐대학에서 박사학위를 받았다) 우리는 네덜란드에서 (인간) 엄마와 아기를 관찰하고 영상을 찍기 시작했다. 이들이 평소의 친숙한 공간에서 지내는 모습을 연구했다. 그 결과 인간 아기도 특정 월령에 퇴행기를 경험한다는 사실이 드러났다. 이런 어려운 시기에 아기는 정신발달 도약을 경험한다. 기존의 위계질서적 지각 수준에 새로운 수준이 또 하나 추가되는 식이다. 헤티와 나는 연구 결과를 학술지에 발표하고, 《엄마, 나는 자라고 있어요》를 집필하기 시작했다. 이 책은 네덜란드에서 1992년에, 독일에서는 1994년에 출간되었고, 세월이 흐르며 세계적인 베스트셀러로 자리매김했다. 현재 20여 개 언어로 번역 출간되었다.

한편 스페인, 영국, 스웨덴의 연구팀은 네덜란드 아기를 대상으로 한 우리의 연구를 토대로 각각 독립적인 연구를 진행했고, 우리와 같은 결과를 얻었다.

헤티는 세계 각지의 부모에게 도움을 주었지만, 그 대신 큰 대가를 치러야 했다. 탄자니아에서 얻은 병과 수년간 투병하다 2003년에 영면한 것이다. 하지만 그녀는 이 책을 통해 살아 있다.

프란스 X. 프로에이

아기의 조그만 머리에서는 어떤 일이 일어나고 있을까?

아기의 울음소리는 건강하고 행복하게 자라는 아기를 보고 싶은 엄마에게 고민거리를 안긴다. 엄마는 걱정한다(앞으로 엄마나 아빠, 혹은 아기를 돌보는 사람을 통틀어 '엄마'라 칭하겠다). 그리고 종종 생각한다. 분명 나만 이렇듯 온종일 우울하고 힘들게 지내는 걸 거야. 불안, 초조, 절망 속에서 사는 걸 거라고. 잠도 설치며 밀랍같이 창백한 얼굴로 피곤에 지쳐서⋯⋯. 걱정, 화, 죄책감, 그리고 때론 공격심이 마음 깊숙한 곳에서 올라온다.

아기의 울음은 엄마와 아빠 사이에 갈등을 일으키기도 한다. 우는 아기를 어떻게 달래야 할지 의견이 다를 때 특히 그렇다. 다른 가족이나 친구 혹은 이웃이 개입하면 상황은 더 나빠진다. 그들은 "그냥 울게 내버려 둬요. 울어야 폐가 튼튼해진대요"라는 식의 조언을 한다. 그것은 엄마가 기대하는 대답이 아니다. 하루 종일 아기와 함께하는 엄마는 울음소리를 무시해 버리기가 그리 쉽지 않다.

아기의 울음은 좋은 소식이다

아기들이 어떤 발달과정을 거치며, 그 과정에서 엄마들이 어떻게 반응하는지 우리는 지난 35년 동안 연구 관찰을 했다. 연구 무대는 아기가 자라

는 가정이었다. 우리는 아기와 엄마의 일상을 관찰했다. 많은 질문을 던지고 대화를 했다. 그리고 모든 부모는 때로 매우 고통스러운 상황을 겪는다는 것도 확인했다. 놀랍게도 정상적인 아기는 특정한 시기에 평소보다 더 많이 울고, 더 민감하고, 더 요구가 많아지고, 더 보챈다는 것을 알아냈다. 즉 아기는 주기적으로 엄마를 절망으로 밀어넣고 있는 것이다. 우리는 연구를 통해 엄마와 아기가 언제 가장 힘든 시기를 보내는지 예측할 수 있었다. 우리뿐 아니라 영국, 스웨덴, 스페인 학자들도 같은 결론을 내렸다.

아기는 이유 없이 울지 않는다. 아기가 유난히 울어대는 이유는 성장발달이 급격히 전환되는 시기의 불안감 때문이다. 물론 아기에게 성장발달은 매우 긍정적인 변화이다. 그만큼 성장하고 새로운 것을 배워나갈 수 있기 때문이다. 그러니 축하해야 할 일이다!

따라서 아기가 엄마를 힘들게 할 때는 아기가 새로운 진보를 앞두고 있다고 보면 된다. 그러나 아기는 혼란스럽다. 지금까지 친숙했던 세계가 사라지고 완전히 뒤죽박죽이기 때문이다. 하룻밤이 지날 때마다 아기는 새로운 세계에서 깨어난다. 마치 낯선 행성에 떨어진 것처럼 말이다.

아기의 키를 문틀에다 표시하는 부모들은 한동안 그대로이던 키가 하룻밤 사이에 몇 밀리미터나 급격히 커진 걸 보게 된다. 정신적 발달도 이런 식으로 급격히 발달한다. 아기의 신경을 연구한 결과, 이런 도약은 뇌의 변화와 함께 온다는 사실이 밝혀졌다.

이 책에서 우리는 태어난 후부터 20개월간 아기의 정신발달 과정에서 나타나는 10단계 도약을 살펴본다. 이 책은 아기가 정신적으로 도약할 때마다 세상을 대하는 아기의 시각이 어떻게 변하는지, 그리고 이 변화를 토대로 아기가 어떻게 새로운 능력을 획득하고 연마하는지 알려준다. 이로써 엄마는 어려운 시기를 극복하는 방법을 깨닫게 될 것이다. 또 아기에게 어떤 자극과 도움을 줘야 하는지도 알 수 있다.

10단계 도약이 끝나면 아기는 인생의 중요한 준비단계인 이른바 지각-운동

통합 단계를 마무리한다. 그리고 이제 아기는 어느 정도 '완전한' 인간이 된다. 아기의 감각과 운동기관은 서로 조화를 이루게 되고, 아기는 탄생을 통해 '우연히' 발을 내딛게 된 환경에서 살아남을 수 있게 된다. 20개월 정도 되면 세계를 이루는 것들을 모방하고, 모방을 통해 배운다. 그것이 역할이든 기술이든 상징이든 도구든 신화든 제도든 간에 말이다. 이 시기에는 흉내 내기와 팬터마임이 중요한 역할을 한다. 그것은 언어발달의 토대이다. 약 20개월쯤 되면 아기는 처음으로 문장으로 말할 수 있게 된다(어떤 아기는 17개월쯤부터 문장으로 말한다. 아기가 열 번째 도약에 들어갔다면 말이다). 이제 아기들은 언어를 이용해 많은 세대를 거쳐 축적된 지식을 자기 것으로 만든다.

이 책의 구성과 활용법

이 책은 아기와 함께 자란다. 자기 아이의 월령에 해당하는 부분을 펴서 본인의 경험과 다른 엄마들의 경험을 비교해보자. 이 책을 통해 부모는 확인과 용기와 위로를 얻을 수 있을 것이다.

　독자들은 이 책을 죽 읽어 내려갈 수도 있다. 그러나 이 책을 워크북처럼 활용한다면 더 유익하다. 매 장마다 〈아기가 혼란스럽다는 것을 어떻게 알까?〉 〈아기가 경험하는 ~의 세계〉라는 제목의 박스가 있다. 거기에 엄마가 손수 아기의 특별한 행동이나 태도를 메모할 수 있다. 자녀가 크게 성장한 후 아기 적의 소중한 시기를 떠올리는 엄마가 많다. 엄마는 대개 이런 기억을 자녀와 함께 나누고 싶어한다. 육아일기를 쓰는 엄마도 있다. 육아일기는 훗날 엄마 혼자, 혹은 아이와 함께 기억을 떠올릴 수 있는 좋은 방법이다. 그러나 일기쓰는 일을 번거로워하거나 쓸 시간이 없는 엄마도 많을 것이다. 이런 엄마는 아기 적의 일들이 훗날에도 기억날 거라고 생각한다. 하지만 과거의 기억이 생각보다 훨씬 빨리 사그라졌다는 사실에 아쉬워할 것이다. 이 책은 그런 엄마들을 고려한 것이다.

매 장의 끝에는 각 단계를 지나면서 특히 눈에 띄는 사항들을 기록해두자. 핵심어 몇 개만 써놓으면 나중에 기억을 되살리기가 쉬울 것이다. 사진을 붙일 수 있는 앨범을 준비하라. 사진은 기억을 생생하게 되살려준다. 이런 식으로 아기의 발달과정을 기록한 특별한 책으로 간직하면 좋을 것이다.

두 번째 장 〈신생아 : 아기 눈에 비친 세상은 어떤 모습일까?〉에서는 갓태어난 아기가 얼마나 놀라운 방식으로 새로운 삶에 적응하는지, 그리고 이때의 신체접촉이 얼마나 중요한지 알게 된다. 아기에 대한 이런 정보를 아는 것은 매우 중요하다. 그래야만 아기에게 무슨 일이 일어나고 있는지 이해할 수 있기 때문이다.

그 다음 장들에서는 생후 20개월간 아기의 정신발달 과정에서의 10단계 도약을 차례대로 설명한다. 도약의 성과는 5, 8, 12, 19, 26, 37, 46, 55, 64, 75주경에 나타난다. 각 장마다 아기가 다시금 도약하고 있음을 알려주는 행동목록이 제시되며, 세상을 보는 아기의 시각이 어떻게 변화하고, 이 과정에서 아기가 어떤 새로운 능력을 갖게 되는지 설명한다. 한 가지 도약에 한 장씩 할애되어 있으며, 각 장은 다시 다음과 같이 네 부분으로 나뉜다.

도약의 시작 : 엄마에게 달라붙기
도약의 시작 단계에 엄마는 아기가 힘들어하는 듯한 모습을 발견할 것이다. 〈아기가 혼란스럽다는 것을 어떻게 알까?〉에서는 아기의 어떤 행동을 통해 도약이 임박했다는 사실을 알 수 있었는지 메모할 수 있다.

도약하는 아기 : ~
여기서는 도약을 거쳐 아기가 어떤 새로운 능력을 획득하게 되는지 설명한다. 〈도약하는 아기 : ~〉라는 제목 밑에는 아기가 획득하는 새로운 행동이 목록으로 제시된다. 물론 이곳에 열거된 모든 행동이 여러분의 아기에게만 해당되는 것은 아니다. 각각의 아기는 다른 아기와 차별화되는 자신만의 선택을 하

기 때문이다. 모든 아기는 유일무이한 존재이다. 〈도약하는 아기 : ~〉에 제시된 행동목록 중 여러분의 아기에게 해당되는 것을 체크해보라. 그러면 아기의 개성을 파악할 수 있을 것이다. 아기가 목록에 없는 행동을 하면 그것을 기록할 수 있는 빈칸을 만들어놓았다. 여기에 엄마의 경험과 생각과 느낌도 기록해보라.

도약의 성과 : 아기의 능력을 끌어올려라
여기서 엄마는 아기와 함께 놀아주고 아기의 행동에 대응하면서 아기가 도약을 잘 해낼 수 있도록 돕는 법을 알게 될 것이다. 또한 각 월령의 아기가 좋아할 만한 많은 제안들을 발견하게 될 것이다.

도약의 완성
여기서 여러분은 언제 그리고 왜 아기가 더 돌보기 쉽고, 더 독립적이고, 더 명랑해지는지 확인할 수 있다.

이 책을 꼭 처음부터 끝까지 읽어 내려갈 필요는 없다. 아기의 월령이 많이 지났다면 해당하는 월령을 펼쳐서 도움을 받으면 된다.

 알아두세요!

아기가 도약을 했다 해도 모든 것을 한꺼번에 습득할 수 없다는 점을 언제나 염두에 둬야 한다. 월령별로 소개한 능력 중 많은 것들은 아이가 몇 개월 더 지나야 할 수 있는 일도 있다.

이 책이 엄마에게 주는 것들

● 용기와 지혜
아기가 울어대는 힘든 나날 속에서 이 책은 엄마에게 용기와 힘을 줄 것이다.

당신이 혼자가 아니라는 사실, 그리고 몇 주, 아니 심지어 며칠만 견디면 어려운 고비를 넘길 수 있다는 사실 또한 알려줄 것이다.

이 책을 통해 당신은 비슷한 월령의 아기를 기르는 다른 엄마들이 무엇을 느끼고, 무엇을 보고, 무엇을 했는지 알 수 있다. 모든 엄마가 걱정과 불안과 기쁨이 교차하는 마음으로 살아간다는 것을 확인하게 될 것이다.

● 육아에 대한 자신감

당신은 걱정, 불안, 기쁨 등 감정이 중요하다는 것을 알게 될 것이다. 이런 감정이 아기 성장발달의 원동력이 된다는 것을 말이다. 당신은 엄마로서 다른 누구보다 아기에게 필요한 것이 무엇인지 알 수 있다는 확신을 가지게 될 것이다. 누구도 당신에게 그것을 말해줄 수 없다. 당신의 아기를 가장 잘 아는 사람은 바로 당신이다. 당신은 '나의 아기'에 관한 한 전문가이다. 당신은 아기가 무엇을 필요로 하는지를 가장 잘 아는 사람이다.

● 아기에 대한 이해심

이 책은 아기가 어려운 시기에 겪는 일들을 얘기해준다. 아기는 새로운 능력을 갖게 되는 시점에 도달할 때마다 힘들고 불안해한다. 엄마가 아기의 입장을 이해하면 걱정도 덜고 화도 덜 나게 될 것이다. 아기가 보채고 울어댄다고 해도 안심하고 인내할 수 있게 될 것이다.

● 아기의 관심을 끄는 방법들

어려운 시기가 지나면 아기는 새로운 것들을 배운다. 엄마가 도와주면 더 효과적으로, 더 빨리, 더 쉽게 배울 수 있다. 이 책은 다양한 놀이를 제안한다. 엄마는 아기의 관심을 끄는 놀이들을 선택할 수 있다. 또한 이런 자극을 통해 아기의 두뇌와 몸의 발달에 도움을 줄 수 있다.

● 아기 발달에 대한 독특한 기록

이 책은 아기와 함께 자란다. 엄마는 이 책을 통해 아기의 힘든 시기와 발달과정을 함께할 수 있고, 이 책을 의미 있는 엄마의 기록장으로 만들 수 있다. 이 책은 생후 20개월간 아기의 발달에 대한 아주 개인적이고 특별한 책이 될 것이다.

우리는 당신이 '도약'이라는 아기의 정신발달 과정을 이해함으로써 엄마와 아기가 어떤 일을 겪게 될지 미리 예상하기를 바란다. 또 신생아에서 어린아이로 자라는 어려운 과정을 아기와 함께 지혜롭게 헤쳐나갈 수 있기를 바란다. 아기와 함께하는 생활은 힘들지만 행복했으면 좋겠다.

무엇보다 우리는 이 책을 통해 엄마 스스로 양육능력을 신뢰하라고 독려하고 싶다. 이 책이 20개월 동안 엄마의 믿음직한 친구이자 동반자가 되었으면 한다.

차례

아기의 **세계**
아기는 매일 새로 태어난다

신생아
아기 눈에 비친 세상은 어떤 모습일까?

도약1단계약 5주 생후 1개월
낯선 세계로 나온 아기는 불안하다

아기의 도약과 관련하여
꼭 알아야 할 10가지 주의사항

1. 모든 아기는 같은 월령에 도약을 한다 | 2. 아기가 모든 것을 처음부터 완벽하게 하지는 못한다 | 3. '운동능력'에만 주안점을 두지 말라 | 4. 도약기가 시작되면 세 가지 대표 증상(엄마에게 붙어 있기, 울기, 칭얼대기)이 나타나며, 이외에도 몇 가지 증상을 더 볼 수 있다 | 5. 도약하는 아기를 손 놓고 보기만 하지 않고, 능동적으로 도울 수 있다 | 6. 도약으로 인한 새로운 능력을 획득하는 시기는 아이마다 다르다. 책에 표시된 월령은 가장 빠른 아기 기준이다. 이것에 너무 치심하지 말라 | 7. 완벽하게 해내는 것이 아니라, 하려고 한다는 사실이 중요하다 | 8. 외적 상황들로 인해 아이가 도약기에 접어들었음을 깨닫지 못할 수도 있다 | 9. 도약 = 스트레스 = 신체 저항력의 저하 | 10. 도약은 긍정적인 것이다

도약5단계약 26주 생후 6개월
사물과 사물의 관계를 인식한다

도약**6단계**약 37주 생후 8개월 반
일상 사건들의 공통성을 이해한다

도약**7단계**약 46주 생후 11개월
소리와 현상, 사물을 유기적으로 파악한다

아이의 **잠자기**

아기의 세계

뒤로 조금 물러나고 앞으로 많이 나아가는 아기

아기는 매일 새로 태어난다

아기는 놀라우리만치 급격히 자란다. 조금씩 계속 자라는 게 아니다. 한동안 키가 거의 자라지 않다가 하룻밤 사이에 몇 밀리미터나 커져 있는 걸 발견할 것이다. 아기의 정신발달도 그렇다. 거의 '도약'하듯이 뛰어오른다. 18개월에서 16세까지의 아이들을 관찰한 결과, 정신발달의 도약은 뇌파의 변화와 함께 일어나는 것으로 밝혀졌다. 생후 20개월까지의 아기들도 7단계의 뇌파 변화가 측정되었고, 각 단계마다 뚜렷하게 정신적 도약을 하는 것으로 밝혀졌다. 그러나 아기의 정신발달 과정에서 도약이 나타나는 횟수는 그보다 더 많다. 그러나 이런 도약들은 지금까지 뇌의 연구로 입증되지는 않았다.

아기의 정신적 도약은 신체적 도약과는 독립적으로 일어난다. 신체가 도약하는 횟수는 더 많다. 이빨이 나는 것은 정신적 도약과는 전혀 관계없다.

아기에게 '도약'이란 무엇인가?

아기의 발달 단계에서 아기의 정신능력은 아주 급격하고 빠르게 성장한다. 성장발달은 거의 모든 경우 신경계에서 이루어지고, 이로써 아기는 새로운 능력을 얻게 된다. 가령 '패턴(pattern : 모양, 유형양식 등)'을 인지하는 능력이 그것이다. 패턴을 인지하는 능력은 생후 8주쯤 나타난다. 이 새로운 능력은 아기의 전체 행동에 영향을 끼친다. 아기가 지금까지 할 수 있었던 모든 것을 변화시키고 개선시키며, 아기가 새로운 것을 배울 수 있도록 한다. 아기가 갑자기 슈퍼마켓의 캔이나 하늘로 뻗은 나뭇가지 등을 잡으려고 안간힘을 쓰는 것은 패턴에 주목했기 때문이다. 이 행동은 아기에게 새로운 능력이 생겼음을 뜻한다. 또 이 시기에 아기는 신체를 가눌 수 있게 되는데, 이 역시 패턴의 일종이다. 이것은 외부가 아니라 신체 내부에서 아기가 어떤 일정한 패턴을 인지한 후의 반응이다.

도약할 때 아기는 어떻게 행동할까?

아기가 힘들어하는 것이 그런 도약이 내미는 '명함'이다. 도약단계에서 아기는 보통 심하게 칭얼대고 변덕을 부리고 더 많이 안아주기를 원한다. 아기는 평소보다 더 보채고 엄마를 힘들게 한다. 그럴 때 엄마는 걱정이다. 아기가 어디 아픈 건 아닐까 불안하고, 왜 저렇게 힘들게 하는지 이해할 수 없어서 화가 나기도 한다.

어려운 시기는 언제 시작되는가?

모든 아기는 거의 같은 월령에 어려운 시기를 맞는다. 생후 20개월간 어려운 시기는 총 열 번 찾아온다. 특히 영아 때에는 그런 시기가 짧게 지속되며 더 빨리 돌아온다.

  아기가 예정일보다 2주일 늦게 태어났다면 2주를 앞서서 따지면 된다. 예정일보다 4주일 일찍 세상에 나왔다면 4주일 늦게 시작하라. 모든 도약은 아기의 뇌 성장과 밀접하게 관련되어 있다.

 아기도 예외는 없다

모든 아기는 예외 없이 어려운 시기를 겪는다. 평소 순하고 조용한 아기도, 많이 울고 보채는 아기도 말이다. 하지만 평소에 자주 울고 떼쓰는 아기가 조용하고 순한 아기보다 확실히 더 힘들어한다. 그만큼 엄마도 더 힘들다. 그런 아기는 평소에도 많은 보살핌을 요구하는데, 도약이 시작되면 강도는 더 심해진다. 아기는 엄마에게 하루 종일 매달려 있으려 하고, 학습에 대한 호기심도 매우 강하다. 그래서 이 경우 엄마와 아기가 심각한 갈등을 겪는 것이다.

💜 아기가 도약하는 열 번의 시기

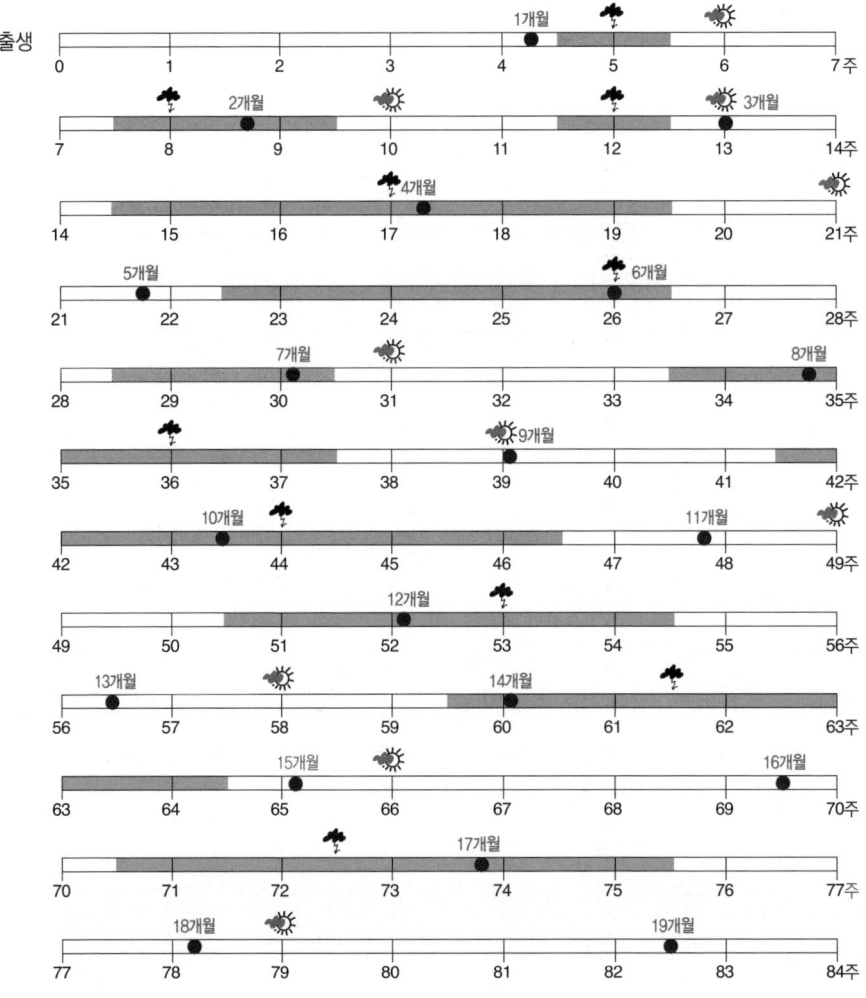

이 시기는 상대적으로 아기를 돌보기 쉬워진다.   🌩️ 이 주에 '폭풍의 시기'를 겪을 확률이 높다.

이 시기의 아기는 엄마에게 더욱 매달릴 것이다.   ⛅ 이 주에 아기는 기분이 좋아 가족의 인기를 독차지할 것이다.

대부분의 아기가 생후 7개월이 될 무렵에도 매달리고 칭얼대고 변덕을 부리는데, 이것은 도약과는 상관없다.
단지 엄마가 자신을 혼자 남겨두는 것이 두려워서 그러는 것이다. 의아하게 들릴지 모르지만 그것도 진보다!
아기는 이제 엄마와의 떨어짐을 인식하게 되고, 이것은 새로운 능력을 얻은 것이다.

엄마의 도움이 필요하다

아기는 도약단계에서 몹시 놀란다. 도약은 아기의 친숙한 세계를 뒤죽박죽으로 만든다. 낯선 행성에서 깨어난다고 상상해보라. 갑자기 모든 것이 달라졌다. 당신 같으면 어떤 기분이겠는가? 당신 같으면 아무렇지도 않게 계속 잠을 자겠는가? 아닐 것이다. 식욕이 왕성하겠는가? 입맛이 없을 것이다. 친숙한 사람에게 자꾸만 매달리려고 하겠는가? 그럴 것이다. 아기도 마찬가지다.

아기는 안전한 품으로 되돌아가려 한다

아기는 엄마와 가장 오래 함께했고 엄마와 가장 친하다. 이미 알고 있던 세계가 머릿속에서 뒤죽박죽되어 버리고 아기는 무슨 일이 일어난 것인지 이해하지 못한다. 아기는 울면서 하루 종일 엄마의 팔에 안겨 있으려 한다. 약간 큰 아기라면 엄마 곁에 붙어 있기 위해 모든 수단을 동원할 것이다. 엄마를 꼭 붙잡고 있거나 자기보다 어린 아기처럼 행동한다. 한마디로 아기는 친숙한 것들을 찾는 것이다. 엄마는 아기에겐 안전을 의미한다. 아기는 자신의 생명이 시작된 곳으로 돌아가려 한다.

낯선 세계에서 힘들어하는 아기

아기가 갑자기 힘들어하고 계속 칭얼대면 엄마는 걱정한다. 엄마는 아기에게 무슨 일이 일어났는지 알려고 한다. 그래서 자동적으로 아기를 더 주시하게 된다. 엄마는 아기가 다시 평소처럼 행동하기를 바란다. 그러다 보면 엄마는 아기가 생각보다 훨씬 많은 것을 알고 있다는 것을 발견하게 된다. 그리고 아기가 이제까지 보지 못했던 행동을 하는 것도 깨닫게 된다. 비로소 엄마는 아기가 한 단계 도약했음을 확인한다.

도약과 함께 새로운 능력을 얻는 아기

새로운 능력은 아기에게 새로운 것을 배울 수 있게 한다. 아기는 전에 하지 못했던 것들을 이제 할 줄 알게 된다. 새로운 능력은 아기에게 열린 새로운 세계라 할 수 있다. 새로운 세계에는 발견할 것이 아주 많다. 어떤 것들은 완전히 새로운 것이고, 어떤 것들은 기존에 알던 것이지만 더 잘하게 된다. 각각의 아기는 소질과 기호와 기질에 따라 관심분야가 각기 다르다. 어떤 아기는 모든 부분을 주시하고 그것들을 시험해보는 반면, 어떤 아기는 한 가지에 완전히 마음을 빼앗긴다. 아기들은 모두 제각각이다.

아기와 발견여행을 함께하라

엄마는 아기 가까이에서 아기가 관심 있어 하는 것을 가까이하도록 도와줄 수 있다. 아기를 가장 잘 아는 사람은 엄마다. 엄마는 다른 누구보다 아기 안에 숨어있는 능력을 끌어낼 수 있다. 아기도 좋고 싫은 것이 있는 것처럼 아기와 발견여행을 함께하다 보면, 엄마도 어떤 것에는 별 관심이 없고 어떤 것에는 특히 관심이 있는 게 있을 것이다. 모든 엄마 역시 다르기 때문이다. 동시에 엄마는 어른으로서 아기가 간과하는 것들에 관심을 일깨워줄 수도 있다. 아기 스스로 보지 못했던 것을 발견하도록 도울 수 있다. 엄마의 도움으로 아기는 어려움 없이 잘 배우고 다양한 경험을 할 수 있다.

아기와의 갈등에 지혜롭게 대처하라

아기가 새로운 것을 배운다는 것은 종종 옛 습관을 버려야 함을 뜻한다. 걸을 수 있게 되면 아기는 이제 엄마가 계속 안고 다니는 것을 기대해서는 안 된다. 또 스스로 기어 다닐 수 있으면 장난감을 스스로 잡을 수 있다. 도약단계를 거치면서 아기는 전보다 더 많은 것을 할 수 있다. 그리고 더 독립적이 된다.

아기의 발전은 동시에 아기와 엄마 사이의 갈등을 불러일으키기도 한다. 이 시기에는 종종 다툼과 짜증이 생긴다. 엄마와 아기의 바람이 서로 일치하지 않기 때문이다.

도약 후의 짧은 안정기

힘든 시기는 시작될 때처럼 갑자기 지나가버린다. 그러고 나면 엄마들에게 긴장 이완의 시기가 시작된다. 아기는 더 독립적이 되고, 새로운 능력을 여기저기 사용하는 데 몰두한다. 그리고 이제 더 명랑해진다. 그러나 이런 시기는 금방 지나간다. 그리고 곧 다음 도약이 노크를 해온다. 아기는 정말 중노동자에 가깝다.

💙 **놀이시간을 계획하는 일은 무의미하다**

관심분야를 아기 스스로 결정할 수 있을 즈음, 엄마는 아기의 관심사가 계속 변한다는 것을 알게 된다. 각각의 도약에서 아기는 다음과 같은 단계를 거친다.

✿ 자꾸만 엄마 가까이 있으려고 하는 단계
✿ 엄마와 함께 새로운 것들을 배우려 하는 단계
✿ 스스로 해보려 하는 단계

그러므로 놀이시간을 계획하는 것은 무의미하다. 바쁘게 돌아가는 미국사회에서는 이른바 'Quality Time'이라 하여 바쁜 직장인이 아이와 놀아주기 위해 일부러 시간을 낸다. 그러나 아기와 함께하는 기쁨은 계획될 수 있는 성질의 것이 아니다. 애써 놀이시간을 정했는데 아기가 관심을 보이지 않을 수도 있다. 아기와 함께하는 신비롭고 우습고 불안에 찬 경험은 예견할 수 있는 것이 아니다. 아기는 시간이 남아돌 때 틀 수 있는 비디오가 아니다.

신생아

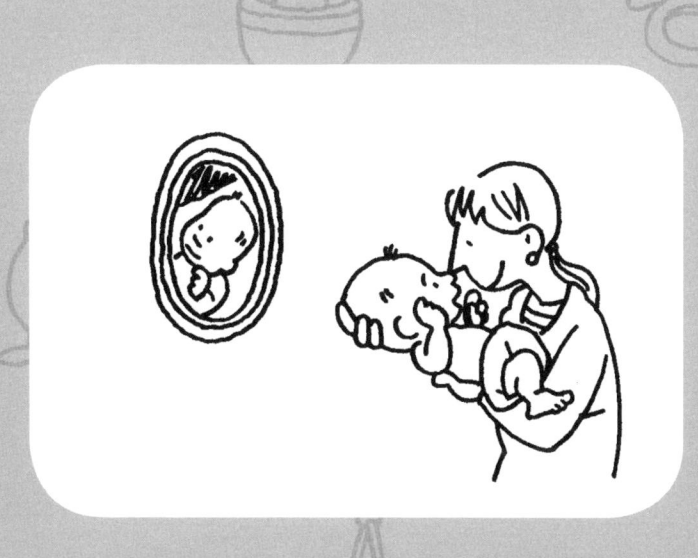

아기 눈에 비친 세상은 어떤 모습일까?

김수연 선생님의 조언 신생아는 보고, 듣고, 냄새 맡을 수 있는 능력을 가지고 태어난다. 아기에게 눈을 맞추고 엄마의 소리를 들려주고 엄마의 냄새를 맡게 하는 것은 아기 발달에 큰 도움이 된다.

신생아는 생존을 위한 반사행동을 보인다. 손바닥을 자극하면 주먹을 쥔다거나 세우면 걷는다거나 입술 주변을 자극하면 입술이 움직인다. 이러한 반사행동은 지속적으로 자극하는 경우 더 높은 수준으로 발달이 진전되는 것을 방해하게 된다. 재미삼아 신생아의 반사행동을 유발시키지 말아야 한다.

아기와의 첫 만남

모든 아기는 다르게 생겼고 다르게 느껴진다. 한번 다른 집 아기를 팔에 안아보라. 처음엔 그 아기가 굉장히 낯설게 느껴질 것이다. 엄마는 자신의 아기에게 아주 친숙해져서 아기들이 다 다르다는 것을 거의 잊어버린다. 다른 아기에게 익숙해지려면 어느 정도 시간이 걸린다.

갓 태어난 아기와 함께 있을 때 대부분의 엄마는 일정한 순서대로 아기와 만난다. 처음에 엄마는 손끝으로 아기의 머리를 쓰다듬어준다. 얼마나 부드러운지! 그러고 나서 손가락으로 아기의 머리 모양을 느껴보고, 그 다음 얼굴을 만진다. 곧이어 손톱과 손가락과 발가락을 만져본다. 그리고 천천히 몸통과 팔과 다리와 목을 만져본다.

엄마가 아기의 각 신체 부분을 만져보는 방법 역시 순서가 있다. 맨 먼저 손가락을 부드럽게 가져다 댄 다음 쓰다듬는다. 그리고 천천히 점점 더 대담해지다가 한 번은 세게 눌러보기도 한다. 마지막으로 엄마는 손 전체로 아기의

☺ **알아두세요!**

❀ 태어나자마자 아기와 함께한 엄마는 아기에 대해서만은 매우 예민한 안테나를 세우고 귀 기울인다.

❀ 아기들은 대부분 똑같은 시간에 깨서 놀고, 주변을 의식하며, 조그만 소리에도 주의를 기울이고, 자기를 들여다보는 얼굴에 눈을 고정시킨다.

❀ 대부분의 엄마는 아빠와 함께 아기에 대해 감탄하는 걸 좋아한다.

신체 부위를 감싸 쥐어보고, 마지막으로 두 손으로 몸통을 감싸 안으면 찡한 감동이 밀려온다. 첫 번째 사귐은 이렇게 마무리된다. 이제 엄마는 아기를 안아 올려 옆에 눕힌다. 이때 엄마는 아기가 어떤 느낌인지를 안다.

산후조리 때 아기와의 접촉은 중요하다

산후조리 기간에는 마음고생을 하기 십상이다. 공연히 마음 쓰지 말고 아기와 단둘이만 있고 싶을 때는 그러겠다고 말하라. 아기를 얼마나 자주 안아줄지는 엄마가 결정한다. 자신이 책임져야 하는 아기니까 말이다.

거의 모든 엄마들이 산후조리 기간에 아기와 단둘이 있는 시간이 너무 적었다고 푸념한다. 산후조리 기간이 자신의 바람대로 되지 않고 혼란스러웠다고 아쉬워한다. 충분한 휴식을 취하기는커녕 계속 추격당하는 느낌이었다고 말이다. 엄마는 특히 아기가 울 때는 아기와 둘만 있고 싶었다고 말한다. 아직 젖 먹일 시간이 아니라며 주변에서 아기를 안아주지 못하게 할 때는 슬프고 화가 났다고 한다. 이 순간 엄마들은 아기를 잘 알지 못하는 미성년자 취급을 당하는 기분이었다고 한다. 때로는 아빠들도 그런 경험을 한다. 아빠들 역시 종종 제3자의 잔소리와 간섭으로 질려버리는 경우가 있다.

페터 "모든 것이 이미 정해져 있는 것 같았어요. 젖 먹일 때는 어떤 자세를 취해야 하는지, 언제 젖을 주어야 하는지, 젖 먹이는 시간은 어느 정도인지…… 아직 먹일 시간이 아니라는 이유로 배고파하는 아기를 울려야 했어요. 화가 나더군요. 하지만 공연히 부딪치고 싶지 않았어요. 그래서 아기에게 몰래 젖을 주었어요. 아기가 우는 것을 견딜 수 없어서였죠. 젖이 나오는데 왜 못 주게 하는 거죠? 화가 나서 눈물이 나오기까지 했어요. 사람들은 내가 산후우울증을 겪고 있다며 마음의 안정을 취하라고 하더군요. 하지만 내가 원했던 것은 오로지 아기와의 휴식이었어요."

슈테파니 "병원에서 나는 낮에만 아기와 함께 있을 수 있었어요. 그것도 수유시간에만 말이에요. 나는 모유를 먹이고 싶은데 간호사들은 아기에게 자꾸 우유병을 물렸어요. 자기들 편한 대로 한 거죠. 아기는 밤에는 언제나 우유병으로 우유를 먹어야 했고, 나는 아기와 함께 있고 싶은데 허락되지 않았어요. 나는 무력한 기분이 들었고 화가 났어요. 열흘 후 퇴원을 할 때는 '당신들이 계속 아기를 데리고 있지 그래?' 하는 기분까지 들더군요. 오랫동안 아기와 떨어져 있어서인지 아기가 낯설게 느껴졌어요."

율리아 "나는 분만시간이 오래 걸렸어요. 아기를 낳자마자 간호사들이 아기를 곧장 어디론가 데려가버리더군요. 난 몇 시간 동안 아들을 낳았다고 믿었는데, 나중에 아기를 데려왔을 때 보니 아들이 아닌 딸이었어요. 꼭 아들을 원했던 것도 아닌데 황당했어요. 그 동안 계속 아들인 줄 알고 마음의 준비를 했으니까요. 갑자기 딸이라는 걸 알았을 때 묘한 기분이 들더군요."

안나 "간호사가 화장을 떡칠하고 와서는 모든 걸 자기 마음대로 하려고 했어요. 내 곁에서 모든 걸 간섭하고 좌지우지했지요. 더구나 간호사는 황달이 올지도 모른다며 몹시 날카롭게 굴더군요. 간호사는 거의 15분에 한 번씩 아기를 들여다보며 황달이 생기는 것 같다고 했지요. 신경이 날카로워지더군요. 나는 조용히 젖을 먹이고 싶었어요. 그런데 하필 내가 젖을 물리고 있을 때마다 아기 몸무게를 재어야 한다며 데려가는 것이었어요. 나는 아주 짜증스러웠어요. 아기도 마음에 들어하지 않는 것 같았어요. 아기는 저울 위에서 마구 버둥거렸고 그래서 40그램이 늘었는지 45그램이 늘었는지 확인하기가 쉽지 않았어요. 아기 우는 소리 때문에 나의 신경은 더욱 예민해졌고, 결국 모유 수유를 포기하기로 결정했어요. 지금은 그 결정이 후회스러워요. 그럴 필요가 없었는데 말이에요. 아기에게 젖을 먹이고 싶었는데……."

<u>티모</u> "아기가 울 때 자꾸 안아주면 버릇이 나빠진다는 사람들의 '좋은 충고'가 난 석연찮았어요. 물론 나도 아기를 버릇없는 아기로 만들고 싶지는 않았어요. 그래서 아기가 울면 이러지도 저러지도 못하고 갈팡질팡했지요."

산후조리가 끝나고 아기를 키우는 것이 힘들 때 엄마들은 아직 아기가 익숙하지 않다고 말한다. 엄마는 이제부터 아기에게 익숙해져야 한다. 엄마는 아기를 떨어뜨릴까봐, 또는 너무 꽉 붙잡은 건 아닌지 불안해한다. 엄마는 아기가 이런저런 반응을 보일 때 뭘 원하는지 모른다. 그래서 엄마로서 잘못하고 있다는 느낌을 갖는다.

어떤 엄마는 그 원인이 산후조리 기간에 아기를 돌보지 못했기 때문이라고 생각한다. 그때 아기와 단둘이 있고 싶었는데 이제는 아기를 돌보는 것이 겁이 난다. 엄마는 불안하다. 이런 두려움은 처음에 예상치 못했던 것이다.

> ♥ **꼭 기억하세요!**
>
> 아기의 기분이 좋아 보이면 아기를 만져주고, 부드럽게 흔들어주고, 쓰다듬어주고, 마사지해줘라. 아기가 좋을 때 이렇게 해주면 아기가 어떻게 해줄 때 가장 좋아하는지, 어떻게 해야 가장 편안해하는지 감이 올 것이다. 또한 나중에 아기가 기분이 좋지 않을 때 그 방법을 적절하게 사용할 수 있다. 아기가 기분이 좋지 않을 때만 만져주고 쓰다듬어준다면, 아기는 더욱더 큰 소리로 울게 될 것이고, 아기를 달랠 수 없을 것이다.

내 아기를 조금씩 알아가는 황홀한 경험

엄마는 이렇게 묻는다. 아기가 이제 어떤 행동을 할까? 내가 아홉달 동안 뱃속에 넣고 다니던 아기를 알아볼 수 있을까?

신생아의 소리를 듣고, 냄새 맡고, 느끼고…… 아기와의 접촉은 엄마와 아기의 관계에 엄청난 영향을 준다. 대부분의 엄마들은 아기를 돌보는 탁월한 본능을 갖고 있다. 엄마는 아기의 일거수일투족에 자연스럽게 몰입한다. 아기를 아무리 쳐다보아도 질리지가 않는다. 엄마는 아기가 주변 환경에 어떻게 반응하는지 보고, 듣고, 냄새 맡고, 느끼려고 한다. 엄마는 아기가 잠들면 지긋이 쳐다보고 숨소리를 듣는다. 아기를 쓰다듬어주고, 어루만져주고, 킁킁거리며 아기의 냄새를 맡는다.

다니엘 "아기가 소리를 듣거나 빛을 보면 갑자기 아기의 호흡이 변하는 걸 느껴요. 그럴 때마다 나는 약간 불안했어요. 호흡이 매우 불규칙했기 때문이죠. 그러나 그것이 소음이나 빛에 대한 반응이라는 걸 알고는 안심했지요. 이제는 아기가 그러는 게 정말 귀엽다고 생각돼요."

대부분의 엄마는 아기의 태도를 시험한다. 아기에게 이렇게 하는 게 더 나은지, 저렇게 하는 게 더 나은지 시험해본다. 엄마는 아기의 특성을 알아내고자 하고, 그에 반응하고, 아기의 반응이 어떤지를 본다. 엄마는 아기에게 무엇이 가장 좋은지 스스로 알아내려고 한다. 엄마는 충고는 좋지만 규칙에 얽매이고 싶어하지 않는다. 스스로 아이의 반응을 정확히 예상할 수 있었을 때 정말 기뻐한다. 이것은 엄마가 그 동안 아기를 잘 사귀었다는 표시이다. 이런 일은 엄마의 자신감을 북돋운다. 엄마는 이제 산후조리가 끝나고 아기를 홀로 키울수 있다고 느낀다.

아기 발달은 엄마와의 관계에서 완성된다

생후 첫 5주 동안 아기는 차츰 주변세계를 알아간다. 그리고 정신발달의 첫 도약이 시작되기 전에 엄마는 다른 어느 누구보다 아기를 더 잘 알게 된다.

그러나 아기가 5주가 되어 첫 도약을 할 때 아기가 어떤 변화를 겪을 것인가

를 이해하려면 일단 신생아가 세계를 어떻게 경험하는지, 그리고 이런 체험에서 신체접촉은 어떤 역할을 하는지 알아야 한다.

아기는 이미 많은 것을 할 수 있다

아기는 태어난 직후부터 주변세계에 관심을 갖는다. 이것보다 저것에 더 많은 관심을 가질 수 있다. 아기는 귀 기울여 듣고 쳐다본다. 아기는 주변환경이 자신에게 영향을 미치게끔 한다. 아기는 모든 것을 가능하면 잘 알아내려고 최선을 다한다. 너무나 힘들게 세상을 알아가다 보니 사팔눈이 되고, 지쳐서 몸에 경련을 일으키고, 딸꾹질을 하는 것이다.

아기는 기억력이 좋다. 아기는 일찌감치 목소리와 사물과 장난감들을 알아본다. 그리고 "목욕할 시간이다", "맘마 먹을 시간이다", "밖에 나갈까?"라는 말로써 어떤 상황이 전개될지 정확히 안다.

아기는 얼굴의 모든 움직임을 따라 한다. 아기와 놀아주면서 혀를 쑥 내밀어보라. 누군가를 부르는 것처럼 입을 벌려보라. 아기에게 반응할 충분한 시간을 주고, 아기가 당신을 똑바로 바라보게끔 해보라.

아기는 엄마에게 자신의 감정을 전달할 수 있다. 즐겁거나, 화가 났거나, 놀랐거나 했을 때 말이다. 어떻게 그럴 수 있을까? 울음이나 외침에도 여러 가지 톤이 있다. 아기는 또한 바디 랭귀지를 사용한다. 엄마는 그것을 이해한다. 아기는 엄마에게서 무언가 기대한다는 것을 알리고는 잠시 기다리다가 반응이 없으면 울음으로 화를 내거나 짜증을 부린다.

아기에게는 일찌감치 좋아하는 것이 생긴다. 대부분의 아기는 장난감보다 사람을 더 좋아한다. 두 개의 장난감이 눈앞에서 왔다 갔다 하면 아기는 장난감을 눈으로 좇으며 그 중 하나를 고를 수 있다.

아기는 칭찬에 아주 민감하다. 아기는 엄마한테서 좋은 냄새가 난다거나, 예쁘게 생겼다거나, 뭔가를 잘했다고 칭찬을 받으면 좋아한다. 그러면 아기는 칭찬해준 엄마에게 더 오래 관심을 보인다.

아기는 이미 많은 것을 보고, 듣고, 냄새 맡고, 맛보고, 느낀다. 그리고 그런 지각을 통해 알게 된 것을 기억한다. 하지만 아기는 아직 감각이 중재하는 것을 어른처럼 경험하지는 못한다.

아기가 세상을 보는 방식

모든 이미지를 하나의 총체적인 인상으로 받아들인다
아기는 감각기관이 뇌에 전달하는 정보를 어른들처럼 처리하지 못한다. 아기는 세계를 아기 특유의 방식으로 경험한다. 우리는 꽃향기를 맡고, 그 향기를 퍼뜨리는 꽃을 보고, 잎 하나하나를 만진다. 우리는 각각의 행위를 따로 이해할 수 있다. 그러나 아기는 이 모든 것을 통합적으로 받아들인다. 그래서 아기

 아기는 감각기관으로 무엇을 느낄까?

무엇을 볼까?
최근까지 학자와 의사들은 신생아가 아직 보지 못한다고 생각했다. 아직도 그렇게 생각하는 사람이 많다. 그러나 그것은 사실이 아니다. 과거에 엄마들은 그런 말에 이의를 제기해왔다. 그리고 결국 엄마들의 주장이 옳았다는 것이 밝혀졌다.
갓 태어난 아기도 잘 볼 수 있다. 단, 20센티미터 정도 떨어진 거리에 있는 것에 한해

서. 그보다 먼 물체는 흐리게 보인다. 또한 아기는 보고 싶은 것을 향해 두 눈을 돌리는 것이 때로 힘들다. 하지만 일단 눈길을 끌면 그 대상을 엄청난 집중력으로 뚫어져라 쳐다본다. 그럴 때 아기는 움직임을 중단하고 한 가지 대상에 모든 주의를 집중한다. 초롱초롱 깨어 있을 때 아기는 때때로 눈과 고개로 오른쪽, 왼쪽, 위, 아래로 무언가를 좇을 수 있다. 그럴 때 엄마는 물체를 천천히 움직여 보여야 한다.
아기가 가장 멀리까지 좇을 수 있는 것은 도식적으로 그려진 사람 얼굴이다. 위에 커다란 동그라미 두 개와 밑에 동그라미 하나로 된 형상. 태어난 지 한 시간밖에 안 된 아기도 이런 형상을 눈으로 좇을 수 있다. 그럴 때 아기는 눈을 커다랗게 뜨고 아주 집중을 하기 때문에 엄마 아빠는 이런 아름답고 커다란 눈에 잠길 것만 같은 기분이 든다. 아기가 사람 얼굴과 비슷한 형체에 반응하도록 되어 있는지도 모른다.
또한 아기는 지루하고 밋밋한 것보다 화려한 것을 더 즐겨 본다. 색깔은 빨간색을 가장 좋아한다. 강하게 대조되는 색은 아기를 더 집중하게 만든다. 그래서 색깔이 극명하게 대조되는 것을 재미있어하는 것이다. 아기는 둥그스름한 형태보다는 명확한 선이나 각을 더 잘 본다.

무슨 소리를 들을까?

신생아는 다양한 소리를 잘 구별할 수 있다. 아기는 태어나자마자 엄마 목소리를 알아챈다. 아기는 음악을 좋아하고, 엔진소리나 조용하고 리듬 있는 북소리도 좋아한다. 그런 소음이 친숙하기 때문일 수도 있다. 아기는 뱃속에서 엄마의 혈관, 심장, 폐, 위, 장이 꾸르륵거리는 소리, 쏴쏴 하고 졸졸거리고 톡톡거리는 소리에 익숙해져 있었다. 또한 아기는 사람들의 목소리를 좋아한다. 사람의 목소리는 아기에게 안정감을 준다. 아기는 낮은 음과 높은 (여자) 음을 구별한다. 높은 소리가 아기를 더 빨리 주의집중하게 만든다. 그래서 그걸 알고 아기에게 말을 걸 때 목소리를 한 톤 높이지 않는가. '덩기덩기덩기' 등의 아기 말을 쓰는 것은 전혀 부끄러워할 일이 아니다. 아기는 이미 크고 작은 소리도 구별할 수 있다. 갑작스럽고 시끄러운 소음은 좋아하지 않는다. 어떤 아기는 그런 소리에 쉽게 놀란다. 이를 염두에 둬라.

어떤 냄새를 좋아할까?

아기는 냄새를 구별할 수 있다. 아기는 탄 냄새나 톡 쏘는 냄새를 싫어한다. 그런 냄새들은 아기를 움찔하게 만든다. 아기는 냄새가 나는 곳으로부터 멀어지려고 울어대기 시작한다. 아기는 엄마의 체취와 다른 사람의 체취를 구별한다. 아기에게 시험삼아 여러 사람이 입었던 옷을 갖다 놓으면 아기는 엄마가 입었던 옷으로 향해 간다.

어떤 맛을 좋아할까?

아기는 이미 다양한 종류의 맛을 구별할 수 있다. 아기는 단맛을 확연하게 좋아하며,

신맛을 싫어하고, 쓴맛은 재빨리 뱉어낸다.

무엇을 느낄까?

아기는 온도 변화를 감지할 수 있다. 아기는 따뜻한 것을 느낄 수 있다. 이 능력은 아기가 엄마 젖꼭지를 찾을 때 아주 유용하다. 젖꼭지는 주변보다 더 뜨거워서 가장 따뜻한 곳으로 움직이다 보면 아기는 젖꼭지를 발견하게 된다. 물론 아기 얼굴이 이미 엄마 젖 근처에 있을 때 말이다. 아기는 또한 차가운 것도 느낄 수 있다. 그러나 너무 추울 때 아기 스스로 몸을 덥힐 수는 없다. 열을 발생시켜 몸을 덥히기 위해 몸을 떠는 것은 할 수 없는 것이다. 아기는 체온 조절을 잘 못한다. 그래서 엄마의 보살핌이 필요하다. 추운 겨울날 아기를 데리고 산책을 너무 오래 하는 것은 좋지 않다. 아주 따뜻하게 감싸주었더라도 아기 체온은 갑자기 떨어지기 쉽다. 엄마가 생각하는 것보다 급격히 떨어진다. 추위 때문에 아기가 울기 시작한다면 곧장 따뜻한 실내로 들어가야 한다.

아기는 스킨십에 매우 민감하다. 아기는 일반적으로 신체접촉을 좋아한다. 부드럽게 쓰다듬든, 꼭 안아주든 그 순간에 좋은 걸 하면 된다. 아늑하고 따뜻한 방에서 몸을 쭉쭉 펴주는 마사지도 좋다. 모든 종류의 신체접촉은 아기를 달래는 최상의 방법이자 최고의 놀이다. 아기가 어떨 때 재미있어하고 어떨 때 피곤해하는지 시험해보라. 그것이 파악되면 필요에 따라 신체접촉을 시도할 수 있다.

가 받아들인 정보는 재료 하나만 변화시켜도 완전히 다른 맛이 나는 '수프'처럼 된다. 아기는 레이더처럼 모든 인상을 포착해서 하나의 총체적인 인상으로 본다. 아기는 수프가 다양한 재료로 이루어져 있으며, 이런 재료들이 감각기관을 통해 전달되었다는 것을 알지 못한다. 더욱이 아기에게는 자기 자신도 이런 수프의 재료에 불과하다. 아기는 아직 '자신만의 자아'를 경험하지 못한다.

자신과 세계를 구별하지 못한다

아기는 감각기관이 주변환경에 대해 전달해주는 것과, 감각을 통해 신체에서 경험하는 일들을 구별하지 못한다. 즉, 모서리에 몸을 부딪쳤을 때 느끼는 아픔이 어디서 비롯되었는지 알지 못한다. 아기에게는 외부세계와 자신의 신체

가 하나다. 밖에서 일어나는 일과 자기 몸에서 일어나는 일을 구분하지 못한
다. 세계는 심심하고 배고프고 따뜻하고 젖어 있거나 피곤하다. 모든 것은 하
나의 냄새-색깔-소음-느낌-인상으로 통합된다.

아기의 반사행동은 어떤 의미일까?

신생아는 아직 자유의지로 할 수 있는 것이 아무것도 없다. 자유의지를 가지
려면 자신이 무언가를 집기 위한 손을 갖고 있으며, 엄마는 젖꼭지를 갖고 있
고, 자신은 그것을 빨기 위한 입을 갖고 있다는 사실을 스스로 인식하고 있
어야 한다. 그래야 자신의 의지로 행동할 수 있다.

　그렇다고 아기가 지각하는 것에 전혀 반응할 수 없다는 의미는 아
니다. 자연은 아기에게 엄마의 무관심을 일깨우게 하라고 몇몇 특별한
능력을 주었다.

반사행동은 아기의 생존 본능

아기를 엎드려놓으면 아기는 숨을 쉬기 위해 저절로 고개를 옆으로 돌린다.
고개는 끈으로 조종하는 인형처럼 반사적으로 돌아간다. 아기는 '고개를 돌려
야지'라고 생각하지 않는다. 그냥 그렇게 할 뿐이다. 아기가 이것을 의식적으
로 할 줄 알게 되면 반사는 사라진다.

　신생아는 소리가 나는 쪽으로 고개를 돌린다. 이 반사행동은 가장 흥미로운
장소로 아기의 주의를 집중시킨다. 이 반사는 오랫동안 주목받지 못했다. 반
응이 곧바로 이루어지지 않고 약간 머뭇거리기 때문이다. 아기가 고개를 움직
이기 시작하기까지 족히 5~7초가 걸린다. 그리고 운동이 완료되기까지는 또
다시 3~4초가 걸린다. 아기가 2개월 정도 되면 이 반응은 사라진다.

　아기는 또한 '흡입반사'를 한다. 배고픈 아기의 입에 뭔가를 대면 아기는 그
것을 빨아대기 시작한다. 대단히 힘 있게 빨아들인다. 이 반사행동이 더는 필

요하지 않을 때 흡입반사도 사라진다. 엄마에게도 흡입반사 행동을 보이지 않는다. 이것은 엄마 젖만 먹고 살면 굶어 죽는다는 의미다. 엄마 젖은 이제 먹지 않는 것이 좋다.

아기는 또한 '쥐기반사'를 한다. 손으로 아기 손등과 바닥을 쓰다듬어 보라. 아기는 팔을 약간 움츠리면서 주먹을 펴고 당신의 손가락을 잡을 것이다. 발도 마찬가지다. 아기의 발가락은 당신의 손가락을 잡으려고 한다. 이 반사는 엄마가 아주 털이 많았던 태곳적부터 유래한 것으로 추정된다. 아기는 쥐기반사를 통해 태어나자마자 엄마에게 꽉 붙어 있었다. 엄마는 생후 두 달간 아기가 이 반사를 사용하는 모습을 본다. 특히 아기를 눕히려고 할 때 아기는 엄마를 꽉 잡는다.

♥ 아기도 때로는 심심하다

아기는 아직 스스로 즐거운 일을 만들어낼 수 없다. 정열적이고 생동감 있는 아기는 잘 자고 일어나서 심심하다는 표시를 역력히 낸다. 그럴 때 아기가 무엇을 재미있어하는지 시험해보라.

❀ 아기와 함께 집 안 구경을 하라. 아기가 어떤 것에 관심을 가지면 그것을 충분히 관찰하게 하라. 아기가 보고 있는 것이 무엇인지 설명을 하라. 무슨 말이든지 상관없다. 아기는 엄마의 목소리를 즐길 것이다.

❀ 아기가 모든 것을 보고, 듣고, 냄새 맡고, 만져보게 하라. 오래지 않아 엄마는 아기가 전에 보거나 듣거나 냄새 맡거나 만져본 것들을 다시 알아본다는 것을 느낄 것이다.

❀ 아기는 엄마 목소리 듣기를 좋아한다. 그러나 라디오를 켜놓거나 하면 엄마 목소리에 제대로 집중할 수가 없다. 엄마 목소리가 다른 목소리들 속에 묻혀버리기 때문이다. 아기는 소리를 서로 구분하지 못해 불안해한다.

❀ 아기가 깨어 있을 때 시야가 미치는 곳에 언제나 재미있는 것들을 두도록 하라. 신생아는 스스로 뭔가를 찾아다닐 수 없다. 눈에서 멀어지면 마음도 멀어진다는 말이 아기에게도 적용된다.

❀ 아기는 음악을 좋아한다. 아기가 좋아하는 음악을 틀어놓아라. 아기가 어떤 음악을 좋아하는지 취향을 파악해보라. 부드러운 배경음악은 아기에게 안정감을 줄 것이다.

안심하고 아기의 반응에 따라 대처해나가라!

아기는 놀라면 이른바 '모로반사'라는 것을 한다. 아기는 등을 구부정하게 하고 고개를 뒤로 젖히고는 팔과 다리를 바깥쪽으로 내젓다가 안쪽으로 모아 배와 가슴을 덮는 듯이 한다. 마치 아기가 떨어지면서 스스로를 붙잡는 듯한 모습이다. 그래서 이 반사를 '포옹반사'라고 부르기도 한다.

아기는 이 밖에도 많은 전형적인 아기반사를 가지고 있다. 아기반사는 시간이 지나면서 점차 사라지고 자유의지에 몸을 맡긴다. 숨쉬기 등의 다른 반사들은 남는다. 어른들도 재채기, 기침, 눈 깜박임, 뜨거운 것을 만졌을 때 손을 움츠리는 것, 의사가 망치로 무릎을 칠 때 나타나는 '슬개반사' 등을 가지고 있다.

울음은 도움이 필요하다는 뜻이다

위에 언급한 반사들은 아기 스스로 생존할 수 있는 상황을 만드는 것이다. 그러나 때로 그리 간단하지 않다. 가령 아기가 너무 덥거나 너무 추울 때, 기분이 좋지 않거나 심심할 때 아기는 다른 전략을 써야 하고, 또한 그렇게 한다. 이제 아기는 어른이 관심을 갖기를 원하며 자동적으로 울기 시작한다. 어른의 도움 없이 아기는 욕구를 충족시키지 못하고, 이런 도움을 얻지 못하면 아기는 기진맥진할 때까지 계속 울어댄다.

<u>페터, 4주</u> "생후 2주째에 아기는 발작하듯이 울어대기 시작했어요. 밤낮이고 울어댔지만, 먹기는 잘 먹었지요. 나는 소아과에 가서 의사에게 아기가 심심해하는 것 같다고 말했어요. 그러나 의사는 그건 불가능하다고 했어요. 생후 10일 정도 된 아기는 아직 잘 보지도 못한다면서 말이에요. 당분간은 잘 보지 못할 거라고 했어요. 나는 지난주부터 아기에게 딸랑이를 주기 시작했어요. 딸랑이는 효과적이었

지요. 이제 아기는 정말로 덜 울어요!"

아기는 살아남기 위해 밤낮이고 자신의 필요에 부응하는 누군가를 대기시켜 놓아야 한다. 그것을 위해 자연은 이미 조치를 취해놓았다. 자연은 아기에게 비밀무기를 주었다. 그것은 바로 아기의 '외모'이다.

아기는 귀엽다

아기는 어린 동물과 비슷한 모습이다. 아기는 특히 머리가 크다. 머리는 아기 신장의 3분의 1 정도를 차지한다. 눈은 크고 이마는 넓고 뺨은 아주 포동포동하다. 팔다리는 몸의 다른 부분에 비해 아주 짧고 통통하다. 이렇게 귀여운 모습은 심금을 울린다. 인형이나 만화 제작자들은 이런 특징을 응용하여 잘 팔리는 상품을 만들어낸다. 아기도 바로 이렇게 스스로를 판다. 아기는 매우 사랑스럽고 작고 연약하다. 그런 귀여운 존재는 어른의 주의집중을 일깨우며, 거의 본능적으로 아기를 안아주고 뽀뽀해주고 돌보아주게끔 한다.

배냇웃음은 엄마를 황홀하게 만든다

신생아도 웃는다. 아기는 심지어 태어나기 전 엄마 뱃속에서도 웃는다고 한다. 그러나 이 시기에는 웃음이 그리 흔하지 않다. 그러나 엄마는 아기의 웃음을 구경할 수 있다. 신생아는 만져주거나, 얼굴에 입김을 불어주거나, 재미있는 소리를 듣거나, 자기를 들여다보는 사람을 보거나, 그림을 보거나, 배부르거나, 만족스러우면 웃는다. 심지어 자면서도 웃는다.

그런 웃음은 엄마를 녹인다. 엄마들은 그것을 '진짜' 웃음으로 여긴다. 그리고 그렇게 보인다. 그러나 나중에 아기가 일종의 '사회적인 상호작용' 중에 미소를 지으면 예전의 웃음과는 다르게 느껴질 것이다. 신생아의 첫 번째 미소

(배냇웃음)는 뭐랄까, 기계적인 것이고 로봇 같은 것이다. 그럼에도 그 웃음은 너무나 매력적이다.

신체접촉은 아기에게 안정감을 준다

태어나기 전에도 아기는 세계를 총체적으로, 통일체로 경험한다. 그리고 태어나면서 아기는 친숙한 뱃속 세계를 떠나 가지각색의 미지의 '수프들'을 경험하게 된다. 수프에는 계속해서 뱃속에서는 경험할 수 없었던 새로운 재료들이 첨가된다. 아기는 갑자기 자유롭게 움직일 수 있다. 따뜻함과 차가움이 느껴지고, 소리가 여과 없이 들린다. 아기는 눈이 부시고 피부에 와닿는 옷들을 느낀다. 아기는 스스로 숨을 쉬고 빨아야 한다. 또한 이제는 아기의 소화기관도 일을 해야 한다.

이 모든 것은 아기에게 새롭다. 이런 변화 속에서 아기에게 친숙하고 아기가 잘 알고 있는 것, 즉 신체접촉을 그리워하리라는 것은 당연한 결과다.

엄마 뱃속처럼 따뜻한 손길이 필요할 때

신체접촉은 엄마 뱃속을 기억나게 하고, 아기에게 안정감을 준다. 엄마의 배는 아기의 몸을 감싸주었고, 엄마의 움직임은 아기를 마사지해주었을 것이다. 뱃

속은 아기의 집이었다. 아기는 엄마의 몸속에서 이루어지는 모든 것과 하나가 되었다. 리듬 있는 심장박동 소리, 혈액이 순환되는 소리, 배가 꾸르륵거리는 소리. 이제 태어난 아기는 그 동안 익숙했던 신체접촉을 그리워하고 뱃속의 소리를 다시 듣고 싶어할 것이다. 이런 친숙한 느낌은 아기에게 안정감을 주고 새로운 환경에 잘 적응하도록 도와준다.

♡ 신체접촉은 최고의 장난감이자 위로이다

생후 한 달의 아기에게 영양 공급과 적절한 온도 조절 다음으로 중요한 것은 엄마 품에서 엄마를 느끼는 것이다. 그것이 충족되면 절대 부족할 게 없다. 설사 엄마가 아기와 별로 놀아주지 않더라도 말이다.

❀ 아기는 엄마와 비비고 안기는 것을 좋아한다. 그런 행동으로 여러 가지 신체 자세를 연습할 수 있다. 엄마가 두 손을 마음대로 쓰고 싶다면 포대기나 아기띠를 이용하여 아기를 안거나 업고 다니면 된다. 아기띠는 신생아도 사용할 수 있다.

❀ 아기에게 긴장을 이완시키는 마사지를 해주면 좋다. 방을 따뜻하게 하고 아기의 옷을 벗긴 다음 손에 약간의 베이비오일을 묻혀 아기 몸의 각 부위를 부드럽게 마사지해준다. 그러면 아기는 즐겁게 자신의 신체와 친해지게 될 것이며, 아기 몸은 발그레한 예쁜 색깔이 될 것이다.

❀ 생후 한 달의 아기는 안아주고 뽀뽀해주고 쓰다듬어주고 부드럽게 흔들어주기가 쉽다. 신체접촉은 아무리 해도 지나치지 않다. 부드럽게 톡톡 두드려주는 것을 아기는 특히 좋아한다. 아기는 무엇이 가장 마음에 들고 가장 안정감을 주는지 표시할 것이다. 아기는 자신에게 친숙하고 안전한 피난처가 있음을 느낀다. 아기는 성장과정에서 도약할 때마다 피난처가 필요하다는 점을 명심하자.

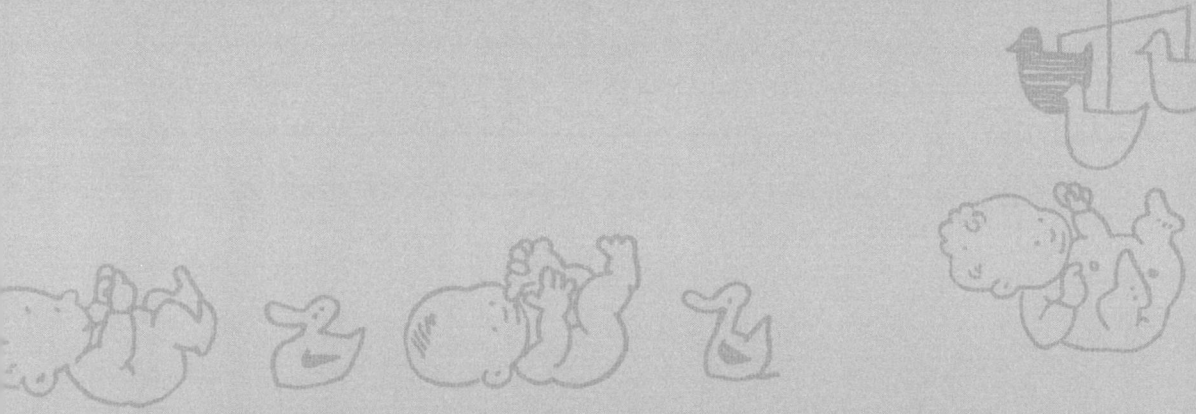

낯선 세계로 나온 아기는 불안하다

김수연 선생님의 조언 이 시기의 아기는 신생아 시기보다 더 잘 볼 수 있으므로 눈을 통해 주변을 적극적으로 살펴보려고 한다. 항상 주변에서 들려오는 소리에 집중하고 있기도 하다. 자신에게 낯선 소리가 들리는 경우 반사행동에 의해 온몸이 버둥거리게 되고, 또 자신도 모르는 사이에 버둥거려지는 움직임에 놀라 크게 울게 된다. 아기가 온몸을 버둥거리며 크게 울면 당황하지 말고 아기의 손과 발을 지그시 눌러서 안정시켜줘야 한다.

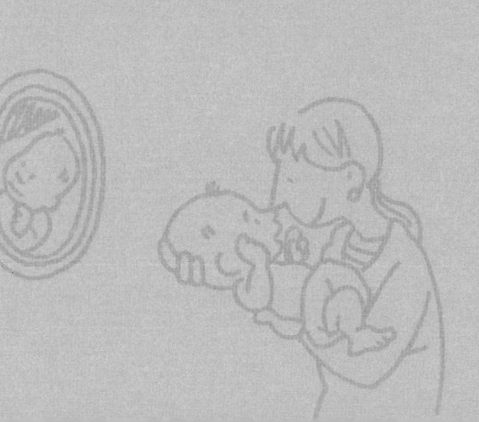

생후 4~5주째에 아기는 발달과정에서 첫 도약을 경험한다. 아기의 감각기관은 빠르게 성장한다. 아기는 자신에게 새롭고 낯선 일들이 벌어지고 있음을 느낀다. 아기는 혼란스러워서 마구 울어대며 가장 친숙한 존재, 엄마를 찾는다. 이때 모든 아기들은 평소보다 더 많은 신체접촉과 관심을 원한다. 아기의 이런 요구는 매우 정상적인 일이므로 걱정할 필요가 없다. 아기의 요구는 하루에 끝날 수도, 일주일간 지속될 수도 있다.

🌱 도약의 시작 : 엄마에게 달라붙기

아기는 무슨 일이 벌어지고 있음을 스스로 느낀다. 그러나 아직 그것을 엄마에게 말하지도 못하고, 엄마 곁으로 가지도 못하고, 그 작은 팔을 엄마를 향해 벌리지도 못한다. 할 수 없이 아기는 목청껏 울어 젖히고 평소보다 더 힘들어하고 불안해한다. 신생아에게 그런 행동은 자신이 힘들다는 것을 표현하는 유일한 방식이다. 칭얼대고 울부짖고 소리를 질러대며 아기는 온 집안을 어수선하게 만든다. 이때는 잠도 잘 자지 않는다. 특히 혼자 눕혀 놓으면 그렇다. 그렇게 함으로써 엄마를 자기 곁에 두려는 것이다.

아기가 울면 엄마는 불안하다

엄마는 아기가 우는 이유가 뭘까 고심한다. 혹시 배가 고픈 건 아닐까? 뭔가 아기를 찌르거나 누르는 건 없나? 기저귀가 젖어서 그런가? 아기를 달래려 하지만 쉬운 일이 아니다.

간신히 달래놓았더니 아기는 얼마 못 가서 다시 신경질적으로 울부짖기 시작한다. 대부분의 엄마들에게 아기의 이런 갑작스런 행동은 낯설고 힘들다. 아기의 변화는 엄마를 불안하게 하고 엄마는 정말 걱정하기 시작한다.

<u>에바, 5주</u> "우리 아기는 순했어요. 그런데 이틀 동안 거의 하루 종일 울어대기만 하는 거예요. 처음에 나는 그 유명한 영아산통 때문인가 했어요. 그런데 잘 보니 아기는 안아주거나 엄마 아빠 사이에 뉘어놓으면 울음을 그치는 거예요. 그리고 내 품 안에서 쌔근쌔근 잠이 들었어요. 나는 이러다가 아기를 너무 버릇없게 키우는 건 아닐까 자문했어요. 하지만 며칠 그렇게 울어대더니 아기는 다시 순해졌어요."

아기가 평소보다 더 심하게 보채면 엄마는 아기가 뭔가 잘못된 건 아닌지 두려워한다. 아기가 아픈 건 아닌지, 몸속에서 뭐가 잘못되어 있다가 이제야 증상이 나타나는 것은 아닌지. 어떤 엄마는 엄마 젖이 모자란 것은 아닌지 걱정한다. 아기는 계속 가슴을 파고들고 끊임없이 배고파하는 것처럼 보인다. 우리의 연구에 도움을 주었던 엄마들 중 몇몇은 아기를 데리고 의사한테 가서 진찰을 받았다(의심스럽다면 언제든지 의사를 찾아 상담을 받는 게 좋다). 그러나 병원에서는 별 이상 없다고 했다.

<u>슈테파니, 5주</u> "하도 울어대서 난 뭔가 이상하다고 걱정을 했어요. 아기는 계속 젖만 빨려고 했죠. 그래서 소아과에 데리고 갔어요. 의사는 아기가 엄마 젖 빠는 것에 익숙해지느라 그런 것 같다고 했어요. 아기들이 5주쯤에 그렇게 울어대는 일이 많다고요. 나는 몹시 의아했어요. 첫 한 달 동안 아기는 아무 문제 없이 내 젖을 먹었는데 말예요. 여하튼 아무 이상 없다고 하니 다행스러울 뿐이었어요."

엄마와 함께라면 아기는 안심한다

아기가 스스로 자기 안에서 무슨 일이 일어나고 있음을 느끼면 안전에 대한 욕구가 극도로 커진다. 그러므로 될 수 있는 한 아기를 배려해줘라. 모든 것은 때가 있는 법이다. 엄마의 목소리와 체취와 따뜻함과 스킨십은 아기에게 친숙한 것들이다. 아기는 엄마 곁에 있으면 약간의 안정을 되찾는다. 엄마는 이 어려운 시기에 아기에게 안전을 약속하는 따뜻한 보호대가 되어줄 수 있다.

> ♥ **알아두세요!**
>
> 아기가 도약의 시기에 자꾸만 젖을 찾는 것은 아주 정상적인 일이다. 젖을 물고 있으면 아기는 편안해진다. 아기는 혼란스러워서 자꾸만 신체접촉과 위로를 받고자 하는 것이다. 대부분의 엄마는 이를 모르고 아기가 자꾸만 그러면 모유 수유를 하는 엄마들에게 자문을 구한다. 엄마는 계속 젖을 먹이고 싶지만 젖이 모자란 게 아닌가 불안해한다. 이럴 때는 무조건 모유 수유를 계속해야 한다. 생후 6주경 외에 석 달, 그리고 여섯 달째도 모유 수유에 대한 엄마들의 문의가 많아지는데, 이는 아기가 도약하는 시기와 정확히 맞아떨어진다.

포근히 감싸 아기를 진정시켜라

대부분의 엄마는 아기를 안아주고 업어주면 울음이 잦아든다는 것을 느낀다. 엄마 곁에 있을 때 아기는 좀 진정이 된다.

_니나, 4주_ "아기가 울부짖을 때 아무도 아기에게 다가갈 수가 없었어요. 나는 아기가 진정될 때까지 오랫동안 마사지를 해주어야 했지요. 아기는 울다가도 만져주면 더 빨리 그치는 것 같았어요. 아기가 울면 나는 아기를 달래주어야 한다는 의무감을 느껴요."

💛 **아기 달래기**

우는 아기를 달랠 때는 리듬과 따뜻함이 중요하다. 아기 머리가 엄마 어깨 위에 오도록 아기를 곧추세워 안고 한 팔로는 아기의 엉덩이를, 다른 팔로는 머리를 받친 다음 가만히 있어보라. 그러면 아기는 엄마의 심박동 소리를 들으며 진정할 것이다. 그러고 나서,

🌸 아기를 쓰다듬고 만져준다.
🌸 이리저리 가볍게 흔들어준다.
🌸 아기와 함께 조용히 주변을 왔다 갔다 한다.
🌸 부드럽게 노래를 불러준다.
🌸 아기의 엉덩이를 톡톡 두드려준다.

아기는 엄마가 쓰다듬어주고 안아주는 것을 가장 좋아한다. 아기가 보챌 때마다 안아주는 엄마는, 안아주면 잠을 잘 자던 아기가 침대에 뉘이면 금방 울면서 깨어나는 것을 종종 경험한다. 식사시간과 잠자는 시간을 엄하게 지키는 엄마는 아기가 계속 젖이나 우유병을 물고 잠이 드는 것을 본다. 어떤 엄마는 아기가 너무 많이 울고 잠을 못 자서 정해진 양만큼 먹지도 못하고 잠든 것이 아닌가 생각한다. 이런 추측은 아주 설득력이 있는 것처럼 보이지만 사실은 아기가 드디어 원했던 것, 즉 스킨십을 얻고는 만족해 잠이 드는 것이다.

<u>슈테판, 5주</u> "아기가 아주 많이 울었어요. 처음 이틀은 그래도 수면시간을 엄격하게 지키려고 했어요. 그러나 제대로 되지 않았어요. 아기는 귀청이 따갑게 울어댔고 우리 모두는 거의 돌 지경이 되어버렸죠. 이제 나는 양심의 가책없이 아기가 원하는 만큼 아기를 안아주고 무릎에 앉혀요. 그러니까 나도 기분이 좋아요. 아기도 좋아하고요. 수유시간을 엄격하게 지키는 일도 포기했어요. 하지만 수유 리듬은 이제 저절로 정해지고 있어요. 한 번은 오래 먹고 한 번은 잠깐 먹고…… 아기는 이제 훨씬 조용해졌고 나는 훨씬 수월해요."

도약하는 아기 : 감각기관이 급격히 발달한다

아기는 생후 4~5주경이 되면 신진대사와 내부 장기와 감각기관이 빠르게 성숙한다. 그래서 소화장애가 있었던 아기들은 이때가 되면 증상이 없어진다. 그러나 다른 한편으로 이미 존재했던 '기능장애'가 뚜렷이 모습을 드러낼 수도 있다. 유문협착증이 그것이다. 위와 장이 연결되는 부분이 그전에도 이미 좁긴 했지만 생후 4주 정도에 완전히 막혀버린다. 그래서 먹은 것을 쉽게 토한다. 이 경우는 다행히 간단한 수술로 해결할 수 있다.

아기의 신진대사도 이 시기에 변화를 겪는다. 엄마는 아기가 울 때 진짜로 눈물이 흐르는 것을 본다. 대부분의 아기는 처음으로 눈물을 흘리게 된다. 그 밖에도 엄마는 아기가 이제 더 오래 깨어서 논다는 것을 느낀다. 감각기관도 빠르게 발달하여 아기는 주변세계에 부쩍 관심을 보이며 이제 어느 정도 멀리서도 눈을 맞춘다. 태어난 지 얼마 안 되었을 때는 20센티미터 이상 떨어진 것에는 눈을 맞추지 못했는데 말이다. 아기는 이제 새로운 경험을 위한 준비를 갖춘다. 아기는 무언가를 경험하고자 한다. 아기는 갑자기 외부의 자극들에 훨씬 민감해진다.

5~6주 된 아기는 심지어 약간의 변화에 반응을 보인다. 실험실에서 아기들에게 우유병을 빨게 하면서 엄마 사진을 보여주는 실험을 했다. 아기들이 빨기를 중단하면 사진을 곧장 감춰버렸다. 이 시기의 아기들은 빠는 것과 보는 것을 동시에 하기가 힘들기 때문에 아기는 사진을 잠시 동안만 제대로 볼 수 있을 뿐이었다. 그런데 이제 실험에 변화를 주어 아기들이 우유병 빨기를 멈추어야만 사진을 볼 수 있게 했다. 그러자 아기는 우유병 빨기를 멈추고 사진을 쳐다보았다.

> 💡 두뇌가 쑥쑥
>
> 3~4주에 아기의 머리둘레가 커지고 포도당 대사도 변한다.

감각기관의 빠른 발달이 아기가 새로운 능력을 획득했음을 의미하는 것은 아니다. 아기는 개선된 감각기관이 아기 뇌에 전달해주는 인상을 아직 우리 어른들처럼 처리하지 못한다. 아기는 이때쯤 심지어 능력을 잃어버리기도 한다. 가령 도식적으로 그려진 얼굴그림을 눈으로 따라가는 등의 타고난 능력은 갑자기 소멸된다. 소리가 나는 곳으로 고개를 돌리고 얼굴의 움직임을 따라서 하는 것도 마찬가지로 사라진다. 이런 원시적인 능력이 두뇌의 하위영역에 의해 조종되고, 두뇌의 상위영역이 새롭게 성장함에 따라 이런 능력이 억제된다는 것을 보여주는 증상들이다.

아기마다 느끼는 감각은 다르다

아기의 감각기관은 빠르게 발달한다. 그리하여 이제 아기는 주변에 더 관심을 갖는다. 이것을 다양한 방식으로 표시한다. 보이는 것에 특히 관심이 많은 아기가 있고, 듣는 것에 관심이 많은 아기가 있다. 또 어떤 아기는 엄마가 하루 종일 쓰다듬어주고 안아주기를 바란다. 어떤 아기는 모든 것을 똑같이 좋아한다. 모든 아기는 유일무이한 존재다.

아기의 이런 변화에 주목하세요!

갑자기 주변 일에 더 많은 관심을 보인다
❀ 무언가를 더 자주, 더 오래 쳐다본다.
❀ 무언가에 더 자주 귀를 기울이고, 더 집중해서 듣는다.
❀ 신체접촉에 더 뚜렷하게 반응한다.
❀ 냄새에 더 뚜렷하게 반응한다.
❀ 처음으로, 혹은 전보다 더 자주 미소를 짓는다.
❀ 더 자주 즐거운 듯한 소리를 지른다.
❀ 무엇에 흥미 있고, 무엇을 지루해하는지 더 자주 표시한다.
❀ 무슨 일이 벌어질지 알고 있다는 것을 더 자주 표시한다.
❀ 더 오래 깨어 놀고 생동감 있게 움직인다.
❀ 그 밖에 눈에 띄는 것들 :

신체 변화
❀ 숨을 더 고르게 쉰다.
❀ 덜 놀라고 몸서리를 덜 친다.
❀ 처음으로 울 때(혹은 전보다 더 자주) 눈물을 흘린다.
❀ 소화장애가 대부분 사라진다.
❀ 딸꾹질이 줄어든다.
❀ 덜 토한다.
❀ 트림으로 생기는 문제가 줄어든다.
❀ 그 밖에 눈에 띄는 것들 :

<u>수잔네, 6주</u> "나는 음악학교에 다니는데, 아기를 거의 매일 학교에 데리고 가요. 처음에는 아기가 소리에 아무 반응을 하지 않아서 무척 걱정을 했어요. 그런데 이제 소리에 무척 관심을 보여요. 아기가 깨어 소리를 지르다가 내가 노래하는 소리가 나면 곧장 입을 다물어요. 다른 아기는 그러지 않는데요."

☀️ 도약의 성과 : 아기의 능력을 끌어올려라

아기는 뒷받침과 안정이 필요하다. 아기의 도약은 아직 이성이 아닌, 몸의 본능으로 이루어진다. 그러므로 스킨십을 너무 많이 해주면 아기가 버릇이 나빠질 거라고 염려할 필요가 없다. 아기가 울 때마다 달래주고 돌봐줘라.

감각기관의 발달은 당신의 아기가 새로운 것을 발견하게 하는 출발점이 된다. 아기에게 감각을 마음껏 펼칠 수 있는 기회를 줘라. 우선 아기가 무엇을 마음에 들어하는지 유심히 살피고 그것을 도와줘라.

아기가 마음에 들어하는 것

아기는 유쾌한 자극을 받으면 웃는다. 유쾌한 자극은 아기가 보고, 듣고, 냄새 맡고, 맛보고, 만지는 것을 통해 이루어진다. 감각기관이 더 민감해지면서 아기는 더 자주 미소 짓는다. 엄마는 아기의 미소를 효과적으로 활용할 수 있다. 무엇이 아기를 미소 짓게 하는지 유심히 살펴보고, 그것을 아기와 함께 하라.

> 로라, 5주 "아기에게 얼굴을 가까이 갖다 대며 미소 지으면서 말을 건네면 아기는 곧장 눈을 맞추고 얼굴 가득 웃음을 띠어요."

이제 아기가 보기 시작했다! 어떻게 도울까?

아기는 자꾸 관심을 끄는 것이 있는 쪽을 쳐다본다. 아기가 좋아하는 것은 대부분 색깔이 다채로운 것들이다. 아기는 색깔이 뚜렷이 대조되는 물건에 마음이 쏠린다. 줄무늬와 각진 것도 관심 있어하며 엄마의 얼굴도 좋아한다.

아기를 데리고 다니다 보면 아기가 무엇을 보는 걸 좋아하는지 저절로 알게 된다. 아기에게 보고 싶어하는 것을 자세히 관찰할 수 있도록 기회와 시간을 줘라. 30센티미터 이상 떨어진 것은 아직 잘 못 본다는 점을 염두에 둬라. 어떤 아기는

♥ **스트레스가 많아질 때**

도약은 아기뿐 아니라 엄마에게도 스트레스다. 엄마도 긴장하고 아기도 긴장하고, 그것 때문에 잠까지 부족해지면 엄마와 아기는 기진맥진할 수 있다.

❀ 아기는 혼란스러워서 울부짖는다.
❀ 아기가 울면 엄마는 불안해지고 종종 놀라게 된다. 엄마의 긴장이 극도로 심해지면 감당하기 어려워진다.
❀ 엄마가 긴장 상태가 되면 아기에게도 전달되어 힘들어하며 전보다 더 크게 울어댄다.

도움과 공감을 통해 아기와 엄마 모두 긴장에서 해방될 수 있다.

❀ 아기를 가장 잘 달래는 방법은 스킨십과 관심을 보여주는 것이다. 그러면 아기는 닥칠 변화를 더 잘, 더 빠르게 이겨낼 수 있다. 엄마의 도움은 아기에게 자신감을 준다. 아기는 누군가의 도움이 필요할 때 엄마가 항상 옆에 있다는 것을 기억한다.
❀ 주변 사람들은 엄마에게 비판 대신 공감을 해주고 조력자 역할을 해줘야 한다. 주변 사람들의 공감은 엄마에게 자신감을 준다. 그러면 엄마 역시 계속되는 어려운 시기를 잘 이겨낼 수 있다.

보던 것을 계속 보려고 할 것이고, 어떤 아기는 금방 관심을 끊을 것이다. 아기가 심심해하면 아기가 방금 보던 것과 비슷하긴 하되 약간 다른 것을 보여줘라.

<u>안나, 5주</u> "아기는 눈에 보이는 것들에 관심을 갖는 듯해요. 특히 하얀 벽과 침대의 격자 난간과 책장에 꽂힌 알록달록한 책들과 기다란 모양의 흰색 마루와 그 사이사이의 가느다란 검은 선들과 벽에 걸린 흑백 그림을 즐겨 봐요. 저녁에 전등을 켜면 아기는 매우 좋아라하지요."

이제 아기가 듣는다! 어떻게 도울까?

아기는 이제 소리에 더욱 관심을 갖는다. 부르릉거리고 끽끽거리고 덜덜거리고 졸졸거리는 소리를. 아기는 이제 사람 목소리를 더욱 좋아한다. 특히 톤이 높은 (여자) 목소리를 좋아한다. 엄마 목소리는 아기가 가장 좋아하는 소리이다.

아기가 5주쯤 되면 엄마와 벌써 유쾌한 대화를 나눌 수 있다. 편안히 앉아서 아기와 얼굴을 맞대고 정원 일이나 부엌일 등 아무거나 떠오르는 것을 아기에게 이야기하라. 그리고 아기가 대답하는 듯하면 이야기를 중단하라.

<u>티모, 5주</u> "아기가 내 말에 귀를 기울이는 것 같아요. '엄마가 무슨 말을 하나' 하고."

아기가 옹알이를 한다! 어떻게 응수할까?

아기는 이제 더 자주 소리로 좋고 싫음을 표현할 줄 안다. 잠이 오면 '자기 연민'에 가까운 울음소리를 내며 잠이 들 것이다. 그 밖에 다른 울음은 뭔가 편치 않다는 뜻이다. 아기는 또한 기분이 좋을 때도 소리를 낸다. 뭔가 흥미로운 것을 관찰할 때나 들을 때 말이다. 엄마는 이제 갑자기 아기의 뜻을 더 잘 이해하게 된다. 아기의 뜻을 알아들었다는 표시를 하라. 아기는 칭찬을 좋아한다.

<u>수잔네, 6주</u> "아기가 좋아서 내는 소리와 뭔가 마음에 들지 않을 때 내는 소리는 뚜렷이 구분이 가요. 모빌 같은 것을 보면 신기한 듯이 소리를 지르고, 내가 그 소리를 따라 하면 몹시 좋아해요."

아기가 느낀다! 어떻게 반응해야 할까?

아기는 이제 신체접촉에 더 민감하다. 이즈음 간질이면 처음으로 소리를 내어 웃는 아기도 있다. 그러나 대부분의 아기는 간질이는 걸 그리 좋아하지 않는다. 간지럼은 아기들이 좋아하기에는 부담스러운 놀이다.

안나, 5주 "제 오빠가 간지럼을 태우자 아기는 갑자기 커다랗게 웃었어요. 정말 큰 소리로요. 우리는 놀라서 아주 조용해졌지요."

❤ **아기가 외부 자극을 부담스러워할 때**

언제나 아기가 주도권을 쥐게 하라. 아기가 부담스러워하는 듯하면 곧장 중단하라.

❀ 아기의 감각기관은 이제 더 민감하다. 그래서 외부 자극들이 아기가 감당하기에는 부담스러울 수 있다. 아기와 함께 놀아주거나, 아기를 만져주거나, 뭔가를 보게 하거나, 듣게 할 때 그것을 염두에 두어라. 반드시 엄마가 아기의 비위를 맞춰야 한다.

❀ 아기는 그리 오래 집중할 수 없다. 아기는 끊임없이 짧은 휴식이 필요하다. 아기가 더 하고 싶지 않을 때는 의사표시를 할 것이다. 그럴 때는 기다려라. 잠깐 쉬고 난 후에는 다시 계속할 수 있을 것이다.

☀ 도약의 완성

6주경에는 다시금 별로 힘들지 않은 시기가 온다. 아기는 더 명랑하고, 더 생동감 있고, 보고 듣는 것에 더 집중할 것이다. 많은 엄마들이 아기가 한층 더 명확하게 보게 되었음을 느낀다. 아기는 보고 싶은 것과 보기 싫은 것을 뚜렷이 표시한다. 모든 것이 전에 비해 더 분명해지는 것이다.

디르크, 6주 "나는 이제 아기와 제법 의사소통을 할 수 있어요. 아기가 깨어 있는 시간들이 더 흥미로워졌어요."

다니엘, 6주 "점점 더 아기가 내 아기 같고 아기와 친해지고 있다는 느낌이 들어요."

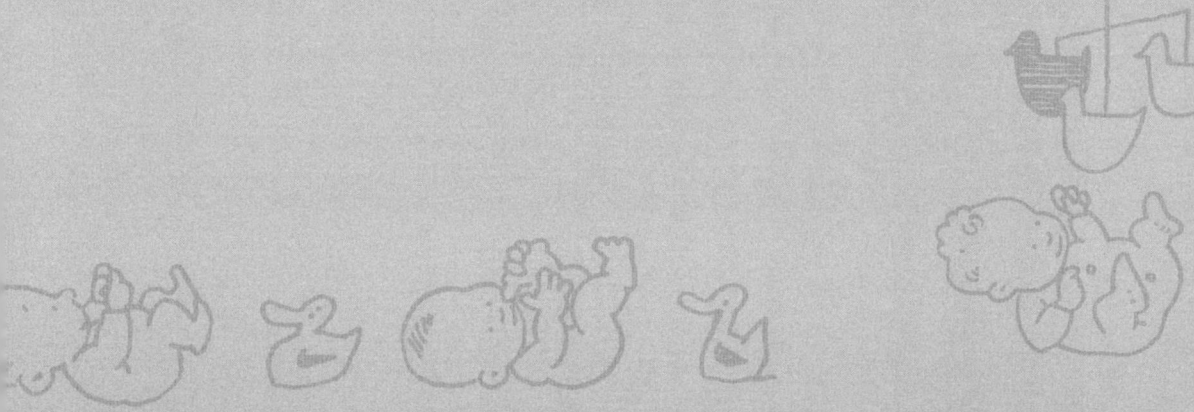

생후 2개월

'패턴'의 세계를 보고, 듣고, 느낀다

김수연 선생님의 조언 이 시기의 아기는 엄마의 얼굴을 또렷이 볼 수가 있다. 눈을 더 자주 맞추어주고 웃어주는 양육태도가 필요하다. 이 시기가 되어 다리에 힘을 주는 것은 반사행동이므로 가능하면 다리에 힘을 주지 않도록 해주는 것이 좋다.

아기는 7주에서 9주 사이가 되면 다음 단계의 도약기를 맞는다. 아기는 새로운 능력을 획득한다. 그리고 그 능력으로 전에는 하지 못했던 새로운 것들을 체험한다.

아기는 이제 자신의 신체와 주변환경에서 간단한 '패턴'을 알아볼 수 있다. 우리 어른들은 상상하기 힘들지만 패턴을 알아보는 것은 시각만이 아니라 모든 감각에 해당된다. 가령 아기는 이제 자신의 손과 발을 '발견'하고 몇 시간 동안 다양한 손동작, 발동작을 연습하면서 보낼 수 있다. 아기는 또 벽에 드리워지는 빛과 그림자의 효과를 신기한 듯이 쳐다본다. 그리고 슈퍼마켓에 가서는 층층이 쌓인 캔을 넋을 잃고 주시한다. 그리고 '아~', '에~', '위~' 같은 옹알이를 계속한다.

그러나 새로운 능력이 좋은 것만은 아니다. 그것은 아기의 친숙한 세계를 뒤죽박죽으로 만든다. 아기는 너무나 새로운 것을 보고, 듣고, 냄새 맡고, 맛보고, 느낀다. 세계는 알던 것과 너무나도 다르다. 아기는 놀라고 당황스럽고 헷갈린다. 아기는 모든 것을 조용히 받아들이고 처리해야 한다. 아기는 친숙하고 안전한 자리로부터 나와 그것을 경험하려고 한다. 그리하여 엄마에게로 돌아가고자 한다. 이런 힘든 시기는 짧게는 2~3일, 길게는 2주까지 지속된다.

 기억하세요!

아기가 힘들게 하면, 아기가 새로운 것을 할 수 있거나 연습하고 있지는 않은지 유심히 살펴보세요.

도약의 시작 : 엄마에게 달라붙기

모든 아기는 이제 더 많이 운다. 이 울음으로 아기는 도약의 긴장감을 알린다. 울음은 당분간 의사표시를 할 수 있는 가장 확실한 방법이다. 울음은 엄마의 주의를 아기에게 집중시킨다. 원래 잘 울던 아기도 평소보다 더 많이 운다. 엄마는 너무 힘겹다. 이럴 때 아기에게 스킨십을 해주면 좀 나아진다. 아기는 엄마와 어떻게든 살을 붙이고 있으려고 한다. 엄마는 모든 관심을 아기에게 기울여야 한다. 엄마가 조금이라도 소홀히 하거나 스킨십을 게을리 하면 난리가 난다.

엄마 곁에만 있으려 한다

아기가 더 많은 관심을 원하는가? 아기는 더 자주 엄마와 함께하기를 원한다. 아기는 엄마의 주의집중을 원한다. 아기는 이제 침대나 바닥에 가만히 누워 있으려고 하지 않는다. 흔들침대엔 그나마 앉아 있지만 그것도 엄마가 흔들어줄 때만이다. 아기는 엄마가 하루 종일 자신을 돌봐주고 이야기하고 놀아주기를 원한다.

> 에바, 8주 "아기가 갑자기 저녁에 혼자 침대에 누워 있기 싫어하고, 공포에 질린 듯이 울부짖고 불안해해요. 우리는 울음소리가 싫어서 아기를 데려와서 달래주지요. 그러면 아기는 아주 빨리 울음을 그쳐요. 원래 우리 아기는 순하거든요."

낮을 가리는가? 아기는 온종일 보지 못한 사람들에겐 잘 웃어주지 않는다. 아니면 웃어주기까지 시간이 더 걸린다. 엄마에게 기분 좋게 안겼다가도 낯선 사람들이 가까이 오면 울음을 터뜨리는 일이 많다. 많은 엄마들은 "전에는 그렇게 방긋방긋 웃더니만" 하며 탄식한다. 어떤 엄마는 기분 좋아한다. "결국 밤이고 낮이고 아기에게 붙어 있는 사람은 엄마뿐이니까요!" 하면서.

잘 먹지 않는가? 아기는 하루 종일 엄마 가슴을 파고든다. 그러나 막상 젖꼭지를 대어주면 별로 먹지 않는다. 또 젖꼭지를 물고 있는 동안에는 조용하다. 그러나 떼자마자 다시 젖꼭지를 물려줄 때까지 난리가 난다.

물론 이런 일은 (젖 먹는 시간을 엄격히 지키지 않고) 먹고 싶을 때마다 젖을 먹어도 되는 아기에게서만 볼 수 있다. 그러면 몇몇 엄마는 젖 먹는 데 뭔가 문제가 있는 게 아닐까 생각한다. 어떤 엄마는 아기가 먹고 싶을 때마다 젖을 먹이는 게 과연 잘하는 일인지 의심한다. 그러나 이즈음은 젖이 영양 공급 수단이라기보다는 안정감을 주고 달래는 수단임을 기억하라. 이 시기에 부쩍 손가락을 더 많이 빠는 아기들이 생긴다.

자꾸 엄마에게 달라붙으려 하는가? 아기는 엄마에게 찰싹 달라붙는다. 특히 안고 다니다가 떼어놓으려 하면 아기는 손가락과 발가락으로 엄마에게서 떨어지지 않으려고 꽉 달라붙는다. 그러면 아기를 떼어내기가 쉽지 않다. 어떤 엄마는 아기가 그러는 것에 약간 감동을 받는다. 한순간 자신이 아기에게 없어서는 안 될 소중한 존재로 느껴지니 말이다.

로라, 9주 "아기를 눕히려고 몸을 굽히면 아기는 마치 독거미에 쏘인 것처럼 나의 머리와 옷을 잡고 늘어져요. 별로 기분이 나쁘지는 않지만 아기가 그러지 않으면 좋겠어요. 그럴 때 아기를 억지로 눕히면 죄책감이 느껴지니까요."

잠을 잘 못 자는가? 어려운 시기를 맞으면 아기는 잠을 제대로 자지 못한다. 어떤 아기는 침대에 눕히려고만 해도 울부짖는다. 그러면 많은 엄마들은 아기가 침대를 무서워하는 게 아닌가 생각한다. 잠을 제대로 못 자는 모습도 가지각색이다.

☹ **아기가 혼란스럽다는 것을 어떻게 알까?**

❀ 더 많이 운다.
❀ 더 많은 관심을 원한다.
❀ 잘 먹지 않는다.
❀ (더 자주) 낯을 가린다.
❀ 자꾸만 엄마에게 달라붙으려 한다.
❀ 잠을 잘 못 잔다.
❀ 엄지손가락을 (더 자주) 빤다.
❀ 그 밖에 눈에 띄는 것들 : _____

어떤 아기는 잠투정을 심하게 하고, 어떤 아기는 잠깐 눈을 붙였다가 금방 깨어난다. 결과는 똑같다. 잠이 모자라는 것. 그래서 아기는 더욱더 울어댄다.

걱정과 헷갈림

보채는 아기, 엄마의 한숨 아기가 갑자기 보채고, 울고, 힘들어하면 엄마는 걱정을 한다. 크게 걱정을 하는 엄마도 있고 그렇지 않은 엄마도 있다. 돌보기 쉽고 순한 아기의 엄마는 걱정도 적다. 순한 아기는 이 시기에도 그리 많이 울지 않고 달래기도 쉽다. 그러나 대부분의 아기는 평소보다 더 많이 울고 달래기도 힘들다. 잘 울고 예민한 아기는 특히 그렇다. 예민한 아기는 평소보다 세 배는 더 많이 운다. 몸부림치고 몸을 비틀고 툭하면 소리 높여 운다. 엄마는 걱정스러워하고 그 때문에 온 가족이 우울해진다.

<u>율리아, 9주</u> "정말 끔찍하게 울어요. 쉬지 않고 울어대고 잠도 안 자고……
온 가족 모두 괴로워요. 남편은 퇴근시간에도 집에 들어오고 싶은 마음이
없어 빈둥거려요. 저녁 내내 또 그 난리를 칠 것을 생각하니 끔찍한 거죠."

다니엘, 9주 "내가 잘하고 있는지 의심스러울 때가 있어요. 특히 아기가 울부짖을 때면 정말 힘들어요. 그러던 어느 날 어떤 책에서 아기가 6주쯤 되면 엄마를 보고 웃는다는 이야기를 읽었어요. 우리 아기는 날 보고 결코 웃지 않아요. 난 불안했어요. 그런데 오늘 아기가 갑자기 내게 아주 환한 웃음을 짓더군요. 나는 눈물을 주르륵 흘렸어요. 우습게 들리겠지만 아기가 나를 위로해주려고 하는 듯한 느낌을 받았어요."

엄마는 아기가 대체 왜 그렇게 울어대는지 알고 싶다. 젖이 모자란 건 아닌지, 어디가 아픈지, 기저귀가 젖은 건 아닌지, 자꾸 안아주면 버릇이 나빠지는 건 아닌지, 엄마는 자문한다. 대부분의 엄마는 '영아산통' 때문에 그런 거라고 결론을 내린다. 어떤 엄마는 답을 찾지 못하고 계속 불안해한다. 어떤 엄마는 아기와 함께 울고, 어떤 엄마는 소아과에 가거나 육아 전문가와 상담을 한다.

멈추지 않는 울음, 엄마는 화난다 엄마는 아기가 납득할 만한 이유도 없이 울어대고 엄마에게만 매달리려 한다고 생각되어 화가 난다. 엄마는 아기가 그러는 것이 부당하다고 느낀다. 울음소리는 엄마를 거의 돌게 만든다. 지치고 피곤하고 할 일은 산적해 있다. 게다가 다른 가족이나 이웃이 아기를 귀찮아하지 않을까, 자기더러 아기를 더 강하게 키워야 한다고 하지 않을까 신경이 쓰인다. 그러나 이성적으로 옳다고 여기든 그렇지 않든 엄마는 아기가 울고 떼를 쓰면 안아주고 달래는 수밖에 별수가 없다.

다니엘, 9주 "난 하루 종일 아기만 돌봐야 했어요. 아무것도 도움이 되지 않았어요. 안아주는 것도, 쓰다듬어주는 것도, 노래해주는 것도……. 처음에는 무력하고 마비된 느낌이었어요. 그러다가 갑자기 화가 머리끝까지 났어요. 나는 소리를 질러대며 울부짖었어요. 정신을 차리기 위해 아기를 일주일에 두 번 정도 놀이방에 보낼까 하는 생각도 했어요. 아기의 울음은 나를 무척 공허하고 피곤하게 만들어요. 나는 내가 어느 정도까지 해주고 어느 정도까지 내버려 둬야 하는지 헷갈려요."

"더는 엄마 노릇 못하겠어!" 엄마가 아기에게 몹시 화가 났다는 것을 인정하는 경우는 드물다. 엄마는 소리 지르며 아기를 침대에 내던지고 나서야 비로소 자신에게 놀란다. 자기가 그렇게 자제력을 잃었다는 사실에 대해서 말이다.

슈테파니, 9주 "이번 주에 아기는 지난주보다 더 심하게 울었어요. 거의 미칠 지경이었어요. 할 일은 산더미이고……. 나는 갑자기 아기를 기저귀대 위에 내팽개쳐버렸어요. 그리고 나서는 내가 그렇게 했다는 사실에 스스로 놀랐지요. 아기는 더욱더 소리를 질러댔어요. 나는 아이들이 이런 시기에 정말 학대당할 수도 있겠구나 하는 생각이 들었어요. 내가 아기를 그렇게 대하리라곤 전에는 결코 생각지 못했거든요."

신체접촉은 긴장을 풀어준다

8주 된 아기가 '엄마 품으로 가고자 하는 것'은 극히 정상적인 일이다. 모든 아기가 그렇다. 어떤 아기는 다른 아기들에 비해 이런 욕구를 더 뚜렷이 표현한다. 이제 울어대며 보채는 것은 세상에서 가장 평범한 일이다. 그것은 아기가 발전하고 있음을, 아기의 발달이 도약하고 있음을, 세계가 너무 낯설어서 아기가 혼란스러워하고 있음을 의미한다. 그래서 아기는 엄마를 친숙하고 안전한 은신처로 활용하고자 하는 것이다. 아기는 엄마와 함께 있을 때 안정감을 느낀다. 엄마라는 지지대에서 출발하여 아기는 자신의 '새로운 세계'를 발견할 수 있다.

당신이 머리가 복잡하고 혼란스러운데 아무도 위로해주지 않는다고 상상해보라. 당신은 더 오래, 더 심하게 스트레스를 받게 될 것이다. 그리고 거기에 모든 에너지를 빼앗겨 문제를 이제 제대로 인식하지 못할 것이다. 아기도 마찬가지다. 아기는 발달과정에서 도약할 때 마치 새로운 세계에 온 느낌이다. 아기가 들수 있는 것보다 더 무거운 짐이 주어진 것과 같다. 아기는 문제가 해결될 때까지 계속 울어댄다. 이렇게 소모된 에너지는 아기의 모든 에너지와 시간을 앗아간다. '새로운 세계'를 알아가는 데 활용하면 더 좋을 시간들을 말이다.

낯선 세계에서 힘들어하는 아기를 발견하는 엄마

보채는 아기를 보면 걱정을 하거나 화가 나면서도 엄마는 아기를 더 세심하게 관찰하게 된다. 뭐가 문제일까? 왜 저렇게 성가시게 할까? 내가 무엇을 할 수 있을까? 내 걱정이 지나친 것일까? 심심해서 그런가? 내가 아기에게 무엇을 가르쳐줘야 할까? 그러다가 엄마는 아기가 왜 그렇게 난리를 치는지 이유를 알게 된다. 엄마는 아기가 새로운 것들을 할 수 있거나 하려고 하는 것을 본다. 엄마는 아기가 새로운 능력을 획득했다는 최초의 몸짓을 발견한다. 이런 새로운 능력을 얻게 됨으로써 아기는 엄마와 함께 시도해보았지만 전에는 할 수 없었던 새로운 것들을 할 수 있게 된다. 8주경에 아기는 '패턴'을 인식하고 이용한다. 아기에게 새로운 세계가 열린 것이다.

 도약하는 아기 : 아기만의 감각으로 '패턴'을 지각한다

아기는 이제 스스로와 주변세계를 다양한 재료로 통합된 '수프'로 보지 않는다. 하여 수프 속의 특정한 '패턴'에 주목하기 시작한다. 가령 아기는 자기 손을 발견하고는 놀라서 손을 쳐다보고 움직여본다. 그리고 이제 자신이 손을 가지고 있다는 것을 알기에 그것을 직접 써보려 한다. 이내 손을 움직여 뭔가를 집기 시작한다. 아기는 패턴을 볼 수 있을 뿐 아니라 들을 수도, 냄새를 맡을 수도, 맛볼 수도, 느낄 수도 있다. 아기는 모든 감각을 동원하여 패턴을 지각한다. 즉, 손을 밑으로 내리고 있을 때와 위로 올리고 있을 때의 느낌이 확연히 다르다는 것을 인지한다.

아기는 자기 몸의 패턴을 지각할 수 있다. 아기는 자기 몸의 자세를 확인한다. 그리하여 머리, 몸통, 다리, 팔, 그리고 신체의 아주 작은 부위를 마음대로 움직여본다. 얼굴 근육을 더 잘 쓸 수 있게 되면서 다양한 표정도 지을 수 있다. 성대를 이용해 다양한 소리를 낼 수 있고, 눈으로 무언가를 잘 응시할 수 있고, 눈 근육도 더 잘 사용할 수 있다.

선천적으로 가지고 있던 자동 반응(반사)은 이제 사라지고 의식적인 움직임으로 바뀌기 시작한다. 아기는 손을 이용해 '의식적으로' 장난감을 감싸 안는 것도 배운다. 아기는 이제 반사에 완전히 의존하지 않는다. 배고프거나 기분이 안 좋을 때만 예전의 방식으로 돌아간다.

그러나 아기의 첫 '의식적' 움직임들은 아직 완전하지 않고 어설프다. 어떤 자세에서 다른 자세로 옮아갈 때 자연스럽지 않다. 그리고 다음 도약이 시작될 때까지 계속 그 상태를 유지한다.

두뇌가 쑥쑥

7~8주경 아기의 머리둘레는 굉장히 커진다. 6~8주에 뇌파에도 뚜렷한 변화가 나타난다.

패턴의 세계에서 아기는 무엇을 발견할까?

아기는 새로운 능력을 획득했고, 그들 앞에는 새로운 세계가 열린 상태로 놓여있다. 새로운 세계에는 발견할 것들이 무궁무진하다. 모든 아기는 나름대로의 선택을 한다. 아기는 가장 관심이 가는 것에 주의를 기울인다. 어떤 아기는 모든 것에 관심을 갖고, 어떤 아기는 보이는 것에 특히 관심을 갖는다. 그리고 어떤 아기는 중얼거리고 귀 기울여 듣는 것에 관심을 갖는다. 아기마다 할 수 있는 것들이 다르다. 아기가 좋아하고, 또 할 수 있는 것은 아기의 신체구조, 체중, 성향, 관심에 따라 달라진다.

 아기가 경험하는 '패턴'의 세계

운동 영역

🌸 깨어 있을 때 고개를 스스로 가눌 수 있다.

🌸 소리가 들리거나 관심 있는 대상이 있는 방향으로 고개를 돌린다.

🌸 모로 누워 있다가 엎드릴 수 있다.

🌸 모로 누워 있다가 바로 누울 수 있다.

🌸 팔과 다리를 버둥거린다.

🌸 앉으려고 몸에 힘을 준다.

🌸 서려고 다리에 힘을 준다.

🌸 엎드려서 고개를 든다.

🌸 몸을 세우고 앉아 있는 걸 좋아하고, 무릎에 앉혀놓으면 앞으로 몸을 굽힌 채 앉는다.

🌸 엎드린 자세에서 오른쪽 왼쪽을 쳐다볼 수 있다.

🌸 갖가지 표정을 짓는다. 얼굴을 가지고 '논다'.

🌸 그 밖에 눈에 띄는 것들 :

쥐기 · 만지기 · 느끼기 영역

🌸 약간 멀리 있는 장난감을 잡으려고 하지만 아직은 잘 되지 않는다.

🌸 잡기의 전 단계로 장난감을 두드린다.

🌸 발로 장난감을 향해 쿵쿵거린다(불규칙적으로).

🌸 장난감을 쥐어주면 손으로 장난감을 감싸 안는다.

🌸 장난감(열쇠 꾸러미 같은 것)을 잡고는 (약간 어설프게) 이리저리 움직인다.

🌸 장난감을 잡지 않고 만지작거린다.

🌸 그 밖에 눈에 띄는 것들 :

보기 영역

🌸 손, 발, 무릎을 발견한다.

❀ 방을 왔다 갔다 하거나 뭔가를 하고 있는 사람들을 쳐다본다.

❀ 방에서 노는 아이들을 거의 넋을 잃고 쳐다본다.

❀ 빠르게 움직이는 텔레비전 화면을 관심 있게 본다.

❀ 고양이나 강아지가 뛰어다니거나 먹는 것을 유심히 관찰한다.

❀ 새장에서 새가 날개를 펄럭이는 것을 발견한다.

❀ 커튼이 바람에 휘날리는 것을 관심 있게 쳐다본다.

❀ 깜박이는 촛불 등 빛의 근원을 발견한다.

❀ 안아주거나 유모차를 태워주면, 스쳐 지나가는 나뭇가지를 관찰한다.

❀ 형태(구부러진 선들)가 다양하고 색깔이 다채로운 현대 회화를 물끄러미 관찰한다. 그림을 보여주면서 천천히 흔들어주면 더 좋아한다.

❀ 반짝이는 옷이나 장신구를 좋아한다.

❀ 음식을 씹고 있는 입을 유심히 관찰한다.

❀ 얼굴 표정을 연구한다.

❀ 그 밖에 눈에 띄는 것들 :

듣기 영역

❀ 사람 목소리와 말하는 소리, 노랫소리와 높은 음을 즐겨 듣는다.

❀ 아아, 우우, 으으 등 짧은 음을 말하고 스스로 듣는다.

❀ 이런 소리로 뭔가 설명하려는 듯 옹알이를 한다.

❀ 간단한 소리를 따라서 한다.

❀ 아기와 함께 율동하면서 노래를 불러주면 나름대로 노래를 따라 한다.

❀ 인형과 말하며 웃는다.

❀ 다른 사람들이 이야기하면 끼어든다.

❀ 그 밖에 눈에 띄는 것들 :

아기의 개성 파악하기 : 관찰한 것을 기록해보라

아기가 새로운 세계에서 모든 것을 한꺼번에 발견할 수 없음을 염두에 둬라. 8주경에 아기는 처음으로 이 세계에 발을 들여놓았다. 그러나 아기가 무엇을 먼저 배우는가 하는 것은 아기의 관심사에 달려 있다. 여기서 소개한 대부분의 것들을 할 수 있으려면 몇 주 더 지나야 한다!

아기의 관심사에서 개성을 발견하라

아기를 정확히 관찰하라. 그리고 아기가 무엇을 좋아하는지 보라. 아기가 어디에 관심이 있는가? 〈그 밖에 눈에 띄는 것들〉에 아기가 무엇을 선택했는지를 적을 수 있는 빈칸이 있다. 8주에서 12주 사이에 아기는 이 세계에서 가장 관심이 가는 것을 선택한다. 아기의 결정을 존중하라. 아기의 독특한 점과 개성은 무엇인가? 아기의 관심사를 존중할 때 아기를 가장 잘 도울 수 있다.

 ## 도약의 성과 : 아기의 능력을 끌어올려라

엄마가 해야 할 두 번째 과제는 아기의 재능이 엿보이는 부분이 더욱 발달하도록 돕는 것이다. 어떻게 할까?

- 아기의 모든 시도를 환영하고 열광하라. 아기는 칭찬을 받으면 더욱 열심히 한다.
- 아기의 관심을 일깨우되 너무 부담을 줘서는 안 된다. 아기가 좋아하는 것을 하라.
- 아기가 이제 됐다는 표시를 하면 중단하라.

> ♡ **아기가 싫증 낸다는 것을 어떻게 알까?**
>
> ❀ 눈을 다른 데로 돌린다.
> ❀ 힘이 센 아기는 몸 전체를 돌려버린다.
>
> 아기가 싫증 내는 게 느껴지면 놀이를 중단하라. 때로 아기는 잠깐 쉬고 다시 하려고 할지도 모른다. 아주 짧게라도 숨 돌릴 시간이 필요하다. 아기는 한꺼번에 많은 것을 소화하지 못한다.

아기의 반응을 격려하라. 아기가 주도권을 쥐게 하라

아기는 많은 것들을 스스로 해보려고 한다. 엄마가 격려와 열광적인 응원을 보여주면 아기는 스스로 잘하고 있다는 생각에 더욱 자신감을 갖는다.

> ☺ **아기는 이래요!**
>
> 아기는 새로운 것을 가장 좋아한다. 아기의 새로운 능력과 아기의 흥미에 늘 관심을 보여주고 반응하라. 그러면 아기는 더 잘, 더 쉽게, 더 빨리, 더 많이 배울 것이다.

아기가 사물을 정확하게 보도록 도와라

앞에서 아기들이 엄마 사진을 정확히 보기 위해 반응하는 실험사례를 이야기했다. 첫 번째 실험에서 아기는 젖꼭지를 빨면서 엄마 사진을 보았고 아기들이 젖꼭지 빠는 걸 중단하면 엄마 사진이 흐려졌다. 그리하여 아기는 사진을 제대로 보지 못했다. 아직 빠는 동시에 볼 능력이 없었기 때문이다. 그러나 이 시기에는 도약을 통해 그런 능력을 갖게 된다. 그리고 그것은 엄마에게 탐탁지 않은 결과를 초래할 수도 있다.

> <u>슈테판, 10주</u> "아기가 갑자기 내 젖꼭지를 꽉 깨무는 바람에 너무 아픈 나머지 팔을 쳐들어 아기를 한 대 때릴 뻔했어요. 곧 내 행동에 스스로 놀랐죠. 그래도 아기는 젖꼭지를 놓지 않으려고 했어요. 나는 아기가 왜 그러는지 알지 못했죠."

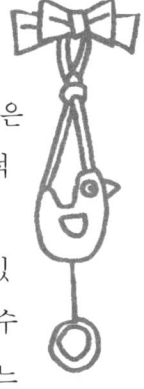

아기는 배고프지 않으면서도 엄마를 골탕 먹이려는 게 아니다. 이런 일은 아기의 발달과정에서 흔하게 일어난다. 마치 글씨를 잘 쓰려고 하면 자동적으로 입술을 비쭉 내미는 사람처럼 말이다.

멀리서 알록달록한 장난감을 보여주면서 아기의 지각 훈련을 도울 수 있다. 보여주는 장난감을 가볍게 움직여보라. 그러면 아기의 관심을 끌어낼 수 있고, 더 오래 지속시킬 수 있다. 장난감을 천천히 앞뒤로 움직여보고 어느 정도의 거리까지 아기가 눈으로 좇는지도 관찰하라.

아기에게 '진짜' 물건을 보여줘라

아기가 사진이나 그림보다 '진짜'에 더 관심을 갖는다는 걸 느꼈는가? 그러나 아기는 뭔가를 가까이서 보고 싶어도 직접 다가갈 수 없다. 아기는 이때 엄마의 도움을 필요로 한다. 아기가 관심을 보이는 물건을 가져다주거나 그 물건 가까이로 아기를 데려가서 진짜를 볼 수 있는 기회를 줘라.

아기는 변화를 좋아한다

8주 된 아기는 늘 같은 것만 보고, 듣고, 느끼고, 냄새 맡고, 맛보면 지루해할 수 있다. 아기는 이제 패턴을 지각하기 때문에 같은 패턴이 반복된다는 것을 느낀다. 같은 놀이, 같은 풍경, 같은 소리, 같은 느낌, 같은 맛. 태어나서 처음으로 아기는 같은 것을 더는 원하지 않게 된다. 아기는 변화를 원한다. 엄마는 아기에게 변화를 제공해야 한다. 아기를 이곳저곳 데리고 다니고, 흔들침대를 집 안 이곳저곳으로 이동하여 엄마가 일하는 모습을 보여줘라.

아기가 자신의 손과 발을 유심히 관찰한다

아기는 이제 자신의 몸에서 뭔가 연구할 필요가 있는 대상들이 꿈틀거리고 있다는 것을 인식한다. 바로 손과 발이다. 아기는 손과 발을 관찰하고 세심하게 연구한다. 모든 아기는 각자 나름의 방식으로 연구한다. 어떤 아기는 손과 발을 연구하는 것에 시간을 아주 많이 들이고 어떤 아기는 조금 들인다. 손은 대부분의 아기에게 인기 만점이다. 아마도 가장 자주 '마주치는' 대상이기 때문일 것이다.

<u>다니엘, 9주</u> "아기는 자기 손이 어떻게 움직이는지 유심히 살펴요. 누워 있을 때면 손가락을 쫙 펴고 손을 머리에 대고 있어요. 그리고 때로는 손가락 하나씩을 폈다 오므렸다 해요. 그리고 손을 포갰다가 마주 잡았다 하지요. 아기의 손은 언제나 바빠요."

아기의 손과 팔은 아주 다양한 자세를 취할 수 있다. 모든 자세는 각각의 패턴을 나타내고 아기에게 보일 뿐 아니라 느껴진다. 아기에게 가능한 한 손을 오래 볼 수 있도록 하라. 아기는 손을 제대로 사용할 수 있기 전에 손이 뭘 하는 도구인지 알아야 한다. 아기는 쥘 수 있는 연장에 친숙해질 필요가 있다.

손으로 '느낌의 패턴'을 배운다

아기가 손 사용법을 스스로 시험하고 있는가? 손으로 딸랑이를 감싸보면서? 장난감을 쥐는 것으로 아기는 손의 자세와 손바닥과의 접촉을 통해 '느낌의 패턴'을 학습한다. 그러나 손으로 물건을 쥐는 것이 금방 익숙해지지는 않는다. 아기가 매번 하려고 할 때마다 엄마가 격려하고 응원해주면 아기가 큰 도움을 얻을 것이다. 칭찬을 받으면 계속할 의욕이 생기는 법이다.

이 월령의 아기는 아직 자신이 원하는 곳까지 다가가지 못한다. 하지만 손으로 무언가를 집을 수는 있다. 그러므로 장난감을 쥐기 위해서는 장난감이 잡을 수 있는 곳에 있어야 한다. 장난감을 아기 손 닿는 곳까지 놓아주거나 아기를 장난감 가까이로 옮겨줘라. 그러면 아기는 잡기 연습을 할 수 있다.

옹알이는 자기 목소리를 학습하는 것

아기는 스스로 내는 새로운 소리를 무척 재미있어한다. 아기가 내는 소리는 마치 '뱉어내는' 소리로 들릴 것이다. 이 시기의 도약으로 아기는 성대를 특정한 위치에 놓을 수 있는 능력을 갖게 되었기 때문이다. 이 역시 팔이나 손의 자세와 같은 '느낌의 패턴'을 익힌 결과이다. 또 아기가 다른 사람들이 내는 소리를 들을 수 있게 하라.

아기가 뭐라고 옹알이를 하면 엄마는 소리를 내어 반응을 해줘라. 아기에게 반응을 해주면 아기는 자신의 소리가 쓸모 있다는 놀라운 발견을 하게 된다. '아, 목소리를 손처럼 사용할 수도 있군!' 하고 말이다.

아기에게 말을 걸어라

모든 엄마가 아기에게 말을 건다. 어떤 엄마는 아기가 깨어 있을 때면 말을 걸고 어떤 엄마는 정해진 시간에만 말을 건다. 시간을 정해놓는 것은 좋지 않다. 아기가 언제나 대화할 준비가 된 상태가 아니기 때문이다. 오랜만에 말을 걸었을 때 아기가 반응을 보이지 않으면 엄마는 '아기가 아직 반응이 없네' 하며 빠르게 포기할 수 있다.

자세를 바꾸는 놀이는 좋은 공부다

대부분의 아기는 반쯤 앉혀놓으면 앉으려고 힘을 쓰고, 앉혀놓으면 다리에 힘을 주어 일어나려고 자리를 박찬다. 이때 아기의 머리를 손으로 받쳐줘야 한다는 것을 잊지 말아야 한다. 힘센 아기는 억지로 시키지 않아도 스스로 하려고 할 것이다. 이런 움직임을 통해 아기는 다양한 자세를 취할 때 어떤 느낌인지 배운다. 아기의 모든 자세는 고유한 패턴을 갖고 있고 아기는 그것을 지각

할 수 있게 된다. 아기는 피노키오처럼 한 자세에서 다른 자세로 옮겨갈 때 부자연스러울 것이다. 자세를 바꾸는 건 아직 시행착오 없이는 잘 되지 않는다. 그러나 아기는 새로운 자세를 취하는 걸 좋아한다. 어떤 아기는 신체를 움직이는 놀이가 끝나면 화를 내기까지 한다.

<u>루돌프</u>, 11주 "아기가 다리에 힘을 주고 일어설 때면 아주 어설프게 움직여요. 벗겨놓고 기저귀를 갈 때도 마치 경련하듯이 움직여요. 나는 이게 정상일까 의문이 들어요."

아기가 이런 신체놀이를 아주 좋아한다는 것은 대부분 아빠가 먼저 발견한다. 아기가 좋아하면 엄마도 그 놀이를 하기 시작한다. 여자아기들보다는 사내아기들을 데리고 말이다!

까다로운 아기가 호기심이 많다

어떤 아기는 같은 것에 쉽게 물리고 단조로운 것에 만족하지 못한다. 그들은 더많은 것을 원하고 액션을 원한다. 그런 아기는 복잡한 놀이와 변화를 원한다. 이런 아기를 키우는 엄마는 피곤하다. 엄마는 진이 빠지고 어찌해야 할지 모를 때도 많다. 까다로운 아기는 뭔가 새로운 것이 없으면 칭얼댄다. 까다로운 아기들은 흥미로운 것을 경험하고 새로운 능력을 연습하는 것을 좋아하기도 한다. 새로운 능력은 그들에게 새로운 것을 배울 수 있는 기회를 준다.

그들은 열정적으로 배우며, 배울 때 엄마의 관심과 집중을 요구한다. 새로운 것을 배우려는 그들의 허기는 쉽게 채워지지 않는다. 따라서 도약을 부리나케 거친다. 그들은 새로운 세계가 제공하는 모든 것을 배우고, 연습하고, 여러 가지로 응용해보고는 다시 심심해한다. 엄마로서는 다음 도약을 기다리는 수밖에 없다.

☺ **알아두세요!**

❀ 아기가 한 단계 도약하면 한층 호기심이 많아진다. 엄마가 아기의 관심과 요구를 채워줄수록 아기는 더 빨리, 더 잘, 더 쉽게 배운다.

❀ 많이 우는 아기들(요구가 많은 까다로운 아기들)은 자동적으로 더 많은 관심을 받게 된다. 많이 울부짖으니까 말이다. 이런 아기의 엄마들은 아기의 비위를 맞추기 위해 뭔가 흥미를 끌 만한 아이템들을 가지고 있어야 한다.

❀ 많이 우는 아기들(혹은 까다로운 아기들)은 커서 재능 있는 학생이 될 수도 있다. 최소한 아기 때 엄마의 관심을 많이 받았으니까 말이다.

❀ 돌보기 쉬운 아기는 '잊혀지기' 쉽다. 계속 자기에게 관심을 써달라고 엄마를 그리 강요하지 않으니까 말이다. 따라서 돌보기 쉬운 아기라고 방치하지 말고 자극을 주어서 호기심을 키워줘라.

혼자 노는 것도 괜찮다

모든 엄마는 이 시기의 아기가 어느 정도 혼자서 놀 수 있다고 생각한다. 아기는 자신의 손과 발, 장난감, 주변에 관심 있어한다. 아기는 한동안 바닥에 누워 있기도 한다. 엄마는 아기가 심심해하면 새로운 장난감을 건네면서 아기가 혼자 노는 시간을 가능한 늘리려고 한다. 대부분의 아기는 엄마의 도움으로 15분 정도 혼자 놀 수 있다.

 | 9~12주 | 아기의 발달을 돕는 놀이와 활동

손, 발, 무릎은 매력적인 장난감

아기에게 손, 발, 무릎을 탐구할 기회를 되도록 많이 줘라. 잘 움직이고 잘 볼 수 있게 하기 위해 아기에게 멍석을 깔아줘라. 바닥에 요를 깔고 눕혀놓으면 된다. 따뜻하면 발가벗겨 놓는 것도 좋다. 아기는 발가벗고 있는 것을 아주 좋아한다. 아기가 좀더 오래 주의집중을 하기를 원한다면 손이나 발에 알록달록한 밴드를 매어줘라. 밴드에 방울을 달아놓아도 좋다.

둘만의 오붓한 대화

엄마가 벽에 등을 기대고 무릎을 세워서 허벅지에 아기를 앉혀라. 이런 자세를 하면 엄마와 아기가 서로 얼굴을 잘 볼 수 있다. 아기에게 하루 동안 일어난 일이나 지금 하려고 하는 일을 이야기하라. 어떤 이야기라도 좋다. 중요한 것은 엄마의 나긋나긋한 목소리와 표정이다. 아기의 반응을 주시하라. 아기의 반응을 보면 아기가 어떤 말을 할 때 좋아하는지 알 수 있다. 엄마의 다양한 표정과 말하는 입은 아기에게 언제나 매력적인 대상이다. 아기가 이제 충분하다는 눈치를 보이면 바로 중단하라.

함께 사물 구경하기

이 월령의 아기는 사물을 관찰할 의도로 사물을 잡거나 하지는 못한다. 잡는 것을 막 배우기 시작하는 시기이다. 그러므로 아기를 데리고 다니며 아기가 재미있어하는 것들을 함께 구경하라. 아기는 엄마의 목소리를 좋아하고 많은 것을 보고 배울 것이다. 언제나 아기가 주도권을 쥐게 하고 아기의 반응에 따라 그 다음 행동을 결정하라.

힘을 기르는 놀이

힘을 기르는 놀이는 아기가 고개를 완전히 가누어야 시작할 수 있다. 엄마가 벽에 편안히 등을 기대고 앉아 무릎을 끌어당기고 허벅지에 아기를 앉혀라. 그러면 아기는 반쯤 앉은 자세가 될 것이다. 아기의 팔을 잡고 천천히 앉은 자세가 되도록 끌어당겨라. 아기 스스로 힘을 쓰도록 유도하고 아기를 칭찬하라. 아기의 반응에 유의하라. 아기가 정말 이 놀이를 좋아하는 것 같을 때에만 계속해야 한다.

함께 목욕하기

아기는 움직이는 물을 보는 것을 특히 좋아한다. 자신의 몸에 감겨드는 작은 물살을 즐긴다. 물속에서 아기와 마주 앉고 물방울과 흐르는 물살을 보여줘라. 또는 아기가 앞을 보게 돌려 앉히고 노래를 불러주며, 리듬에 따라 천천히 몸을 흔들어 작은 물결을 만들어보라.

아기는 이제 움직이는 모든 것을 보고, 듣고, 느끼고, 스스로 하고 싶어 한다는 것을 기억하라.

 | 9~12주 | **아기의 발달을 돕는 장난감과 가재도구**

- ❀ 보기 : 머리 위에서 흔들거리는 장난감
- ❀ 보기 : 움직이는 모빌
- ❀ 보고 듣기 : 장난감 시계
- ❀ 보고 듣기 : 움직이며 소리를 내는 모빌
- ❀ 만지고 잡기 : 두들기고 만질 수 있는 장난감
- ❀ 말하고 웃기 : 봉제인형

이건 거의 확실하다. 엄마는 언제나 최고의 장난감이라는 것!

☀ 도약의 완성

10주쯤 되면 다시 힘들지 않은 시기가 찾아온다. 그러면 거의 모든 엄마들이 지난날의 걱정은 깡그리 잊어버리고 아기를 치켜세운다. 엄마는 아기가 잘 커나가고 있으며 "얼마나 돌보기 쉽고 명랑한지 모르겠다"라고 말한다.

10주째에 아기는 이제 밤이고 낮이고 엄마의 관심만을 요구하지는 않는다. 아기는 더 독립적이 되었다. 아기의 관심은 주변환경에 쏠린다. 사람들과 동물들과 사물에. 아기는 갑자기 훨씬 더 많은 것을 알고 깨닫는다. 또한 이제는 계속 엄마 무릎에만 누워 있으려 하지 않는다. 아기는 생동감 있고 부산하며 자꾸만 몸을 일으켜달라고 한다. 엄마에게 흥미를 자극하는 것이 있을 때에만 엄마 곁에 있으려고 할 것이다.

대부분의 아기는 이제 아주 즐겁고 바빠져서 엄마는 훨씬 수월해진다. 엄마는 에너지가 충전되는 느낌이다.

> 율리아, 10주 "아기는 더 영리하게 행동하고, 더 애교를 떨고, 명랑해요. 커다란 소리로 웃을 때도 많아요. 울어만 대던 시간들은 지나간 것 같아요. '아무것도 시작할 수 없었던 하루'에서 '즐기는 하루'로 변했어요. 아기 아빠는 방긋방긋 웃는 아기를 보고 싶은 마음에 퇴근시간까지 기다리기가 힘들 정도래요. 지금까지 남편은 언제나 '오늘 저녁은 또 어떻게 보내나?' 하는 무거운 마음으로 퇴근했었거든요. 하지만 이제 남편은 아기와 함께하는 시간을 즐거워하고, 아기에게 우유를 주고, 밤마다 아기를 재워줘요."

> 슈테판, 10주 "예민한 시기는 지나갔어요. 아기는 이제 내게 매달리는 것보다 스스로 이것저것 하며 노는 걸 더 좋아해요."

니나, 10주 "생동감 넘치는 꼬마인간이 되었어요. 전에는 잠만 자고 먹기만 했는데, 이제 내가 침대에서 일으켜주면 기지개를 켜요. 마치 어른처럼요."

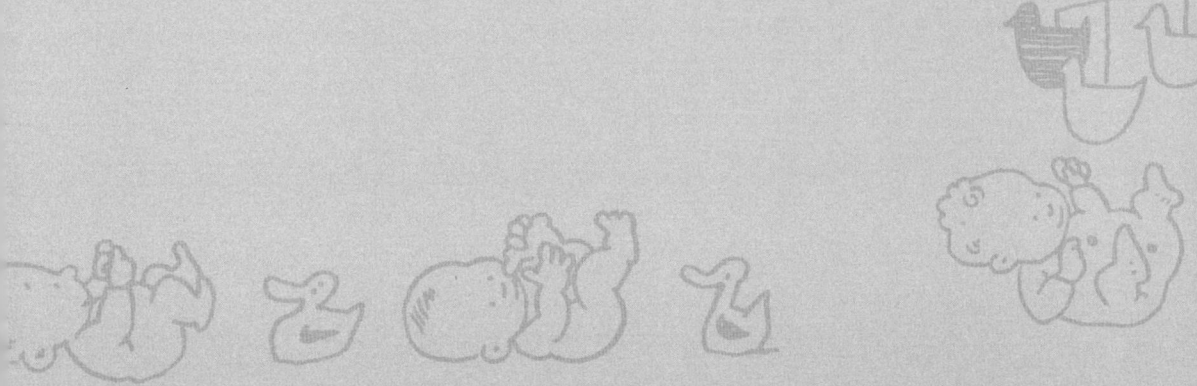

도　약
3 단 계
약 12주

생후 3개월

생각하는 '꼬마인간'이 된다

김수연 선생님의 조언　발달이 빠른 아기들은 고개를 가누기 시작한다. 손에 딸랑이를 쥐여주면 헛손질로 흔들 수도 있다. 엄마를 알아보기 시작하며 엄마가 웃어주면 옹알이를 할 수도 있다. 주변 세계에 익숙해지면서 울음이 줄기도 한다. 오히려 울음이 더 커지고 강해지는 경우, 어디가 아프기보다는 아기의 기질적인 면이 원인인 경우가 많다. 엄마는 수면이 부족해서 많이 지치고 아기에게 짜증을 내게 된다. 이 시기의 아기는 엄마의 짜증을 잘 이해하지 못하므로 주변의 도움을 구해 아기에게 짜증을 내지 않도록 유의해야 한다.

아기가 12주쯤 되면 다음 도약이 노크를 해온다. 때로는 11주에 빠르게 도약이 시작된다. 아기는 새로운 능력을 획득하고, 전에는 아직 배울 수 없었던 새로운 것을 배울 수 있다. 아기는 자신에게 무슨 일인가 벌어지고 있음을 느낀다. 아기는 자신이 세계를 다르게 경험하고 있음을 느낀다. 지난번 도약에서는 아기의 움직임이 피노키오처럼 어설프고 시행착오가 많았는데 12주쯤 되면 완전히 달라진다. 아기는 이제 피노키오가 아니라 '살과 피로 이루어진 진짜 꼬마인간'이 된다.

아기는 친숙한 세계가 더 이상 존재하지 않는다는 것을 느낀다. 아기는 마치 딛고 있던 땅이 꺼져버린 것처럼 혼란스럽다. 아기는 새로운 경험들을 침착하게 처리해야 하고, 그러기 위해 기댈 수 있는 친숙하고 안전한 장소를 알고 있다. 그리하여 아기는 엄마에게로 돌아가고자 한다. 친숙하고 안전한 장소에서 새로운 세계에 익숙해지고자 한다. 이번 도약은 전처럼 시간이 많이 걸리지 않는다. 짧으면 하루, 길면 일주일이다.

기억하세요!

아기가 힘들어할 때 아기가 새로운 것을 할 수 있거나 해보려고 하지 않는지 유심히 살펴보세요.

도약의 시작 : 엄마에게 달라붙기

모든 아기는 이제 더 자주, 더 길게 운다. 물론 정도와 방식은 저마다 다르다.

어떤 아기는 도저히 달랠 수 없을 정도고, 어떤 아기는 평소보다 더 매달리거나 칭얼대고 기분이 오락가락한다. 어떤 아기는 주로 밤에 괴로워하고, 어떤 아기는 낮 동안 심하게 보챈다. 모든 아기는 안거나 업고 왔다 갔다 하면서 춤을 추거나 아기에게만 관심을 쏟아주면 훨씬 덜하다. 그러나 예전과 달리 작은 일에도 곧장 다시 칭얼대거나 울기 시작한다.

아기가 엄마 곁에 있으려 한다는 걸 어떻게 알까?
더 많은 관심을 요구하는가? 아기는 더 이상 혼자 놀려고 하지 않는다. 아기는 엄마의 주의집중을 원한다. 엄마는 아기 곁에서 계속 아기를 쳐다보고 아기와 이야기를 해야 한다. 지난 도약 후 아기가 혼자서도 잘 놀 만큼 독립적이 되었으므로 이런 증상은 간과할 수 없을 것이다. 엄마는 아기가 퇴보하는 것 같다고 느낀다.

낮을 가리는가? 아기 셋 중 하나는 낮을 가린다. 손님이 오면 특히 힘들어진다. 아기는 낯선 사람이 말을 걸거나 쳐다보면 울기 시작한다. 손님이 안아보려 하면 기겁을 하고 운다. 어떤 아기는 그런 다음에 마치 당황한 듯이 엄마의 어깨를 파고든다.

엄마에게 더 매달리는가? 어떤 아기는 데리고 다니면 마치 떼어놓을까봐 엄마에게 꽉 달라붙는다. 아기는 꼬집기를 썩 잘한다.

잘 먹지 않는가? 젖 먹을 시간을 스스로 조절하는 아기는 이제 하루 종일 엄마 젖을 물고 있으려고 한다. 하지만 젖을 양껏 먹지는 않는다. 우유를 먹는 아기는 이전 같으면 벌써 우유병을 비웠을 시간에 병을 비우지 못한다. 아기는 먹지는 않고 위안 삼아 젖꼭지나 인공 젖꼭지를 물고 있는 것이다. 어떤 아기는 젖이나 우유를 먹으면서 엄마를 꽉 붙잡거나 엄마의 블라우스 속에 손을 집어

넣는다. 마치 젖이나 우유병이 사라질까봐 걱정이 되는 듯이.

 잘 자지 않는가? 많은 아기는 잠을 잘 자지 못한다. 밤에 세 번씩 깨기도 하고 깨어서 우유를 먹으려고 한다. 어떤 아기는 낮잠도 자지 않는다. 잠 들었다가도 금방 다시 깬다. 그리하여 많은 아기는 일과가 뒤죽박죽이 되 어버린다. 수면과 수유 리듬이 깨져버린다.

엄지손가락을 더 자주 빠는가? 어떤 아기는 더 자주, 더 오래 엄지손가락을 빤다. 엄마 다음으로 그것을 위안거리로 삼는 것이다. 이런 아기는 소리 지르 며 울어대는 대신 손가락을 빤다.

☹ **아기가 혼란스럽다는 것을 어떻게 알까?**

- ✿ 더 많이 운다.
- ✿ 더 많은 관심을 원한다.
- ✿ 잘 먹지 않는다.
- ✿ 낯을 (더 많이) 가린다.
- ✿ 엄마에게 달라붙어 있으려고 한다.
- ✿ 우유나 젖을 먹을 때 더 많은 스킨십을 원한다.
- ✿ 잘 자지 않는다.
- ✿ 엄지손가락을 (더 자주) 빤다.
- ✿ 덜 움직인다
- ✿ 옹알이를 덜 한다.
- ✿ 그 밖에 눈에 띄는 것들 :

더 조용하고 덜 움직이는가? 어떤 아기는 일시적으로 옹알이를 멈추고 조용 해진다. 몸도 별로 움직이지 않고 한동안 아주 조용히 누워 있기도 한다. 이전에 도약기를 경험해보았기 때문에 행동이 일시적으로 얌전해지는 것이다.

걱정과 헷갈림

엄마는 걱정이 태산이다 아기가 더 매달리고, 더 많이 울고, 잘 자지 않고, 먹는 것도 평소 같지 않고, 옹알이도 안 하고, 혼자 놀지도 않고 칭얼대면 엄마는 걱정을 한다. 엄마는 아기가 더 나아지기를 기대하기 때문이다. 아기가 퇴보하는 것처럼 느껴질 때 엄마는 불안하다. 엄마는 자신이 뭔가 잘못하고 있는 것은 아닌지, 아기가 뭔가 이상한 것은 아닌지 걱정을 한다. 아기가 아픈지, 아니면 뭔가 정상이 아닌지. 그러나 원인을 찾지 못한다. 아기는 자신이 계속 다음 단계로 도약하며 발전하고 있다는 걸 알리는 것뿐이다. 도약에는 아픔이 뒤따른다. 엄마는 아기의 어려움을 잘 이해하고 있다는 걸 보여줌으로써 아기를 도울 수 있다.

슈테파니, 12주 "아기가 그렇게 울어대고 안아달라고만 하니 쫓기는 기분이 들고 어찌할 바를 모르겠어요. 불안하고 아무것도 손에 잡히지가 않아요."

로라, 12주 "나는 끊임없이 아기가 왜 울까 생각해요. 나는 안심하기 위해 아기가 괴로워하는 이유를 알고 싶어요."

엄마는 화가 난다. 많은 엄마는 수면과 수유시간이 뒤죽박죽되는 것을 참기 힘들어한다. 계획은 계속 엉망이 되고 가족이나 주변 사람들의 눈치가 보인다. 엄마는 이리저리 휘둘리는 느낌이다. 엄마의 직관은 아기가 울 때마다 아기를 안아주고 돌봐야 한다고 말하지만 어찌된 일인지 다른 사람들은 그것을 허락하지 않는다.

루돌프, 12주 "아기가 칭얼대고 보채면 나는 스트레스를 받아요. 계속 아기를 돌봐줘야 하니 말예요. 남편을 포함한 모든 사람들은 이래라 저래라 충고를 하지요."

엄마는 화가 나서 '이젠 더 이상 못 해먹겠다'라고까지 생각한다. 때로 엄마는 분노를 삭이지 못하고 아기에게 엄마가 한계에 이르렀음을 알리기도 한다.

 <u>티모, 11주</u> "손님이 왔는데 아기는 계속 칭얼댔고 모두들 한마디씩 충고를 했지요. 난 정말 스트레스가 끝까지 차올랐어요. 위층으로 올라가 아기를 침대에 눕히려 했을 때 더는 자제하지 못하고 아기를 들고는 마구 흔들어댔어요."

> ♡ **아기를 흔들어대면 위험해요!**
>
> 때로 좌절하고 화가 나더라도 결코 아기를 세게 흔들어서는 안 된다! 갓난아기를 세게 흔들면 머릿속에 출혈이 일어나서 뇌 손상으로 이어질 수 있다. 그러면 나중에 학습장애가 생길 수도 있다. 흔들어서 아기가 사망한 예도 있으므로 주의할 것.

엄마도 긴장한다

아기가 도약할 때 아기뿐 아니라 온 가족, 특히 엄마도 긴장한다.

<u>안나, 11주</u> "아기의 울음이 잦아들자 무거운 돌이 가슴에서 떨어져나간 것 같았어요. 내가 얼마나 긴장하고 있었는지 실감했지요."

엄마가 주변의 도움도 받지 못한 채 아기에 대한 걱정으로 가득할 때 거의 기진맥진하는 상황에 이를 수 있다. 특히 수면 부족일 때가 그렇다. 엄마는 계속 관심을 원하며 제대로 잠도 자지 않는 아기와 더불어 신체적, 정신적으로 너무 지친다.

지친 엄마가 주변의 뒷받침은커녕 헛된 충고만 듣게 되면 스트레스가 너무나 커져서 아기를 필요 이상으로 거칠게 대할 수 있다. 엄마가 아기를 때리는 경우는 거의 이런 시기이다. 그것은 엄마가 아기를 싫어해서가 아니라 아기의 건강을 염려하고 주변의 비난이 두려워서이다. 엄마는 혼자 문제들을 짊어지고 있다고 느낀다.

> <u>티모, 12주</u> "직장동료가 남편에게 아들이 남편의 '붕어빵'이라고 말한 다음부터 남편은 아기가 울 때마다 내가 아기를 달래도 아무 소리 하지 않아요. 전에는 그러는 걸 보면 아기 버릇이 나빠진다고 뭐라고 했을 텐데요. 이제는 한결 쉬워졌어요. 마음 놓고 아기를 달랠 수 있고 아기도 그걸 느끼는지 모든 것이 훨씬 자연스럽게 흘러가요."

엄마는 비로소 아기의 변화를 느낀다

아기가 혼란스러울 때 엄마는 특히 아기를 주시하게 된다. 엄마는 무슨 일인지 알고자 한다. 그러다 보면 엄마는 가장 먼저 아기가 새로운 것을 하거나, 하려고 한다는 것을 확인한다. 엄마는 아기가 새로운 능력의 결과로 맨 처음 해내는 일들을 목격한다.

12주경에 아기는 '유연한 변화'를 지각하고 스스로 할 수 있는 능력을 갖는다. 이런 능력은 아기 앞에 열려 있는 새로운 세계나 마찬가지다. 이 세계 안에서 아기는 다양하고 유연한 변화들을 발견할 수 있다. 아기는 소질과 기호와 성향에 따라 자신만의 선택을 한다. 그리고 엄마는 이번에도 아기를 도울 수 있다.

> 🔆 **두뇌가 쑥쑥**
> 10~11주 사이에 아기의 머리둘레는 한결 커진다.

🐛 도약하는 아기 : 소리와 동작의 변화를 인지한다

아기는 이제 처음으로 어떤 소리에서 다른 소리로의 전환, 혹은 어떤 움직임에서 다른 움직임으로의 변화 등 '유연한 변화'를 보고, 듣고, 냄새 맡고, 맛보고, 느낀다. 이런 능력과 더불어 아기는 다른 사람들이 만들어내는 유연한 변화를 지각하고, 스스로도 그렇게 하는 것을 배운다.

가령 아기는 어떤 자세에서 다른 자세로 유연하게 옮겨가는 것을 배운다. 아기는 이제 어떻게 팔을 서서히 장난감 쪽으로 뻗을 수 있는지, 그리고 어떻게 서서히 다리를 뻗고 구부릴 수 있는지를 배운다. 엄마는 아기가 이전처럼 어설프거나 끊기지 않고, 훨씬 어른처럼 자연스럽고 의식적으로 움직인다는 것을 확인할 수 있다.

엄마는 이제 아기가 고개를 제대로 가누는 것을 볼 수 있다. 아기는 하나의 유연한 동작으로 고개를 이쪽저쪽 부드럽게 돌릴 수 있다. 천천히 돌릴 수도, 빨리 돌릴 수도 있다. 아기는 이것을 다 큰 사람처럼 한다. 아기는 다시 소리가 들리는 곳을 쳐다본다. 생후 한 달에서 두 달 사이에 사라졌던 행동이다. 하지만 소리에 대한 반응은 이제 더 빠르고 유연해진다.

아기는 또한 굳은 음식을 의식적으로 문제없이 삼키는 것을 배운다. 그리하여 지난 도약 후 처음으로 할 수 있었던 서투르게 삼키는 동작을 개선한다.

아기는 또한 사람들이 어떤 소리에서 다른 소리로 유연하게 옮아가는 것을 지각할 수 있으며 스스로도 그렇게 할 수 있다. 아기는 소리로 그런 전환을 연습한다. 그리고 큰 소리에서 작은 소리로, 작은 소리에서 큰 소리로 옮아가는 것을 지각하고 스스로 목소리를 조절하면서 논다.

시력도 훨씬 더 발달하여 거의 성인 수준이 된다. 아기는 조용하고 능숙하게 어떤 물체의 움직임을 좇을 수 있다. 심지어 고개를 돌리지 않고도 그렇게 할 수 있다. 아기는 누군가가 다가오거나 멀어지는 발소리를 분간할 수 있다. 이제 공간

전체를 조망할 수 있게 된 것이다.

이런 도약으로 아기는 '하나의 동작' 안에서의 유연한 변화를 지각하거나 스스로 할 수 있다. 가령 특정한 방향으로 하는 간단한 운동(손을 뻗고 고개를 돌리는)을 더 유연하게 할 수 있는 것이다. 하지만 어떤 동작을 하다가 전혀 다른 동작으로 바꿀 때 아기는 그것을 시작하기 전에 잠시 멈춰야 한다. 어떤 운동을 하다가 다른 운동으로 부드럽게 옮아가는 것은 비로소 다음 도약에서나 가능하다.

✏️ 아기가 경험하는 '유연한 변화'의 세계

운동 영역

✿ 고개를 거의 받쳐주지 않아도 된다.

✿ 뭔가를 보거나 들으려고 할 때 고개를 곧장 이쪽에서 저쪽으로 유연하게 돌린다.

✿ 움직이는 대상을 계속 눈으로 좇을 수 있다.

✿ 아기는 더 생동감 있고 힘 있게 행동하며, 버둥대고 각 방향으로 돌아본다.

✿ 기저귀를 갈아줄 때 엉덩이를 든다.

✿ 손가락으로 조금 밀어주면 뒤집을 수 있다.

✿ 누워서 발가락을 입에 넣고 그 자리에서 한 바퀴 빙 돈다.

✿ 기대고 앉히면 앉는다.

✿ 누워 있다가 엄마 손가락 두 개를 잡고 힘을 주어 앉는다.

✿ 엄마 손가락 두 개에 힘을 실으며 다리에 힘을 줘서 유연하게 선다.

✿ 침대에 눕혀놓으면 발로 바닥을 힘주어 찬다.

✿ 그 밖에 눈에 띄는 것들 : _____

_____

쥐기 · 만지기 · 느끼기 영역

✿ 두 손으로 쥐고, 들고 있을 수 있다.

✿ 엄마가 건네는 장난감을 두 손으로 의도적 · 의식적으로 잡는다.

✿ 딸랑이를 흔들 수 있다.

✿ 손을 탐구하고 만진다.

✿ 얼굴과 눈과 입과 머리카락을 유심히 보고 만져본다.

✿ 옷을 유심히 보고 만져본다.

✿ 모든 것을 입에다 집어넣는다.

❀ 스스로 목에서 눈을 거쳐 머리 위까지 쓰다듬는다.
❀ 장난감을 가지고 머리나 뺨을 쓰다듬는다.
❀ 그 밖에 눈에 띄는 것들 : _____

듣기 · 말하기 영역

❀ 소리를 지르며 소리를 크게 했다가 작게 했다가, 작게 했다가 크게 했다가 한다.
  그리고 높게 했다가 낮게 했다가, 낮게 했다가 높게 했다가 한다.
❀ 새로운 소리를 만든다. 구사하는 모음이 더 다양해진다. 아아, 우우, 아부, 오오,
  흐웅 등 마치 말의 소리와 비슷하게 들린다.
❀ 어딘가 눕거나 앉아서 새로운 소리로 이야기를 한다.
❀ 침으로 거품을 만들 수 있음을 발견한다. 아기는 그것을 마음에 들어하고, 재미있
  어서 웃는다.
❀ 그 밖에 눈에 띄는 것들 : _____

시각 영역

❀ 아기는 손을 돌리고, 손바닥과 손등을 유심히 관찰한다.
❀ 발의 운동을 유심히 관찰한다.
❀ 얼굴과 눈과 입과 머리카락을 유심히 관찰한다.
❀ 어떤 사람의 옷을 유심히 본다.
❀ 그 밖에 눈에 띄는 것들 : _____

다양한 영역

❀ 뭔가를 계속 쳐다보거나 귀 기울이거나 잡거나 말하거나 기대하면서 무언가를 마
  음에 들어하고 있다는 표시를 낸다.
❀ 각 사람들에게 다른 반응을 보인다(다르게 쳐다보거나, 다르게 미소 짓거나, 다르
  게 말하거나, 다르게 울거나, 다르게 움직이거나).
❀ 계속 같은 것을 보거나 듣거나 냄새 맡거나 느끼거나 하면 심심하다는 표시를 낸
  다. 변화를 좋아한다.
❀ 그 밖에 눈에 띄는 것들 : _____

아기의 개성 파악하기 : 관찰한 것을 기록해보라

_____

_____

_____

아기가 새로운 세계에서 모든 것을 한꺼번에 발견할 수 없음을 염두에 둬야 한다. 12주 된 아기는 처음으로 이 세계에 발을 들여놓았다. 아기가 언제 어떤 능력을 갖게 되는가 하는 것은 아기의 관심사에 달려 있다. 여기에 적힌 대부분의 능력을 갖추려면 몇 주 더 지나야 한다!

아기의 관심사에서 개성을 발견하라

어떤 아기는 외부에서 받는 인상에 특히 민감하다. 아기는 스스로 뭔가 하는 것보다는 보고 듣고 느끼는 것에 더 몰두한다. 그러나 유감스럽게도 아기의 발달 정도를 일반적으로 대근육 운동(잡기, 구르기, 기기, 앉기, 서기, 걷기 등)을 기준으로 판단한다. 그러므로 보고 듣고 느끼는 데 더 관심을 갖는 아기는 이런 발달 기준으로 보면 발육이 늦은 것이다. 가령 그런 아기는 물건을 스스로 쥐기까지 한참 걸린다. 하지만 한번 대상을 손에 쥐면 여러 방향에서 유심히 관찰한다. 새로운 물건을 돌리고, 보고, 귀 기울이고, 그것으로 뺨을 쓰다듬어보고, 냄새를 맡아보곤 한다. 이런 아기는 보다 더 복잡한 것에 관심을 갖는다. 그렇게 해서 학습능력의 토대를 만들어가는 것이다.

이에 반해 신체적으로 활동적인 아기는 종종 무언가를 쥔다는 자체가 중요하다. 어떤 물건을 손에 쥐자마자 그 물건에 흥미를 잃어버리고는 다른 도전을 찾기 위해 그것을 내팽개쳐버린다.

아기를 정확히 관찰하라. 아기가 무엇을 좋아하는지 알아보라. 아기의 관심사가 어디에 있는지, 〈그 밖에 눈에 띄는 것들〉에 아기가 뭘 선택했는지 적을 수 있는 빈칸이 마련되어 있다. 12~15주 사이에 아기는 이 세계에서 자신이 가장 관심 있는 능력을 선택하게 될 것이다. 아기의 결정을 존중하라. 아기의 개성을 이루는 열쇠가 무엇인지 살펴보라! 아기의 관심을 존중하면 아기가 놀고 배우는 것을 가장 잘 도와줄 수 있다.

☀ 도약의 성과 : 아기의 능력을 끌어올려라

아기가 새로운 능력을 연습하고 새로운 능력을 활용할수록 아기는 그 능력을 더 잘 사용할 줄 알게 된다. 아기는 새로운 것을 수없이 반복하면서 배운다. 아기는 그렇게 하는 것을 좋아한다. 거의 모든 엄마는 이런 아기에게 자동적으로 맞춰준다. 엄마는 아기가 놀면서 연습하는 모든 것을 아주 대견하게 생각한다. 물론 아기는 혼자서도 연습한다. 그러나 아기는 엄마의 도움을 포기할 수 없다. 엄마는 아기가 힘들 때 계속하도록 아기를 격려해줄 수 있다. 아기 혼자 하면 용기를 잃고 포기해버릴 수도 있다.

그러나 엄마와 함께라면 더 많은 것을 할 수 있다. 엄마는 새로운 능력을 더 완전하게 하고, 다양하게 응용한다. 엄마는 또 아기가 다시 한 번 해보도록 자극을 줄 수 있다. 그리고 아기가 한 걸음 더 나아갈 수 있는지 시험할 수도 있다.

모든 엄마가 도약을 완성시키기 위해 생각해내는 놀이가 각각 다른 것은 당연하다. 어떤 엄마도 다른 엄마와 같지 않다. 어떤 엄마는 더 좋고 더 변화무쌍한 놀이를 고안할 수도 있다. 아기는 과격한데 엄마는 섬세한 놀이를 고안할 수도 있고 그 반대일 수도 있다. 어떻든 그 모든 것이 아기에게 도움이 될 것이다.

남자아기와 여자아기

❀ 신생아 때 엄마들은 여자아기보다 남자아기에게 더 많은 관심을 쏟는 것으로 나타났다. 그것은 남자아기들이 여자아기들보다 더 많이 울고 잠도 잘 안 자기 때문일 것이다.

❀ 그러나 엄마들은 남자아기의 소리보다 여자아기의 소리에 더 자주 반응하고, 여자아기와 더 많이 이야기하는 것으로 나타났다.

아기가 자신의 목소리를 갖고 놀게 하라

아기는 자신이 내는 새로운 음을 아주 좋아한다. 아기는 옹알이보다 높은 소리를 지르고 여러 모음을 사용해서 소리를 높였다가 낮추었다가, 크게 했다가 작게 했다가 한다. 그리고 침으로 거품을 만든다. 아기가 목소리를 가지고 놀면 잘한다고 칭찬해줘라. 아기는 그렇게 '유연한 변화'를 이용해 놀면서 성대, 입술, 혀, 입천장 근육을 연습할 수 있다. 아기는 혼자 있으면 재미삼아 계속 목소리를 갖고 놀 것이다. 아기가 사용하는 모음과 소리들은 말과 아주 비슷하게 들리기 때문에 엄마는 아기가 이야기를 하고 있는 듯한 인상을 받는다. 때로 아기는 자기 자신이 낸 소리를 듣고 스스로 웃기도 한다.

아기가 옹알이를 하면 대답을 해줘라. 더 많이 하도록 아기를 격려하라. 엄마가 아기가 내는 새로운 소리를 계속 따라 해주면 한층 효과적일 것이다.

아기와 대화하라

대부분의 아기는 엄마와 이야기하는 것을 좋아한다. 아기 스스로 말을 할 때가 대화하기에 가장 좋은 때다. 먼저 아기가 말을 하게 하고 엄마가 대답을 하라. 아무 말이나 평범한 단어로 이야기할 수도 있고 아기의 소리를 따라 할 수도 있다. 많은 아기는 엄마가 그렇게 하는 걸 아주 재미있어한다.

아기와 이야기를 많이 나누는 것이 중요하다. 라디오나 텔레비전 소리나 집 안에서 들리는 가족의 목소리는 둘이 나누는 대화를 대신할 수 없다. 그런 소리들은 아기가 말하는 것에 반응을 해주지 않기 때문이다. 아기의 말에 귀 기울여줘야 아기는 자꾸 말하고 싶은 욕구가 생긴다.

아기가 감정을 표현할 때 화답하라

아기는 주의를 끌고 싶을 때 새로운 음을 사용한다. 그것은 주의집중을 유발하는 특별한 소리이다. 될 수 있는 대로 자주 그 소리에 반응하라. 아기가 뭔가를 전달하려 한다는 것을 이해하고 있음을 보여줘라. 그러면 아기는 뭔가를 원할 때 목소리를 사용할 수 있다는 것을 배운다.

아기는 즐거울 때도 소리를 지른다. 그 소리를 들으면 그것이 기뻐하는 소리라는 것을 뚜렷이 알 수 있다. 아기는 뭔가 좋은 것을 보거나 들으면 그것을 소리로 알린다. 대부분의 엄마는 이런 기쁨의 외침에 자동적으로 반응한다. 엄마도 그렇게 하라. 아기가 즐거워한다는 것을 알며 그것을 좋게 생각한다는 것을 보여줘라. 그러면 아기는 감정을 나누는 법을 배운다.

> ☺ **큰 소리로 웃는 것은 만족스럽다는 뜻**
>
> 아기가 소리 내어 웃는다는 것은 엄마가 올바른 선을 튕겼음을 나타낸다. 아기를 적절히 자극하는 데 성공한 것이다. 너무 지나치지도, 너무 적지도 않게 말이다. 자극이 너무 심했다면 아기는 두려움을 비쳤을 것이다. 그리고 자극이 너무 미미했다면 아기는 맨송맨송했을 것이다.

<u>티모, 13주</u> "내가 젖을 주려 한다는 것을 알면 아기는 기뻐서 소리를 지르며 내 가슴을 잡아요. 아직 블라우스 단추를 풀지 않았는데도요."

쥐기 훈련은 지능을 발달시킨다

아기는 이제 장난감 같은 물건을 집는 데 손을 능숙하게 사용할 수 있다. 그럴 때 아기를 도와라. 이때 시행착오도 생긴다. 물건을 아기가 잡기 쉽도록 내밀어라. 아기가 간단한 동작만 하면 되게끔 물건을 정확히 아기 앞에 놓는다. 그리고 이제 아기가 어떻게 행동할지 주시하라.

막 잡기를 배우는 아기는 다음과 같은 행동을 할 것이다.

<u>페터, 12주</u> "아기는 이제 뭔가를 잡기 시작했어요. 두 손으로 앞에서 흔들거리는 장난감을 잡으려고 했어요. 그리고 오른손, 왼손을 장난감 가까이 가져가서는 장난감 바로 앞에서 두 손을 오므렸어요. 장난감은 빗나갔어요. 그토록 노력했는데요. 빈손을 본 아기는 정말 화가 났어요."

이때는 다시 한 번 해보도록 아기를 격려하라. 좀더 쉽게 잡을 수 있도록 조건을 만들어줘라. 이 월령기의 아기는 자신의 손과 잡고자 하는 물체 사이의 거리를 정확하게 가늠하지 못한다. 아직 두 번의 도약을 더 거쳐 생후 5~6개월쯤 되어야 그것을 배울 수 있다.

쥐는 것이 쉬워지면 아기는 쥐는 것을 즐거워할 것이다. 아기는 자신이 모든 것을 만지고 느낄 수 있음을 발견한다. 또한 이 시기에 아기는 고개를 이리저리 유연하게 돌리는 것을 배운다. 이제 편안하게 여기저기 쳐다보며 잡고자 하는 것을 쳐다볼 수 있다. 이전에 도약을 한 후 아기가 평균 자기 시간의 2분의 1 정도를 손에 할애했다면, 이제 12주쯤 되면 손에 집중하는 시간이 3분의 2로 늘어난다. 그리고 그후 그 시간은 더 이상 증가하지 않는다.

아기에게 느낌을 가르쳐라

아기가 손으로 뭔가 쓰다듬는 것을 주시해보라. 아기는 유연한 동작으로 물건을 쓰다듬으며 물건을 느끼는 것이다. 아기와 함께 집 안 구석구석을 다니며 다양한 것들을 만져보고 느끼게 하라. 딱딱한 것, 말랑말랑한 것, 부드러운 것, 뻣뻣한 것, 매끈한 것, 연한 것, 거친 것, 차가운 것, 따뜻한 것, 가시가 있는 것 등. 아기에게 "말랑말랑하지?" 하면서 아기가 느끼고 있는 것이 어떤 느낌인지 설명하라. 이 물건들이 유발하는 느낌이 당신의 목소리에 묻어나게 하라. 아기는 말은 못하지만 많은 것을 이해한다.

> <u>율리아, 15주</u> "나는 흐르는 물에 아기의 손을 씻겨줬어요. 그러자 아기는 큰 소리로 웃었어요. 아기는 계속 그 상태로 있으려고 했어요."

아기가 엄마를 탐구할 수 있는 기회를 줘라

많은 아기는 엄마의 얼굴을 유심히 들여다보는 것을 좋아한다. 아기는 엄마의 얼굴을 만져본다. 때로 머리카락이나 코를 잡아당기기도 한다. 옷도 관심의 대상이다. 아기는 옷을 만져보고 느껴본다.

많은 아기는 엄마의 손에도 관심을 갖는다. 아기는 엄마의 손을 물끄러미 관찰하고 만져본다. 그럴 때 천천히 손을 돌려 아기에게 당신의 손바닥과 손등을 보여줘라. 손이 어떻게 움직이는지를 보여줘라. 그리고 그것으로 어떻게 장난감을 잡는지 보여줘라. 계속 천천히 움직이는 것을 잊지 말라. 빠르게 움직이면 아기는 따라오지 못한다. 다음 도약이 이루어진 후에라야 아기는 여러 가지 운동을 연달아 파악할 수 있다.

발가벗긴 채 아기와 놀아보라

아기는 이제 전보다 더 활발하게 움직인다. 아기는 누워서 발버둥을 치고 팔로 노를 젓는 등 체내의 '유연한 변화'를 느끼며 놀 수 있다. 그들은 누운 채 발가락을 입에 물고는 그 자리에서 한 바퀴 빙 돈다. 물론 그런 아기는 평균보다 더 활발하고 힘이 센 아기다. 어떤 아기는 힘이 필요한 신체놀이에 별 관심이 없다. 그리고 관심은 있지만 아직 힘이 부족한 아기들도 있다.

> <u>디르크, 14주</u> "아기는 몸통과 팔과 다리를 아주 잘 움직이고 신음하며 낑낑대요. 아기는 할 수 없는 것을 하려고 힘을 써요. 대부분은 그러다가 결국 한바탕 울고 끝내지요."

가끔은 아기를 발가벗겨 보라. 기저귀를 갈아주려고 옷을 벗겨놓으면 아기가 훨씬 더 많이 움직이는 것을 볼 수 있다. 아기는 발가벗고 움직이는 걸 좋아한다. 발가벗은 채 아기는 자신의 몸을 더 잘 알게 되고, 몸을 다루는 법을 배운다.

아기 혼자 놀게 하려고 너무 애쓰지 말라

혼자 노는 시간을 늘리려고 갖은 노력을 하는 엄마들이 있다. 엄마는 아기가 혼자 놀다가 싫증을 내는 것 같으면 얼른 새 장난감을 가져다준다. 아기가 다시 새 장난감에 집중하는 것 같으면 엄마는 얼른 다른 일을 한다. 그러나 아기가 혼자서 30분 이상을 노는 경우는 드물다. 그리고 이제 대부분의 엄마는 '혼자 노는 것'에 비중을 덜 두게 된다. 엄마는 아기가 자랑스러울 것이다. 이제 아기는 많은 것을 보고, 듣고, 하려고 한다. 배우고 연습할 것이 무궁무진하다. 엄마는 그것을 중요하게 생각한다.

아기에게 뒤집기를 가르쳐라

많은 아기는 이제 뒤집기를 시도한다. 그러나 아기는 아직 도움이 필요하다. 아기가 뒤집으려 하면 손가락을 이용해 약간의 힘을 보태줘라. 어떤 아기는 참을성이 아주 많아 낑낑대며 계속하다가 정말로 해낸다. 그러나 어떤 아기는 노력은 하지만 성공하지 못한다.

 | 12~15주(±1주) | 아기의 발달을 돕는 놀이와 활동

다음에 나오는 놀이와 연습들은 12~15주(±1주) 아기들이 좋아하고 아기의 새로운 능력을 향상시킨다. 이 시기의 아기는 엄마가 붙잡고 움직이게 해줘야 재미를 느낀다. 그러나 움직임은 천천히 조용히 '유연하게' 해야 한다. 그리고 모든 놀이는 아주 짧아야 한다. 한 가지 놀이를 오래 계속하는 것보다 계속 놀이를 바꿔주는 것이 좋다.

비행기 놀이

아기를 천천히 들어올린 다음, 점점 크게 비행기 소리를 내라. 아기는 저절로 몸을 쫙 펼 것이다. 아기를 당신 머리 위로 날아가게 한 다음, 착륙하는 듯한 소음을 내며 아기의 목을 사랑스럽게 물어라. 그러면 아기가 이내 알아차리고 스스로도 입을 벌리고 엄마를 물어주려고 당신쪽으로 다가올 것이다. 그리고 다시 한 번 비행기를 태워주려고 하면 아기는 물려는 듯 입을 벌릴 것이다.

미끄럼 놀이

뒤로 기대고 서서 당신의 몸을 나무판자처럼 뻣뻣하게 하라. 그런 다음 가능하면 아기를 높이 들고서 착륙하는 소음을 내며 아기를 바닥으로 미끄러지게 하라. 어떤 아기는 엄마와 함께 욕조에 앉아서 이런 식으로 계속 물 미끄럼을 타고 싶어할 것이다.

아기는 시계추!

아기를 무릎에 앉히고 천천히 오른쪽 왼쪽으로 흔들어줘라. 그러면서 여러 가지 어울리는 소리를 내라. 높은 소리로 똑딱똑딱 하든지, 낮고 느린 소리로 째깍째깍 하든지,

높은 소리, 낮은 소리, 빠른 소리, 느린 소리……. 이때 아기를 꽉 잡아서 아기의 머리가 몸통과 함께 자연스럽게 흔들리도록 주의하라.

그네 말 놀이
일어서서 한쪽 무릎을 살짝 세운 다음 장딴지에 아기를 앉히고 그 자리에서 제자리걸음을 걸어라. 그러면 아기는 아래위로 말을 탈 것이다. 또한 걸어가면서 말소리를 내라. 아기가 좋아할 것이다. 가령 덜거덕덜거덕하면서 걸어가면 이 월령의 아기는 아주 신나할 것이다.

물기 놀이
아기 앞에 앉아라. 아기가 당신을 쳐다보면 천천히 당신의 얼굴을 아기의 배나 코에 가까이 대라. 그리고 길게 음 높이를 변화시키며 재미있는 소리를 내라. "부우우", "푸우우" 하면서. 아기가 소리를 내면 그 소리를 따라 하라.

촉감 느끼기
아기와 함께 빨래를 개라. 모직, 면, 코르덴, 합성섬유 등 다양한 옷감을 아기의 손에 쥐어줘라. 아기의 손으로 옷감들을 쓰다듬게 하라. 아기는 손과 입으로 감촉을 느끼는 것을 재미있어할 것이다. 가죽이나 털목도리도 만지게 해줘라.

산에 오르기
비스듬히 앉은 자세에서 아기가 엄마 몸 위를 뛰거나 위로 기어오르게 하라. 이때 아기를 꽉 잡아야 한다.

무릎 위에서 몸을 까불거나 뜀뛰기
대부분의 아기는 앉아 있다가 일어나는 등 같은 움직임, 즉 하나의 유연한 동작을 계속 반복하는 걸 좋아한다. 무릎 위에서 아기가 앉았다 일어났다, 앉았다 일어났다 할 수 있도록 도와줘라. 아기는 재미있어하며 많이 웃을 것이다. 이때도 아기를 꽉 잡고 해야 한다.

| **12~15주**(±1주) | 아기의 발달을 돕는 장난감과 가재도구

❀ 오뚝이
❀ 움직이는 시계추
❀ 흔들의자
❀ 부드러운 소리를 내는 장난감 혹은 방울
❀ 딸랑이
❀ 진짜 얼굴을 닮은 인형

☀ 도약의 완성

4개월, 즉 12~13주 사이에 엄마가 다시 수월해지는 시기가 찾아온다. 대부분의 아기는 이제 명랑하고 부쩍 컸다고 칭찬을 받는다. 엄마는 아기가 눈에 띄게 영리해졌음을 느낀다. 엄마 팔에 안겨 있거나 무릎에 앉아 있을 때 아기는 거의 작은 어른처럼 행동한다. 아기는 관심 있는 것을 보려고 눈을 돌리고, 관심 있는 것을 듣고자 고개를 돌린다. 그리고 웃거나 '대답도 한다'. 아기는 즐겁고 생동감 있다. 가족도 아기를 더 배려하게 되고, 아기는 이제 어엿한 가족의 일원이 된다.

율리아, 13주 "아기는 셀 수 없이 많은 물건에 흥미를 갖기 시작했어요. 말을 하거나 소리를 지르면서 흥미롭다는 것을 표현하죠. 아기가 이렇게 우리의 관심을 일깨우면 우리는 '맙소사, 너 벌써 이렇게 할 수 있구나' 혹은 '잘 알아보는데!' 하는 생각을 해요."

수잔네, 14주 "아기가 눈에 띄게 영리해졌어요. 거의 눈이 빠질 것처럼 사물을 뚫어져라 쳐다봐요. 안고 돌아다니면 좋아하지요. 그리고 계속 고개를 이리저리 돌려

대며 여기저기 관찰을 해요."

<u>아스트리드, 13주</u> "아기와의 관계가 더 좋아졌어요. 아기는 이제 모든 것에 관심을 보여요. 아기와 함께 놀 때면 아기가 무엇을 기대하는지, 다시 한 번 하기를 원하는지 알 수 있어요. 아기는 이제 자주 '대답'을 해요."

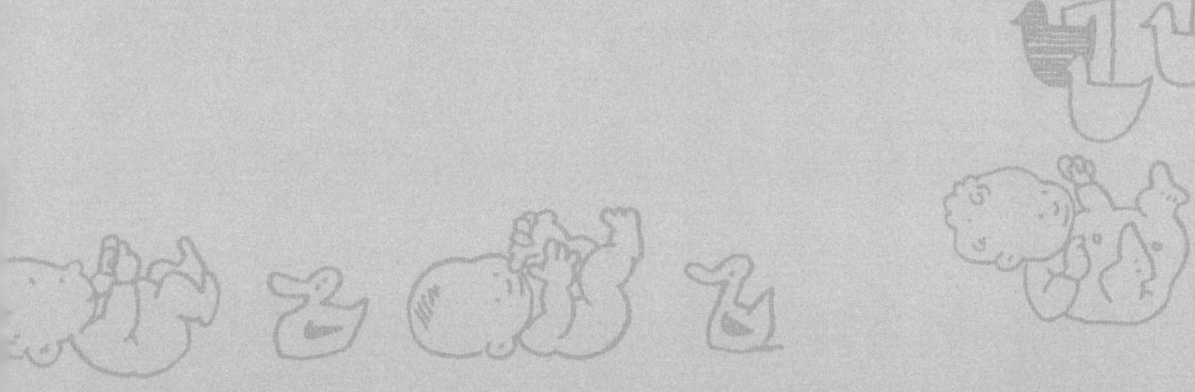

도　약
4 단 계
약 19주

생후 4개월 반

자신이 엄마와 다른 독립체임을 안다

김수연 선생님의 조언 아기가 목을 가누게 된다. 소리 나는 방향으로 고개를 돌릴 수도 있다. 까탈스러운 기질을 타고난 아기는 더 심하게 울거나 낯가림을 심하게 할 수 있다. 순한 아기는 낮에 놀고 밤에 자는 리듬이 생겨서 양육이 조금 편해지기도 한다. 아직 어린 것 같지만 주변을 잘 볼 수 있으므로 심심한 경우 크게 울기도 한다. 매일 낯선 사람을 접할 기회를 주고 밖으로 데리고 나가서 새로운 환경을 구경하게 해줘야 한다. 또 옹알이가 많아지므로 아기 키우는 맛을 최고로 느낄 수 있는 시기이다.

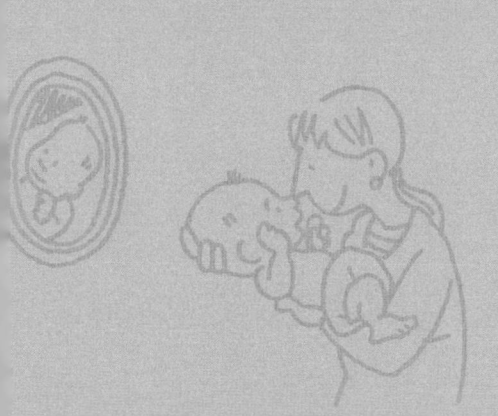

아기가 생후 4개월이 지나 18~20주째 되면 다음 단계의 도약이 시작했음을 알 수 있다. 엄마는 아기가 이전에는 전혀 관심이 없었던 것을 원하고, 이전에 없었던 행동을 하는 것을 발견한다. 아기가 여러 가지 새로운 행동을 연습할 수 있는 능력을 얻었기 때문이다. 아기는 이제 '사건들'을 가지고 실험하기 시작한다. 우리 어른들은 우리의 일상이 각각의 사건들로 이루어져 있다는 것을 의식하지 못하고 산다. 사건들이 우리에게 아주 익숙해서 그것을 따로 떼어서 인식하진 않는다. 가령 고무공이 바닥에 떨어지면 우리는 그 공이 위로 튀어 오르다가 다시 떨어질 것이라는 것을, 멈추기 전까지 여러 번 그렇게 반복할 것이 라는 것을 애초부터 안다. 그리고 누군가가 공중으로 튀어오르는 것을 보면 우리는 그가 곧이어 땅바닥에 착지할 것이라는 것을 안다. 골프 선수가 골프공을 치려고 팔을 쳐들거나 테니스 선수가 테니스채를 쳐들면 우리는 그 다음에 무슨 행동이 따라올지 미리 예측한다. 하지만 아기에게는 모든 것이 새롭다. 아기는 다음에 어떤 일이 벌어질지 예측하지 못한다.

아기는 15주쯤(14~17주) 되면 벌써 보채기 시작한다. 아기의 세계는 변하고 아기는 어찌해야 할 바를 모른다. 아기는 혼란스럽다. 아기는 모든 것을 조용히 받아들이고자 한다. 조용한 가운데서 이 모든 인상을 처리하고자 한다. 그리고 가장 친숙하고 안전한 장소에서 그렇게 하고 싶어한다. 아기는 엄마 곁에 있고 싶어한다.

이 월령부터 힘든 시기가 전보다 더 오래 지속된다. 이번 도약이 완료되기까지는 일반적으로 5주가 걸린다. 그러나 또한 6주가 걸릴 수도 있다.

기억하세요!

아기가 보채면 아기가 뭔가 새로운 것을 할 수 있거나 연습하고 있지는 않은지 유심히 살펴보세요.

 ## 도약의 시작 : 엄마에게 달라붙기

이 시기의 모든 아기는 툭하면 운다. 꽤 까다로운 아기는 눈에 띄게 더 자주, 더 크게 울부짖으며 다양한 방식으로 '엄마 곁에' 있고 싶다는 표시를 한다. 순한 아기는 그렇게 보채지도 않고 까다로운 아기보다 우는 횟수도 적다. 모든 아기는 공통적으로 엄마 곁에 있으면 덜 운다. 엄마가 자기만 돌봐주기를 원한다. 그러나 원하는 것을 얻지 못하면 엄마의 무릎에 앉아서도 보채고 난리가 난다.

아기가 엄마 곁에 있으려 한다는 걸 어떻게 알까?

잠을 잘 못 자는가? 대부분의 아기는 수면시간이 엉클어진다. 잠자는 시간이 더 짧아지며 쉽게 잠들지 못하고 밤에 자다가도 깨어나곤 한다. 다시 밤 수유가 시작된다. 심지어 여러 번 먹으려 한다. 아침에도 일찍 일어난다.

낯을 가리는가? 많은 아기는 다른 사람에게 안기려 하지 않는다. 어떤 아기는 낯선 사람이 쳐다보고 말을 거는 것도 싫어한다. 심지어 아빠에게까지 낯을 가리는 아기도 있다. 낯가림은 엄마와 완전히 다르게 생긴 사람들을 보면 두드러진다.

<u>니나, 16주</u> "내 동생이 쳐다보면 아기는 큰 소리로 울기 시작해요. 내게 몸을 숨기며 쳐다보려고 하지 않아요. 내 동생은 눈화장을 어둡게 하는 편이라 상당히 날카로워 보이거든요. 나는 화장을 안 하니까, 그래서 그런 것 같아요."

더 많은 관심을 원하는가? 많은 아기는 이제 엄마와 더불어 뭔가를 하고자 한다. 그리고 엄마가 자기만 쳐다봐주기를 원한다. 몇몇 아기는 엄마가 저쪽으로 가자마자 울음을 터뜨린다. 그렇지 않은 아기도 '혼자 노는 시간'이 평소보다 짧아진다.

고개를 더 많이 받쳐줘야 하는가? 아기를 안고 다니거나 할 때 아기의 고개와 몸을 더 자주 받쳐줘야 한다. 특히 울 때는 아기가 몸을 뒤로 뻗치거나 축 늘어뜨린다. 아기는 다시금 엄마에게 찰싹 붙어 있으려고 한다. 신생아로 돌아가는 듯한 느낌이다.

엄마의 손길을 더 원하는가? 많은 아기가 바닥이나 침대에 누워 있지 않으려고 한다. 몇몇 아기는 엄마 근처의 흔들침대에 누워 있기는 하지만 계속 쓰다듬어주기를 원하는 등 지속적인 엄마의 손길을 필요로 한다.

 <u>에바, 17주</u> "아기는 평소보다 더 엄마하고 떨어져 있지 않으려 해요. 잠시라도 혼자 눕혀놓으면 울고불고 난리가 나요. 엄마나 아빠가 다시 안아주면 그제야 울음을 그치고 기분이 좋아져요."

잘 먹지 않는가? 아기가 평소보다 식욕이 좋지 않은 경우가 많다. 또 먹다가 소리가 들리거나 무언가가 보이면 쉽게 주의를 빼앗긴다. 그리고 먹은 지 얼마 안 되어 금방 젖꼭지나 인공 젖꼭지를 가지고 놀기 시작한다. 때로 전혀 먹지 않으려 할 때도 있다. 때로 과일즙은 잘 먹으면서 우유는 거부한다. 그래서 젖

을 먹이는 엄마들이 종종 젖을 끊고 이유식이나 우유로 바꾸는 것이다. 엄마는 아기가 젖을 더는 좋아하지 않는다고 느낀다. 그러나 그건 아니다. 아기는 그저 혼란스러울 뿐이다. 수유를 중단할 필요는 없다.

> <u>수잔네, 19주</u> "15주경 아기가 갑자기 잘 먹지 않았어요. 먹기 시작한 지 5분도 안 되어 젖꼭지를 가지고 놀기 시작했어요. 2주가 지나고 나는 우유병으로 한번 먹여봤어요. 그것도 잘 먹지 않았어요. 그렇게 4주쯤 흘렀을까? 아기가 다시 잘 먹기 시작했어요. 잘 먹지 않는 동안 아기가 영양 부족이 되면 어쩌나 걱정을 했어요. 하지만 이제 아기가 다시 잘 먹으니까 젖도 아주 잘 나와요."

변덕을 부리는가? 몇몇 아기는 이제 아주 변덕스러워진다. 하루는 잘 놀고 다음 날은 완전히 반대다. 기분은 왔다 갔다 한다. 금방 크게 웃고는 금방 목이 터져라 울어대기 시작한다. 때로 웃음이 연달아 울음으로 변하기도 한다. 엄마는 아기의 웃음과 울음이 과장되어 있다고 느낀다.

아기가 조용해졌는가? 몇몇 아기는 잠시 익숙한 옹알이를 중단한다. 어떤 아기는 전혀 움직이지 않고 누워서 허공을 응시하거나 귀를 가지고 놀기도 한다. 그럴 때면 아기가 힘이 없는 듯하고 멍한 듯도 보인다. 이럴 때 엄마는 걱정이 된다. 그러나 그것은 폭풍전야의 고요함이다. 아기는 새로운 능력의 분출을 기다리고 있는 것이다.

걱정과 헷갈림

엄마는 지친다 이 어려운 시기에 대부분의 엄마는 피곤하거나, 두통이 있거나, 속이 안 좋거나, 등이 아프거나, 신경이 곤두선다. 어떤 엄마는 그 모든 증상이 한꺼번에 찾아온다. 엄마는 잠을 제대로 못 자고, 하루에 몇 시간씩 아기를 안고 업고 다니며, 아기에 대해 너무 신경을 써서 이런 증상이 생겼다고 말한다.

하여튼 '아기를 돌보다가' 그렇게 된 것이다. 어떤 엄마는 의사에게 가서 철분을 처방받거나 등 통증으로 인해 물리치료를 받기도 한다.

<u>안나, 17주</u> "아기는 며칠 동안 잠을 제대로 안 자고 계속 보채면서 안아달라고 했고, 나는 매일같이 등이 아팠어요. 나는 아기가 하룻저녁만 사라졌다 왔으면 얼마나 좋을까 생각했어요. 나는 완전히 지쳤어요."

엄마는 화가 난다 이 어려운 시기의 막바지에 이르면 엄마는 종종 억눌리고 답답한 느낌이 든다. 아기가 떨어지지 않으려고 온갖 수단을 다 동원한다 싶고 아기의 '소유욕'에 화가 난다. 때로 엄마는 아기를 좀 떼어놓고 싶다. 아기가 하룻저녁만 없어지면 얼마나 좋을까 생각

하기도 한다.

슈테판, 18주 "아기를 데리고 버스를 탔는데 아기가 깨어서 울기 시작했어요. 승객들 모두 나를 쳐다보았지요. 난 정말 화가 났고 스트레스를 받았어요. 나는 속으로 '그만 울어' 하고 외쳤어요."

"이제 못 해먹겠어!" 점점 많은 엄마들이 평소보다 아기를 더 오래 울린다. 엄마는 아기를 너무 응석받이로 키우는 게 아닌가 걱정한다. '엄마 생각도 좀 해줘야 하는 거 아냐?' 하며 아기를 얄밉게 생각한다.

　어떤 엄마는 계속 울고 칭얼대는 아기 앞에서 자신이 공격적으로 변하는 모습을 느낀다. 그러나 이것은 결코 비정상적인 일이 아니다. 물론 엄마가 공격적인 행동을 그대로 실행에 옮긴다면 심각한 문제다. 상황이 너무 부담스럽게 느껴지면 전문가와 상담하라. 그리고 아무리 화가 나도 결코 아기를 흔들어서는 안 된다. 흔드는 것은 아기에게 심각한 신체적인 해를 입힐 수 있다.

다니엘, 19주 "우유를 먹일 때 아기는 제대로 먹지도 않고 발작적으로 울었어요. 그래도 난 아기를 달래려고 했어요. 하지만 그 다음에 우유 먹일 때도 아기가 똑같이 행동하자 나는 정말로 화가 머리끝까지 치밀었어요. 나는 아기를 바닥에 팽개치고는 아기가 울부짖든지 난리를 치든지 상관하지 않았어요. 그리고 나자 아기는 우유병을 비웠지요."

아스트리드, 17주 "조금만 혼자 내버려 둬도 하도 울어대는 통에 나는 정말 지긋지긋했어요. 나는 아기를 그냥 무시했어요."

아기의 성장발달이 주춤하는 시기가 온다
이번의 어려운 시기는 다른 때보다 더 오래 지속되어서 엄마는 아기에게 무슨 일인가가 일어나고 있음을 더욱 뚜렷이 느낀다. 아기는 별로 발전은 없는 듯한데 전에 좋아했던 것을 이제 더는 마음에 들어하지 않는다.

새로운 능력의 분출

생후 4개월이 지나 19주쯤 되면 아기가 주변의 '사건'을 지각하고 스스로 만들어내는 능력이 마구 생겨나는 것을 볼 수 있다. 이런 능력은 아기에게 새로운 세계를 열어주고 아기는 그 세계 속에서 다양한 활동을 연습한다. 아기는 이제 발견 여행길에 올라 자신에게 어울리는 새로운 능력들을 선택한다. 엄마도 말이다.

도약하는 아기 : 일상에서 벌어지는 '사건들'을 학습한다

앞서 설명했듯이 아기는 도약의 과정을 거쳐 '패턴' 사이의 '유연한 변화'를 보고, 듣고, 냄새 맡고, 맛보고, 느낄 수 있었다. 즉 다양한 주변 일들을 학습하면서 변화를 감지할 수 있는 능력을 키워가는 것이다. 아기는 그것들을 눈, 팔, 다리, 고개 등으로 스스로 만들어내기도 했다. 그러나 유연한 변화 후에 아기는 일단 멈추어 공백기를 갖는다. 아기가 19주경에 '사건들'을 인지하고 스스로 만드는 능력을 획득하면 아기는 유연한 변화들이 여러 개 이어지는 것을 보고, 듣고, 냄새 맡고, 맛보고, 느끼고, 스스로 만들어낼 수 있다. 이런 능력은 아기가 지각하고 행하는 모든 것에 영향을 끼친다.

　아기가 유연한 동작 몇 개를 연달아 할 수 있게 되면 더 많은 것을 할 수 있다. 장난감을 왼쪽에서 오른쪽으로, 위에서 아래로 흔들 수 있으며 무언가를 계속 밀고 두드리고 때릴 수 있다. 무언가를 한 손에서 다른 손으로 건넬 수 있고, 무언가를 집고는 동작을 멈추지 않고 곧장 입에 넣을 수 있다.

아기는 이제 신체와 팔, 손과 손가락, 장난감을 자신의 의도대로 움직이고 사용하는 방법을 익힌다. 아기는 움직이면서 움직임을 수정할 수 있다. 장난감이 자꾸만 왼쪽으로 옮겨가면 아기의 팔은 자연스럽게 그쪽으로 움직인다. 장난감이 더 가까이 더 멀리 놓일 때도, 더 높이 더 낮게 달릴 때도 그와 같이 움직인다. 이제는 아기가 '진짜로' 쥐고 잡을 수 있다고 말할 수 있다. 사물이 어디에 있든 아기는 운동을 그것에 맞게 조절하여 사물에 도달할 수 있다.

아기가 유연한 운동을 연달아 몇 가지 할 수 있게 되면 아기는 많은 것들을 할 수 있다. 계속 고개를 이리저리 돌리고 돌아볼 수 있으며 더 쉽게 뒤집거나 제자리에서 한 바퀴 빙 돌 수 있다. 한 운동이 다른 운동을 수정해 주고 잡아 줄 수 있기 때문이다. 이제 아기는 처음으로 기려고 할 것이다. 이제부터는 무릎을 당기고 세우고 뻗는 동작을 연속적으로 할 수 있기 때문이다. 아기는 소리에서도 유연한 변화를 몇 번 잇달아 만들어낼 수 있다. 신체뿐 아니라 소리도 더 잘 움직이게 되었다고 말할 수 있다. 지난번 도약 후 시작되었던 아기의 '수다'는 자음과 모음이 어우러지고 교차되면서 더욱 발전한다. "맘마", "음마", "아바" 등 모든 소리가 '문장'처럼 들린다.

전 세계적으로 이 월령의 아기는 말을 비슷하게 시작한다. 중국, 프랑스, 독일 아기들 모두 똑같은 소리로 옹알이를 한다. 중국 아기는 이런 옹알이로부터 중국 단어를 만들어내고 프랑스와 독일 아기는 이런 옹알이에서 프랑스어나 독일어를 배운다. 모든 아기는 주변에서 들리는 말을 점점 더 정확하게 흉내 낸다. 엄마는 보통 아기가 뭔가 흔히 사용하는 단어와 비슷한 소리를 낼 때 마구 칭찬해준다.

엄마 아빠는 아기가 "맘마" 또는 "아바" 하는 소리를 내면 아기가 말을 건다고 생각한다. 아주 많은 언어에서 그 소리는 "엄마", "아빠"라는 단어와 아주 비슷하니까 말이다. 그러나 기술적인 면에서 보면 아기는 "맘" 또는 "바"

라는 음절을 여러 번 반복하면서 실험을 하는 것이다. 우리는 "맘마"를 엄마로, "아바"를 아빠로 알아듣는다.

아기는 이제 소리와 관련하여 어떤 패턴이나 유연한 변화가 연달아 이어지는 것을 익힌다. 아기는 점점 높아지거나 점점 약해지는 연속적인 소리에 매력을 느낀다. 그리하여 이제 아기는 기분 좋은 소리와 뭔가 금지하는 소리를 알아듣는다. 아기에게 말을 걸 때 중요한 것은 내용이 아니라 말투다. 아기는 들리는 말의 의미를 음의 높이와 어조를 통해 유추한다. 이제 아기는 노래를 들으면 그것이 말과는 다른 종류라는 것을 알아챈다. 19주 된 아기들에게 음악을 틀어주다가 중간에 끊으면 아기는 그것을 구별할 수 있다. 가령 모차르트의 미뉴에트를 틀어주다가 중간에 끄면 아기는 반응을 나타낸다. 그리고 아기는 이제 몇 가지 단어를 알아듣기 시작하고 특정한 한 사람의 목소리를 구분하여 알아 들을 수도 있다.

가령 아기는 공이 튕기는 것을 관심 있게 본다. 우유병을 흔드는 것, 냄비를 젓는 것, 못을 박는 것, 문을 열고 닫는 것, 정원 문이 바람에 삐걱대는 것, 빵에 버터를 바르는 것, 손톱을 깎는 것, 머리를 빗는 것, 누군가 방 안에서 왔다 갔다 하는 것 등등 일상생활에서 아기가 볼 수 있는 유연한 변화의 연속은 너무나도 많다.

아기가 관찰하는 이런 '사건들'은 어떤 것들인가? 우리 어른들은 사건들을 분리될 수 없는 통일체로 경험한다. 우리는 어떤 공이 '공중에 있다가 바닥에 있다가, 또 공중에 있다가 바닥에 있다가' 하는 것으로 보지 않고 그저 튀어

💡 두뇌가 쑥쑥

아기의 머리둘레는 생후 4개월쯤 대폭 커진다. 아기의 뇌파 또한 눈에 띄게 변한다. 두뇌 영역이 확장되면서 새로운 정보를 스폰지처럼 받아들인다.

오르는 공으로 본다. '사건'이 막 시작되면 우리는 그것이 튀어 오르는 공이라는 것을 이미 안다. 그리하여 그것은 한 가지 '사건'이 된다. 그런 인식은 특별한 지각능력이 있어야 가능하다. 이것이 바로 19주경의 아기가 터득하는 능력이다.

아기는 '사건'의 세계에서 무엇을 발견할까?

모든 아기는 같은 능력을 획득했다. 아기 앞에 새로운 세계가 열려 있다. 그리고 그 세계 안에 무한한 발견이 기다리고 있다. 아기는 나름대로의 아주 독특한 선택을 한다. 아기는 소질과 흥미와 신체구조와 체중에 맞는 것을 선택한다. 느낌에 집중하는 아기, 보는 것에 집중하는 아기, 신체활동에 집중하는 아기가 있다. 한 가지에 관심을 쏟기보다 이 모든 것에 골고루 조금씩 관심을 두

 아기가 경험하는 '사건들'의 세계

운동 영역
- 갑자기 활동적이 된다. 바닥에 누워 있으면 신체의 거의 모든 부분이 움직인다.
- 혼자서 앞에서 뒤로 뒤집거나 뒤에서 앞으로 뒤집는다.
- 엎드린 자세로 팔을 완전히 뻗을 수 있다.
- 엉덩이를 공중으로 쳐들고 몸을 일으키려고 한다. 그러나 아직 성공하지 못한다.
- 바닥에 엎드려 손, 발에 힘을 줘 앞으로 기어가려고 하지만 아직 성공하지 못한다.
- 기려고 하면서 정말로 몸을 앞으로 혹은 뒤로 민다.
- 팔에 체중을 싣고 상체를 든다.
- 비스듬히 엄마에게 기대고 있다가 자기 힘으로 앉는다.
- 앉으려고 하고, 잠시 앉을 수 있다. 팔꿈치로 중심을 잡고는 고개를 앞으로 뺀다.
- 조그만 쿠션을 놓아주면 아기의자에 똑바로 앉는다.
- 입 운동에 몰두한다. 입술을 갖가지 방식으로 안으로 빨아들이고는 혀를 쑥 내민다.
- 그 밖에 눈에 띄는 것들 : _____

잡기·느끼기·만지기 영역
- 무언가를 잡으려 할 때 이젠 허탕 치지 않는다.

- 🌸 보이지는 않고 만져지기만 하는 것도 손으로 잡을 수 있다.
- 🌸 오른손이든 왼손이든 한 손으로 쥘 수 있다.
- 🌸 장난감을 왼손에서 오른손으로, 오른손에서 왼손으로 바꾸어 쥔다.
- 🌸 오른손에 장난감을 쥐고 왼손으로 쥐었을 때 했던 것을 할 수 있고, 왼손에 장난 감을 쥐고 오른손에 쥐었을 때 했던 것을 할 수 있다.
- 🌸 엄마의 손을 입 안에 집어넣는다.
- 🌸 엄마가 말할 때 엄마의 입을 만져보거나 엄마의 입에 손을 집어넣는다.

- 🌸 장난감이나 물체를 입 안에 넣고 느껴본다.
- 🌸 장난감이나 물체를 입 안에 넣고 깨문다.
- 🌸 얼굴에서 수건을 벗겨낸다. 처음에는 약간 어려워한다.
- 🌸 장난감의 일부분을 가려놓아도 그것이 어떤 장난감인지 안다. 또한 앞에 놓인 장 애물을 치워보려다가 잘 되지 않으면 포기한다.
- 🌸 장난감을 집고 테이블을 친다.
- 🌸 장난감을 바닥에 던진다.
- 🌸 손이 닿는 거리 밖에 놓여 있는 장난감도 집으려고 한다.
- 🌸 게임놀이 기구를 가지고 잘 논다.
- 🌸 장난감 전화기의 다이얼을 돌리는 등 특정한 장난감을 어떻게 활용하는지 안다.
- 🌸 세밀한 것을 연구한다. 장난감, 손, 입 등의 섬세한 부분에 부쩍 관심을 갖는다.
- 🌸 그 밖에 눈에 띄는 것들 :

보기 영역
- 🌸 아기는 뛰는 것, 못질하는 것, 손톱을 다듬는 것, 빵에 버터를 바르는 것, 머리를 빗는 것, 스푼으로 커피를 젓는 것 등 '사건'들을 아주 호기심 있게 관찰한다.
- 🌸 엄마가 말할 때 입술과 혀를 호기심 있게 쳐다본다.
- 🌸 엄마가 어디에 있는지 사방을 둘러본다.
- 🌸 시야 바깥에 놓여 있는 장난감을 찾는다.
- 🌸 거울에 비친 자기 모습에 반응을 하고 거울을 보고 웃거나 무서워한다.
- 🌸 입체 그림책을 붙잡고 흥미롭게 그림을 바라본다.
- 🌸 그 밖에 눈에 띄는 것들 :

듣기 영역

✿ 엄마가 입술로 소리를 내면 매력적으로 느끼고 귀 기울인다.

✿ 이름을 알아듣는다.

✿ 약간 시끄러운 장소에서도 이름을 불러주면 쳐다본다. 이제 여러 소리가 들려도 특정한 소리를 분간할 수 있다.

✿ 한 단어 혹은 몇몇 단어를 알아듣는다. 가령 "곰인형 어디 있어?" 하고 물어보면 곰인형을 쳐다본다. 물론 이 경우 인형이 늘 정해진 자리에 있어야 한다.

✿ 부드러운 말투와 금지하는 말투를 정확하게 구별한다.

✿ 노래의 시작을 알아챈다.

✿ 그 밖에 눈에 띄는 것들 : _____

_____

말하기 영역

✿ 입술과 혀를 사용하여 새로운 소리를 낸다.

✿ 옹알이를 한다. 첫 '단어'들을 말한다. 음마, 부바, 아부 등.

✿ 그 밖에 눈에 띄는 것들 : _____

바디 랭귀지 영역

✿ 안아달라는 뜻으로 엄마에게 팔을 벌린다.

✿ 배고프면 짭짭 소리를 내고 팔과 다리를 내젓기도 한다.

✿ 입을 벌리고 우유나 음료에 손을 뻗친다.

✿ 더는 아무것도 먹고 싶지 않으면 침을 내보낸다.

✿ 충분히 먹으면 우유병이나 젖꼭지를 밀어낸다.

✿ 그 밖에 눈에 띄는 것들 : _____

_____

다양한 영역

✿ 관심을 끌기 위한 동작을 한다. 가령 아기가 기침을 해서 엄마가 특별한 관심을 보이면 아기는 웃으면서 다시 한 번 기침을 한다.

✿ 뭔가를 기다리면서 조바심이 나면 툴툴거린다.

✿ 뭔가 하려는데 잘 되지 않으면 소리를 지른다.

✿ 좋아하는 동물인형이 생긴다.

는 아기도 있다. 아기는 모두 다르다.

아기의 관심사에서 개성을 발견하라

아기를 정확히 관찰하라. 아기가 무엇에 특히 관심이 있는지를 보라. 〈그 밖에 눈에 띄는 것들〉에 아기가 어떤 행동을 했는지 기록할 수 있는 빈칸이 있다.

생후 4~5개월(19~23주) 사이에 아기는 이 세계에서 가장 자신이 관심 있는 것을 선택할 것이다. 아기의 선택을 존중하면 당신은 아기의 개성이 어떤지를 알 수 있다. 아기의 관심에 맞춰줄 때 당신은 아기의 놀이와 학습에 가장 큰 도움을 줄 수 있다.

☀ 도약의 성과 : 아기의 능력을 끌어올려라

아기가 '사건들'을 더 많이 접촉하고 그것을 가지고 놀수록 아기는 사건을 더 잘 이해할 것이다. 아기가 음악이나 소리, 말의 이해가 더 빠른가, 관찰 영역의 이해가 더 빠른가, 운동 영역의 이해가 더 빠른가는 중요하지 않다. 아기는 나중에 이런 이해를 다른 영역에도 응용할 수 있기 때문이다.

사건들을 지각하고 스스로 만들어내는 능력과 더불어 아기는 자신의 주변에 굉장한 관심을 갖는다. 아기는 모든 것을 관찰하고 들어보고 싶어한다. 아기는 장난감과 집 안에 있는 가재도구나 정원도구 등을 만져보기를 원한다. 엄마는 이제 유일한 장난감이 아니다. 아기는 손과 발로 뻣대며 관심 있는 곳으로 가고자 한다. 엄마에게서 멀어져 새로운 것들에게로 말이다. 몇몇 엄마는 아기에게 찬밥신세가 된 듯한 기분이 든다.

하지만 아기에겐 여전히 엄마의 도움이 필요하다. 엄마의 가장 큰 역할은 아기에게 장난감과 다른 호기심을 제공하고 기다리는 것이다. 엄마는 아기가 장난감으로 어떻게 노는지 주시하다가 아기가 잘 활용하지 못할 때 그것들을 발견하도록 도울 수 있다. 또 엄마는 아기가 뭔가를 탐구하려 할 때 제대로 할 수 있는지 주시하다가 아기가 하지 못하면 뒤집고 돌리고 기는 것을 함께 연습할 수 있다.

뒤집기를 놀이로 만드는 방법

이 시기에 엄마는 아기가 누워 있거나 엎드려 있다가 뒤집으려고 시도하는 것을 자주 목격한다. 아기는 이제 신체를 연속적인 유연한 동작으로 구사할 수 있다. 사건들의 세계로 입장한 이래 고난도 운동을 익힐 수 있게 된 것이다. 이 시기의 모든 아기가 뒤집거나 기어다닐 수 있지는 않다. 이런 능력을 마스터하기까지는 아직 약간의 시간이 걸릴 수도 있다.

안, 21주 "아기는 누워서 열심히 뒤집는 연습을 해요. 엎드려 있다가 팔과 다리를 동시에 위로 쳐들고는 신음을 하지만 진전을 보지 못해요."

누워 있다가 배 쪽으로 뒤집는 연습을 돕고자 한다면 다음과 같이 하면 된다. 아기를 똑바로 눕히고 아기 옆에서 알록달록한 장난감을 들고 있어라. 그러면 아기는 장난감을 잡기 위해 몸을 돌려 저절로 뒤집는다. 그리고 아기가 해내면 칭찬을 아끼지 말라.

기는 법도 가르쳐줘라

아기는 기어서 앞으로 가려고 한다. 아기는 무릎을 당기고 엉덩이를 높이 쳐들고는 몸을 받친다. 그러나 거기에 머물러 있다. 다른 아기는 팔과 다리로 몸을 받치고는 위아래로 흔들어댄다. 뒤쪽으로 밀고 가는 아기도 있다. 그들은 손으로 체중을 지탱하고는 뒤로 나아간다. 발로만 체중을 지탱하는 바람에 빙빙 도는 아기도 있다. 물론 소수지만 몇 번 서툴게 연습한 후 잘 기어가는 운동성이 좋은 아기도 있다.

아기가 기어가려고 하면 엄마는 본능적으로 아기를 약간 도와준다. 엉덩이를 조심스럽게 앞으로 밀어주든지, 매력적인 장난감을 아기 손이 닿는 거리 밖에 놓아준다. 그러면 아기는 장난감 쪽으로 나아간다. 쿵 하고 앞으로 몸을 내던지듯이 하거나 엎드려서 다리로 몸을 밀고 팔로 방향을 조종한다.

손과 손가락을 많이 사용하게 하라

보통 아기는 물건을 만져보고, 흔들어보고, 돌려보고, 어딘가에 부딪쳐보고, 쳐보고, 밀어보고, 당겨보고 싶어한다. 아기는 매일 다른 사람들이 이런 사건을 만드는 것을 보고 자란다. 아기의 손과 손가락 운동에 도움을 주는 장난감들이 많다.

:(**발가벗겨 놓으면 더 잘한다**

아기가 뒤집고 기는 것을 배우려면 연습을 해야 한다. 옷으로 조여진 상태보다는 옷을 벗고 하는 것이 연습하기에 더 좋다. 발가벗고 하면 자신의 몸을 더 잘 느낄 수 있고 자유롭다.

다이얼이 달린 장난감 전화도 좋다. 누르면 소리가 나는 공도 좋다. 또한 위아래로 밀 수 있는 장난감도 있다. 오뚝이 인형을 놓아주면 아기는 홀딱 반할 것이다.

> 페터, 18주 "우리는 몇 주 전에 아기침대 난간에 게임기를 달았어요. 아기는 이제까지 그것을 쳐다보기는 했지만 가지고 놀거나 하지는 않았어요. 그런데 이번 주 들어 갑자기 게임기들을 쥐기 시작했어요. 그리고 단추를 눌러서 소리도 내보고요. 장난감을 돌려보기도 해요. 아기는 정말 발견여행을 하고 있는 것 같아요."

아기가 무언가를 하려다 실패했다면 아기에게 손수 시범을 보여줘라. 또는 손으로 장난감을 만지게 하면서 아기를 도와줘라. 아기는 손과 손가락 훈련을 재미있게 따라 할 것이다.

아기가 다양한 세계를 발견하게 하라

아기가 사건을 지각하고 실행할 능력을 갖추면 장난감이나 물건도 능숙하게 연구할 수 있다. 아기는 이제 물건을 돌리고, 흔들고, 모든 세부적인 부분을 만지고 빨 수 있다. 아기는 다양한 소리를 잘 구분해 알아들을 수 있다. 아기는 그런 능력으로 자신이 사용하는 물건을 잘 알아간다.

아기에게 다양한 재료로 된 장난감과 사물을 주어라. 나무로 된 것, 딱딱하거나 물렁물렁한 플라스틱으로 된 것, 다양한 감촉이 나는 천, 부드러운 종이, 거친 종이. 바삭거리는 소리가 나는 빈 과자봉지는 아기들에게 인기 만점이다. 과자봉

지를 마구 구겼다가 놓으면 봉지 형태가 재미있게 변하며 멋진 소리도 낸다.

아기가 다양한 형태의 장난감과 물체를 탐구하도록 유도하라. 둥근 것, 네모난 것, 끝이 톱니 모양으로 되어 있는 것 등. 플라스틱으로 된 열쇠는 아기 박사에게 연구 의욕을 자극한다. 아기는 톱니처럼 생긴 부분을 재미있어한다.

아기가 세세한 부분까지 관심을 쏟는가?

몇몇 아기는 특히 아주 작은 부분까지 관심을 쏟는다. 아기는 철저한 조사에 많은 시간을 투자한다. 다양한 재료와 형태와 색깔을 쓰다듬고 만지고 문질러본다. 아기는 또한 엄마를 아주 유심히 연구한다. 아기는 엄마의 손가락 하나가 어떻게 움직이는지 쳐다보고 만져본 후 다음 손가락으로 넘어간다. 입을 탐구하기 시작하면 이빨 하나도 빼놓지 않는다. 이런 관심에 부응하라. 아기에게 관찰하기에 좋은 장난감과 물건들을 줘라.

안나, 21주 "아기가 내 입 속에 관심을 갖기 시작하면 난 거의 질식할 정도예요. 내가 아기의 조그만 손에 입 맞추면서 내 입을 닫아버리면 내가 자기의 행동을 방해하는 걸 금방 눈치채요."

아기는 음악 애호가

음악이나 소리, 여러 가지 리듬을 특히 좋아하는 아기도 있다. 그런 아기는 소리 나는 물건에 열중한다. 그 물건이 만들어내는 소리를 듣기 위해 돌려보거나, 느리게 하거나, 빠르게 해서 어떻게 되는지 시험해보기도 한다. 그런 아기에게 재미있는 소리가 나는 장난감을 줘보라. 아기에게 그것을 활용하도록 도와줘라.

아기는 '엿보는 자'

집안일은 아기가 세상을 배우기에 좋은 사건들로 가득 차 있다. 많은 아기는 엄마가 음식을 만들고, 식탁을 차리고, 옷을 갈아입고, 정원을 돌보는 것을 열심히 바라본다. 그리고 어느 순간 아기는 집안일에 속한 다양한 사건들을 파악한다. 국을 끓이고, 마늘을 찧고, 접시를 놓고, 빵을 자르고, 빵에 버터를 칠하고, 머리를 빗고, 손톱을 다듬고, 잡초를 뽑는 사건들 말이다. 식사 준비를 하고, 식탁을 차리고, 잡초를 뽑는 것을 아기에게 보여줘라. 아기는 그런 것들을 보면서 배우고 즐거워할 것이다.

> 수잔네, 20주 "아기는 내가 식사 준비를 하면 입맛을 다시고 발버둥을 치며 팔을 뻗어요. 내가 무엇을 하는지 알고, 자기도 먹을 것을 달라는 거지요."

아무거나 다 먹는가?

보통 아기는 엄마가 먹는 것을 모두 맛보려고 한다. 아기를 무릎에 앉히고 편하게 식사를 할 수 있는 시기는 이미 지났다. 아기는 엄마가 편하게 식사하도록 내버려 두지 않는다. 자꾸만 끼어들려고 하고 아무것이나 입으로 가져간다.

> 루돌프, 19주 "아기는 입을 벌리고 내 빵을 잡아요. 그리고 뭔가 잡았다 하면 곧장 입속으로 가져가서 맛을 보지요."

'앉아서' 물건을 탐구하게 하라

아기를 무릎에 앉히고 함께 장난감을 관찰하라. 장난감을 돌려보고 눌러보고 만져보고 장난감에 대해 말을 해줘라. 한번쯤은 조용히 아기 스스로 놀게 하라. 아기는 앉아서 노는 것을 편안해할 것이다. 엎드린 자세에서 놀게 하면 금방 피곤해한다. 앉은 자세에서는 장난감을 이전과는 다른 시각으로 볼 수 있다. 아기가 앉은 자세에서 어떻게 장난감을 다르게 활용하는지, 새로운 놀이를 발견하지는 않는지 유심히 살펴보라.

<u>페터, 19주</u> "아기의자에 작은 쿠션을 대고 아기를 앉혔어요. 그랬더니 바닥에서는 할 수 없었던 놀이를 할 수 있다고 생각했나봐요. 내가 열쇠 꾸러미를 주었더니 그걸로 아기 테이블을 치더군요. 그러고 나서 열쇠 꾸러미를 자꾸 바닥으로 내던졌어요. 거의 스무 번은 계속 던졌을 거예요. 그러면서 아주 재미있다는 듯 계속 웃어댔어요."

반쯤 숨겨진 것을 발견하게 하라

이 월령쯤 되면 까꿍놀이와 숨바꼭질을 시작할 수 있다. 사건들을 지각하고 실행할 능력을 획득한 아기는 이제 어떤 사건이 지속된다는 것, 즉 장난감이나 사람이 눈에 보이지 않아도 계속 존재한다는 것을 알고 있다. 따라서 아기는 물건이나 사람을 찾을 수도 있다. 아기가 반쯤 숨겨져 있는 어떤 장난감을 잡으려 하는 것 같으면 격려를 해줘라. 또는 그 물건을 잡기 쉬운 곳으로 옮겨줘라. 그러면 아기는 포기하지 않고 찾는 법을 알게 된다.

아기가 '옹알이 문장'을 구사한다

엄마는 이제 아기의 옹알이가 복잡해지는 것을 느낀다. 아기의 말은 마치 뭔가를 설명하는 듯 들린다. 사건들의 세계를 습득하면서 아기는 신체를 더 유연하게 움직일 뿐 아니라 음성도 더 유연하게 낼 수 있다. 아기는 '아', '어', '바' 처럼 알고 있는 음절들을 반복하고 그것을 문장처럼 늘어놓는다. 문장을 말하면서 아기는 음의 높이와 소리의 세기를 조절한다. 아기는 자신의 새로운 말소리를 듣고 잠시 침묵하기도 한다.

　아기와 이야기를 많이 나누는 것이 중요하다. 아기가 뭐라고 말하면 화답해주고, 새로운 음절을 따라서 해보라. 엄마가 이렇게 반응하면 아기는 자기 목소리로 의사표현을 더 적극적으로 할 것이다.

아기는 이제 몇 가지 단어를 알아듣는다

아기는 아직 말을 하지는 못하지만 몇 가지 단어를 알아듣는다. 가령 "인형, 어디있어?"라고 물으면 아기는 정말로 인형이 있는 곳을 바라본다. 말을 알아듣는 것이 스스로 말을 하는 것보다 훨씬 먼저 이루어진다.

　<u>페터, 23주</u> "거실 한쪽 벽에는 꽃그림이, 다른 쪽 벽에는 커다란 테디와 함께 찍은 아기 사진이 붙어 있어요. 내가 "꽃이 어디 있어?" 또는 "테디랑 애기 어디 있어?"

하면 아기는 제대로 꽃과 테디를 쳐다보죠. 그리고 테디가 있는 방에 들어가면 테디를 곧 알아봐요. 사진 속의 테디가 바로 그 테디라는 것을 아는 것 같아요."

아기가 엄마 말을 몇 마디라도 알아듣는 것을 느끼면 엄마는 매우 감동을 받고 자랑스러워한다. 엄마는 도저히 믿기지가 않아 확신이 들 때까지 계속 아기에게 말을 걸어본다. 그러나 아기는 말을 알아듣는 능력이 아직 초보단계다. 엄마는 자연스럽게 천천히 말하고 문장보다는 단어 한 개를 이용하여 의사를 전달한다. 어떤 엄마는 단어를 연습하기 위해 새로운 상황을 연출하기도 한다. 인형을 한번은 이쪽에, 한번은 저쪽에 갖다 놓고 사진 속의 인형을 가리키기도 한다. 많은 엄마는 아기와 함께 아주 새로운 단어들도 연습한다.

아기의 첫 그림책

어떤 아기는 벌써 그림을 보는 것에 흥미를 갖는다. 아기는 두 손으로 그림책을 잡고 이끌리듯이 그림을 관찰한다. 그런 다음 책을 입으로 가져간다. 숫자나 글자가 들어간 것보다 그림책이 좋다.

인내는 필수

아기가 사건을 지각하고 만들어내는 능력을 갖게 되면 엄마는 아기를 보면서 인내의 한계에 부딪친다. 어떤 엄마는 아기에게서 마음에 들지 않는 버릇을 고치려고 한다. 엄마는 적당히 옛날 버릇을 새로운 것으로 바꾸라고 아기에게 요구할 수 있다. 이런 점에서 아기의 기쁨과 슬픔이 이제 엄마에게만 달려 있지 않다는 것, 아기가 점점 주변세계로 나아가고자 한다는 것을 의식하라. 아기는 이제 스스로 더많이 알고 '더 우위에 있는 듯한' 기분을 갖는다. 그래서 엄마가 아기의 버릇을 고치고자 하면 아기와 갈등을 겪을 수밖에 없다. 이즈음 겪게 되는 갈등을 사람들은 최초의 '독립성 갈등'이라 부른다.

아기의 자유의지는 좋은 것인 동시에 귀찮은 것 아기는 뭘 할지 스스로 결정하려 하고 그것을 확실히 표현한다. 아기는 누워 있기보다 앉아 있으려 하고, 이곳저곳 가고 싶어하고, 온갖 것을 참견하고 싶어한다. 많은 엄마는 그것을 썩 탐탁스럽게 여기지 않는다. 어떤 엄마는 아기가 계속 엄마에게서 떨어져 자꾸만 뭔가를 찾아가는 것을 별로 좋아하지 않고 꽤씸하게 생각한다. 그래서 대부분 스킨십을 이용해 아기가 그러지 못하도록 한다. 때로는 아기를 꽉 붙잡고 말이다. 이런 방법은 역효과만 날 뿐이다. 아기는 있는 힘을 다해 엄마에게 저항하며 엄마에게서 자유롭게 되려고 투쟁한다. 먹을 것과 잠도 마찬가지다. 아기는 언제 자고 언제 깨어날 것인지 스스로 결정한다. 이제 엄마와 아기 사이에는 최초의 권력투쟁이 시작된다.

"아가야, 안 돼!" 엄마는 아기가 닥치는 대로 물건을 쥐고 낚아채는 걸 싫어한다. 식물, 커피 잔, 책, 오디오 등 아무것도 아기 앞에선 안전하지가 않다. 엄마는 아기가 그러는 걸 점점 더 끔찍해한다. 그리고 아기가 그런 행동을 할 때마다 크고 또렷한 목소리로 "안 돼"라고 말하고, 때로는 아기를 저지하는 데 성공한다.

"참지 못하는 아이는 미워!" 대부분의 엄마는 아기가 잠깐 참아줄 수 있을 거라고 생각한다. 그래서 이전처럼 빠르게 반응하지 않고 아기가 뭔가를 하려고 할 때 아기를 잠깐 기다리게 만든다. 그때 아기가 참지 못하고 먹을 것을 낚아채기라도 하면 엄마는 헷갈린다. 어떤 엄마는 이 문제를 어떻게 해결할까 대책을 강구한다.

> 니나, 22주 "아기는 접시에 먹을 것이 담겨 있는 걸 보면 난리가 나요. 나는 화가 나서 아기에게 가족들 모두 앉을 때까지 먹어서는 안 된다고 가르쳤어요. 아기는 이제 서두르지 않고 우리를 기다리고, 우리가 먹기 시작하는 모습을 물끄러미 쳐다봐요."

"아프게 하는 건 싫어!" 이제 아기는 힘이 더 세지고 손놀림이 능숙해져서 때로 엄마를 아프게 하기도 한다. 엄마 얼굴이나 팔을 할퀴고, 물고, 귀나 머리를 잡아당긴다. 때로 아기가 꼬집으면 정말 아프다. 엄마는 이제 아기가 더 조심하고 다른 사람을 배려했으면 하고 생각한다.

어떤 엄마는 아기가 너무 흥분하면 약간 절제해야 된다는 것을 가르쳐주려고 한다. 이것을 대부분 말로 한다. 엄마는 가령 커다란 소리로 "아야!" 하고 소리 지르거나, 아기가 새로운 공격을 준비하는 것을 느끼면 "그만해!" 하고 경고한다. 이 월령의 아기는 금지하는 목소리를 상당히 잘 알아듣는다.

<u>티모, 20주</u> "아기가 내 젖꼭지를 꽉 물었을 때 정말 너무 아팠어요. 순간적으로 아기를 한 대 때리려고 했지요. 아기가 없었을 때 어린아이에게 매를 드는 것은 상상할 수도 없었는데 말이죠. 아프다고 반사적으로 아기를 때리려 했던 내 모습이 당황스러워요."

 │ 19~23주(±1주) │ 아기의 발달을 돕는 놀이와 활동

말하기 놀이
아기와 더불어 보고, 듣고, 맛보고, 느끼는 것에 대해 말을 많이 하라. 아기가 그때그때 무엇을 하고 무엇을 경험하는지를 말해줘라. 짧고 간단한 문장을 사용하고 핵심 단어를 강조하면서 말하라. 가령 "만져봐, 풀이야", "아빠 오신다", "종소리를 들어보렴" 등등.

코 쥐기

"이제 엄마가 ○○의 코를 잡을게"라고 말하며 아기의 코를 잡고 부드럽게 흔들어보라. 아기의 귀, 손, 발로도 똑같이 할 수 있다. 아기가 가장 좋아하는 부위가 어디인지 알아보라. 이런 놀이를 자주 하면 아기는 차츰 각 신체 부위를 파악할 것이다. 그러고 나서 엄마가 말하면 아기는 긴장해서 엄마의 손을 쳐다본다. 그러다가 엄마가 아기의 코를 잡으면 기뻐서 소리 지를 것이다. 이런 놀이를 통해 아기는 놀면서 신체 부위를 알게 되고 말을 배운다.

그림 보기

아름다운 그림이나 책 보는 것에 특히 흥미를 느끼는 아기가 있다. 아기가 익히 알고 있는 물건들의 그림을 보여줘라. 아기와 함께 그림에 대해 이야기하고 아기에게 그 그림에 해당하는 실물이 어디에 있는지 보여줘라.

노래나 운율 있는 동요

아기는 단순한 노래를 좋아한다. '머리 어깨 무릎 발 무릎 발'처럼 동작을 곁들일 수 있는 노래면 더 좋다. 노래를 하면서 동작을 함께 하라. 아기는 멜로디와 리듬과 강세로 노래를 인식한다.

간지럼 놀이

'거미가 줄을 타고 올라갑니다' 등의 노래를 부르며 손가락으로 아기의 몸을 타고 올라가면서 약간 간질이다가 아기의 귀를 잡아당기며 끝낸다.

숨바꼭질

아기 얼굴에 얇은 손수건을 덮고 아기 이름을 대며 "누구누구 어디 있게?" 하고 물어보라. 아기가 스스로 손수건을 벗겨내는지 보라. 아기가 혼자서 벗겨내지 못하면 아기의 손을 잡고 천천히 손수건을 벗겨줘라. 이 월령에서는 숨바꼭질을 가능하면 간단하게 해야 한다. 그렇지 않으면 아기는 이해하지 못하니까 말이다.

거울 앞에서 놀기

아기는 자신의 모습이 거울에 비치는 것을 좋아한다. 거울에 비친 엄마의 모습을 보고, 다시 진짜 엄마의 모습을 볼 것이다. 대부분의 아기는 놀라서 진짜 엄마와 거울 속 엄마를 번갈아 본다. 그러고 나서 엄마가 말을 하면 아기는 더욱 놀란다. 그 소리는 진짜 엄마에게서만 나오기 때문이다.

19~23주(±1주) | 아기의 발달을 돕는 장난감과 가재도구

아기는 집 안의 모든 것에 흥미를 느낀다. 아기가 가장 흥미로워하는 것이 무엇인지 살펴보고 그것을 줘라. 단, 아기에게 위험하지 않은지 주의해야 한다.

- ❀ 목욕 장난감—목욕시킬 때 살림살이를 장난감으로 이용할 수 있다. 측량 컵이나 플라스틱으로 된 체, 깔때기, 분무기, 주전자, 비눗갑 같은 것은 목욕 놀이용 장난감으로 훌륭하다.
- ❀ 게임놀이 기구 또는 알록달록한 그림이 있는 이불
- ❀ 우툴두툴하거나 손에 잘 잡히는 공. 속에 방울이 들어 있어 소리까지 나면 더 좋다.
- ❀ 딸랑이 또는 거울
- ❀ 쌀이 들어 있는 포대
- ❀ 바스락거리는 종이
- ❀ 아기들 사진이나 그림
- ❀ 아기가 익히 알고 있는 물건이나 동물 사진 혹은 그림
- ❀ 동요 카세트
- ❀ 장난감 자동차 등 굴러가는 바퀴가 달린 것

☼ 도약의 완성

생후 5개월이 되면서(20~22주 사이) 다시 평온기가 찾아온다. 엄마는 아기가 명랑하고 탐구욕이 강하다며 아기를 칭찬한다. 아기는 정말 에너지가 넘친다!

엄마는 이제 아기의 유일한 장난감이 아니다. 아기는 주변을 탐색하는 데 열심이고 주변을 즐긴다. 아기는 이내 엄마 무릎에 안겨 있는 것을 참지 못하고 자꾸만 내려가려 한다. 흥미로운 것을 보면 그것을 만져보려 하기 때문에 아기는 점점 자주 엄마의 팔을 벗어난다. 아기는 전보다 더 독립적이다.

다니엘, 23주 "이번 주에 작아서 못 입는 아기 옷들을 치웠어요. 마음이 왠지 찡하더라고요. 세월이 빨리 가는구나 생각했지요. 아기는 갑자기 아주 컸어요. 나 역시 이제 다른 방식으로 아기를 대하게 되었어요. 아기는 뭔가 더 독립적이고, 뭐

라고 표현해야 할지 모르겠지만, 이젠 정말 개인이 된 것 같아요."

<u>슈테판, 21주</u> "갑자기 아기띠를 싫어하더라고요. 처음에 나는 아기가 좀더 자유롭게 움직이기를 원하나 보다 생각했어요. 그러다가 앞을 보게 해서 매어주니까 아기가 좋아하더라고요. 이제 아기는 모든 것을 볼 수 있어요."

엄마는 이제 아기를 안아서 원하는 곳에 데려다주는 수고를 할 필요가 없어졌다. 뭔가를 가지고 싶을 때 아기는 어떤 방향이든 구르고 움직여서 모든 것을 잡을 수 있게 되었다.

<u>안나, 22주</u> "아기는 모든 방향으로 움직이고 뒤집고 하며 더는 가만히 있질 못해요. 소파에 기어오르려고 하고 강아지 바구니를 뒤집어엎었어요. 목욕할 때는 특히나 활동적이에요. 목욕통에서 물장구를 쳐서 물이 남아나지 않을 정도예요."

아기는 더 명랑해진다.

<u>아스트리드, 22주</u> "아기 기르는 행복감을 만끽하고 있어요. 아기는 정말 귀여워요. 그리고 아주 잘 놀아요."

<u>디르크, 23주</u> "갑자기 돌보기가 훨씬 쉬워졌어요. 다시 규칙적으로 생활하고 잠도 잘자요."

그렇게 울던 아기가 이제 잘 웃고 명랑해진다. 할 수 있는 것도 더 많아졌으므로 덜 심심할 것이다.

<u>페터, 22주</u> "아기는 사랑스럽고 명랑해요. 잠투정도 별로 없어졌고…… 그것만 해
도 어디예요. 지난 몇 주간에 비해 낮잠도 더 오래 자요. 하루 종일 울기만 했었는
데 이제 모든 것이 달라졌어요. 몇몇 예외적인 순간도 있지만 점점 나아
지고 있지요."

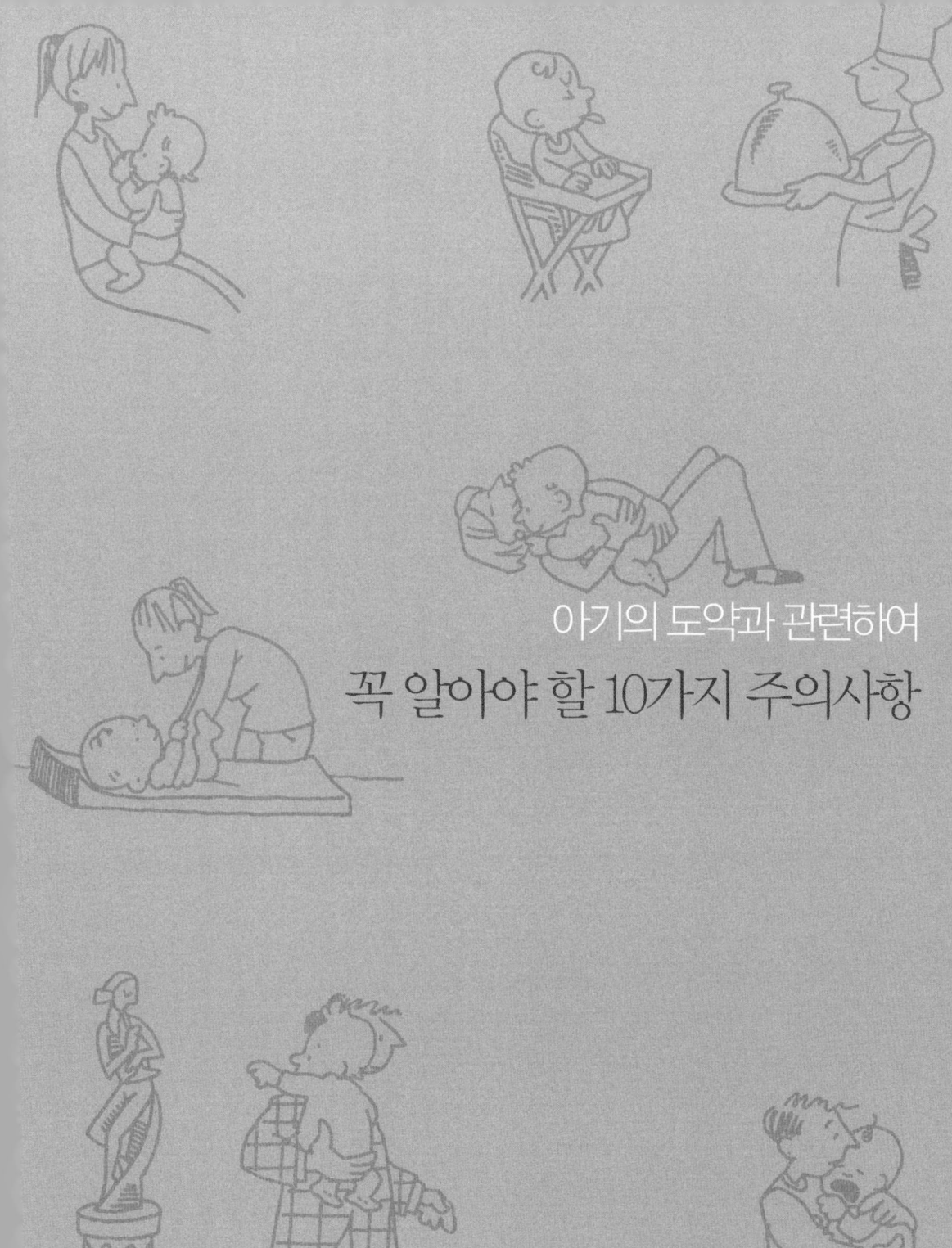

아기의 도약과 관련하여
꼭 알아야 할 10가지 주의사항

아기는 정신발달에서 가장 먼저 이루어지는 네 단계의 도약을 끝냈다. 짧은 기간 동안 많이 변했고 많이 자랐다. 지금까지의 도약 중 '사건' 세계로의 도약이 가장 눈에 띄었다고 말하는 부모가 많다. 놀랄 일이 아니다. 네 번째 도약은 예전의 여러 도약을 종합해 한 차원 끌어 올리는 도약이기 때문이다. 월령이 높아갈수록 도약을 통한 변화는 두드러질 것이다. 그리하여 이 도약과 관련해서 꼭 알아두어야 할 10가지 사항을 짚고 넘어가고 싶다. 이 사항들을 염두에 두면 앞으로 다가오는 도약에 더욱 잘 대처할 수 있다.

1. 모든 아기는 같은 월령에 도약을 한다.
주의: 하지만 아기가 어떤 활동에 관심을 가질지는 아기의 개성에 따라 달라진다.

2. 아기가 모든 것을 처음부터 완벽하게 하지는 못한다.
주의: 어떤 능력은 눈에 띄지 않게 나타나므로, 무엇에 주의해야 할지 모른다면 놓칠 수 있다.

3. '운동능력'에만 주안점을 두지 말라.
주의: 어차피 모든 아기는 언젠가 걸음마를 배운다. 다른 발달이 더 중요할 수도 있다(다른 발달에 대해서 주목하는 사람은 거의 없지만).

4. 도약기가 시작되면 세 가지 대표 증상(엄마에게 붙어 있기, 울기, 칭얼대기)이 나타나며, 이외에도 몇 가지 증상을 더 볼 수 있다.

주의 : 아기가 어떤 증상을 보이는지, 그만의 패턴을 발견해보라.

5. 도약하는 아기를 손 놓고 보기만 하지 않고, 능동적으로 도울 수 있다.
주의 : 아기를 돕고 이끌어주면서 아기와 돈독한 유대관계를 형성해보라. 이런 관계는 일생 동안 유익으로 작용한다.

6. 도약으로 인한 새로운 능력을 획득하는 시기는 아이마다 다르다. 책에 표시된 월령은 가장 빠른 아기 기준이다. 이것에 너무 치심하지 말라.
주의 : 훨씬 나중에 그런 능력에 관심을 갖는다 해도 나쁠 것 없다. 매우 정상적인 일이다.

7. 완벽하게 해내는 것이 아니라, 하려고 한다는 사실이 중요하다.
주의 : 어른의 시각으로 너무 높은 수준을 기대해서는 안 된다.

8. 외적 상황들로 인해 아이가 도약기에 접어들었음을 모르고 지나갈 수도 있다.
주의 : 가령 이사 때문에 온 가족의 정신이 다른 데 쏠려 있을 때는 아기가 무엇 때문에 보채는지 알기 힘들다.

9. 도약 = 스트레스 = 저항력의 저하
주의 : 스트레스를 많이 받으면 신체 저항력이 떨어지는 것이 당연하다.

10. 도약은 긍정적인 것이다.
주의 : 처음에는 한발 퇴보하는 것처럼 보일지라도 모든 도약은 진보를 의미한다는 것을 기억하라.

1. 모든 아기는 같은 월령에 도약을 한다

정신발달의 도약은 출산 예정일 기준으로 같은 월령에 일어난다. 모든 아기는 각각의 도약과 함께 같은 인지능력을 획득하고, 이런 기본 능력을 바탕으로 새로운 세부 능력을 획득한다. 하지만 배울 수 있는 것이 너무나 많으므로 한꺼번에 모든 능력을 획득하지는 못한다. 아기는 우선 자신에게 가장 매력적으로 다가오는 것을 선택하여 그 능력에 집중한다. 여기서 '선택'이라고 했는데, 아기가 어떤 능력을 먼저 획득할 것인지 의식적으로 결정을 한다는 의미일까? 물론 그렇지는 않다. 아기는 이성적으로 심사숙고를 하는 것이 아니라, 무의식적으로 선택을 한다. 아기는 어른이 결정을 내릴 때와는 달리, 어떤 능력을 먼저 습득하는 것이 좋은지, 장기적으로 무엇이 자신에게 가장 도움이 될지를 묻지 않는다. 자신에게 가장 매력적으로 다가오는 것, 흥미롭게 느껴지는 것에 집중할 뿐이다. 바로 이 점이 아이를 개성적인 존재로 만든다. 아기마다 선택이 다르다는 점을 염두에 두라. 아기는 자신에게 어울리는 것으로 새로운 세계를 탐구해 나가기 시작한다.

아기의 결정이 의식적으로 이루어지지 않기에 유심히 살펴볼 필요가 있다. 아기가 직관적으로 중점을 두는 영역이 아기의 개성을 반영하기 때문이다. 사실 이것을 깨닫기란 그리 쉽지 않지만, 꾸준히 체크하다 보면 아기가 무엇을 좋아하고, 무엇에 끌리는지 알게 된다.

2. 아기가 모든 것을 처음부터 완벽하게 하지는 못한다

도약을 통해 얻게 되는 능력 중에 아기는 가장 매력적으로 느껴지는 것을 선택한다. 하지만 그 능력을 곧장 능숙하게 발휘할 수 있을까? 그렇기도 하고 아니기도 하다. 어떤 행동은 하루아침에 갑자기 할 수 있게 되어 부모를 놀라게 한다. 게다가 상당히 잘한다. 어떻게 갑자기 그런 능력을 갖추게 되었을까? 알다시피 이런 능력은 무(無)에서 툭 튀어나온 것이 아니라, 도약으로 획득한 새로운 인지능력에서 비롯한다. 그런데도 갑자기 새로운 것을 할 수 있게 되면 부모는 신기하기 짝이 없다. 한편, 그리 쉽게 터득되지 않는 능력도 많다. 도약 후 아기는 자신에게 흥미롭게 다가오는 능력에 몰두하지만, 곧장 잘 해내지는 못한다. 이런 경우는 부모의 적절한 뒷받침이 필요하다. 아기가 배우려고 하는데 잘 안 되는 것 같으면 살짝 도와주라. 당신이 도와주면 아기는 수월하게 새로운 것을 배울 수 있다. 여러 번 시도하다가 좌절해버리는 것은 안타까운 일이다. 그렇다면 아기를 어떻게 도울까?

A. 할 수 있도록 지원해주기

아기가 능력을 획득할 기회를 마련해주라. 그러나 아기가 하고자 하는 행동을 무작정 대신해주는 것은 무의미하다. 그러면 아기는 배우지 못한다. 아기가 배우고자 하는데 힘에 부칠 때 도와주는 것이 부모의 역할이다. 아기가 장난감을 집으려 한다고 해보자. 아이가 그런 기색을 보이자마자 부모가 그 장난감을 손에 쥐어주면 학습 효과는 없다. 아기의 학습을 대신해준 셈이기 때문이다. 하지만 아기가 집어 들고자 하는 장난감이 너무 멀리 있다면 아기는 좌절하게 된다. 이럴 때 아기가 약간의 노력을 하면 목표를 이룰 수 있게끔 도와주라. 장난감이 아무리 애를 써도 닿지 못할 곳에 있다면, 장난감을 좀 더 아기 가까이 옮겨놓아 주는 것이다. 이런 도움을 통해 아기가 스스로 배울 기회를 줄 수 있다.

B. 성공이 아니라 시도 자체를 칭찬해주기

연구에 따르면, 아이가 무언가를 하려고 애쓸 때 부모가 칭찬과 격려를 해주면 아이가 더 열심히 한다. 그러므로 아기가 무언가를 배우려 할 때 격려와 칭찬을 통해 아기에게 힘을 불어넣어 주라. 부모의 이런 행동은 '노력하는 건 좋은 일이야. 넌 할 수 있어'라는 메시지를 전달하는 것이다. 아기일 때부터 결과에 상관없이 애쓰고 노력하는 것 자체가 좋은 일이라는 메시지를 전달받은 아이는 안정감과 자신감이 생겨 훗날 힘든 상황이 닥쳐도 쉽게 포기하지 않는다. 그러므로 격려와 칭찬을 통해 아이 인생에 두고두고 도움이 되는 자산을 마련해줄 수 있다.

C. 너무 많은 좌절은 피하도록 해주기

부모가 도와주고, 밀어주고, 용기를 줄지라도, 때로는 하려던 것이 잘 되지 않으면 아기는 좌절할 수 있다. 어른도 다르지 않다. 약간의 좌절은 나쁘지 않다. 다시 한번 시도하게 하는 자극으로 작용하기 때문이다. 하지만 계속 좌절과 실패를 맛보면 어느 순간 포기하게 되며, 이것은 우리가 원하는 바는 아니다. 부모는 누구보다 아이를 잘 알므로, 아이의 좌절이 과해지는 순간을 직관적으로 느낀다. 이때 아이를 적절히 뒷받침해줄 수 있다. 목표를 좀 더 쉽게 이룰 수 있도록 뒷받침해주어 결국 아기가 작은 성공 경험을 할 수 있도록 해주라.

3. '운동능력'에만 주안점을 두지 말라

"뭐라고요? 아이가 아직 걷지 못해요? 아, 그럼 길 수는 있겠죠? 기지도 못해요? 음……."

주변의 이런 반응은 부모에게 스트레스를 안겨준다. 평소 자신감이 넘치는 부모도 이런 반응 앞에서 주눅이 들고 불안해진다.

이런 부모에게 우선 안심시켜주기 위해 말하자면, 인간의 지능에는 일곱 종류가 있고, 신체 운동지능은 그중 하나일 따름이다. 그런데 문제는 보통 신체 운동지능에 가장 이목이 집중된다는 것이다. 이 능력이 특별히 중요해서가 아니라 가장 눈에 띄기 때문이다.

아기가 촉각으로 자신의 세계를 발견해나가는 모습은 알아채기 힘들다. 아기는 사물의 느낌이 어떤지를 알아보기 위해 손가락으로 모서리를 만져본다. 그러나 그런 행동은 눈에 잘 띄지 않으므로 우리는 쉽게 알아볼 수 있는 대근육 운동에 더 관심을 가지게 되는 것이다.

신체적으로 건강한 아기는 언젠가는 걷게 된다는 것을 명심하라. 훗날 아무

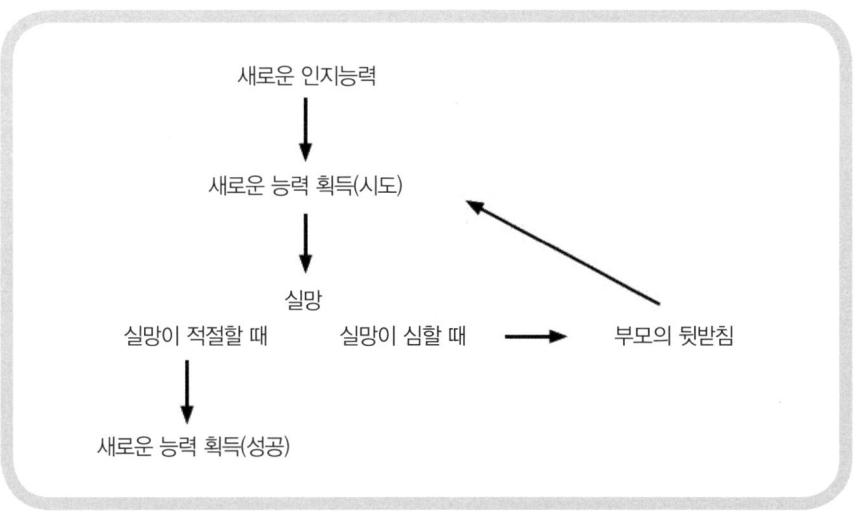

도 아기가 걸음마를 빨리 했는지, 아니면 조금 늦게 했는지 묻지 않는다. 중요하지 않기 때문이다.

4. 도약기가 시작되면 세 가지 대표 증상(엄마에게 붙어 있기, 울기, 칭얼대기)이 나타나며, 이외에도 몇 가지 증상을 더 볼 수 있다

모든 아기는 같은 시기에 도약을 한다. 이것은 일부러 앞당기거나 늦출 수 없는 성질의 것이다. 사춘기와 비슷하다. 사춘기도 언제쯤 겪을지 정해져 있다. 아무리 정신발달이 빨라도 여덟 살에 사춘기가 찾아오지는 않는다. 사춘기는 누구나 거의 같은 나이에 찾아온다. 그러나 사춘기가 미치는 구체적인 영향은 아이마다 다르다. 고집스럽게 모든 것에 반항을 하는 아이도 있고, 반대로 혼자 침묵해버리는 아이도 있다. 정신발달의 도약은 사춘기와 다르기는 하지만, 비슷한 부분이 많다. 아기도 마찬가지로 거의 같은 시기에 도약을 맞는다. 그러나 도약 때 관찰되는 행동 패턴은 아이마다 다르다. 같은 아기라도 어떤 때는 특히 더 힘들어할 수도 있다. 이것은 정상이다.

외향적인 아기인 경우, 힘든 도약기가 시작되었다는 것을 금방 알 수 있다.

분명히 표시가 나기 때문이다! 하지만 내향적인 아기는 똑같이 갑작스러운 변화에 휩싸여도 당혹스러움을 잘 드러내지 않는다. 그러므로 내향적인 아기의 부모는 특별히 세심하게 살필 필요가 있다. 그렇지 않으면 아기가 지금 '힘들어하고 있으며' 평소보다 많은 애정과 뒷받침이 필요하다는 사실을 간과하기 쉽다. 이런 시기에는 더 보살펴주고, 사랑해줘야 한다.

5. 도약하는 아기를 손 놓고 보기만 하지 않고, 능동적으로 도울 수 있다

이 책 앞에 수록한 도약표를 숙지하면, 정신발달의 도약이 언제쯤 찾아올지 정확히 짐작할 수 있다. 도약은 저절로 찾아온다. 당신도 아기도 이에 대해 무언가를 군이 할 필요도 없고, 할 수도 없다. 그렇다고 아기의 도약을 그냥 보고만 있어야 한다는 의미는 아니다. 오히려 그 반대다. 아기가 도약의 힘든 시기를 잘 보내도록 아기를 도우라. 아기에게 안정감을 주고 위로를 하라. 또한 도약을 통해 얻은 새로운 인지능력을 바탕으로 아기가 특정 기술을 학습하려고 할 때도, 앞에서 말했듯이, 적극적으로 뒷받침해줄 수 있다. 각 장을 읽고 앞으로 다가올 도약에 대해 적시에 정보를 얻을 수 있다면, 아기의 머릿속에서 무슨 일이 일어나는지 더욱 잘 이해하고, 아기의 학습을 어떻게 도울지 알게 된다.

6. 도약으로 인한 새로운 능력을 획득하는 시기는 아이마다 다르다. 책에 표시된 월령은 가장 빠른 아기 기준이다. 이것에 너무 치심하지 말라

이 책은 아기가 각각의 월령에서 어떤 능력을 습득할 수 있는지 보여준다. 여기서 강조점은 '빠른 경우 이러이러한 행동을 할 수 있게 된다'라는 것이다. 하지만 이미 언급했듯이, 아이는 한꺼번에 모든 것에 관심을 보이는 것이 아니다. 아이가 언제 어떤 능력을 연습할지는 개성에 따라 달라진다. 똑같은 행동이라도, 어떤 아기는 빨리 구사하고, 어떤 아기는 그보다 몇 달이나 늦을 수 있다. 또한 장마다 해당 도약과 그로 인해 얻게 되는 인지능력으로 아기가 취할 수 있는 행동이 실려 있다. 당신의 아기가 여기에 실린 행동을 하는지 주의 깊게 살펴보라. 이 책에서는 아기의 개성 차이를 고려하여, 여러 가지 운동능력의 경우 해당 능력을 습득하는 시간 폭뿐 아니라 평균 월령을 밝혔다. 많은 부모가 평균치를 궁금해하기 때문이다. 물론 그 마음은 이해할 수 있다. 하지만 평균치는 별 의미가 없으며, 결코 구속력 있는 잣대로 볼 수 없음을 명심하라.

7. 완벽하게 해내는 것이 아니라, 하려고 한다는 사실이 중요하다

이 책의 월령별 체험하는 목록을 보고 놀라는 부모가 많다고 한다. 가령 자동차 그림 그리기, 머리 빗기, 귤껍질 까기, 옷 입기 등의 행동능력이 제시되면 많은 부모가 어리둥절해 한다. '아, 이 일을 어쩌지? 우리 아이는 이런 것을 아직 못 하는데…… 어떻게 다른 아이들은 벌써 이런 걸 할 수 있을까?' 하지만 아이들이 그런 능력을 완벽하게 갖추는 것은 정말로 불가능하다. 척 보아도 자동차라는 것을 알 수 있게끔 자동차 그리기는 세 돌이 지나도 쉽지 않다. 귤껍질을 완벽하게 까기, 머리를 제대로 빗기, 옷을 제대로 입기도 마찬가지다.

완벽한 결과를 기대하는 태도는 아기나 유아에게 부담을 줄 수 있다. 완벽하게 해내는 것이 중요한 것이 아니라, 하려고 한다는 점이 중요하다. 아이가 종이에 뭔가를 끼적이고는 '말'이라고 한다면, 그런 괴발개발 그림을 '말'로 봐주어야 한다. 아이가 귤껍질을 조금 뜯어내면 부모는 이런 과업에 자랑스러워하며 이어서 귤껍질을 다 벗겨주면 된다. '순서'의 세계로 도약한 이후 아이는 머리빗을 머리에 대고 문지를 것이다. 이것은 아이로서는 머리 빗기이고, 부모는 칭찬을 아끼지 말아야 한다. 안쪽 주머니가 겉으로 나오게끔 바지를 뒤집어 입으려 할 때도 마찬가지다.

완벽한 결과는 시간이 지나면서 자연스럽게 달성된다. 불완전하더라도 무언가를 하려고 할 때 격려를 해주면 아이는 그런 능력을 더욱 일찍 획득한다. 칭찬은 더욱 열심히 하도록 독려하고, 알다시피 연습은 그 분야의 장인을 만들기 때문이다.

8. 외적 상황들로 인해 아이가 도약기에 접어들었음을 깨닫지 못할 수도 있다
이사를 한다든지, 직업적으로 문제가 발생하거나, 마감 압박에 시달린다든지, 가까운 친지가 병에 걸리거나 사망한다든지 등등 가정생활에 어려움을 겪는 때가 있다. 부모가 이런 일에 몰두하다 보면, 아기가 도약 중이고, 평소와 다르게 행동한다는 것을 알아채지 못할 수도 있다.

부모가 스트레스 상황을 피할 수 없다고 하더라도, 중요한 것은 한쪽 귀를 아기에게 열어놓아야 한다는 점이다. 아기 앞에서 부모의 기분과 정서 상태를 숨길 필요는 없다. 물론 부모가 기분이 좋으면 아기도 좋을 것이다. 하지만 감정을 꾸미면 아기도 느낀다. 그러므로 가식적인 태도를 보이기보다는, 힘든 시기에 아기가 부모에게 위로가 되고 힘이 된다는 것을 느끼도록 해주는 편이 좋다.

한편, 피할 수 있는 스트레스 상황도 있다. 가령 수유 중단은 아기에게 굉장한 스트레스가 된다. 아기를 처음 베이비시터에게 맡기거나 놀이방에 보내는 일도 마찬가지다. 이런 스트레스 상황은 얼마든지 있다. 새로운 상황에 익숙해져야 하는 일은 어찌 되었든 스트레스로 작용한다. 도약 또한 변화이고, 그로 인해 스트레스를 동반하므로 부모는 두 가지 스트레스가 동시에 겹치지 않도록 신경 쓰면 좋다. 그런데도 불가피하게 '이중의 스트레스 부담'을 주어야 한다면, 그 상황에서도 최선을 다하면 된다. 가능한 한 아이에게 사랑을 표시해주고 아기와 함께하라.

9. 도약 = 스트레스 = 신체 저항력의 저하

앞에서 언급했듯이, 도약은 아이에게 스트레스로 작용한다. 도약으로 아이가 힘들어하면, 부모를 비롯한 온 가족이 스트레스를 받는다. 그리고 스트레스를 받으면 당연히 신체 저항력이 떨어진다. 그래서 아기와 유아는 도약을 마친 직후 병치레를 하기 쉽다. 부모 역시 신체의 불편을 호소하기도 한다. 그 배경을 알면 이런 현상이 놀랍지 않다.

10. 도약은 긍정적인 것이다

힘든 시기를 긍정적으로 보기란 그리 쉽지 않다. 하지만 도약은 좋은 일임을 명심하라. 도약으로 비롯하는 힘든 시기는 곧 지나가며, 후에는 고생한 보람이 생긴다. 아이가 이전에 할 수 없던 것을 갑자기 할 수 있게 되기 때문이다. 모든 도약은 당사자에게는 도전으로 다가오지만, 아이가 건강하게 발달하고 있고, 매번 커다란 진보를 하고 있음을 보여준다.

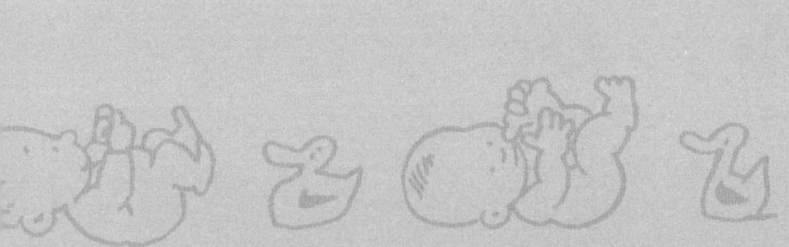

생후 6개월

사물과 사물의 관계를 인식한다

김수연 선생님의 조언　이 시기는 엄마가 보이지 않아도 엄마의 목소리가 들리면 엄마가 존재한다는 사실, 즉 엄마의 목소리와 엄마의 존재의 연관성을 이해할 수 있는 시기이다. 세상을 탐구하기를 좋아하는 다람쥐형의 경우 안아서 다른 곳으로 자신을 옮겨달라고 짜증을 많이 부리게 되고, 사람을 관찰하고 대화하면 놀기를 좋아하는 사고형 아기들은 엄마와 옹알이를 하면 하루 종일 즐거울 수 있다. 옹알이에서 단어를 말하기 전 단계로 갑자기 옹알이가 줄고 잠잠해지거나 소리를 지르는 행동을 보일 수 있다. 저자들의 표현대로 도약을 위한 변화이므로 걱정할 필요는 없다. 아기의 몸이 무거워지므로 엄마의 손목, 어깨, 허리, 등이 많이 아플 수 있다. 가능하면 유모차 등 육아용품을 적극적으로 활용해서 엄마의 몸을 보호하면서 아기를 돌보는 것이 좋다.

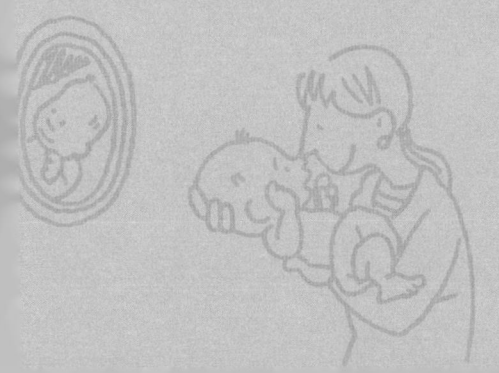

생후 6개월 전후(25~27주째)로 아기는 다시 새로운 능력을 갖추게 된다. 이제 아기는 주변을 '연관'시켜 지각하고 파악할 수 있다.

아기가 지각할 수 있는 가장 중요한 '관계' 중 하나는 두 물체나 두 사람 사이의 거리이다. 어른에게 당연한 것이 아기에게는 놀라운 발견이자 세계의 근본적인 변화이다. 이제 주변환경은 아기를 아주 헷갈리게 만든다. 아기는 자신이 갖고 싶은 물건이 자신이 가까이 갈 수 없는 선반 위에 있다는 것을 인식한다. 엄마가 방 안으로 들어가고 아기가 따라 들어갈 수 없을 때 아기는 이런 상황을 마치 엄마가 '무(無)' 속으로 사라져버린 것처럼 느낀다. 기어서 엄마를 쫓아간다 해도 엄마의 속도에 맞출 수 없으므로 아기는 엄마가 달아나버릴 수 있다는 것을 확신한다.

이런 인식은 아기를 굉장히 불안하게 하고, 몇 주 동안 아기와 부모는 상당히 힘든 시기가 될 수 있다. 엄마 아빠는 이 시기에 아기가 왜 그렇게 힘들어하는지 알고 도와줘야 한다. 자신과 자신이 갖고 싶은 것의 거리를 파악하게 되면 아기는 전보다 훨씬 많은 것을 할 수 있다. 그러나 그때까지 아기는 뒷받침이 필요하다.

아기는 행동을 통해 도약하고 있음을 알린다. 아기 스스로 도약이 가까워졌음을 느끼는 것이다. 5~6개월 사이(22~26주)에 대부분의 아기는 그전보다 약간 더 힘들어진다. 아기는 자신의 세계가 변했다는 것을, 여태까지와는 다른 세계를 경험한다는 것을 스스로 느낀다. 새로운 인상들이 마구 뒤엉킨 속에서 아기는 오래되고 친숙한 것을 다시 붙잡고 싶어한다. 그리하여 아기는 엄마에게로 돌아가고자 한다. 엄마 곁에서 아기는 안심하고 새로운 것들을 받아들일 수 있다. 평균적으로 이런 어려운 시기는 4주 정도 지속된다. 그러나 이 시기는 일주일 만에 끝날 수도 있고 5주까지 연장될 수도 있다. 이 기간이 끝난 후

29주경이 되면 아기는 잠시 다시 힘들어할 수도 있다. 도약이 끝나고 완전히 새로운 능력에 몰두하고 있는데도 말이다. 그러나 새로운 능력 중 하나가 자신과 엄마 사이의 거리를 처리하는 것이라는 사실을 알면 아기의 행동도 이해가 갈 것이다.

 기억하세요!

아기가 힘들어하면 아기가 뭔가 새로운 것을 할 수 있거나 해보고 있지 않은지 유심히 살펴보세요.

 ## 도약의 시작 : 다시 엄마에게로

모든 아기들은 이제 툭하면 운다. 엄마는 아기가 보채며, 변덕스럽고, 칭얼대며, 불만이 심하다고 느낀다. 자기 의지가 강한 아기는 갑자기 참을성이 없어지고 초조해지며, 주변 사람을 정말로 힘들게 할 수 있다. 하지만 모든 아기는 공통적으로 엄마가 안아주거나 함께 놀아주면 덜 운다.

수잔네, 25주 "아기는 자기 의지를 점점 확실하게 표시해요. 불만스러운 어조로 내가 엄마한테 갈 것이라는 것과 엄마 옆에 계속 있어달라는 요구를 해오죠. 그렇지 않으면 장난감도 소용없어요."

아기가 엄마 곁에 있으려 한다는 걸 어떻게 알까?

잠을 잘 안 자는가? 대부분의 아기는 잠을 덜 잔다. 좀처럼 잠자리에 들지 않으려 하며, 잠투정을 하고, 잠들어도 금방 깨어난다. 어떤 아기는 하루 종일 낮잠을 자지 않으려 하고, 어떤 아기는 밤에도 잘 못 잔다. 또 어떤 아기는 낮에도 밤에도 잘 자지 않는다.

> 다니엘, 26주 "밤낮을 안 가리고 얼마나 잠투정을 심하게 하는지, 완전히 신경이 날
> 카로워져서 난리를 치며 울어대요. 너무 울어서 숨조차 제대로 못 쉴 정도예요.
> 나는 정말 끔찍하게 힘들어요. 이 고비가 그리 오래가지 않기를 바랄 뿐이죠."

악몽을 꾸는가? 아기는 때로 불안하게 잔다. 어떤 아기는 자면서 간혹 크게 울
어대서 엄마는 아기가 악몽을 꾸나 생각한다.

> 안나, 23주 "아기는 깨어났다 잠들기를 반복해요. 때로 커다란 소리로 울기도 해요.
> 눈을 꼭 감고요. 나쁜 꿈을 꾸는 것 같아요. 그러면 나는 아기를 잠시 안고 달래요."

낮을 가리는가? 많은 아기는 낯선 사람이 쳐다보거나 말을 걸거나 몸에 손을
대는 것을 싫어한다. 대부분의 아기는 낯선 사람이 없어도 엄마가 보이지 않으
면 참지 못한다. 이런 일은 거의 모든 엄마들이 겪는다. 이 시기 아기의 '낯가
림'은 아기가 도약으로써 얻게 되는 새로운 능력에서 비롯된다.

> 티모, 26주 "날이 갈수록 낯가림이 더 심해져요. 나만 보고 싶어하고 나하고 가까
> 이에서만 놀려고 해요. 내가 저쪽으로 가면 기어서 쫓아와요."

더 많은 관심을 요구하는가? 많은 아기는 엄마가 곁에서 함께 놀아주거나 돌봐주기를 원한다.

> 수잔네, 26주 "아기는 더 많은 관심을 원해요. 깨어나서 곁에 아무도 없으면 큰 소리로 울지는 않지만 그냥 있질 못해요. 반응이 점점 과격해지고 고집이 세지는 것 같아요. 꼬마 투쟁가나 다름없어요."

신체접촉을 중단하려 하지 않는가? 많은 아기는 혼자 누워 있지 않고 엄마에게 안겨 있으려 한다. 몇몇 아기는 안겨서 가만히 있는 것도 아니고 뭔가를 하려고 한다.

> 티모, 27주 "아기는 내 무릎에 앉아 있어도 가만히 있질 않아요. 어딘가로 기어가려하고 닥치는 대로 아무거나 잡아보려고 해요. 나는 그게 싫어서 여러 가지 놀이를 해보지만 별 효과가 없어요. 나와 함께 놀지 않을 거면 아예 나를 힘들게 하지나 말든지. 그럴 때 나는 모른 척 내버려 둬요. 그러면 이내 내 쪽을 향해 빽빽 소리 질러요."

♥ 남자아기와 여자아기

✿ 스킨십을 요구하는 여자아기는 엄마가 놀아주면 대부분 잘 논다.
✿ 남자아기는 스킨십을 요구하면서도 종종 엄마와 놀지 않고 낯선 곳을 탐구하고 싶어한다.

잘 먹지 않는가? 모유든 우유든 먹는 양이 줄거나 때로 거의 먹지 않는다. 다른 음식도 잘 먹지 않는다. 종종 식사시간이 더 길어지고, 먹는 것에 별 관심이 없는 듯 보인다.

> 티모, 26주 "아침저녁으로 아기는 젖을 거부하고 밀어내요. 정말 난

감하지요. 그러나 잠이 안 올 때는 다시금 가슴으로 파고 들어요. 그러다 조금 빨면서 잠이 들지요."

더 조용해졌는가? 몇몇 아기는 옹알이를 덜 한다. 어떤 아기는 종종 움직임 없이 가만히 누워 주변을 쳐다보거나 주변을 응시한다. 엄마는 아기의 이런 태도가 낯설고 걱정스럽다.

슈테판, 24주 "때로 아기는 아주 조용히 누워서 멍하니 허공을 응시해요. 하루에도 여러 번 그러면 나는 약간 불안해져요. '별일 없는 걸까?' 속으로 걱정하지요. 아기는 완전히 축 늘어져 있어요. 아픈 것처럼."

씻기를 싫어하는가? 많은 아기는 기저귀를 갈려고 눕히면 마구 울어댄다. 옷을 갈아입힐 때도 마찬가지다. 무조건 옷차림이 변하는 게 싫은 듯하다.

다니엘, 24주 "아기 옷을 입히거나 기저귀를 갈려고 하면 아기는 울고불고 소리를 질러요. 스웨터를 입히려고 머리에 스웨터를 씌우면 난리가 나요. 정말 힘들어요. 왜 그러는지 모르겠어요."

인형을 만지작거리고 있는가? 어떤 아기는 봉제 동물인형이나 이불, 슬리퍼, 또는 수건을 만지작거리고 있어야 안정이 되는 듯 보인다. 아기는 부드러운 느낌이 드는 것을 좋아한다. 대부분은 엄지손가락을 빨며 그것들을 만지작거리고 있다.

> ☹ 아기가 혼란스럽다는 것을 어떻게 알까?
>
> ❀ 더 많이 운다. 더 짜증을 내고 까탈을 부리고 불만스러워한다.
> ❀ 더 많은 관심을 원한다.

❀ 신체접촉을 중단하려 하지 않는다.
❀ 잠을 잘 못 잔다.
❀ 잘 먹지 않는다.
❀ 기저귀를 갈거나 옷 갈아입는 걸 싫어한다.
❀ 낯가림이 심해진다.
❀ 옹알이를 적게 한다.
❀ 별로 움직이지 않는다.
❀ 엄지손가락을 (더 많이) 빤다.
❀ 보드라운 동물인형을 손에 쥐고 있을 때가 많다.
❀ 그 밖에 눈에 띄는 것들 : _____

_____

<u>아스트리드, 24주</u> "칭얼거림이나 보채는 것이 더는 통하지 않는다고 느끼면 아기는 늘 덮고 자는 작은 이불을 잡고 만지작거려요. 그 이불 위에 누워 엄지손가락을 빨며 손으로 천을 만지작만지작하고 있어요. 얼마나 귀여운지!"

걱정, 헷갈림 그리고 다툼

엄마는 지치기 시작한다. 유난히 힘들게 하는 아기의 엄마는 피곤을 느끼고, 이 시기가 막바지에 이를수록 복통, 두통, 등 통증, 신경과민을 호소한다.

<u>안나, 27주</u> "어느 저녁 나는 아기에게 계속 우유를 줘야 했어요. 12시 반에서 2시 반 사이에 아기는 자지도 않고 말똥말똥했죠. 나는 하루 종일 아기를 안고 업고 이미 지친 터라 머리도 아프고 등도 아팠어요. 두들겨 맞은 것처럼 움직일 수가 없었어요."

까탈 부리는 아이, 걱정하는 엄마 아기가 왜 그렇게 보채는지 이유를 모르면 엄마는 걱정스럽다. 아기가 더 어릴 때는 아기가 보채는 것이 영아산통 때문

이가 반드시 도약 기간 중에 나는 것은 아니다

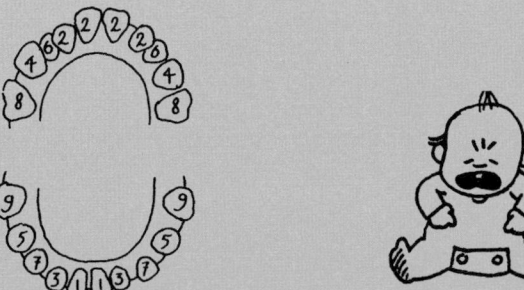

위 그림에 이가 어떤 순서로 나는지 표시되어 있다. 이가 나는 시기는 개인차가 크다. 이가 나고 또 다음 이가 나오는 것 역시 아기의 건강이나 발달 상태와는 아무런 관계가 없다. 아기의 이는 빨리 날 수도, 늦게 날 수도 있고, 다음 이가 나기까지 기간이 짧을 수도, 길 수도 있다.

첫 이는 대부분 6개월쯤에 돋아난다. 처음 나는 이는 아래 앞니이다(1). 그리하여 대부분의 아기는 돌잔치를 할 즈음에 6개의 이를 갖게 된다. 그리고 18개월쯤 되면 마지막 어금니(8)가 나와 유치가 완성되는데, 이로써 아기는 20개의 치아를 갖게 된다. 다음 빈 칸에 아기의 이가 언제 어떤 순서로 나왔는지 표시해보라.

주의 이가 날 때 설사를 하거나 열이 날 수 있다고? 이것은 사실무근이다. 이가 나는 동시에 설사를 하거나 열이 난다면, 이것은 이가 나는 것과는 무관하게 아픈 것이다.

이가 난 날짜

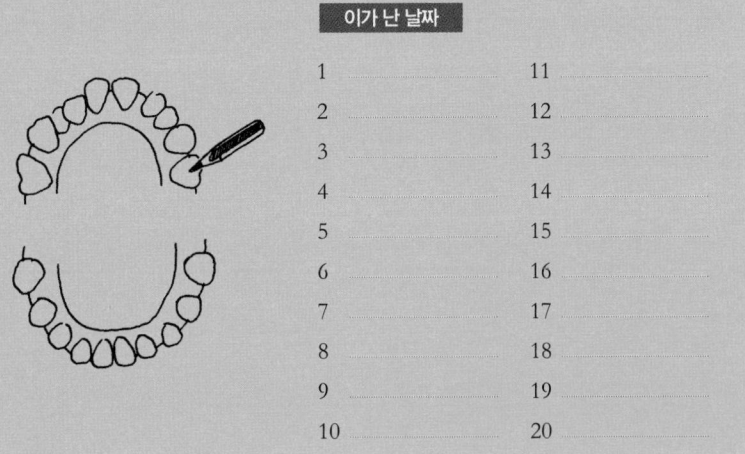

1	11
2	12
3	13
4	14
5	15
6	16
7	17
8	18
9	19
10	20

이라고 생각했다. 그러나 이 월령이 되면 많은 엄마들이 이가 나느라고 아기가 보챈다고 추측한다. 그렇다. 이 월령의 아기는 대부분 첫 이가 돋아난다. 그러나 아기가 도약 때문에 힘들어하는 것과 이가 나는 것 사이에는 별 관계가 없다. 이는 도약기에 날 수도, 도약이 끝난 후 평온한 시기에 날 수도 있다. 그런데 이가 나는 시기와 도약기가 겹치면 아기는 더 예민해질 수 있다.

> <u>율리아, 25주</u> "아기는 매우 까탈을 부리며 내 무릎을 떠나지 않으려고 해요. 아마 이가 나기 시작해서 그런 것 같아요. 아기는 3주 전부터 힘들어하고 있어요. 그런데 아직 이는 나오지 않았어요."

엄마는 화가 난다 아기가 뚜렷한 이유도 없이 짜증 부리고 힘들게 한다고 생각하면 엄마는 화가 난다. 이런 감정은 어려운 시기가 막바지에 치달을수록 더 심해진다. 유난히 힘든 아기의 엄마는 더 이상 견디지 못한다. 그들은 피곤, 두통, 더부룩함, 등 통증, 신경과민을 토로한다.

> <u>다니엘, 25주</u> "그 주에 나는 무지하게 힘들었어요. 아기는 쉴 새 없이 울어댔죠. 아기는 계속 관심을 요구했어요. 하루 종일 낮잠도 안 자고 밤 10시까지 견뎠어요. 나는 계속 아기를 안고 업어야 했어요. 저녁에 아기가 칭얼대면서 침대에 누워 있으면 나는 정말 한계를 넘어선 것 같은 기분이었어요. 나는 안에서 욱하고 치밀어 오르는 분노를 느꼈어요."

엄마와 아기의 갈등 먹을 것을 놓고도 갈등이 생길 수 있다. 대부분의 엄마는 아기가 먹지 않으려는 것을 참을 수 없어한다. 엄마는 계속 아기에게 먹을 것을 제공한다. 슬쩍 권해보기도 하고 억지로 먹이려고도 한다. 그러나 거의 성공하지 못한다.

이 월령 즈음에서 의지가 강한 아기는 아주 고집이 세다. 이런 상황은 걱정이 되어서 아기에게 음식을 먹이려고 하는 엄마를 굉장히 분노하게 만든다. 식탁은 전쟁터로 변해버린다. 싸움을 중단하라. 어려운 시기를 맞은 대부분의 아기는 먹는 것에 그리 관심이 없다. 그러나 이 시기는 지나간다. 강제로 먹이려다가 하마터면 커서도 잘 먹지 않는 아기로 만들 위험이 크다.

새로운 능력의 분출

<u>다니엘, 26주</u> "점점 느끼는 것은 힘든 것이 심해지다가 절정에 이르면 다시 평화롭게 가라앉는다는 거예요. '이제 더는 못 해먹겠다'라는 생각이 드는 순간, 갑자기 상황은 180도 달라지고, 아기는 새로운 능력을 보여주지요. 정말 놀라워요."

6개월(26주)경에 엄마는 아기가 생각보다 더 많은 것을 할 수 있다는 것을 발견한다. 엄마는 아기가 새로운 것들을 시험하거나 하고 있음을 확인한다. 그것은 이 월령의 모든 아기들이 '관계'를 인식하고 그것을 갖고 노는 능력을 분출하기 때문이다. 이런 능력은 새로운 세계가 열리는 것과 같고, 그 세계 안에서 아기는 다시 다양한 능력을 발달시킬 수 있다. 아기는 소질과 기호와 기질에 따라 자신만의 개성 있는 선택을 하게 된다. 아기는 다시금 발견여행에 오를 수 있으며 새로운 기술을 획득할 수 있다. 그리고 당신은 어른으로서 아기를 도울 수 있다.

🐟 도약하는 아기 : 사물과 사물의 '관계'를 흥미롭게 관찰한다

아기는 처음으로 갖가지 '관계들'을 인식하고 만들어낼 수 있다. 세계의 모든 것은 관계를 통해 연결된다. 하나는 언제나 다른 하나와 관련이 있다. 보이는 어떤 것은 마찬가지로 다른 보이는 것과 연관될 수 있고, 듣거나, 느끼거나,

맛보거나, 냄새나는 어떤 것과 연관될 수도 있다. 가령 아기는 이제 사람이나 사물이 언제나 특정한 공간적 거리를 두고 위치한다는 것을 알게 된다. 그것은 엄마와의 상호관계에서 가장 강하게 드러난다. 엄마와의 거리가 너무 멀어지면 아기는 울음을 터트린다. 아기에게 와 닿지 않을 때 그렇다.

아기는 이제 어떤 것이 다른 어떤 것의 안이나 밖, 위나 옆, 밑이나 사이에 위치할 수 있다는 것을 이해한다. 그리고 이런 의식을 가지고 놀이를 한다.

티모, 30주 "아기는 하루 종일 장난감을 상자 속에 넣었다가 다시 뺐다가 하는 데 열중했어요. 선반에서 물건을 모두 내리고는 아주 만족한 듯 작은 병들과 컵을 목욕통 속에 집어넣기도 했지요. 그러나 아기가 가장 좋아했던 것은 바로 젖꼭지였어요. 젖을 먹일 때 아기가 젖꼭지를 놓쳤지 뭐예요. 잠시 젖꼭지를 아주 진지한 표정으로 쳐다보더니 내 젖을 올렸다내렸다하더군요. 그러다가 다시 한 번 빨고는 다시 유심히 보았어요. 그러기를 한동안 반복했지요. 여태껏 그런 적이 없었는데 마치 거기서 무언가가 나오는지 살피는 것 같았어요."

아기는 이제 어떤 것이 다른 것의 원인이 된다는 것을 알았다. 가령 단추를 누르면 음악이 흘러나온다는 것을 안다. 아기는 그것을 스스로 해보려고 하고, 라디오나 텔레비전이나 전등 스위치나 (장난감) 피아노 같은 것에 관심을 갖는다.

아기는 이제 두 사람이나 두 가지 물건, 소리나 상황 등 서로가 서로에게 속해 있다는 것을 이해한다. 또 어떤 소리가 어떤 물건이나 특정한 상황에 속해 있다는 것도 이해한다. 아기는 이제 부엌에서 달그락거리는 소리가 엄마가 이유식을 만드는 소리라는 것을 안다. 그리고 현관문을 열쇠로 따는 소리가 아빠가 집에 들어오는 소리라는 것을 안다. 그리고 아기 스스로도 엄마 아빠에게 속해 있다는 것을 안다.

 때로 이런 새로운 능력은 아기를 불안하고 걱정스럽게 한다.

<u>페터, 29주</u> "제과점에 가면 아기는 빵 써는 기계를 무서워해요. 기계 위에 빵을 올려놓으면 그것이 위험한지 어떤지 계속 나를 쳐다봐요. 그럴 때 내가 웃으면서 아기를 쳐다보면 잠깐 괜찮아져요. 그러나 또 금방 무서운 듯 기계와 나를 번갈아가면서 바라보지요."

아기는 이제 사람과 동물이 그들의 행동을 서로 맞춘다는 것도 이해한다. 두 사람이 서로 몸이 닿지 않게 다른 사람의 움직임을 고려한다는 점을 파악한다. 이 역시 '관계'이다.

이제 아기는 사람이나 물건 사이에 뭔가가 맞지 않는다는 것도 안다. 엄마가 비명을 지르며 무언가를 떨어뜨리고는 줍기 위해 곧 몸을 굽힌다든지, 두 사람이 잘못해서 서로 부딪친다든지, 강아지가 소파에서 떨어지는 것이 약간 '비정상적인' 일이라는 것을 느낀다. 어떤 아기는 이런 상황을 보고 웃고, 어떤 아기는 불안해한다. 또 어떤 아기는 호기심을 보이거나 진지해진다.

그 밖에도 아기는 자신의 몸통과 사지의 움직임이 서로 조화를 이루며 정확하게 협력하고 있음을 느낀다. 아기가 그것을 느끼면 장난감을 가지고 더 많이 놀 수 있다. 아기는 '어른처럼' 기어갈 수 있다. 아기는 도움에 의지해서 첫걸음을 자랑스럽게 내딛을 수 있다. 어떤 아기는 다음 번 도약 직전에 벌써 도움 없이도 발걸음을 뗄 수 있다.

이 모든 신체적 연습은 또한 아기에게 두려움을 줄 수도 있다. 아기는 언제 신체에 대한 통제력을 잃을 수 있는지 인식한다. 아기는 균형 잡는 것을 배워야 하며, 균형을 잡으려면 다시금 거리를 평가할 수 있어야 한다. 다음에 소개하는 〈도약의 성과 : 아기의 능력을 끌어올려라〉에서 이번 도약으로 아기들이 어떤 능력을 가질 수 있는지, 그리고 거기서 아기를 어떻게 도울 수 있을지 상세히 살펴 볼 것이다.

아기는 각자의 방식으로 관계를 인식하고 그것을 가지고 논다. 아기는 지난번 도약 후 갖게 된 능력을 활용한다. 즉 '패턴'과 '유연한 변화'와 '사건들' 사이의 '관계'를 인식하게 되는 것이다.

관계를 인식하는 능력과 그것으로 노는 능력은 아기의 태도를 변화시킨다. 그것은 아기가 하는 모든 것에 영향을 끼친다. 아기는 사람들 사이의, 물건 사이의, 사람과 물건 사이의, 자기 자신과 다른 사람들과 물건 사

✎ **아기가 경험하는 '관계들'의 세계**

보기 영역

✿ 손에 들고 있는 장난감(또는 물체, 먹을 것)과 다른 장난감(또는 물체, 먹을 것)을 번갈아 본다.

✿ 다양한 그림책에 나온 하나의 동물을 번갈아 본다.

✿ 다양한 사진 속의 한 사람을 번갈아 본다.

✿ 동물의 움직임을 관찰한다. 그 움직임이 정상에서 벗어나 있을 때(가령 마루 위에서 종종걸음을 걷고 있는 강아지처럼)는 특히 유심히 본다.

✿ 누군가가 평소와 다른 행동을 하면 유심히 관찰한다(엄마가 노래하고 춤추고 손뼉을 치거나 아빠가 물구나무서기를 할 때).

✿ 자신의 신체를 탐구한다. 특히 고추와 잠지는 관심의 대상이다.

✿ 장난감이나 사물의 세부적인 것(손수건이나 동물인형의 라벨이나 장난감에 붙어 있는 스티커 등)에 주목한다.

✿ 스스로 책을 찾아 가져온다.

✿ 스스로 무엇을 가지고 놀 것인지를 찾는다.

❀ 그 밖에 눈에 띄는 것들 : _____

_____

대상을 다루는 영역

❀ 뚜껑을 들어 뚜껑 밑에 뭐가 있나 본다.

❀ 인형이 내는 소리를 듣기 위해 인형을 뒤집는다.

❀ 바닥 위로 공을 굴린다.

❀ 공을 굴려주면 잘 잡는다.

❀ 휴지통을 엎어 내용물을 쏟아놓는다.

❀ 물건을 던진다.

❀ 장난감을 바구니 안이나 의자 밑이나 위에 놓는다. 물건을 상자 속에 넣었다가 다시 꺼낸다. 보호대로 쳐진 놀이공간의 살 사이로 장난감을 쏙 들이민다.

❀ 어떤 장난감이 다른 것에 맞는지 시험한다.

❀ 장난감(레고, 블록)을 분해한다.

❀ 어떤 장난감에서 내용물(작은 방울 같은 것)을 뜯어낸다.

❀ 양말을 벗는다.

❀ 구두끈을 잡아당겨 푼다.

❀ 수납장과 선반에 있는 물건을 치운다.

❀ 무엇이 어떻게 떨어지는지를 시험해본다.

❀ 강아지나 아빠나 엄마의 입에다 먹을 것을 쑤셔 넣는다.

❀ 문을 닫는다.

❀ 무언가를 닦거나 수건 같은 것으로 훔친다.

❀ 그 밖에 눈에 띄는 것들 : _____

듣기 영역

❀ 말과 행동의 연관성을 인식한다. "안 돼", "해", "이리 와", "가자", "손뼉 쳐" 등의 간단한 명령어를 알아듣는다.

❀ 무언가를 설명하면 귀를 기울인다. 그리고 때로 엄마가 무슨 말을 하는지 이해한다.

❀ 동물 그림에 나오는 동물 소리를 흉내 내면 좋아한다.

❀ 전화 소리를 주의 깊게 듣는다.

❀ 특정한 행동(가령 창문을 닦는다든가)이 유발하는 소리에 귀를 기울인다.

❀ 스스로 소리를 내고는 그것에 귀를 기울인다(가령 손톱으로 카펫을 긁거나 엉덩이로 기저귀대를 밀거나).

❀ 그 밖에 눈에 띄는 것들 : _____

_____

말하기 영역
❀ 말과 행동을 연관시킨다. 올바른 연관을 지어 몇 마디 말을 한다. 가령 더러운 것을 보면 "지지"라고 하고, 〈뽀뽀뽀〉 노래를 들으면 "뽀"라고 하고, 강아지 멍멍이가 보이면 "머"라고 하고, 고양이를 보면 "야옹"이라 한다. 그리고 재채기를 하면 "하치"라고 한다.
❀ 입김을 분다.
❀ 그 밖에 눈에 띄는 것들 : _____

_____

엄마와의 거리에 집착
❀ 엄마가 저쪽으로 가면 이의를 제기한다.
❀ 엄마를 쫓아 기어간다.
❀ 무언가에 몰두하고 있을 때도 엄마와 잠깐잠깐 접촉을 한다.
❀ 그 밖에 눈에 띄는 것들 : _____

_____

동작 따라 하기
❀ 윙크를 하면 윙크를 보낸다.
❀ 박수를 친다.
❀ 혀를 날름거리는 것을 따라 한다.
❀ 좋을 때는 고개를 끄덕이고 싫을 때는 고개를 흔드는 것을 따라서 한다. 좋을 때 종종 눈만 껌뻑인다.
❀ 그 밖에 눈에 띄는 것들 : _____

_____

균형잡기 영역
❀ 누워 있다가 스스로 일어나 앉는다.
❀ 다리에 힘을 주고 붙잡고 일어선다.
❀ 세워놓으면 다시 앉는다.
❀ 잡지 않고 한동안 서 있다.
❀ 도움에 의지해 걷는다.

❀ 침대나 테이블이나 보호대를 잡고 걷는다.

❀ 발을 한 발짝 뗀다.

❀ 발을 바닥에 붙인 상태에서 뜀뛰기와 비슷한 동작을 한다.

❀ 키보다 높은 위치에 있는 장난감을 꺼낸다.

❀ 그 밖에 눈에 띄는 것들 :

운동 영역

❀ 아무 데나(수납장이나 상자 속 등) 기어 들어간다. 밑으로(의자 밑이나 계단 밑) 기어 들어가는 것을 좋아한다.

❀ 기어서 장애물을 넘어간다.

❀ 기어서 방에 들어갔다 나왔다 한다.

❀ 기어서 테이블을 한 바퀴 빙 돈다.

❀ 소파 밑에 있는 것을 집기 위해 몸을 굽히거나 엎드린다.

❀ 박수를 친다.

❀ 엄지와 집게손가락을 이용하여 만지거나 쥔다.

❀ 두 손으로 뭔가를 가지고 논다(가령 서로 맞부딪칠 수 있는 장난감 등).

❀ 그 밖에 눈에 띄는 것들 :

다양한 영역

❀ 음악을 들으면 배를 실룩거리며 춤을 춘다.

❀ 그 밖에 눈에 띄는 것들 :

아기의 개성 파악하기 : 관찰한 것을 기록해보라

아기가 새로운 세계에서 모든 것을 한꺼번에 발견할 수는 없다. 아기는 6개월(26주)경 처음으로 새로운 세계에 발을 내디뎠다. 아기가 언제 어떤 능력을 획득하는가는 아기의 관심사나 어떤 기회가 주어지느냐에 달려 있다. 여기서 소개한 대부분의 능력을 얻으려면 몇 주, 심지어 여러 달이 지나야 한다!

이의, 자신의 신체부분들 사이의 관계를 깨닫는다.

이 모든 것이 시작되면 아기가 혼란스러우리라는 것을 상상할 수 있을 것이다. 어른들에게 '관계들'은 친숙한 것이다. 그러나 아기는 아직 배우지 못했다.

아기의 관심사에서 개성을 발견하라

모든 아기는 이제 '관계들'을 인식하고 그것들과 함께 노는 능력을 갖는다. 새로운 가능성으로 가득 찬 새로운 세계가 아기 앞에 열려 있다. 그러나 아기는 자신만의 선택을 한다. 아기는 소질과 관심과 신체구조와 체중에 적당한 선택을 한다. 그러므로 아기를 다른 아기와 비교하지 말라. 아기는 저마다 독특한 개성이 있다.

아기를 정확히 관찰하라. 아기가 특히 관심 있어하는 것이 무엇인가? 〈그 밖에 눈에 띄는 것들〉에 당신의 아기가 어떤 것을 선택했는지 기록할 수 있는 빈칸이 마련되어 있다. 26~34주 사이에 아기는 새로운 세계에서 자신에게 가장 맞는 선택을 할 것이다. 아기의 결정을 존중하면 아기의 개성을 알 수 있을 것이다. 아기의 관심을 존중하면 아기가 놀고 배우는 데 가장 적절한 도움을 제공할 수 있을 것이다.

💟 **아기는 이래요!**

아기는 새로운 것을 가장 좋아한다. 그러므로 아기가 보이는 새로운 능력과 관심사를 존중하고 반응해줘라. 그러면 아기는 더 쉽게, 더 빨리, 더 많이 배울 것이다.

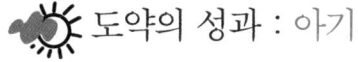 **도약의 성과 : 아기의 능력을 끌어올려라**

아기는 새로운 능력을 연마하기 위해 때로 몇 주간의 시간과 도움이 필요하

다. 엄마는 아기를 도와 '관계'를 이해하고 그속에서 놀 수 있는 기회와 시간을 줄 수 있다. 엄마는 아기를 격려하고 잘 되지 않을 때 아기를 달래줄 수 있다. 새로운 아이디어로 아기를 자극할 수 있다.

아기에게 가능하면 자주 관계가 지어내는 현상들과 접할 기회를 줘라. 아기가 내키는 대로 관계들을 보고, 듣고, 느끼고, 냄새 맡고, 맛보게 하라. '관계들'과 많이 접하면 접할수록 '관계들'을 가지고 놀면 놀수록 아기는 관계에 대해 정확하게 습득할 수 있다.

아기가 어느 영역에서 뛰어난지, 즉 관찰 영역, 손을 다루는 영역, 언어나 소리, 음악이나 운동 영역에서 뛰어난지는 중요하지 않다. 이 같은 이해는 시간이 흐르면 쉽게 다른 영역에도 적용할 수 있기 때문이다. 한 번에 모든 것을 동시에 할 수 없다는 것을 명심하라.

아기가 장난감을 엉뚱한 데로 밀어넣는가?

아기가 사물들을 무언가의 위에, 안에, 옆에, 혹은 밑에 두게 하라. 아기가 사물들을 어딘가로 던지게 하고, 무언가를 통해 밀어넣게 하라. 아기가 이런 실험을 하면 잘 모르는 사람들은 아기가 산만하다는 인상을 받는다. 그러나 아기는 이런 산만함을 통해 새로운 관계를 파악하는 데 필요한 정보들을 얻는다.

> <u>율리아, 30주</u> "아기는 블록 같은 장난감이나 공갈 젖꼭지나 동물인형들을 바구니 안에 넣어요. 그리고 서 있을 때는 바닥에 있는 장난감을 집어서 의자에 던지지요. 또 물건들을 놀이공간의 보호대 살 사이로 밀어 넣어요. 그러고는 자신이 행한 일의 결과를 유심히 관찰해요. 정말 여우예요."

아기가 물건들을 꺼냈다가 다시 채웠다가 할 수 있는 아기만의 수납장이나 작은 책꽂이를 마련해줘라. 또한 물건을 넣었다뺐다 할 수 있는 상자를 마련해 줘라. 상자를 엎어놓고 상자 위에 물건을 놓을 수 있게 하라. 놀이공간의 보호대 살 사이로 장난감을 밀어내거나 보호대 위로 장난감을 던지게 하라. 기는 것에 별로 관심이 없는 아기에게 이런 행동은 위나 안, 밖 등의 '관계'를 파악하는 데 도움을 준다.

사물을 뒤집어엎는 것을 재미있어하는가?

아기가 '관계'를 파악하는 또 한 가지 방법은 물건을 엎거나 넘어 뜨리는 것이다. 아기는 물건이 어떻게 되는지 보고, 듣기 위해 그렇게 한다. 물건이 여러 조각으로 갈라지는지 보기 위해서도 그렇게 한다. 엄마가 나무블록으로 탑을 쌓아주면 아기는 탑을 넘어뜨리고, 쌓아주면 넘어뜨리고 하는 반복 행동을 재미있어하는 것을 관찰할 수 있다. 아기는 종이를 모아두는 휴지통이나 그릇을 엎어뜨리는 것도 재미있어할 것이다.

> 니나, 28주 "아기는 물건들을 넘어뜨려보곤 해요. 여러 가지 물건들을 그렇게 해보지요. 공갈 젖꼭지, 블록, 컵……. 한번은 앵무새의 깃털을 보여주니까 신기해하는 것 같았어요. 그래도 그보다는 넘어지면서 와장창 무너지는 소리를 더 좋아해요."

아기는 소리 나는 공이나 주사위 같은 것을 굴려볼 수도 있다. 아기와 공놀이를 하라. 아기가 굴리거든 다시 아기 쪽으로 굴려줘라.

안에 뭔가 들어 있는 물건을 좋아하는가?

아기는 꽥꽥거리는 소리가 나는 공이나 소리 나는 인형이나 장난감 피아노 같은

물건을 좋아한다. 그러나 매니큐어나 향수병, 전등스위치, 손목시계도 좋아한다.

<u>페터, 33주</u> "내가 인형을 머리 위에 높이 들고 소리 나게 했어요. 그러고는 인형을 바닥에 내려놓았죠. 그러자 아기는 곧장 인형에게로 가더니 소리가 날 때까지 인형을 이리저리 굴렸어요. 아주 재미있어했지요."

장난감을 분해하려고 하는가?

새로운 세계에서 아기는 분해하는 것이 '관계들'을 규명하는 한 가지 방법이라는 것을 안다. 아기는 아마도 쌓아놓은 컵이나 레고블록, 구슬꿰기 장난감 등을 분해하는 것이 얼마나 재미있는지 경험할 것이다. 아기는 라벨이나 상표, 봉제인형의 눈과 코, 장난감 자동차의 바퀴, 뚜껑, 문 등 고정되어 있는 것을 뜯어내고 잡아당기고 할 것이다. 그리고 옷에 붙은 단추와 물건에 달린 스위치나 끈 등을 가능하면 잡아 떼어내려고 할 것이다.

어떤 물건이 다른 물건 속으로 사라지는 것을 재밌어하는가?

때로 아기는 어떤 물건을 다른 물건 속에 넣으려 한다. 그러나 우연히 성공한 것이 아니면 아직 그것을 성공시키기란 쉽지 않다. 다음번 도약이 끝나야 다양한 형태와 크기를 구별할 수 있기 때문이다.

 아기에게 위험해요!

아기가 위험한 물건에도 관심을 가질 수 있음을 염두에 둬라! 아기는 구멍이
나 금이 나 있는 것에 손가락이나 혀를 찔러볼 수도 있고, 콘센트나 전자제품,
환풍구나 강아지 코 등에 손가락을 찔러넣을 수도 있다. 아기가 마음대로 돌아
다닐 때는 언제나 아기 가까이에서 살펴야 한다.

<u>율리아, 29주</u> "아기는 물건을 포개려고 노력해요. 하지만 크기는 맞아도 형태가 맞
지 않거나 크기가 맞지 않지요. 잘 안 되면 아기는 화를 내요."

또한 아기는 어떤 것이 어떤 것 속으로 사라지는 것을 재미있어할 것이다.

<u>로라, 31주</u> "아기는 강아지가 밥그릇을 깨끗이 비우는 걸 보더니 재미있어해요. 강
아지가 밥을 먹으면 아기는 그 앞에 코를 들이박고 있어요. 나는 그게 상당히 위
험하다는 생각이 들어요. 그렇게 지켜보면 강아지가 평소보다 더 빨리 먹으니까
요. 반대로 아기가 먹을 때면 강아지도 아기를 유심히 봐요. 아기가 식탁에서 아
기의자에 앉아 먹을 때면 강아지가 아기 옆에 앉아 있지요. 왜 그럴까요? 아기가
빵조각을 떨어뜨리기 때문이에요. 그러면 아기는 또 그 빵조각이 강아지 입으로
사라지는 걸 흥미롭게 관찰하지요."

짧은 문장과 몸짓을 이해하는가?

아기는 짧은 문장과 그 뜻, 어떤 동작과 그 뜻 사이의 관계를 이해할 수 있다.
그밖에도 아기는 이제 어떤 말과 몸짓 사이의 관계를 파악할 수 있다. 아기는
이런 것들을 주변에서, 하루하루의 일상에서 배웠다. 그러나 엄마가 주변상황
과 관계 없는 문장을 카세트테이프 돌리듯 계속 들려주면 아기는 그 문장을
알아듣지 못할 것이다. 이런 능력은 나중에야 발달한다.

그러나 아기는 이미 (아직 제한된 능력으로) 많은 새로운 것을 배울 수 있다. 말과 몸짓에 관심을 가지면서 말이다. 아기의 관심에 부응하라. 엄마가 하는 말을 아기가 이해할 수 있도록 아기를 격려하고, 짧은 문장에 확실한 몸짓을 해 보여라. 말을 많이 해주고 엄마가 말한 물건을 아기가 보고, 느끼고, 냄새 맡고, 맛보게 하라. 아기는 엄마 생각보다 더 많은 것을 이해할 수 있다.

　　<u>다니엘, 30주</u> "아기에게 무슨 말을 하면 곧잘 알아듣는 것 같아요. 가령 '우리, 밖에 나갈까?' 또는 '코 잘 시간되었다'라는 말을요. 잘 시간이라고 하면 싫은 기색이 역력하지요."

단어나 몸짓으로 말하기 시작하는가?

아기는 이제 '소리(혹은 단어)'와 '사건' 사이의 관계를 이해하며 '몸짓'과 '사건' 사이의 관계를 배운다. 또한 그것을 스스로 사용하는 것을 배운다. 아기가 말이나 몸짓으로 뭔가를 '말하거나' '물으면' 엄마는 아기의 말에 엄청나게 놀랐다는 반응을 아기에게 보여줘야 한다. 아기가 말을 배우도록 도와주는 가장 좋은 방법은 아기와 대화를 많이 하고, 주변 사물의 이름을 알려주고, 일상 생활과 관련된 질문을 던지고, 동시를 들려주고, 아기와 함께 노래가 들어가는 놀이를 하는 것이다. 간단히 말해 아기가 말에 매력을 느끼게 해줘야 한다.

　　<u>다니엘, 32주</u> "뭔가를 하려고 하면 아기는 그 위에 손을 얹고 나를 쳐다봐요. 마치 '해도 돼요?' 하고 묻는 것처럼. 그리고 '안 돼'라고 말하면 알아들어요. 물론 계속하려고 하지만 '안 돼'가 안 된다는 것을 뜻한다는 걸 알아듣는다니까요."

　　<u>수잔네, 29주</u> "우리 아기는 정말 수다쟁이에요. 어떤 사람이나 사물을 알아보면 기어가면서 뭐라고 뭐라고 중얼중얼해요. 동물인형들과도 뭐라고뭐라고 종알거리고 내 무릎에 앉아서는 엄마 아빠와 대화를 해요. 정말 이야기를 하는 것처럼 들

아기의 첫 단어

'관계들'을 인식하고 그것들과 함께 놀 능력이 생기면 아기는 첫 '단어들'을 말하기도 한다. 그러나 당신의 아기도 첫 단어를 말해야 한다는 의미는 아니다. 아기가 첫 단어를 사용하기 시작하는 시기는 아기마다 다르다. 그러므로 또래보다 말이 몇 달 늦는다 해도 걱정하지 말라.

려요. 갖가지 모음과 자음을 사용하고 계속 다양하게 조합해서 말을 만들어요."

좋아하는 그림책이 있는가?

뭐라고 중얼거리는 아기는 대부분 그림책도 좋아한다. 아기가 보고 싶은 그림책을 스스로 고르게 하라. 아기가 특히 좋아하는 책이 있을 것이다. 어떤 아기는 내용보다는 책을 펼쳤다 닫았다 하는 걸 재미있어하고, 어떤 아기는 그림에 관심을 갖는다.

페터, 29주 "아기는 비닐로 된 그림책을 좋아해요. 연신 그것을 폈다 접었다 하며, 입술을 실룩이고 그림을 보지요."

니나, 30주 "그림책을 보며 내가 거기 나오는 동물 흉내를 내는 걸 무척 좋아해요."

아기가 춤추고 노래하는가?

음악에 관심을 갖기 시작하면 아기는 음악을 따라 흥얼거리거나, 노래를 따라 부르고, 춤을 추거나 박수도 칠 수 있다. 이런 방식으로 아기는 단어와 몸짓을 연습한다.

안나, 30주 "유아 수영을 할 때 노래를 불렀는데 아기가 갑자기 따라 불렀어요."

혼자 힘으로 앉는가? 어떻게 균형을 잡는가?

엄마의 몸속에서처럼 아기 체내에서도 뼈대와 근육 사이의 관계 같은 무수한 '관계들'이 중요한 역할을 한다. 근육의 긴장과 이완이 없으면 몸을 움직이는 것은 고사하고 신체를 지탱할 수도 없어서 자루처럼 무너져버릴 것이다. 아기는 이제 자신의 힘으로 앉으려고 하는 월령이 되었다.

> <u>티모, 25주</u> "아기는 앉는 것을 배웠어요. 처음에는 바닥에 두 손을 짚고 엉덩이로 앉았지요. 그러다가 한 손만 짚었고 이제 손을 짚지 않고 앉을 수 있어요."

아기가 불안하게 앉으면 아기를 도와줘라. 아기가 어떻게 하면 가장 안정감 있게 앉을 수 있는지, 어떻게 다시 균형을 잡을 수 있는지 마치 놀이를 하듯 <u>스스로</u> 느끼게 해줘라.

혼자 일어서는가? 어떻게 균형을 잡는가?

> <u>율리아, 28주</u> "아기는 이번 주에 계속 일어서려고 힘을 썼어요. 그러고는 갑자기 일어서는 데 성공을 했지요. 아기는 침대에서 일어서더니 계속 서 있었어요. 이제 아기는 정말로 할 수 있어요. 아기는 침대나 놀이공간에서 테이블, 의자, 다리 등 닥치는 대로 모든 것을 잡고 일어나요. 보호대 앞에 서서는 한 손으로 장난감을 꺼내지요."

> <u>아스트리드, 32주</u> "아기는 서면 반드시 내가 다시 앉혀주기를 원해요. 언니가 해주려고 하면 절대로 못 하게 해요. 어떻게 해야 할지 불안한 게 틀림없어요."

아기가 흔들흔들하거나 넘어질까봐 불안할 때 아기를 도와줘라. 아기와 균형잡기 놀이를 해보라. 직립 자세에 익숙해질 것이다. 효과적인 균형잡기 놀이는 다음에 소개하는 놀이에 설명되어 있다.

잡아주면 걷는가? 어떻게 균형을 잡는가?

<u>율리아, 34주</u> "두 손을 잡아주면 아기는 아주 잘 걸어요. 소파에서 출발해서 텔레비전 있는 데까지 걸었죠. 테이블도 빙 돌고요. 또 상자를 잡고 기저귀를 덜렁덜렁하면서 방 안을 걸어 다녀요. 어제는 상자에서 미끄러지더니 혼자서 세 걸음을 걸었어요."

운동발달이 아주 빠른 아기는 34주에 손을 잡아주면 걸음마를 뗄 수 있다. 아기가 걷고 싶어하는 것 같으면 아기를 도와줘라. 아기를 잘 잡아줘라. 아기는 아직 균형을 잡지 못한다. 균형잡기에 도움이 되는 놀이를 하라. 하지만 걸음마 연습을 너무 많이 시키지 말라. 그러면 역효과가 난다. 아기는 때가 되면 걸을 것이고, 걸으려고 할 것이다.

> ♥ **신체조건이 뒷받침되어야만 걸음마를 할 수 있다**
>
> '관계들'을 인지하고 그것을 이용하여 놀 수 있는 능력을 얻게 되면 아기는 걸음마가 무엇인지 안다. 그러나 아는 것만으로는 충분하지 않다. 진짜로 걸으려면 신체조건이 뒷받침되어야 한다. 뼈의 무게, 근육의 크기, 몸통에 대한 팔다리 길이의 비율이 이상적이 되어야만 걸을 수 있다. 이때 이상적이라는 것이 꼭 '예쁘다'는 의미는 아니다.

아기가 몸의 '관계들'과 함께 노는가?

아기는 이제 두 손가락, 가령 엄지와 검지를 연관시킬 수 있다. 아기는 컨디션이 좋으면 카펫 위의 실처럼 작은 물건들을 잡을 수도 있다. 그리고 풀도 꺾을 수 있다. 집게손가락으로 여러 가지 표면을 만질 수도 있고 작은 장난감도 탐구할 수 있다. 이제 아기는 손 전체로 장난감을 만지거나 잡는 대신 손가락 두 개로 장난감을 들 수 있기 때문이다.

<u>수잔네, 32주</u> "아기는 거실을 헤집고 다니며 카펫 위의 아주 작은 보푸라기나 부스러기 같은 것을 봐요. 그리고 엄지손가락과 집게손가락으로 그것을 집어 입속에 넣어요. 앞으로는 아기가 이상한 물건을 먹지 않도록 주의해서 봐야해요. 아기는 작은 빵조각들을 혼자서 먹을 수 있어요. 처음에는 두 손가락 사이에 있는 빵뿐만 아니라 엄지손가락까지 입속으로 집어넣더니 이제는 훨씬 능숙하게 먹어요."

아기는 이제 한쪽 손이 하는 것이 다른 쪽 손이 하는 것과 어떤 연관이 있는가도 파악할 수 있다. 두 손의 움직임을 더 잘 제어할 수 있고, 두 손을 동시에 사용할 수도 있다. 두 손을 동시에 사용하도록 아기를 격려하라. 두 손에 장난감을 하나씩 쥐어주고 그것을 서로 충돌시켜 보게끔 하라. 손뼉 치기를 시켜보라. 장난감으로 바닥이나 벽을 쳐보게 하라. 한 손에 든 장난감을 다른 손으로 뺏도록 해보라. 그리고 두 개의 장난감을 동시에 내려놓고 다시 집도록 유도해보라.

아기가 마음대로 기어 다닐 수 있도록 하라

아기가 이미 길 수 있고 기는 것을 좋아하면 자유롭게 기어다닐 수 있는 안전한 공간을 마련해줘라. 아기는 이제 관계들을 인식할 수 있으므로 안으로 들어가고, 밖으로 나오고, 밑으로 들어가고, 위로 올라가고, 사이를 통과할 수 있다는 것을 서서히 발견할 것이다. 그리고 이런 관계들과 함께 노는 것을 아주 재미있어할 것이다. 아기가 다음과 같은 것을 하는지 관찰하라.

<u>슈테판, 30주</u> "나는 아기가 거실로 기어가면 아기를 계속 눈으로 좇아요. 아기는 소파 쪽으로 기어가서 그 밑을 쳐다봐요. 그리고는 부리나케 다시금 수납장 쪽으로 가서는 그 안에 기어 들어가요. 그리고 다시 부리나케 나와서는 카펫 주위를 따라서 기어가다가 카펫을 약간 들추고 밑을 쳐다봐요. 다시 의자 쪽으로 가서 의자 밑으로 기어 들어갔다가 다른 수납장 쪽으로

가서는 그 안에 간신히 끼어 앉아요. 그리고 조금 울다가 다시 빠져나와서 수납장
문을 닫아요."

당신의 아기도 이처럼 부지런한 아기라면 아기에게 좋은 놀이터를 마련해줄
수 있다. 요와 이불과 쿠션 같은 것으로 아기가 기어오를 수 있는 작은 언덕을
만들라. 언덕 높이는 아기에게 적절해야 한다. 그리고 커다란 종이상자 같은 것
을 한쪽을 떼어내고 세워놓으면 아기는 그리로 기어 들어갔다 나왔다 할 수 있
을 것이다. 상자와 의자로 아기가 통과할 수 있는 터널을 만들 수도 있다. 침대
시트와 이불 등으로 아기가 들어갔다 나왔다 할 수 있는 텐트 같은 것을 만들어
줄 수도 있다. 그러나 아기가 가장 좋아하는 놀이는 아마도 엄마와 함께 기어
다니는 것이다. 이 모든 것에 숨바꼭질을 가미하면 더 풍성해질 것이다.

엄마가 사라져버리는 게 아님을 알게 해줘라

아기가 관계들을 인식하자마자 아기는 갑자기 엄마가 아기와의 거리를 멀리
할 수 있고 어디로 가버릴 수 있다는 것을 알게 된다. 전에는 엄마가 저쪽으로
가는 것을 보긴 봤지만 '가버린다'는 의미가 뭔지 아직 몰랐던 것이다. 그런데
이제 엄마가 어떤 행동을 할지 모르고, 엄마가 어느 순간 가버릴 수 있다는 것
을, 자신은 엄마를 따라가기에는 너무 느리다는 것을 알고 아기는 두려움을
느낀다. 간단히 말해 자신과 엄마 사이의 거리를 제어할 수 없다는 것
을 느끼는 것이다. 아기는 이런 '진보'에 대처해야 하고, 이를 위해 엄
마의 이해와 동감, 그리고 연습과 시간을 필요로 한다.
  이런 공포는 7개월(29주)경 절정에 달한다. 그러고 나면 다음 도약이
시작할 때까지 약간 사그라진다.

  에바, 29주 "내가 보이는 동안에는 괜찮아요. 하지만 나만 안 보였다 하면 울기 시
  작해요."

<u>로라, 28주</u> "평소처럼 아기를 베이비시터에게 맡겼는데 아기는 먹지도, 자지도, 아무 것도 하지 않고 그냥 울기만 했어요. 그전에는 전혀 그러지 않았는데요. 나는 아기를 베이비시터에게 떼어놓을 때마다 죄책감을 느꼈어요. 그리고 일을 줄여야겠다는 생각이 들었어요. 하지만 어떻게 해야 할지 모르겠어요."

<u>다니엘, 29주</u> "정말 다툼으로 가득 찬 한 주간이었어요. 울고불고…… 5분도 혼자 놀지 않았지요. 내가 방을 나올라치면 난리가 났어요. 나는 아기를 수시로 안고 업어주었어요. 하지만 저녁에 잠을 재울라치면 다시금 야단법석이 일어났지요. 3일 동안 그렇게 하고 나는 완전히 지쳤어요. 이제 정말 못 하겠다는 생각밖에 안 들었고, 이어 화가 머리끝까지 났지요. 왜 이렇게 나만 힘들어야 하는 건지. 나는 내가 좀 살아야겠다는 생각에 아기를 처음으로 놀이방에 데려갔어요. 하지만 아기 상태가 좋지 못해 얼른 다시 데려와야 했어요. 아기를 다시 데려오면서 나는 말할 수 없이 힘들었어요. 나는 계속 내가 어떻게 하는 것이 잘하는 것인지, 내가 아기를 너무 버릇없이 키우고 있는 건 아닌지 의문이 들어요."

아기의 욕구를 충족시켜줘라. 아기에게 새로운 상황에 익숙해질 기회를 만들어줘라. 아기가 필요할 때 엄마가 늘 곁에 있다는 것을 느낄 수 있도록 하라. 그리고 아기 곁을 떠날 때는 무엇을 하러 가는지 설명해줘라. 이 방에서 저 방으로 건너가도 계속 목소리를 들려줘라. 아기는 이런 식으로 엄마가 눈에는 보이지 않아도 가버리는 것이 아니라는 것을 배울 수 있게 된다. 다양한 까꿍놀이와 숨바꼭질도 도움이 된다. 신문 뒤에서 까꿍 하고 나타나거나 소파 뒤에서 까꿍 하고 얼굴을 내밀어라. 나중에는 약간 더 멀리 떨어진 수납장 뒤나 문 뒤에 숨을 수 있다.

엄마를 따라오는 방법을 가르쳐줘라
아기가 약간 길 수 있으면 아기를 격려하고 엄마를 따라올 수 있는 기회를 부여하라. 다음과 같이 해보라. 우선 아기에게 당신이 방을 떠나 거실로 가야 한다고 알려라. 이렇게 하면 아기는 눈으로 계속 당신을 좇지 않고도 안심하고 노는 법을 배울 수 있을 것이다. 그때 천천히 아기에게서 멀어지며 아기가 따라올 수 있도록 속도를 아기에게 맞춰라. 그러면 아기는 자신이 엄마와의 간격을 조절할 수 있음을 배운다.

> 다니엘, 31주 "처음에 아기는 원숭이처럼 내 다리를 꽉 잡고 떨어지지 않았어요. 그리고 내가 걸어가면 내 발등 위에 쪼그려 앉았지요. 나는 다리에 아기를 올리고는 여기저기 질질 끌고 다녔어요. 며칠 후 아기는 내가 옆으로 몇 걸음 가도 가만히 있다가 다시 내 쪽으로 기어왔어요. 내가 부엌에 있으면 아기는 잠시 후 나를 찾아와요. 이제 손과 무릎을 사용해서 완벽하게 기는데 굉장히 빠르답니다."

엄마 곁에 있으려는 바람은 무척 커서 아기는 엄마를 쫓아다니면서 자연스럽게 기는 훈련을 한다. 이 월령의 아기는 몸통과 사지 움직임의 조화를 맞출 수 있으며, 그렇게 하여 엄마는 한 번에 두 마리 토끼를 잡을 수 있다.

남자아기와 여자아기는 어떻게 다를까?

사내아기를 기르는 엄마는 여자아기를 기르는 엄마들보다 더 힘들어한다. 엄마는 종종 아들이 원하는 것을 이해하지 못한다. 아기가 엄마 곁에 있으려는 건지 아닌지.

> 티모, 32주 "아기는 스킨십과 관심을 원할 때 종종 '꼬약꼬약' 하는 소리를 질러요. 그러면 나는 얼른 아기에게 가지요. 그런데 내가 함께 놀아주려고 아기를 안으면 아기는 다시 나와 함께 놀려고 하지 않아요. 관심 있는 물건이 보이면 그쪽으로 몸을 뻗고 난리를 치지요. 아들은 두 가지를 원하는 것 같아요. 새로운 것을 탐구하고 싶은 동시에 나와 함께 있고 싶은 거예요.

발견여행도 그냥 하나요? 집안을 완전히 엉망으로 만들지요. 물건을 만져도 가만히 만지지 않고 옆으로 내동댕이치기 일쑤예요. 지금 나의 유일한 의무는 사고가 나지 않게 지키는 것에 불과해요. 때로 나는 제대로 하지 못하고 있다는 느낌이 들어요."

아들과 딸을 동시에 기르는 엄마는 딸이 더 편하다고 말한다. 여자아기가 하고자 하는 것을 더 잘 파악할 수 있다고 한다. 여자아기가 엄마와 관심이 비슷하고 더 상냥하다고 말이다.

이제 엄마와 아기 사이엔 규칙이 필요하다

아기의 새로운 능력은 과거의 습관에서 벗어나 새로운 습관을 들이는 것 역시 가능케 한다. 엄마는 아기가 이해하는 만큼 아기에게 요구할 수 있다. 아기가 관계들을 인식하고 또 행하는 능력을 연마시키면서 아기와 엄마 사이에는 갈등이 빚어지는 경우가 많다. 지금까지의 행동양식과 규칙들이 더는 아기의 발달 상태와 맞지 않기 때문이다. 함께 하는 생활이 더 평화로울 수 있도록 아기와 엄마는 이제 서로 새로운 규칙들을 협상해야 한다.

아기가 보채어 걱정하던 엄마 아빠는 아기 건강에 문제가 없고 심지어 예전보다 더 많은 것을 할 수 있음을 확인하게 되면, 아기에게 좀더 성숙한 행동을 요구한다.

계속 엄마에게 매달리는 것은 귀찮다 매일 해야 하는 집안일 같은 것을 아기 때문에 제대로 하지 못할 때 엄마는 점점 화가 난다. 아기가 7개월이 가까워지면 대부분의 엄마는 아기의 주의를 다른 데로 돌리거나, 잠깐씩 울리거나, 침대에 누워 있게 하면서 아기와 좀 더 거리를 두고자 노력한다.

그러나 아기에게 주어진 과제를 생각하라. 이때는 아기가 두려움을 가장 많이 느끼는 시기일 수 있다.

편식에 대해 너무 걱정하지 말라 이 월령의 아기는 어떤 음식이 다른 음식보다 더 맛있다는 것을 알게 된다. 그렇다면 왜 더 맛없는 음식을 먹어야 하는가? 엄마는 아기가 음식을 가리는 것을 처음에는 귀엽게 생각하지만, 아기가 아무거나 잘 먹지 않는 것을 보며 걱정한다. 혹시 영양이 부족해지는 것은 아닌지 말이다. 엄마는 아기가 얼떨결에 받아먹도록 아기의 관심을 다른 곳으로 돌리기도 한다. 어떤 엄마는 숟가락을 들고 하루 종일 아기 꽁무니를 쫓아다니며 밥을 먹인다. 하지만 그 방법은 별로 좋지 않다. 의지가 강한 아기는 사람들이 강요하는 행동을 언제나 거부하는 법이다. 그러면 더욱 걱정이 되는 엄마는 다시 강도 높게 강요하고 그러다 보면 식사시간은 거의 전쟁으로 변해버린다.

싸움을 중단하라. 먹으려고 하지 않는 아기를 억지로 먹일 수 없다. 그렇게 하면 아기의 거부는 더 심해질 것이

다. 다른 전략을 사용해야 한다. 이제 아기는 엄지와 집게 사이에 무언가를 고정시킬 수 있고 집는 연습을 많이 할 필요가 있다. 아기가 스스로 뭔가를 집어먹게 하라. 집어먹을 수 있는 자유를 주면 아기는 먹는 데 재미를 느낀다. 처음에는 힘들지도 모른다. 하지만 아기를 격려하라. 접시에 두 가지를 놓아주고 하나를 선택할 수 있도록 하라. 아기는 스스로 음식을 어떻게 먹는지, 또 엄마가 음식을 어떻게 집어넣어 주는지를 볼 수 있다. 아기가 금방 잘 먹지 않더라도 고민하지 말라. 이 시기엔 잘 먹지 않는 아기들이 많다.

시간이 지나면 다시 괜찮아진다. 또한 똑같은 행동도 어떤 엄마는 그냥 넘기는 데 반해 어떤 엄마는 못마땅해 할 수 있다.

> <u>아스트리드, 29주</u> "아기가 한 입 삼킬 때마다 부리나케 엄지손가락이 입으로 들어가면 나는 너무나 화가 나요. 그래서 그러지 말라고 해요! 그것이 식탁 위 싸움의 출발점이지요!"

아무 데나 기어 다니며 말을 듣지 않는 아이 아기가 도약으로 얻게 된 새로운 능력에 몰두하면, 엄마는 갑자기 아기를 훨씬 자주 저지해야 한다. 기어 다니지 못하는 데가 없기 때문이다.

못 참는 것은 괴로워 아기는 무척 서두른다. 먹을 것을 줄 때까지 기다리지 못하고, 뭔가 생각대로 안 되거나 저지당하거나 엄마의 반응이 느리면 울고불고 한다.

> <u>로라, 31주</u> "아기는 굉장히 급해요. 모든 걸 가지려 하고, 내가 허락하지 않거나 생각대로 잘 안 되면 폭발하지요. 그리고 마구 소리를 질러요. 그러면 나는 내가 직장에 다녀서 아기가 정서적으로 문제가 있는 게 아닐까 생각해요. 낮에 베이비시터하고 놀 때는 훨씬 얌전하다고 하거든요."

☀ 도약의 완성

생후 7~8개월(30~35주) 사이 다시 평온한 시기가 찾아온다. 앞으로 1~3주간 아기는 독립적이고 명랑하며 많이 컸다고 칭찬을 받는다.

까꿍 놀이와 숨바꼭질
이 월령의 아기는 이 놀이들을 매우 좋아한다. 이 놀이들을 변형시켜 더 재밌게 놀 수 있다.

_ 수건을 가지고 까꿍 하기
엄마가 머리에 수건을 뒤집어쓰고 아기가 수건을 벗기는지 기다려라. 중간에 "엄마, 어디 있게?" 하고 물어도 좋다. 그러면 아기는 엄마 목소리를 듣고 엄마가 있다는 것을 알 수 있다. 아기가 수건을 벗길 생각을 하지 않으면 아기 손을 잡아 함께 수건을 벗겨라. 그리고 당신의 얼굴이 드러나면 "까꿍" 하고 말하라.

_ 변형된 까꿍 놀이
손으로 얼굴을 가렸다가 "까꿍" 하며 얼굴을 보이라. 신문이나 책으로 얼굴을 덮고 있다가 "까꿍" 하고 나타나도 좋다. 테이블 밑이나 화분 뒤에 숨었다가 "까꿍" 하고 나타나는 것도 재미있어할 것이다. 모습을 감쪽같이 숨기지는 말라.

_ 숨바꼭질
커튼 뒤처럼 눈에 띄는 장소에 숨어라. 그러면 아기는 커튼의 움직임을 뒤쫓을 수 있을 것이다. 엄마가 숨는 것을 아기가 볼 수 있도록 하라. 가령 아기에게 "엄마, 숨을게" 하고는 성큼성큼 걸어 숨은 다음 아기가 (기어서) 찾도록 하라. 아기가 쳐다보지 않거나 다른 데에 관심을 쏟고 있으면 아기의 이름을 불러 당신이 숨는 모습을 보도록 하라. 그렇게 하여 아기는 엄마가 '가면 온다'는 것을 배운다. 아기가 당신을 찾아내면 아기를 안아주거나 마사지해주는 등 아기가 좋아하는 것을 해줘라.

우리 아기, 어디 있을까?
많은 아기는 스스로 어떤 것 밑이나 뒤에 숨는 것을 좋아한다. 아기는 대부분 기저귀를 갈아줄 때 수건이나 옷을 쥐는 것으로 숨기를 시작한다. 그럴 때 아기의 얼굴을 감추었다가 "까꿍" 하며 나오게 하라. 그러면 스스로 놀이에 능동적으로 참여할 수 있음을 배우게 될 것이다.

_ 장난감 숨기기
장난감을 손수건 밑에 숨겨보라. 단, 아기가 좋아하고 잘 가지고 노는 장난감을 숨겨야 한다. 엄마가 그것을 어디에 어떻게 숨기는지 아기가 보게 하라. 처음에는 아기가 찾기 쉽도록 장난감 일부분이 보이도록 숨겨야 한다.

_ 목욕통에 장난감 숨기기

목욕통에 거품을 내고 아기가 거품을 가지고 놀게 하라. 그러다가 거품 밑에 장난감을 숨기고 아기더러 찾아보라고 하라. 아기가 입으로 바람을 불 수 있다면 엄마가 먼저 빨대로 거품을 불어보라. 그러고 나서 아기에게 빨대를 주고 엄마를 따라 하도록 유도해보라.

자꾸 말을 하도록 북돋워주기

아기와 많이 이야기하고, 옹알이를 하면 들어주고, 아기에게 책을 읽어주거나 귀엣말, 노래, 단어를 활용한 놀이를 하면서 아기에게 말에 대한 매력을 느끼게 하면 좋다.

_ 함께 그림책 보기

아기를 무릎에 앉혀라. 그러면 대부분의 아기는 그것을 가장 편안해할 것이다. 그런 다음 함께 볼 책을 고르라. 아기가 보는 그림을 설명해줘라. 동물이 등장하는 책을 읽는다면 해당 동물의 울음소리를 흉내 내라. 엄마가 "음매", "멍멍", "꽥꽥" 등 동물 흉내를 내면 아기는 무척 좋아한다. 그리고 그런 소리를 곧잘 따라 한다. 원하면 아기 스스로 책장을 넘기게 하라.

_ 귀엣말 놀이

대부분의 아기는 귀엣말로 속삭여주면 무척 좋아한다. 아기들 스스로 이제 입김을 불 줄 알기 때문에 귀를 간질이는 입김을 아주 재미있어한다.

노래와 율동

아기들이 좋아하는 짧은 동요나 노래를 하며 율동을 곁들여보라. 언어발달과 정서발달에 도움이 될 것이다.

균형잡기 놀이

노래하며 율동을 곁들이는 놀이는 동시에 균형잡기 놀이다.

_ 앉기 놀이

편안히 앉아서 아기를 무릎에 올려라. 아기의 손을 잡고 부드럽게 오른 왼 으로 움직여 아기가 그때마다 한쪽 엉덩이에 체중을 싣게 하라. 조심스럽게 아기 몸을 한번은 앞으로, 한번은 뒤로 구부리게 하라. 아기가 재미있어할 것이다. 또한 아기를 원으로 움직이게 할 수도 있다. 즉 왼쪽, 뒤, 오른쪽, 앞, 이런 순서로 말이다. 가장 중요한 것은 아기가 재미있어해야 한다는 것이다. 아기를 시계추처럼 움직이게 할 수도 있다. 아기를 한 번 흔들 때마다 "똑딱똑딱" 하고 말하라.

_ 서기 놀이
아기를 세우고 아기 앞에 무릎을 꿇고 앉아 아기의 손이나 엉덩이를 잡고 아기를 부드럽게 오른쪽 왼쪽으로 움직이게 하여, 아기가 계속 체중을 한 다리에 싣게 하라. 앞뒤로 움직이게 할 수도 있다. 아기가 스스로 균형을 잡고자 하는 의욕이 충분히 있을 때만 하라.

_ 비행기 태우기
아기를 꽉 잡고 비행기를 태워라. 오른쪽 또는 왼쪽으로 커브를 틀어 아기를 날도록 하고, 때로는 원으로, 때로는 직선으로, 때로는 뒤로 날도록 하라. 가능한 재미있게 변형시키고 속도도 다양하게 하라. 그리고 비행 후에는 신중하게 아기를 엄마의 머리 위에 착륙시켜라. 출발하는 소리와 착륙하는 소리를 내고, "윙윙", "부릉부릉", "쌩쌩" 하며 다양한 소리와 함께 비행기를 태워줘라.

_ 물구나무서기
활동적인 아기는 과격한 놀이를 좋아한다. 그러나 물구나무를 시키기에는 너무 예민한 아기도 있다. 아기가 하고 싶어할 때만 하라. 물구나무서기는 좋은 체조이다.

_ 장난감 가지고 놀기
아기들이 가장 좋아하는 놀이는 뭐니뭐니 해도 장난감이 들어 있는 수납장이나 선반에서 장난감을 치우고 던지고 떨어뜨려보는 놀이다.

_ 아기만의 수납장
아기만의 장을 마련해주고 그곳에 아기가 좋아하는 물건들을 넣어둬라. 빈 상자라든가 플라스틱 접시, 투명한 페트병, 냄비, 나무 숟가락, 낡은 열쇠 꾸러미 등을 넣어놓으면 좋다.

_ 소리 내며 떨어뜨리기
아기는 뭔가 떨어질 때 딸그락거리는 소리를 좋아한다. 아기가 별로 관심을 보이지 않으면 바닥에 금속 쟁반을 놓아줌으로써 떨어뜨리기 놀이의 매력을 더할 수 있다. 아기를 아기의자에 앉히고, 바닥에 금속 쟁반을 놓아라. 그리고 아기가 블록을 그 위에 떨어뜨려보게 하라.

_떨어뜨리고 다시 올리기

아기를 아기의자에 앉히고 장난감을 짧은 줄에 매어놓아라. 그리고 아기가 장난감을 바닥에 던지면 그것을 다시 어떻게 들어올릴 수 있는지 보여줘라.

함께 자전거 타기

아기는 자전거 앞쪽에 앉는 것을 좋아한다. 등이 잘 받쳐지도록 아기를 안전한 의자에 앉혀라. 자전거를 타고 가면서 아기에게 보이는 것들을 설명해주고 아기가 더 관심을 보이는 것 같으면 잠깐 멈추어 관찰하게 하라. 핸들에 바람개비를 달면 아기는 더 재미있어할 것이다.

아기 수영

아기는 대부분 물에서 노는 것을 좋아한다. 별도로 따뜻한 아기 풀이 마련되어 있거나 유아수영 시간이 따로 있는 수영장도 있다.

동물원

동물원이나 오리가 사는 연못에 가면 아기는 아주 좋아한다. 동물원에서 아기는 그림책에서 본 동물들을 볼 수 있다. 아기는 뜀뛰고, 뒤뚱뒤뚱 걷고, 종종걸음 치는 등 동물들의 다양한 움직임도 관찰할 수 있을 것이다. 하지만 동물원에서 뭐니뭐니 해도 아기가 가장 좋아하는 활동은 동물들에게 먹이를 주고 동물들이 먹는 것을 구경하는 일이다.

🚗 | 26~34주(±1, 2주) | 아기의 발달을 돕는 장난감과 가재도구

- ❀ 자신만의 수납장이나 자신만의 선반
- ❀ 문들
- ❀ 다양한 크기의 종이상자나 빈 계란판
- ❀ 나무 숟가락
- ❀ 쌓아놓을 수 있는 (둥근) 플라스틱 컵들
- ❀ 나무 블록
- ❀ 듀플로 블록
- ❀ 아기가 굴릴 수 있을 만큼 가벼운 공
- ❀ 그림책
- ❀ 앨범
- ❀ 음악 카세트
- ❀ 목욕놀이 용품 : 물을 채우고 붓고 할 수 있는 물건. 플라스틱 병이나 컵, 플라스틱 바구

니, 깔때기
- ❀ 바퀴와 문이 달린 장난감 자동차
- ❀ 거꾸로 하면 소리가 나는 봉제 동물인형
- ❀ 소리를 내는 동물들
- ❀ (장난감) 피아노
- ❀ (장난감) 전화

조심! 치우거나 안전조치를 취할 것
- ❀ 콘센트
- ❀ 플러그
- ❀ 끈
- ❀ 열쇠 꾸러미
- ❀ 하수구
- ❀ 계단
- ❀ 병(향수 병, 매니큐어 병, 빈병)
- ❀ 튜브
- ❀ 오디오 세트
- ❀ 텔레비전, 비디오, DVD 플레이어
- ❀ 리모컨
- ❀ 식물
- ❀ 재활용 종이 바구니, 휴지통
- ❀ 알람시계나 손목시계

<u>율리아, 35주</u> "너무 순해서 다른 아이 같아요. 얼마 전까지 그렇게 자주 울고 소리 지르고 했는데……. 이야기도 아주 상냥하게 하고요. 종이상자를 밀고 방 안을 휘 젓고 다니는 폼이 아기가 아니라 어린이가 된 것 같아요."

<u>다니엘, 30주</u> "놀라워요. 오랜 폭풍 후에 안식이 찾아왔어요. 아기가 다시 변했어 요. 덜 울고 잘 자고요. 다시금 규칙적으로 생활해요. 나는 연신 아기에게 엄마가 무얼 하고 있는지 설명해줘요. 아기 우유를 준비하면서 그렇게 말해주고요. 아기 가 잠자리에 들어야 할 시간이면, 아기가 이제 잠자러 가야 하며 엄마는 거실에 있고 곧 다시 데리러 갈 거라고 말해줘요. 왜 자야 하는지도 설명해줘요. 그렇게

이야기를 해주니까 나도 한결 마음이 놓여요. 이제 놀이방도 잘 다니고요."

다니엘, 31주 "아기와의 관계가 매우 달라졌어요. 마치 이제야 탯줄을 끊은 것 같아요. 아기가 내게 꽉 달라붙어 있던 시간은 이제 지나갔어요. 아기를 베이비시터에게 맡기는 것이 이젠 어렵지 않아요. 또한 나도 아기의 독립성을 더 많이 인정해주고요. 나는 아기의 의견을 좀더 존중해줘요."

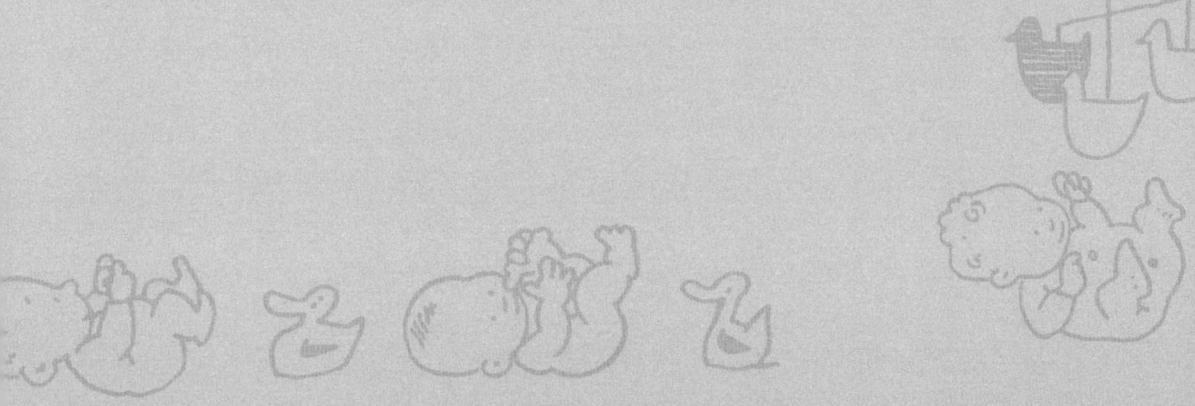

생후 8개월 반

일상 사건들의 공통성을 이해한다

김수연 선생님의 조언 이 시기의 까탈스러운 아기는 떼가 생겨서 엄마를 힘들게 한다. 순한 아기들은 장난감을 만지면서 혼자서 놀 수 있다. 대부분의 아기들이 배밀이나 네발기기로 기어다니면서 놀게 된다. 주변에 위험한 물건들을 모두 치우고 아기가 만져도 되는 물건들만 집안에 둬야 한다. 엄마가 집안일을 하는 경우 엄마에게 와서 다리를 붙잡으므로 집안일과 아기돌보기의 역할을 모두 수행하기가 매우 힘들어진다. 도와주는 사람이 있어야만 아기와 적극적으로 놀아줄 수 있다.

아기의 월령이 8~9개월(36~40주)쯤 되면 엄마는 아기가 또 새로운 능력을 얻었음을 느끼기 시작한다. 엄마는 아기가 새로운 것을 하거나 하려고 하는 것을 발견한다. 그리고 아기가 다시 도약하고 있음을 안다. 엄마는 이제 아기가 무언가를 아주 체계적으로, 또는 면밀히 탐색한다는 것을 느낀다. 가령 아기는 바닥에서 작은 부스러기를 들고 그것을 세심하게 관찰한다. 먹을 때도 조용히 바나나 조각이 어떻게 으깨어지는지, 시금치를 주먹으로 꽉 쥐면 어떻게 되는지 시험할 것이다. 아기는 아주 심각한 얼굴로, 아주 집중해서 그런 '연구'를 할 것이다. 세계를 새로운 방식, 즉 '카테고리'로 파악할 수 있게 하는 연구들 말이다.

아기는 스스로 이런 도약이 가까이 다가왔음을 느낀다. 그리하여 9개월을 전후(32~37주)로 아기는 다시 1~3주 전보다 힘들어진다. 연구 결과 이 시기에 아기의 뇌파가 크게 달라진다는 것이 확인되었다. 머리둘레도 상당히 늘어나고 뇌속의 당대사도 변한다. 아기는 자신의 세계가 이전과 다르다는 것을, 익숙한 세계와는 다른 세계를 경험하고 있음을 느낀다. 아기는 또한 그 동안 알지 못했던 것을 보고, 듣고, 냄새 맡고, 맛보고, 느낀다는 것을 깨닫는다. 아기는 혼란스럽다. 그래서 되도록 가장 친숙하고 안전한 곳에 머물고 싶어한다. 그곳은 바로 엄마다. 이번의 어려운 시기는 4주 정도 계속된다. 3주로 끝

 기억하세요!

아기가 보채면 유심히 관찰하라. 아기가 새로운 것을 할 수 있거나 하려고 하지 않는지 살펴보자.

날 수도 있고 6주가 걸릴 수도 있다.

 도약의 시작 : 다시 엄마에게로

아기는 지난 며칠, 몇 주 전보다 더 많이 운다. 까탈과 변덕을 부리고, 칭얼대고, 기분이 나쁘고, 불안 초조해하고, 뭔가가 마음에 들지 않는 듯하다.

아기는 이제 특별한 긴장 상태에 놓여 있다. 지난번 도약 이후, 아기는 엄마가 가버리면 엄마와 자신의 거리가 멀어진다는 것을 알았다. 처음엔 일시적으로 힘들었지만 몇 주 지나자 나름의 방식으로 그 상황에 대처하는 법을 배웠다. 그래서 이제 막 좀더 쉬워지려나 했는데 이제 새로운 도약이 고춧가루를 뿌리는 것이다.

아기는 엄마에게 붙어 있으려고 한다. 그러나 아기는 또한 엄마가 마음만 먹으면 언제든지 가버릴 수 있다는 사실을 완전하게 알고 있다. 이 사실은 아기를 불안하게 만들고 긴장시킨다. 아기는 어쩔 줄 몰라하며 불안해하고 짜증을 부린다.

> 아스트리드, 34주 "지난 며칠간 아기는 무릎에만 앉아 있으려고 했어요. 뚜렷한 이유도 없이 말이에요. 혼자 앉혀놓으면 울어대요. 유모차를 타고 밖에 나가도 내가 멈추려는 듯 보이면 벌써 알아채고 안아달라고 해요."

엄마 곁에 있을 때, 엄마가 관심을 써줄 때 모든 아기는 덜 운다. 한마디로 아기는 엄마를 혼자만 소유하려고 한다.

> 디르크, 36주 "아기는 울어댔고 저기압이었어요. 내가 아기 곁에 붙어 있거나 안아줄 때만 컨디션이 좀 나아졌어요. 몇 번은 너무 힘이 들어 화가 머리끝까지 올라 아기를 침대에 팽개쳐버리기도 했어요."

아기가 엄마 곁에 있으려 한다는 걸 어떻게 알까?

엄마의 치맛자락을 붙들고 늘어지는가? 기어 다니는 것도 능숙하지 않은데 엄마가 가버릴까봐 걱정되면 아기는 우는 수밖에 없다. 어떤 아기는 엄마가 한

걸음 뗄 때마다 공포를 느낀다. 아기는 젖 먹던 힘을다해 엄마에게 달라붙어 있으려고 한다. 때로 아기는 엄마에게 찰거머리처럼 매달려서 엄마가 한 걸음도 떨어질 수 없을 지경에 이른다.

다니엘, 38주 "또 힘든 한 주를 보내고 있어요. 아기는 엄청 울어요. 말 그대로 내 치맛자락을 붙들고 늘어져요. 내가 방에서 나가면 울면서 따라와요. 식사 준비를 할 때도 나를 따라와서는 내 다리를 꽉 붙들어서 조금도 운신할 수 없도록 해요. 저녁에 재우려고 하면 또 한번의 장관이 벌어지죠. 아기는 잠들기가 힘들어요. 내가 같이 놀아줘야만 놀고요. 가끔 너무나 무거운 짐이 나를 짓누르고 있는 것 같아요."

안나, 36주 "나는 아기를 찰거머리라고 불러요. 말 그대로 내게 찰싹 달라붙으니까요. 아기는 계속 나하고 붙어 있으려 하고, 내 무릎에 앉으려고 해요."

낯을 가리는가? 엄마 곁에 있으려는 욕구는 다른 사람들이 있으면 더욱 커진다. '다른 사람'이 때로 아빠나 남매들인 경우도 있다. 종종 엄마 외에 다른 사람이 안아주거나 말을 걸어도 안 되는 상황이 발생한다. 거의 모든 경우 아기에게 손을 대도 괜찮은 사람은 엄마뿐이다.

페터, 34주 "낯선 사람이 말을 걸거나 만지면 즉시 울기 시작해요."

루돌프, 34주 "손님이 오면 아기는 배를 맞대고 내게 안겨서 꽉 달라붙어요. 그런

다음에야 손님을 힐끔 쳐다보지요."

신체접촉을 중단하려고 하지 않는가? 아기는 엄마 무릎에 엉덩이를 대고, 있는 힘을 다해 엄마에게 달라붙는다. 그러다가 엄마가 아기를 몸에서 떼어내려 하면 참지 못한다.

> 로라, 33주 "침대가 이상한가 의아할 정도예요. 완전히 잠든 걸 보고 침대에 눕히려고 하면 아기는 눈을 다시 반짝 뜨고는 울어 젖혀요!"

더 많은 관심을 원하는가? 대부분의 아기는 자신에게 관심을 가져주길 원한다. 평소 순했던 아기조차 이제 때로는 혼자 놀려고 하지 않는다. 엄마가 전폭적으로 관심을 쏟아야만 만족스러워하는 아기도 있다. 그런 아기는 엄마가 쉬지 않고 자기만 돌봐주고 자기와만 놀아주기를 원한다. 엄마가 다른 사람이나 다른 일에 관심을 쏟으면 아기는 더 보채기 시작한다. 그래서 질투하는 것처럼 보인다.

> 페터, 36주 "내가 다른 사람과 이야기하면 아기는 주의를 끌기 위해 크게 소리를 질러요."

> 디르크, 34주 "혼자서 놀이보호공간에 누워 있으려 하지 않아요. 놀아달라고 하고, 주변에 언제나 사람이 있어야 하지요."

잘 자지 않는가? 대부분의 아기는 잠을 덜 잔다. 잠자리에 드는 걸 싫어하고 잠을 이루기가 힘들다. 잠이 들어도 일찍 깨어난다. 어떤 아기는 낮잠이 없어지고, 어떤 아기는 밤잠이 없어진다. 그리고 어떤 아기는 낮잠, 밤잠 모두 없어진다.

<u>티모, 33주</u> "아기는 밤에 자주 깨요. 때로는 새벽 3시에 깨서 한 시간 반 동안이나 안자고 놀아요."

나쁜 꿈을 꾸나? 아기는 잠자면서 매우 불안해한다. 때로 악몽을 꾸는 것처럼 보인다.

<u>안나, 35주</u> "아기는 밤에 자지러지게 울며 깨요. 그때 안아주면 울음을 그쳐요. 그러다가 누이면 다시 울어요."

과장된 애교를 떠는가? 이 월령의 아기는 엄마 곁에 있기 위해 전에는 볼 수 없었던 전혀 다른 책략을 쓴다. 보채고 울어대는 대신 방법을 바꾸어 엄마에게 뽀뽀를 하고 쓰다듬어주는 등 거의 엄마의 넋을 빼놓는다. 이제 아기는 보채는 방법과 애교 떠는 방법을 교대로 활용한다. 평소 애교가 없던 아기의 엄마는 갑자기 아기가 나긋나긋해졌다고 아주 좋아한다.

<u>아스트리드, 36주</u> "때로 심통을 부리다가 금방 몸을 비벼대며 사랑스럽게 굴어요."

<u>티모, 35주</u> "그 어느 때보다 나긋나긋해요. 내가 곁에 가면 나를 꼭 껴안아줘요. 아기가 나를 어찌나 빨아대는지 목에 붉은 자국이 다 났어요. 아기는 더 이상 산만하지 않아요. 아주 조용히 앉아 나와 함께 책을 읽을 수 있어요. 나는 이런 상태가 좋아요. 드디어 아기가 나와 놀고 싶어하는 것 같아요."

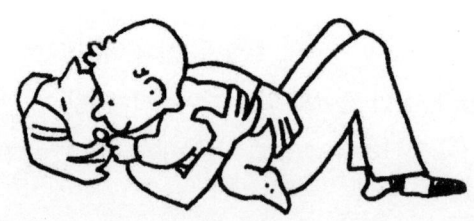

갑자기 잠잠해지는가? 일시적으로 조용해지는 아기도 있다. 말을 별로 하지 않고 별로 움직이지도 않는다. 놀다가도 잠시 중단하고 멍하니 허공을 응시하기도 한다.

> 다니엘, 37주 "다시 원점으로 돌아간 듯한 기분이에요. 곧잘 가지고 놀던 장난감은 오래전부터 구석에 내팽개쳐진 채 놓여 있어요. 아기에게 뭔가 다른 장난감이 필요한 건 아닌가 생각해요, 흥미를 느낄 만한……. 그게 어떤 건지 모르겠어요."

기저귀를 갈거나 옷 갈아입는 걸 싫어하는가? 대부분의 아기는 옷을 입히거나 기저귀를 갈아줄 때 못마땅한 듯이 소리를 지르고 몸을 뒤틀며 불안해한다.

더 아기 같은 행동을 하는가? 어떤 엄마는 아기의 행동이 퇴보하는 것을 처음으로 목격한다. 아기가 커갈수록 이런 퇴보는 더욱 눈에 띈다. 엄마는 퇴보를 별로 좋아하지 않는다. 퇴보는 엄마들을 불안하게 한다. 그러나 이런 현상은 정상적인 것이다. 이제부터는 어려운 시기마다 아기가 퇴보하는 듯한 느낌을 받게 될 것이다.

> 슈테판, 35주 "나는 매일 저녁 안아주고 업어주고 노래해주면서 재워야 해요. 어떻게 전보다 더 못해졌는지 모르겠어요."

잘 먹지 않는가? 많은 아기는 이제 먹고 마시는 것에 별 관심을 갖지 않는다. 어떤 아기는 배고프지 않은 듯 식사를 건너뛴다. 어떤 아기는 스스로 먹고 싶은 것만 먹으려 한다. 어떤 아기는 식탁에 앉아 먹을 것을 주무르고 흘리고, 장난을 치며 먹었던 것을 도로 뱉어놓곤 한다. 그래서 먹일 때 들이는 시간이 평소보다 더 많아진다. 먹는 동안에도 가만히 있지를 못한다. 먹을 것을 주면 먹지 않으려 하고, 치우려고 하면 다시 달라고 난리다. 어떤 날은 많이 먹고 다른 날은 전혀 먹지 않는 등 먹는 데 편차가 심해지는 아기들도 있다.

<u>티모, 34주</u> "3일 동안 모유를 거부하더라고요. 정말 끔찍했어요. 내 젖은 거의 터지기 직전이었지요. 그러다가 내가 '이제 젖 떼는 것이 낫겠다. 여름도 코앞에 다가왔으니 이 기회를 틈타 젖을 떼자' 하고 마음먹으니까 다시 온종일 젖을 빨려고 하는 거예요. 나는 또 아기가 영양이 충분할지 걱정이 되었어요. 이유식은 입에도 안 대니까요. 하지만 아기는 괜찮아 보여요. 최소한 겉보기에는요."

☹ 아기가 혼란스럽다는 것을 어떻게 알까?

- ❀ 더 자주 울고, 더 자주 찡그리고, 칭얼대고 보챈다.
- ❀ 웃었다가 울었다가 변덕스럽다.
- ❀ 더 많은 관심을 원한다.
- ❀ (더 자주) 치맛자락을 잡고 늘어진다.
- ❀ 지나치게 애교를 떤다.
- ❀ (더 자주) 발작적으로 분노한다.
- ❀ (더 자주) 낯을 가린다.
- ❀ 신체접촉이 중단되는 걸 싫어한다.
- ❀ 잠을 잘 자지 못한다.
- ❀ (더 자주) 나쁜 꿈을 꾼다.
- ❀ 잘 먹지 않는다.
- ❀ 옹알이가 줄어든다.
- ❀ 별로 움직이지 않는다.
- ❀ 때로 조용히 앉아 꿈꾸는 것처럼 멍하니 있다.
- ❀ 옷을 갈아입거나 기저귀 가는 것을 싫어한다.
- ❀ (더 자주) 엄지손가락을 빨고 동물인형을 만지작거리고 있다.
- ❀ 더욱 아기 같은 행동을 한다.
- ❀ 그 밖에 눈에 띄는 것들 : _____

걱정, 헷갈림, 다툼

엄마는 불안하다 엄마는 '아기가 왜 저러는 걸까?' 걱정을 한다. 엄마는 아기가 왜 그렇게 행동하는지 궁금하다. 그럴듯한 이유를 찾아내면 안심한다. 이 시기의 아기는 이가 돋아나므로 엄마는 이가 나느라고 그러나 보다 생각한다.

> 에바, 34주 "윗니가 나려고 그러나 봐요. 계속 나와 안 떨어지려고 해요. 산책을 하건 놀아주건 함께 있어야 해요."(하지만 윗니는 42주가 되어서야 나왔다)

엄마는 지친다 관심을 써달라며 잠을 잘 자지 않는 아기의 엄마는 신경이 굉장히 예민해진다. 이 시기의 막바지에 이르면 몇몇 엄마는 몹시 지친다. 어떤 엄마는 두통이나 등 통증, 혹은 속이 더부룩함을 호소한다.

> 니나, 37주 "자정까지 깨서 자지 않고 놀면 난 거의 절망이에요. 그러다가 아기가 잠이 들면 나는 무너지지요. 나는 진이 빠진 것 같고 더는 아무것도 생각할 수 없어요. 아기 아빠에게선 전혀 도움을 기대할 수가 없어요. 남편은 나보고 너무 예민하게 아기에게 신경을 쓴대나 어쩐대나, 그러면서 흥분해요. 아기를 그냥 울게 내버려 두라는 거죠."

엄마는 화가 나서 참지 못한다 대부분의 엄마는 이 시기의 아기 행동을 겪으며 점점 화가 난다. 엄마는 아기가 초조하게 울고, 칭얼대고, 보채고, 계속 신체접촉과 관심을 원하는 것에 화가 난다. 엄마에게 찰거머리처럼 달라붙어 있으려 하는 것이 지긋지긋하고, 기저귀를 갈아주거나 옷을 갈아입히거나 밥을 먹일 때 애를 먹이는 것이 짜증난다.

> 슈테파니, 35주 "옷을 입히면서 아기를 팽개치듯 뉘었어요. 칭얼대고 쥐어짜는 것을 더는 참을 수 없었어요. 아기는 하루 종일 빽빽댔어요. 아기의자에 앉혀놓든

침대에 눕혀놓든."

페터, 37주 "이번 주에 나는 한 번 아기에게 크게 소리를 질렀어요. 아기가 너무나 힘들게 해서 나는 순간 아주 큰 소리로 '이제 그만하지 못하겠어!' 하고 소리를 질렀죠. 아기는 무척 놀라는 것 같았어요. 눈을 크게 뜨더니 고개를 숙이고는 마치 정말로 부끄러워하는 것처럼 나를 쳐다보았어요. 아주 귀여운 표정으로 말이에요. 그러고 나서 약간 조용해졌어요."

다툼이 생긴다 이 시기의 막바지에 이르면 모유 수유를 하는 엄마는 대부분 수유를 중단하기로 마음먹는다. 아기가 어떤 때는 젖을 찾고, 어떤 때 거부하면 엄마는 헷갈린다. 매번 아기의 고집에 당하고 나면 엄마는 종종 젖을 끊고 싶다.

슈테판, 36주 "아기는 먹고 싶을 때만 찾아요. 그럴 때는 즉각 먹여야 하지요. 형편이 여의치 않아 젖을 빨리기까지 시간이 걸리면 아기는 자지러지듯이 발작적으로 울어요. 나는 이런 일이 버릇이 될까봐 걱정돼요. 그래서 젖을 끊으려고요."

아기는 절대적인 관심과 신체접촉을 원하고, 엄마는 몸이 따라주지 않는다. 아기와 엄마는 부딪칠 수밖에 없다.

새로운 능력의 분출

다니엘, 37주 "나는 다시 원래 상태에 도달했어요. 아기의 장난감은 먼지가 낄 정도로 구석에 얌전히 있지요. 밖에 나가면 아기는 굉장히 활발해요. 볼 것이 많으니까요. 하지만 집 안에만 들어오면 심심해해요."

아기가 37주쯤 되면 엄마는 아기가 더 조용해지는 것을 발견한다. 그리고 아기가 새로운 행동을 연습하거나 썩 잘 해낸다는 것을 확인한다. 또한 아기가 장난감을 이전과는 다르게 대하는 것도 볼 수 있다. 또 아기의 기호가 달라졌다는 것, 더 집중하고 사물을 관찰하는 데 몰두한다는 것도 말이다. 이 월령이 되면 사물과 사물의 공통점, 즉 '카테고리'를 인식하고 처리하는 능력이 생긴다. 새로운 세계에서 아기는 소질과 기호와 성향에 따라 자신만의 선택을 한다. 아기는 다시 발견여행길에 오르고 새로운 솜씨를 습득한다. 아기에겐 엄마의 도움이 필요하다.

도약하는 아기 : 사물과 사물의 공통점을 발견한다

지난번 도약 후 아기는 마주치는 것들 사이의 '관계들', 보고, 듣고, 냄새 맡고, 맛보고, 느꼈던 것들 사이의 관계를 깨닫기 시작했다. 아기는 모든 것을 더 잘 알게 되었다. 아기는 정확히 자신도 엄마와 같은 존재이며, 엄마와 같이 움직일 수 있다는 것, 그리고 엄마를 흉내 낼 수 있다는 것을 깨달았다. 그리고 움직이긴 하지만 다른 방식으로 움직이는 것들이 있고, 스스로 움직일 수 없는 것들도 있다는 것을 알았다.

이제 이번 도약에 '카테고리'를 인식하고 만드는 능력을 갖게 되면 아기는 세계에 존재하는 것을 무리 지을 수 있음을 인식한다. 특정한 것들이 서로서로 아주 비슷하다는 사실을 인식할 수 있게 된다. 똑같이 생겼거나 똑같은 소리를 내거나 비슷한 맛, 비슷한 냄새, 비슷한 느낌이 나는 것들. 한마디로 아기는 많은 사물에 공통점이 있다는 것을 발견하는 것이다.

가령 아기는 말이 어떤 동물인지 배운다. 백말이건, 갈색 말이건, 얼룩말이건 모든 말은 같은 카테고리에 속한다는 것을 깨닫는다. 또한 초원을 뛰어다니는 진짜 말이건, 사진이나 그림 속의 말이건, 진흙으로 빚어놓은 말이건, 살아 있는 말이건, 죽어 있는 말이건 간에 말은 말이라는 것을 깨닫는다.

물론 아기는 하루아침에 세계를 카테고리로 나누지는 못한다. 그러기 위해서는 먼저 사람과 동물과 사물을 먼저 잘 알아야 한다. 어떤 것이 특정한 카테고리에 속하려면 특정한 요구가 충족되어야 한다는 것을 인식해야 한다. 아기는 이런 요구를 인식하기 위해 경험과 연습과 시간이 필요하다. 아기가 카테고리를 인지하고 처리하는 능력을 얻으면 아기는 실험을 시작한다. 아기는 사람과 동물과 사물을 특정한 방식으로 연구하기 시작한다. 아기는 그것들을 관찰하고 비교하고 공통점에 따라 분류한 다음, 특정한 카테고리 안으로 집어넣는다. 따라서 카테고리에 대한 이해는 스스로 행한 많은 연구 결과에서 비롯된다. 아기는 공통점과 차이점을 보고, 듣고, 만지고, 맛보고, 시험해본다. 아기는 중노동을 하는 것이나 다름없다.

아기가 말을 하기 시작하면 엄마는 아기가 어른들이 사용하는 '카테고리들'을 이미 오래전에 인식했으며, 때로 이것에 자신만의 이름을 부여했음을 확인하게 될 것이다. 아기는 나름의 카테고리를 만들기 시작한 것이다. 아기가 카테고리에 부여한 이름을 보면 아기의 개성을 알 수 있다.

세계를 카테고리로 나누는 능력을 획득한 후 아기는 발견여행을 시작한다. 아기는 말, 개, 곰 인형 등 각 특성을 점검할 뿐 아니라 무엇이 큰 것이고 작은 것인지, 무엇이 가벼운 것이고 둥근 것인지, 무엇이 부드러운 것이고 끈적끈적한 것인지 살펴볼 것이다. '슬픈 것', '기쁜 것', '귀여운 것', '버릇없는 것'이 무엇인지도 말이다.

연구 결과 이때부터 아기들의 반응은 개인차가 심하다는 것이 밝혀졌다. 학자들은 지능이 이 시기에 발현되는 것이 아닌가 추정하고 있다. 대체로 확실한 증거들이 많이 나타나기 때문이다. 이것이 그전에는 아기에게 그런 증거들이 전혀 없었다는 의미는 아니다. 단지 전에는 그들의 월령에 맞게, 즉 어른이 이해하지 못하는 방식으로 생각했다. 그러나 카테고리를 만들 능력을 얻게 되면 아기의 사고는 어른과 비슷해지고 마치 어른처럼 생각하기 시작한다. 따라서 어른들은 비로소 아기를 이해하기 시작한다.

카테고리를 인식하고 스스로 만들 줄 알면 아기는 9개월(37주 전후) 된 아기 수준이라고 보면 된다. 아기는 지금까지의 도약으로 얻게 된 능력을 사용한다. 앞으로의 도약으로 얻게 될 능력은 당연히 아직 사용하지 못한다. 따라서 37주 정도 된 아기는 '패턴', '유연한 변화', '사건', '관계들'을 '카테고리'로 분류하는 것을 배울 수 있는 것이다.

 아기가 갑자기 어른처럼 생각한다

우리 어른들은 카테고리를 이용해 생각했던 것을 표현한다. 이제 아기도 이런 식으로 사고할 수 있다. 이제 엄마와 아기는 서로 더 많이 이해할 수 있다.

카테고리를 인지하고 만드는 능력은 아기의 태도에 영향을 준다. 그것은 아기의 모든 행동에 영향을 끼친다. 아기는 그에 따라 전체 세계를 수정한다. 아기는 사람들과 동물들과 사물들과 느낌들을 공통점에 따라 무리 지을 수 있다는 것을 깨닫는다. 그리고 그 무리들은 이름을 갖게 된다.

아기가 이 모든 능력을 갖게 되면 혼란스러울 거라는 게 상상이 갈 것이다. 어른에게 카테고리는 평범하고 당연한 것이다. 어른의 사고와 언어에는 카테고리 개념이 벌써 깊숙이 내재되어 있다. 우리의 사고와 언어는 카테고리에 종속되어 있다. 그러나 아기는 이제 처음으로 그것을 알게 된다. 아기는 처음으로 감각이 인지한 것을 카테고리로 파악할 수 있다. 아기는 이제 처음으로 어른처럼 생각할 수 있게 된 것이다. 그리고 무언가를 어른이 이해하게끔 '전달'할 수 있다.

 두뇌가 쑥쑥

아기의 뇌파는 8개월 무렵에 다시 크게 변한다. 머리둘레도 대폭 늘어나며 뇌 속의 당대사도 변한다. 두뇌 영역이 확장되면서 새로운 정보를 스폰지처럼 흡수한다.

아기가 경험하는 '카테고리'의 세계

동물과 사물을 인식한다

❀ 실물로 보든, 그림이나 사진으로 보든, 비행기, 자동차, 물고기, 오리, 고양이, 새, 말 등을 알아본다.

❀ 둥근 조각들을 따로 분류하면서 둥근 모양을 다른 모양과 구별할 수 있음을 보여준다.

❀ 무언가를 혐오한다는 표시를 낸다.

❀ 특별한 소리나 몸짓으로 무언가를 예쁘게, 혹은 맛있게 생각한다는 것을 보여준다.

❀ 동물이나 사물의 이름을 파악한다. '야옹이', '멍멍이', '삐약이', '치카치카' 등. 엄마가 "~ 어디 있어?" 하고 물어보면 그것이 있는 쪽을 돌아다본다. 그리고 "~ 가져와" 하면 해당 물건을 가져온다.

❀ 단어를 따라 한다.

❀ 유리컵이나 체나 방충망을 통해 사물을 관찰한다.

❀ 그 밖에 눈에 띄는 것들 :

사람을 사람으로 인식한다

❀ 특정한 소리와 몸짓으로 사람에게 다가가기 시작한다.

❀ 눈에 띄게 자주 다른 사람을 따라서 하고, 그들이 하는 것을 흉내 낸다.

❀ 눈에 띄게 더 자주 다른 사람과 함께 놀고자 한다.

❀ 가족을 부른다. 엄마와 아빠와 가족을 부를 때의 소리가 각각 다르다.

❀ 그 밖에 눈에 띄는 것들 :

다양한 상황, 다양한 사람을 인식한다

❀ 이미 만났던 사람을 다른 곳에서 다시 만나면 알아본다.

❀ 거울 속의 사람들을 알아본다.

❀ 아기는 사진이나 거울 속의 자기 모습을 알아본다. 가령 거울을 향해 찡그리거나 혀를 쑥 내밀어보고 웃기도 한다.

❀ 그 밖에 눈에 띄는 것들 :

감정을 인식한다

❀ 엄마가 다른 아이를 예뻐하는 것 같으면 처음으로 질투를 한다. 엄마가 다른 아이에게 화를 내면 질투를 하지 않는다.

❀ 곰인형이 바닥에 떨어지면 곰인형을 위로해준다. 스스로 고의적으로 바닥에 내던지고도 말이다.

❀ 성취의 기쁨을 느낀다.

❀ 자신의 기분을 과장해서 드러낸다. 자신의 기분을 알리기 위해 연극을 하기도 한다.

❀ 다른 사람의 기분에 민감해진다. 가령 다른 아기가 울면 따라 운다.

❀ 그 밖에 눈에 띄는 것들 :

_____

_____

엄마 역할을 인식한다

❀ 역할 바꾸기 놀이를 시작할 수 있다.

❀ 더 어린 아기와 함께 까꿍 놀이를 한다.

❀ 엄마에게 젖병을 물린다.

❀ 노래 부르기를 요구하고 손뼉을 친다.

❀ 스스로 어디로 기어 들어가면서 숨바꼭질을 하자는 뜻을 나타낸다.

❀ 엄마에게 블록을 건네면서 블록 쌓기 놀이를 하자고 한다.

❀ 그 밖에 눈에 띄는 것들 :

_____

_____

아기의 개성 파악하기 : 관찰한 것을 기록해보라

_____

_____

_____

_____

아기가 새로운 세계에서 모든 것을 한꺼번에 발견할 수 없음을 염두에 둬라. 37주에 아기는 처음으로 이 세계에 발을 들여놓았다. 그러나 아기가 언제 어떤 능력을 습득하는가는 아기의 관심사와 아기에게 얼마나 많은 기회가 주어지느냐에 달려 있다. 여기서 소개한 대부분의 것들을 할 수 있으려면 몇 달, 때로 더 오랜 시간이 지나야 한다!

아기의 관심사에서 개성을 발견하라

모든 아기는 카테고리를 인식하고 만드는 능력을 얻었다. 새로운 세계가 열렸고, 그 세계는 새로운 가능성으로 가득 차 있다. 아기는 독자적인 선택을 통해 자신이 무엇을 좋아하는지, 자신의 개성이 어떤지 보여줄 것이다. 아기는 소질과 흥미와 신체구조와 체중에 가장 적합한 활동들을 고를 것이다. 그러므로 다른 아기와 비교하지 말라. 모든 아기는 유일무이한 존재다.

아기를 정확히 관찰하라. 아기가 무엇에 관심이 있는지 살펴보라. 〈그 밖에 눈에 띄는 것들〉에 아기의 선택을 기록해보라. 9개월이 지나 37~42주에 아기는 이 세계에서 아기에게 가장 다가오는 능력을 고를 것이다. 아기의 선택을 존중하라. 그래야 아기의 개성을 알 수 있다. 아기의 관심을 존중하면 놀고 배움에 있어 아기를 가장 잘 도울 수 있다.

도약의 성과 : 아기의 능력을 끌어올려라

아기는 어떤 것이 왜 특정한 카테고리에 속하는지 이해할 수 있는 시간과 도움이 필요하다. 엄마는 이 부분에서 아기를 도울 수 있다. 아기가 실험하고 놀게 하면서 왜 뭔가가 특정한 카테고리에 속하는지 파악할 수 있는 기회와 시간을 줄 수 있다. 필요할 때마다 아기를 격려하고 달래줄 수 있으며, 새로운 자극을 줄 수 있다.

아기가 카테고리에 대한 개념을 확장할 기회를 줘라. 아기가 어떤 카테고리에 가장 먼저 관심을 갖는가는 중요하지 않다. 한번 뭔가가 어떤 카테고리를 이룬다는 것을 의식하게 되면 아기는 이 개념을 나중에 다른 카테고리에도 쉽게 응용할 수 있다. 어떤 아기는 사물을 먼저 인식하고, 어떤 아기는 사람을 먼저 인식할 것이다. 아기가 주도권을 쥐게 하라. 아기는 모든 것을 동시에 할 수는 없다는 것을 명심하라.

일상에서 카테고리를 발견하게 하라

아기가 카테고리를 인지하는 능력을 갖게 되면 나아가 아기는 열심히 식별할 수 있는 일련의 특징을 연구 비교한다. 즉 아기가 '관계들'을 가지고 노는 것이다. 아기는 대상을 식별할 수 있는 가장 중요한 특징을 알게 된다. 아기는 어떤 대상이 튕겨 오르는지 그렇지 않은지, 가벼운지 무거운지, 큰지 작은지, 둥근지 모가 났는지, 어떤 느낌인지 등을 발견한다. 아기는 대상을 다른 방향에서 관찰하고, 돌려보고, 고개를 비스듬히 해서도 본다. 대상을 천천히, 그리고 빨리 움직여본다. 이런 과정을 통해서만이 '이것은 공이고, 이것은 아니다', '이것은 블록이고, 이것은 아니다'와 같은 발견에 도달하는 것이다.

아기가 대상을 멀리서 관찰하는 것을 본 적이 있는가? 아기는 아마 고개를 이리저리 움직여볼 것이다. 여기엔 이유가 있다. 아기는 이런 과정을 통해 자신이 움직일 때도 대상이 크기와 모양을 유지한다는 것을 깨닫는다. 아기는 이런 발견을 하면서 논다. 아기가 무엇을 좋아하는지 살펴보고 그것을 존중해줘라.

<u>페터, 43주</u> "아기가 욕조에 앉아 샤워기에서 나오는 물살을 잡으려고 해요. 물을 꽉 쥐고는 손을 펴지요. 그러면 아무것도 손에 든 게 없잖아요. 그게 우스운가봐요. 계속 그렇게 해요."

단수 개념, 복수 개념 나무블록으로 탑을 쌓아 아기가 블록을 하나하나씩 해체할 수 있게 하라. 링으로 피라미드를 만들고 링을 하나씩 치우게 하는 것도 같은 원리다. 또한 잡지를 수북이 쌓아 놓고 아기가 하나하나씩 치우도록 해보라. 아기가 단수와 복수 개념을 이용하여 스스로 어떤 놀이를 고안해내는지 살펴보라.

<u>얀, 41주</u> "아기는 투명한 컵에 구슬 하나를

넣고 흔들어요. 구슬 여러 개를 넣고 다시 흔들지요. 그러곤 매번 그 소리에 귀를 기울이고 뭐라고뭐라고 쫑알거려요."

'아무렇게나'와 '조심스럽게'라는 개념 아기는 사람이나 사물이나 동물을 조심스럽게 대하지 않고 마구 대할 때 어떻게 되는지 시험한다. 엄마가 그런 모습을 보게 된다면 아기에게 대상을 마구 대하면 대상이 아프거나 망가진다는 사실을 말해줘라. 아기가 하는 행동이 어떤 행동인지 확실히 설명해줘라.

다니엘, 40주 "아기는 연방 나를 물어대고, 장난감이나 다른 물건을 내던져요. 하지만 어떤 때는 무척 신중한 태도를 보이기도 해요. 가령 손가락으로 꽃이나 개미를 쓰다듬을 때는요. 물론 이어 꽃을 눌러 뭉개거나 개미를 눌러서 압사시키곤 하지요. 그럴 때 내가 '그렇게 못살게 굴지 마!'라고 말하면 다시 손가락으로 부드럽게 만져요."

티모, 41주 "욕조에서 목욕을 할 때 아기는 내 젖꼭지를 탐구해요. 처음에는 손가락으로 조심스럽게 만지다가 살짝 눌러본 다음 세게 누르고 잡아당겨요. 그 다음엔 제 고추 차례지요. 하지만 자기 고추는 더 조심스럽게 만져요."

다양한 모양을 이용한 놀이 아기는 둥근 것, 각진 것, 테두리가 둘린 것 등 다양한 모양에 관심을 갖는다. 아기는 그 모양을 눈으로 관찰하고 손가락으로 윤곽을 따라간다. 그 다음 다른 모양으로 옮겨간다. 형태들을 비교하는 것이다. 아기는 블록의 둥근 모양을 가장 처음 인식한다. 아기가 모양에 관심을 보이면 아기에게 여러 가지 모양의 블록을 줘라. 또한 집에서 다양한 모양에 친숙해질 수 있도록 배려하라.

개별적인 특성 발견하기 아기는 대상의 개별적인 특성을 연구한다. 아기는 대상을 빨아먹거나 각 방향을 눌러보는 등의 행동을 한다. 아기의 발견여행은 계속된다.

얀, 37주 "아기는 열쇠를 좋아해요. 열쇠가 자물쇠 속에 꽂혀 있어도 아기는 꺼낼 방법을 찾아요."

촉감 느껴보기 아기는 손으로 뭔가를 만지고 느끼는 것을 좋아한다. 이런 방식으로 어떤 대상이 거친지, 끈적끈적한지, 따뜻한지, 매끈한지, 부드러운지 등을 테스트한다. 아기가 많은 것을 만져볼 수 있도록 하라.

때로 아기는 여러 신체부위로 대상을 느껴보는 걸 재미있어한다. 아기는 어떤 대상을 잡고 그것을 몸에 비벼댄다. 신체의 모든 신경섬유로 느낌을 알아보고자 하는 것이다. 아기의 연구는 이런 식으로 진행된다. 아기에게 도움을 제공하라.

다니엘, 39주 "문틀에 그네를 걸어주었는데 그네 밑에 단추가 달려 있었어요. 아기는 이 단추에 관심이 갔나봐요. 그네 밑에 앉아 문틀에 기대고 약간 엉거주춤한 자세를 하고는 머리로 단추를 스치게 하는 거예요. 그러더니 앉아서 손가락으로 단추를 만졌어요."

'무겁다'와 '가볍다' 비교하기 아기가 장난감이나 다른 물건의 무게를 비교하는가? 환경이 허락하는 선에서 아기가 그렇게 할 수 있도록 도와줘라.

율리아, 41주 "아기는 여기저기 다니며 모든 것을 들어봐요."

높다, 낮다, 크다, 작다 아기는 몸으로 이런 개념을 터득한다. 아기는 여기저기 기어서 올라가고, 내려가고, 넘어간다. 그러면서 마치 '어떻게 할까?' 생각하듯이 신중하게 시험하고 조절한다.

아기의 발견여행을 도와줘라

가능하면 아기가 다양한 카테고리를 탐구할 기회를 갖도록 자리를 만들어줘라. 아기가 집 안 여기저기를 기어 다니며 올라가보고 다양한 부분을 붙잡고 서보게 하라. 계단 안전장치를 두 번째나 세 번째 계단에 고정시키고, 아기가 계단을 한두 개 오르내리는 연습을 하게 해보라. 아기가 다치지 않도록 계단에 요를 깔아야 한다.

안나, 42주 "아기를 식탁 앞 아기의자에 앉혔는데 미처 보지 못한 사이에 식탁에 올라앉아 있는 거예요. 내 뒤에도 눈이 달려 있어야 한다니까요. 아기는 의자에 앉아 있다가 뒤로 벌렁 나자빠지기도 했어요."

아기는 밖에서도 많은 것을 배울 수 있다. 숲, 해변, 공원, 놀이터에서도 발견여행을 하게 해줘라. 언제나 안전에 유의하고 아기에게서 눈을 떼지 말라.

> ♡ **안전한 놀이환경 만들기**
>
> 아기가 이리저리 누비고 다니는 공간이 안전하도록 조치하라. 안전조치를 취했다 해도 방심하면 안 된다. 아기가 미처 생각지 못했던 위험한 물건에 손을 댈 수도 있다.

아기의 '속임수'에 넘어가라

사회성이 발달하면 아기는 슬픈 척, 사랑스러운 척, 곤궁에 처한 척을 할 수 있다. 감정적인 상태도 결국 '카테고리'이다. 아기는 감정을 '조작하여' 자기 목적을 위해 엄마를 이용할 수도 있다. 엄마는 그런 행동에 잠시 속아 넘어간다. 어떤 엄마는 아기가 정말로 그런 능력이 있으리라고는 상상도 못 한다. 또 어떤 엄마는 아기가 그럴 수 있다는 것을 자랑스럽게 여긴다. 아기가 연극하는 것이 보이면 아기의 속임수를 용납하고 아기가 원하는 대로 해줘라. 동시에 당신이 아기의 위장을 간파했다는 것을 아기에게 알려줘라. 그러면 아기는 감정의 사용이 중요하지만, 엄마를 속일 수 없다는 것을 배우게 된다.

<u>율리아, 37주</u> "아기는 하루 종일 까탈을 부려요. 잘 시간이 가까워오면 가짜로 잘 노는 척해요. '지금 순하게 놀면 침대로 보내지 않겠지' 하고 생각하는 것 같아요. 사실 졸리지 않은 아기를 잠자리에 눕혀봐도 소용이 없어요. 누워 있으려고 하지 않으니까요. 지난 금요일에는 10시 반이나 되어 자리에 누웠어요."

<u>티모, 39주</u> "내가 다른 사람하고 이야기라도 할라치면 아기는 당장 도움이 필요한 척 또는 아픈 척해요."

<u>토마스, 40주</u> "아기는 거울에 비친 자신의 모습을 보는 걸 즐기는 것 같았어요. 나르 시시즘이라고 할까요? 아기는 뭔가에 열중하고 있는 자신의 모습을 쳐다봐요. 스스로 소리를 내고 행동하는 모습을 열심히 쳐다보지요. 벌써 몇 주 전부터 그래요. 그런데 거울 속에 다른 아기가 보이면 반응은 완전히 달라져요. 흥분해서 팔과 다리를 내저으며 입술을 쏙 내밀고 아주 높은 음으로 '후후후'라고 소리를 질러요."

이제 아기는 좀더 성숙한 행동을 할 수 있다. 아기는 사람과 사람이 비슷하다는 것을 알게 되었고, 스스로 사람이라는 카테고리에 속하게 되었다. 즉 아기

는 다른 사람들과 같은 것을 할 수 있게 되었다. 아기는 엄마처럼 숨을 수 있고 엄마가 자기를 찾게 할 수도 있다. 또 누구에게 함께 놀아달라는 뜻으로 스스로 장난감을 가지고 올 수 있다. 잠깐이라도 아기의 주도권을 존중하라. 그러면 아기는 자신이 이해받고 있으며, 스스로 중요한 사람이라는 것을 배울 것이다.

> ♥ **이제 아기에게 요구할 수 있다**
>
> 옛 습관을 버리고 새로운 습관을 들이는 것도 아기가 갖게 된 새로운 능력의 성과다. 엄마는 아기의 발달을 주시하며 아기가 이제 이해하는 만큼 아기에게 요구를 할 수 있다. 많지도 적지도 않게 말이다.

<u>페터, 41주</u> "이번 주에 돌 정도 된 아기가 놀러 왔어요. 우리 아기와 그 아기는 나란히 누워 우유를 먹게 되었지요. 그런데 돌 된 아기가 우리 아기에게 자기 우유병을 물리더니 빨게 했어요. 우유병을 자기가 잡아주면서요. 다음 날이었어요. 내가 아기에게 우유를 먹이려고 무릎에 앉히자 아기가 갑자기 내 입에 우유병을 물리고는 웃는 거예요. 그러다가 자기가 먹다가 다시 내게 물렸다가 했어요. 나는 놀랐어요. 전에는 그런 적이 없거든요."

많은 아기들이 무엇을 주건 상관없이 '주는 역할'을 하는 것을 마음에 들어한다. 준 것을 돌려받을 수만 있다면 말이다. 물론 아기는 받는 것을 주는 것보다 더 좋아한다. 아기가 뭔가를 준다면 그것은 아기가 금방 되돌려 받겠다는 의미이다. 어떤 아기는 이제 "주세요", "줘"라는 말을 알아듣는다. 쉬운 말을 써가며 주고받기 놀이를 해보라.

<u>빅토리아, 41주</u> "내 딸은 환하게 웃으며 과자를 건네요. 하지만 정말로 주려는 것은 아니에요. 누군가가 과자를 집으면 아기는 냉큼 다시 빼앗아 와요. 어제는 할아버

지의 개에게 과자를 주었어요. 개는 과자를 곧장 낚아채곤 삼켜버렸지요. 그랬더니 아기는 너무나 놀란 듯 빈손을 보더니 울기 시작했어요."

아기의 불안 심리를 충분히 이해하라

아기가 얻은 새로운 능력은 아기를 한층 불안하게 한다. 아기는 지금까지 몰랐던 새로운 위험을 느끼게 된다. 아기가 갑자기 불안해하면 이해하고 동감을 표시하라.

아스트리드, 46주 "아기는 걸음마 연습을 좋아했어요. 하지만 이제 갑자기 걸음마를 하지 않으려고 해요. 불안한 것 같아요. 내가 자기 손을 놓을 수도 있다는 생각에서인지 그냥 털썩 주저앉아버려요."

♥ **엄마가 먼저 일관성 있게 행동하라**

엄마는 젖먹이가 처음으로 보여주는 능력과 솜씨를 자랑스러워한다. 그래서 대부분 아주 긍정적인 놀라움을 표시한다. 버릇없는 행동조차 처음 했을 때는 대견하게 느껴지고 귀엽기만 하다. 엄마는 그런 행동에 아이처럼 놀라워한다. 그러나 엄마의 이런 반응은 아기에게 갈채처럼 들린다. 아기는 자신의 행동이 잘한 것이고 계속 반복해도 되는 거라고 생각한다. 종종 엄마가 "안 돼"라고 말할지라도 말이다.
아기는 이제 일관성이 필요하다. 허락할 수 없는 행동은 다음번에도 인정해서는 안 된다. 아기는 엄마를 시험해보는 걸 좋아한다.

로라, 38주 "버릇없이 굴기 시작하면 아기는 점점 우스꽝스러운 행동을 해요. 입에 이유식을 가득 넣고 부르르 불어서 음식을 다 튀어나오게 하고, 장식장을 열어젖히고, 고양이가 마시는 물을 마시기도 하고요."

함께 발견하기

아기가 신비한 매력을 느끼는 사물이나 놀이가 있다. 그러나 아기 혼자 탐구하는 것은 위험하거나 불가능하다. 그러므로 아기를 도와줘라.

_ 초인종과 전등스위치

아기가 초인종을 눌러보게 하라. 그러면 아기는 자신의 행동이 빚어낸 결과를 느끼게 될 것이다. 엘리베이터에선 아기가 단추를 누르게 하라. 역시 아기는 자신의 행동의 결과로 벌어지는 일을 느낄 수 있다. 깜깜한 방에 들어가 아기가 전등 스위치를 눌러 불을 켜게 하라. 그 행동으로 어떤 일이 벌어지는지 설명해줘라. 아기는 이런 식으로 자신의 행동과 빚어지는 결과 간의 연관관계를 배우게 된다.

_ 함께 자전거 타기

밖에 나가서 콧바람을 쐬는 것은 아무리 많이 해도 질리지 않는 활동이다. 아기는 밖에서 많은 것을 배우고, 새로운 것을 발견하고, 사물들을 더 멀리서 바라볼 수 있다. 때로 자전거를 세우고 아기가 어떤 대상을 더 자세히 관찰하거나, 귀 기울이거나, 만져보게 하라.

_ 거울 앞에서 옷 갈아입기

많은 아기는 옷을 입고 벗는 걸 싫어한다. 그러나 거울 속의 자기 모습, 자기에게 일어나는 일을 보는 것은 재미있어한다. 아기를 샤워시킨 후 거울 앞에서 옷을 벗기거나 입혀라.

말하기 놀이

아기는 생각보다 더 많은 말을 이해한다. 그리고 스스로 이해한다는 것을 보여주는 것을 기뻐한다. 아기가 이해하는 단어 수는 이제 자꾸 늘어난다.

_ 사물의 이름 말하기

부지런히 아기가 보거나 듣는 것들의 이름을 말해줘라. 아기가 몸짓을 통해 자신이 원하는 것을 표시하면 그것을 말로 바꾸어 언급하라. 그러면 아기는 자신이 원하는 것을 말로 정확하게 표현할 수 있음을 배운다.

_ 그림책 속의 그림 설명하기

아기를 무릎에 앉힌 다음 작은 그림책을 보여줘라. 아기는 그림책을 스스로 넘길 수 있을 것이다. 아기가 관찰하는 그림을 가리키며 설명을 하라. 그림책 속에 나오는 동물이나 물건 이름을 가르쳐주고 소리를 흉내 낼 수도 있다. 아기가 재미없어하는 것 같으면 중단하라. 매 장을 넘길 때마다 약간 쉬면서 만져주고 간질여주는 시간이 필요한 아기도 있다.

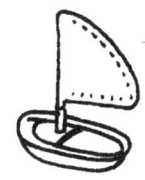

_ 짧고 간단한 명령어 활용하기

"주세요!" 하면서 아기가 손에 들고 있는 것을 달라고 부탁해보라. 아빠에게 뭔가를 주고 싶어하지 않는지 아기에게 물어보라. 또한 엄마에게 뭔가를 가져다달라고 하라. "칫솔 좀 집어줘" 또는 "공 찾아봐" 등등. 아기가 보이지 않는 곳에 있을 때는 큰 소리로 아기를 불러보라. "○○ 어디 있어?" 아기가 대답하게 하라. 또는 아기가 엄마 곁으로 오게 하라. 아기가 오면 칭찬해줘라.

모방 놀이

아기는 호기심이 많아서 다른 사람의 행동을 관찰하고 탐구하는 것을 좋아한다. 그렇게 할 수 있도록 아기를 도와줘라.

_ 시범을 보이고 따라 하기

아기로 하여금 엄마가 하는 것을 따라 해보도록 유도하라. 그러고 나서 엄마가 다시 아기의 행동을 따라 하라. 아기는 종종 단순한 반복을 중단하고 싶어하지 않는다. 간간히 변형시켜도 좋다. 몸짓을 한번은 빠르게, 한번은 천천히, 한번은 한손으로, 한번은 양손으로. 이런 놀이를 거울 앞에서 해도 좋다. 많은 아기는 거울 앞에서 동작을 반복하는 자신의 모습을 재미있어한다.

_ 거울 앞에서 말하기

아기가 입술 모양에 관심을 보이면 거울 앞에서 말 연습을 시작하면 좋다. 그것을 놀이로 만들어라. 아기와 함께 거울 앞에 앉아 모음과 자음과 단어를 사용하여 놀이를 하라. 고갯짓이나 손짓 같은 제스처를 따라 하는 것도 재미있어할 것이다. 아기가 스스로 자신의 모습을 볼 수 있으면 아기는 자신이 엄마와 똑같이 하고 있는지를 알 수 있을 것이다.

_ 노래와 율동 함께 하기

아기와 마주 볼 수 있도록 무릎에 앉히고 노래를 부르라.

"머리 어깨 무릎 발 무릎 발, 머리 어깨 무릎 발 무릎 발, 머리 어깨 발 무릎 발~."
아기가 노래의 율동을 느끼도록 하라. 아기의 손을 잡고 박자에 맞춰 손뼉을 쳐보라.
마지막으로 두 팔을 번쩍 들어줘라. 때로 아기는 손뼉 치고 손을 위로 드는 것을 따라
할 것이다. 이 월령의 아기는 아직 모든 동작을 차례대로 따라 하지는 못한다. 그럼에
도 아기는 이런 놀이에 재미를 느낀다.

역할 놀이

_잡기 놀이

이제 잡기 놀이를 시작해도 좋은 월령이 되었다. 기어서 할 수도 있고 걸어서 할 수도
있다. 아기가 도망가고 엄마가 잡아도 되고, 엄마가 도망가고 아기가 잡아도 된다. "잡
아봐라" 하고 아기가 가까이 오기를 기다려줘라. 아기가 막 잡으려고 할 때
도망가라. 엄마가 아기를 잡았거나 아기가 엄마를 잡으면 아기를 꼭 껴
안고 뽀뽀해주거나 아기를 공중에 높이 쳐들어줘라.

_숨바꼭질

엄마가 숨는 걸 아기가 볼 수 있게 하라. 그런 다음 찾게 하라.
그리고 반대로 당신이 아기를 잃어버려서 아기를 찾아야 하
는 듯이 해보라. 그러면 아기는 어딘가에 숨든가, 침대 뒤나 구
석에 아주 조용히 앉아 있을 것이다. 아기는 대부분 엄마가 한번 숨었던 장소를 택하
거나 전날 숨었던 장소에 간다. 찾으면 즐거운 비명을 지르며 꼭 껴안아줘라.

🚗 36~42주(±2주) 아기의 발달을 돕는 장난감과 가재도구

- ❀ 크고 작은 문들, 열고 닫을 수 있는 가재도구의 문들
- ❀ 뚜껑 달린 프라이팬
- ❀ 현관 벨, 엘리베이터 단추, 신호등 단추들, 자전거 벨
- ❀ 헤어드라이어
- ❀ 알람시계
- ❀ 빨래집게
- ❀ 찢을 수 있는 잡지와 신문
- ❀ 식기와 그릇
- ❀ 상자와 양동이처럼 아기보다 더 큰 물건들
- ❀ 던지고 뭉개며 놀기 위한 쿠션과 이불
- ❀ 동그란 컵, 냄비, 둥근 병
- ❀ 문의 손잡이. 회전식 손잡이. 빗장 등 움직일 수 있는 모든 것

- ❀ 그림자, 움직이는 나뭇가지, 꽃, 깜박이는 불, 줄에서 펄럭이는 빨래 등 스스로 움직이는 모든 것
- ❀ 테니스공에서 비치볼까지 다양한 공
- ❀ 팽이
- ❀ 실물에 가까운 인형들
- ❀ 다양한 모양의 큼직큼직한 나무블록
- ❀ 정원에 놓아준 유아용 비닐 풀
- ❀ 모래, 물, 돌, 작은 삽
- ❀ 그네
- ❀ 각 면에 한두 개의 크고 선명한 그림이 있는 그림책
- ❀ 윤곽이 뚜렷한 그림이 그려진 포스터
- ❀ 장난감 자동차

조심! 치우거나 안전조치를 취할 것
- ❀ 콘센트, 전기스위치
- ❀ 세탁기, 식기세척기, 청소기, 모든 전자제품
- ❀ 계단

☀ 도약의 완성

<u>디르크, 42주</u> "요즘 아기는 반짝반짝 빛나요. 하루 종일 방긋방긋 웃고, 때로 한 시간이나 혼자 얌전히 놀아요. 지난주부터 완전히 바뀌었어요. 이젠 까탈을 부리지 않고, 피부는 아주 매끄럽지요. 늘 약간 굼뜬 인상이었는데, 지금은 훨씬 생동감 있고 활발하고 모험을 좋아해요."

40~45주 사이에 다시 평온한 시기가 찾아온다. 1~3주간 아기는 독립적이고 명랑하다고 칭찬을 받는다. 이제 아기는 사람에서부터 동물, 꽃, 모기에 이르기까지 모든 것에 흥미를 보인다. 대부분의 아기는 이제 집 안에 있는 것보다 밖에 나가 노는 것을 더 좋아

한다. 갑자기 다른 사람들의 비중이 커진다. 아기는 다른 사람들과 관계를 맺고 그들과 놀 준비가 되어 있다. 아기가 바라볼 수 있는 세상은 전에 비해 한결 넓어졌다.

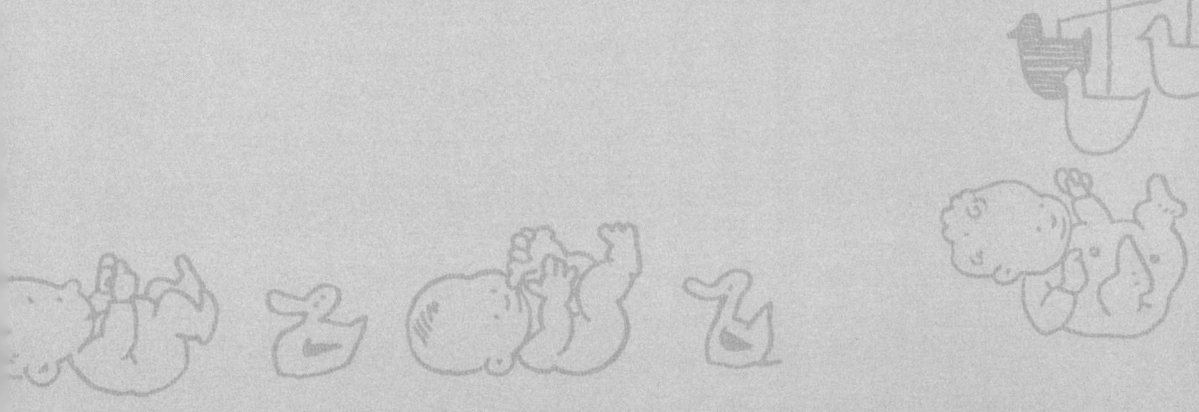

소리와 현상, 사물을 유기적으로 파악한다

김수연 선생님의 조언 이 시기의 아기들은 빠르게 기어 다니거나 운동발달이 빠른 경우 걷기 시작한다. 여기저기 부딪치고 안전사고가 날 수 있으므로 아기가 가는 곳을 쫓아다니며 돌봐야 한다. 사물에 이름이 있고 사람에게도 호칭이 있다는 것을 알게 되기 때문에 새로운 사물과 사람을 접하게 하는 일이 매우 중요하다. 몸짓과 표정으로 자신의 의사를 표현하고 과격한 아기들의 경우, 엄마를 때리거나 다른 아기들을 때리기도 한다. 안 된다는 메시지를 전해야 하지만, 아직 말귀를 못 알아들으므로 절대로 엄마를 때리는 아기를 같이 때려서는 안 된다.

아기는 종종 집 안을 엉망으로 만든다. 지난번 도약에서 아기의 이런 '능력'은 절정에 달했다. 아기는 모든 것을 헤치고, 집어던지고, 뭉개고, 부수고, 가는 곳마다 엉망진창으로 만들었다. 엄마는 절망해서 대체 이런 성향이 어디서 나오는지를 자문했다. 하지만 생후 10~11개월(44~48주) 사이 아기는 놀라운 '전향'을 한다. 엄마는 난생 처음 아기가 뭔가를 조립하려는 모습을 본다. 아기의 발달이 다시 한 번 도약을 했다는 증거다. 이제 아기는 '순서'를 인지하고 다루는 능력을 갖게 된다. 목표에 도달하고자 한다면 특정한 것을 특정한 순서로 해야 한다는 것을 파악하는 월령이 된 것이다.

아기는 스스로 도약할 시점이 가까이 왔음을 감지한다. 그리하여 생후 10개월(40~44주)이 가까워지면 다시금 지난 1~3주보다 더 힘들어한다. 아기는 세계가 자신의 생각과 다르다는 것을, 자신이 낯선 세계 앞에 놓여 있음을 느낀다. 아기는 자신이 모르는 것을 보고, 듣고, 냄새 맡고, 맛보고, 느끼고 있음을 깨닫는다. 이제 아기는 혼란스럽다. 그래서 가능하면 가장 친숙한 대상에 붙어 있으려고 한다. 엄마에게 말이다. 이 어려운 시기는 평균 5주 정도 지속되며 짧게는 3주, 길게는 7주가 걸릴 수도 있다.

♡ **기억하세요!**

아기가 보채면 아기가 새로운 것을 할 수 있거나 해보고 있지는 않은지 살펴보세요.

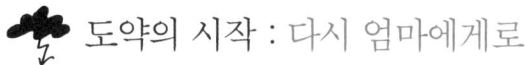

도약의 시작 : 다시 엄마에게로

아기는 지난 며칠 혹은 지난 몇 주보다 더 많이 운다. 엄마는 아기가 까다롭고, 변덕스럽고, 불안 초조해하고, 칭얼댄다고 말한다. 아기는 엄마 가까이에 있으려고 한다. 어떤 아기는 하루 종일 엄마에게 달라붙어 있으려고 하고, 어떤 아기는 특정한 시간에만 그런다. 아기마다 정도가 다르다. 엄마에게 붙어 있기 위해 수단과 방법을 가리지 않는 아기도 있다.

모든 아기는 엄마 곁에 있으면 덜 운다. 엄마의 독점적인 관심을 받으면 덜 칭얼댄다.

> 안나, 43주 "우는 게 듣기 싫어서 모든 행동을 아기와 함께해요. 아기를 안거나 업고 집안일을 하고요. 나는 아기에게 커피는 어떻게 끓이는지 등등 내가 하는 일을 설명해줘요. 우리는 화장실에도 함께 가요. 나 혼자 갈 때는 화장실 문을 열어놓아 나와 아기가 서로 볼 수 있게 해요. 이렇게 살아야만 그나마 평온을 누릴 수 있어요."

아기가 엄마 곁에 있으려 한다는 걸 어떻게 알까?

자주 치맛자락을 붙들고 늘어지는가? 아기는 엄마와 가까이 있기 위해 수고를 마다하지 않는다. 아기는 주변에 낯선 사람도 없는데 엄마에게 찰싹 달라붙는다. 어떤 아기는 엄마에게 달라붙어 있지는 않지만 엄마 주변에만 있으려고 한다. 그들은 평소보다 엄마를 더 자주 쳐다본다. 그리고 '엄마'라는 기름을 주유받아야 한동안 버틸 수 있는 것처럼 놀다가 자꾸만 엄마 쪽으로 와서 엄마와 짧게라도 스킨십을 하려는 아기들도 있다.

<u>율리아, 47주</u> "아기는 지금 내 곁을 맴돌아요. 놀아도 내 주변에서만 놀아요. 달이 지구 주위를 돌 듯이 내 주위를 맴돌지요. 내가 거실로 나오면 저도 거실로 나오고, 내가 부엌으로 오면 저도 부엌으로 와서 내 옆에 앉아 씽크대의 물건을 다 끄집어내요."

낯을 가리나? 낯선 사람이 가까이 오거나, 쳐다보거나, 말을 걸거나, 손을 잡으면 많은 아기는 엄마에게 더욱 꽉 달라붙는다.

<u>티모, 42주</u> "새로운 사람이 보이거나 누군가가(아빠라도요!) 갑자기 들어오거나 하면 아기는 당황해서 내 목에 얼굴을 숨겨요. 그러나 조금 있으면 괜찮아져요. 아기는 약간의 적응시간이 필요하지요."

신체접촉을 중단하지 않으려 하는가? 어떤 아기는 엄마를 꽉 붙잡거나 엉덩이를 엄마 무릎에서 떼지 않는 등 심하게 엄마에게 달라붙는다. 마치 신체접촉을 중단할 기회를 주지 않으려는 듯하다. 엄마가 밑에 내려놓거나 뭔가를 가지러 방으로 들어가면 마구 화를 내는 아기도 있다.

더 많은 관심을 원하는가? 대부분의 아기는 더 많은 관심을 원한다. 순한 아기도 되도록 엄마와 함께 있고자 하며, 까다로운 아기는 밤낮 가리지 않고 관심을 원한다. 많은 아기는 엄마의 관심이 완전히 그들에게만 집중되어야 만족한다. 그러면 아무 일도 못하고 아기하고만 놀아줘야 하는 사태가 발생한다.

<u>티모, 43주</u> "아기가 가슴에 안겨 있으면 나는 아무것도 못 해요. 아무하고도 이야기를 제대로 나누지 못하고 그저 아기만 쳐다봐주고, 만져주고, 쓰다듬어줘야 해요. 내가 그렇게 하기를 중단하면 아기는 금방 몸을 뒤틀며 '나 여기 있어'하고 말하려는 듯 발버둥을 쳐요."

질투를 하는가? 엄마가 다른 사람이나 다른 일에 집중을 하면 아기는 특히 변덕스럽게 굴고, 까탈을 부리거나 과장된 애교를 떤다. 엄마는 아기가 질투를 하고 있다고 느끼며 놀라곤 한다.

> 얀, 44주 "나는 내 아이 외에 생후 4개월짜리 아기를 봐주고 있어요. 내 아이는 평소에 내가 그 아기에게 우유 주는 것을 재미있게 쳐다봤어요. 그러나 이번 주에는 그렇지가 않았어요. 평소와 달리 자꾸만 귀찮게 굴고 방해를 했지요. 질투하는 것 같았어요."

변덕을 부리나? 어떤 아기는 어느 날은 아주 명랑하고 다음 날은 정반대가 된다. 하루에도 기분이 왔다 갔다 하기도 한다. 별다른 이유도 없이 한순간 기분이 좋았다가 다음 순간 칭얼대고 보챈다. 그래서 엄마는 때로 불안하다.

> 니나, 43주 "울고 칭얼대다가 갑자기 기분이 좋아졌다가 해요. 오늘도 그렇고 내일도 그렇고. 어떻게 해야 할지 도무지 알 수 없어요. 아기가 어디 아픈 것은 아닌지 걱정돼요."

잠을 잘 못 자는가? 대부분의 아기는 잠을 잘 못 잔다. 아기는 잠자리에 눕기를 싫어하고, 어렵사리 잠이 들었다가도 금방 깨어난다. 어떤 아기는 낮잠을 자지 않고 어떤 아기는 밤잠을 이루기가 힘들다. 어떤 아기는 낮이고 밤이고 좀처럼 잠들기가 쉽지 않다.

> 율리아, 48주 "밤에 두세 번은 깨요. 한밤중에도 제대로 잠을 자지 못하지요. 새벽 3시경에야 비로소 깊이 잠드는 날도 있어요."

나쁜 꿈을 꾸는가? 때로 아기는 자면서 아주 불안해한다. 아기가 악몽을 꾸는 듯이 보인다.

> 토마스, 43주 "토마스가 처음으로 악몽을 꾼 것 같아요. 자다가 큰 소리로 울었어요. 전에는 자다가 깨서 그렇게 운 적이 없었는데. 요즘 들어 자다가 잠깐씩 울부짖곤 해요."

더 조용해졌는가? 아기는 일시적으로 더 조용해진다. 아기는 덜 움직이고 덜 떠들어댄다. 때로 잠깐 동안 전혀 움직이지 않고 멍하니 앞을 응시하기도 한다. 아기가 그러면 엄마는 걱정을 한다. 엄마는 그런 행동을 비정상적인 것으로 생각하고 '꼬마 몽상가'의 정신을 들게 하려고 노력한다.

> 다니엘, 41주 "아기는 수동적이고 조용해졌어요. 때로 한순간 먼 곳을 응시해요. 그런 행동을 보면 소름이 돋을 정도예요. 뭔가 정상이 아닌 것 같아서요."

기저귀나 옷 갈아입는 걸 싫어하는가? 많은 아기는 옷이나 기저귀를 갈아줄 때 초조해하고 불안해한다. 아기는 칭얼대고, 소리를 지르고, 몸을 가만히 놓아두지 않는다. 엄마는 헷갈리고 걱정을 한다.

> 슈테파니, 46주 "옷을 갈아입히고 기저귀를 가는 일은 정말 힘들었어요. 나는 아기 등에 뭔가 문제가 있는 게 아닌가 하는 생각까지 했어요. 너무나 걱정이 되어서 소아과에 갔지요. 하지만 등에는 아무 문제도 확인되지 않았어요. 의사도 아기가 왜 그러는지 알지 못했어요. 하지만 그런 현상은 얼마 지나자 저절로 사라졌어요."

잘 먹지 않는가? 많은 아기는 이제 먹고 마시는 데 별로 관심이 없다. 자기가 내킬 때만 조금 먹을 뿐이다. 엄마는 아기가 잘 먹지 않아서 늘 걱정을 하고 스트레스를 받는다.

티모, 43주 "아기는 잘 먹지 않아요. 하지만 젖은 계속 물고 있으려 해요. 칭얼대며 나의 블라우스를 잡아당기기 시작하지요. 밤에도 종종 깨어서 젖만 찾아요. 나는 아기가 필요한 영양을 제대로 섭취하고 있는지 걱정이 돼요."

더 아기 같아지는가? 때로 이미 사라졌던 갓난아기 같은 행동이 다시 나타난다. 엄마는 아기가 더 어린 아기처럼 구는 것을 그리 좋아하지 않는다. 엄마는 그런 행동이 정상적이지 않다고 생각하고 그런 버릇을 되도록 빨리 없애버리고 싶어한다. 하지만 어려운 시기에 아기의 행동이 퇴보하는 것은 아주 정상적인 일이다. 그것은 진보가 가깝다는 뜻이다.

다니엘, 41주 "우유병을 스스로 잡고 먹으려 하지 않고 내게 안겨서 사지를 축 늘어뜨리고는 내가 우유병을 잡고 먹여주기를 원해요. 얼마 전까지는 무조건 자기가 잡고 먹으려 하더니 왜 그러는지 모르겠어요. 이런 퇴보가 정말 귀찮아요. 나는 '그만해라. 혼자 할 수 있잖아' 하고 혼잣말을 하지요."

다니엘, 41주 "아기는 더 이상 일어서려고 하지 않아요. 언제나 무릎을 꺾은 상태예요. 운동발달에 관한 한 아기는 약간 게을러졌어요."

과장된 애교를 떠는가? 힘들어하는 아기는 또한 아주 다정한 태도로 신체접촉과 관심을 요구하기도 한다. 애교를 떠는 일이 점점 잦아지고 애교도 점점 세련되어 간다. 아기는 책이나 장난감을 가지고 와서 함께 놀자고 하기도 하고, 엄마의 무릎에 한 손을 올려놓고 엄마를 쓰다듬어주기도 한다. 관심을 원할 때 아기는 보채는 방법과 애교를 떠는 방법을 교대로 사용한다. 아기는 그 순간, 그 상황에서 어떤 방법이 가장 잘 통하는지를 시험해본다.

아스트리드, 46주 "아기는 종종 애교를 떨어요. 내가 누군가하고 이야기하고 있으면 자기를 봐달라는 듯 웃으면서 내 곁에 와서 앉아요. 이번 주에 아기는 애교작전으로 승승장구하고 있어요."

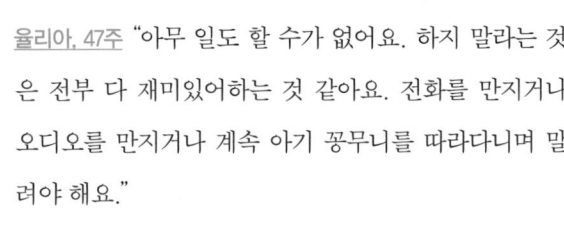

<u>페터, 44주</u> "자전거 안장이나 유모차에 앉혀놓으면 언제나 뒤를 돌아보며 내가 여전히 있는지 확인하곤 내게 손을 내밀어요."

눈에 띄게 버릇없이 구는가? 엄마는 아기가 평소보다 버릇없는 행동을 하는 걸 보게 된다. 아기는 마치 하지 말아야 할 행동만 골라 하는 듯하다. 엄마가 어떤 일로 바쁠 때면 특히나 버릇없이 군다.

<u>율리아, 47주</u> "아무 일도 할 수가 없어요. 하지 말라는 것은 전부 다 재미있어하는 것 같아요. 전화를 만지거나 오디오를 만지거나 계속 아기 꽁무니를 따라다니며 말려야 해요."

<u>아스트리드, 43주</u> "아기는 계속 기어서 내 뒤를 쫓아다녀요. 그게 나아요. 그렇게 하지 않을 때는 집 전체를 엉망으로 만드니까요. 책장에서 책을 빼어놓고 화분에서 흙을 긁어내고…… 계속 그래요."

> ### 😟 아기가 혼란스럽다는 것을 어떻게 알까?
>
> ❀ 더 자주 운다. 더 자주 변덕을 부리고 칭얼대고 까탈을 부린다.
> ❀ 웃음이 곧장 울음으로 변한다.
> ❀ 더 많은 관심을 원한다.
> ❀ 더 자주 치맛자락을 붙잡고 늘어지며 엄마 곁에 있으려고 한다.
> ❀ 과장된 애교를 떤다.

- ❀ '과장되게' 버릇없이 군다.
- ❀ (더 자주) 화를 낸다.
- ❀ 질투를 한다.
- ❀ (더 자주) 낯을 가린다.
- ❀ 신체접촉이 중단되면 이의를 제기한다.
- ❀ 잠을 잘 못 잔다.
- ❀ (더 자주) 나쁜 꿈을 꾼다.
- ❀ 잘 먹지 않는다.
- ❀ 옹알이가 줄어든다.
- ❀ 별로 움직이지 않는다.
- ❀ 때로 가만히 앉아 멍하니 앞을 쳐다본다.
- ❀ 옷을 갈아입거나 기저귀 갈아주는 것을 싫어한다.
- ❀ 엄지손가락을 (더 자주) 빤다.
- ❀ 동물인형을 (더 자주) 쥐고 있다.
- ❀ 더 아기 같은 행동을 한다.
- ❀ 그 밖에 눈에 띄는 것들 :

걱정, 헷갈림, 다툼

엄마는 불안하다 엄마는 아기가 보채고 힘들어하면 걱정을 한다. 엄마는 왜 그렇게 울어대는지 이유를 찾고 싶어한다. 이 시기에는 어금니가 돋아난다.

    <u>디르크, 43주</u> "아기는 더 많이 울고, 왜 그런지 푹 자지를 못해요."

엄마는 지친다 이 시기가 막바지에 이르면, 많은 관심을 요구하고 잠을 잘 자지 않는 아기의 엄마는 무척 지친다. 어떤 엄마는 등 통증, 두통, 구역질, 집중력 장애 등을 호소한다.

<u>안나, 46주</u> "난 완전히 나가 떨어졌어요. 아무도 도와주지도 이해해주지도 않으니까요. 하룻밤만 푹 잤으면 좋겠어요! 지금이 가장 힘든 시기인 것 같아요. 우편물 하나도 제대로 살펴볼 시간이 없어요. 정말 탈진 상태예요."

엄마는 화가 나서 행동에 옮긴다 이 어려운 시기의 막바지에 달하면 엄마는 아기가 힘들게 하는 것에 점점 화가 나기 시작한다. 엄마는 아기가 완전히 자신을 옴짝달싹 못하게 하는 바람에 도저히 사는 게 사는 게 아니라고 불평을 한다.

<u>다니엘, 46주</u> "아기가 나를 옴짝달싹 못하게 하는 것이 너무 힘들어요. 마치 '네가 나에게만 주목하지 않으면 울어버릴 거야' 하고 시위하는 것 같아요. 때로 아기에게 너무 휘둘리는 느낌이 들어 속에서 분노가 끓어오를 지경이에요. 아기를 다시 놀이방에 보내는 게 낫지 않을까 하는 생각과 함께 점점 회의가 들어요. 내가 갈수록 공격적으로 변해가는 것 같아요."

때로 엄마는 화가 난다. 아기가 더 많은 것을 할 수 있으면서 너무나 어린 아기처럼 행동한다는 것이 느껴지기 때문이다. 엄마는 이제 아기가 서서히 좀 더 어른스러운 행동을 할 때가 되었다고 생각한다.

<u>다니엘, 47주</u> "기저귀를 갈아주려고 소파에 눕히면 아기는 금방 목청껏 울어 젖혀요. 옷을 갈아입힐 때도요. 아기가 그렇게 막무가내로 굴지 않아도 될 만큼 큰 것 같은데, 이제 약간이나마 엄마를 도와줄 때도 되었다고 생각해요."

엄마와 아기의 신경전 젖을 먹이는 엄마는 힘든 시기의 막바지에 다다를 때마다 수유를 중단하고 싶은 충동을 느낀다. 아기가 온종일 젖을 물고 있으려 하기 때문이다. 엄마는 젖 물리기를 거부하고 아기는 젖을 물고 있으려 한다. 둘 사이에 신경전이 일어난다.

<u>티모, 47주</u> "밤에 젖꼭지를 물고 자려는 아기에게 점점 화가 치밀어요. 젖꼭지를 물지 않으면 도무지 잠을 자지 않아요. 이제 습관이 되었어요. 계속 젖을 빨려고 하고, 안 되면 무조건 울기 시작해요. 정말 지긋지긋해요."

하지만 젖을 끊지 않고 잘 넘겨 이 시기가 지나면 아기는 다시 정상적인 리듬을 되찾게 되고, 엄마의 헷갈림도 곧 잊혀진다! 젖 이외에도 '신체접촉'과 '관심'이라는 문제 때문에 아기와 엄마 사이에 갈등이 생길 수 있다.

새로운 능력의 분출

아기가 46주쯤 되면 엄마는 아기가 다시 차분해지고, 아주 새로운 것을 하거나 하려고 하는 것을 볼 수 있다. 아기는 장난감을 전과는 다르게 가지고 놀고, 좋아하는 것들이 바뀐다. 아기는 전보다 더 정확해지고 더 세부적인 것에 관심을 갖는다. 이런 변화는 이 월령의 아기가 '순서'를 지각하고 만드는 능력이 생기기 때문이다. 이제 아기 앞에는 무한한 '순서들'의 세계가 열린다. 아기는 이런 세계에서 자신의 소질과 기호와 성향에 따라 선택을 한다. 아기는 발견여행에 나서서 새로운 것을 습득한다. 엄마는 아기를 도울 수 있다.

도약하는 아기 : '순서'를 인지하고 계획적으로 행동한다

지난번 도약 이후 아기는 몇몇의 것들은 아주 비슷해서 하나의 무리, 혹은 카테고리로 묶을 수 있음을 알았다. 그 시기의 아기는 물건을 '해체하면서', 즉 흐트러뜨리고 부수면서 사물을 연구하는 모습을 보였다. 가령 아기는 나무블록으로 쌓은 탑을 차례차례 무너뜨리거나, 열쇠를 자물쇠에서 빼내거나, 손잡이를 헐겁게 할 수 있었다.

이번 도약으로 '순서'를 지각하고 만들어내는 능력을 획득하면 아기는 이제 오히려 '구축'하는 일에 즉 수선하고 연결하는 데 열중할 것이다. 가령 아기는 열쇠를 집어서 자물쇠에 꽂을 수 있을 것이다. 그리고 삽으로 모래를 퍼서 양동이에 부을 수 있을 것이다. 엄마의 도움으로 혹은 엄마의 도움 없이 공을 쫓아가서 먼저 조준하고 나서 공을 찰 것이다. 아기는 이제 처음으로 숟가락으로 음식을 뜬 다음 곧 입 속으로 넣을 수 있다. 아기는 엄마가 막 바닥에 떨어뜨린 스웨터를 집고는 연속해서 (엄마가 빨래통에다 넣으라고 하면) 스웨터를 빨래통에 넣을 것이다.

아기는 이제 모든 행동이 특정한 순서로 이루어져야 제대로 된다는 것을 의식한다. 아기는 처음으로 어떤 물건을 안에 집어넣거나, 나란히 놓거나, 위에 쌓기 전에 물건들이 서로 맞나 살펴볼 것이다. 가령 아기는 하나의 블록을 다른 블록 위에 쌓기 전에 적절한 조치를 취한다. 아기는 블록의 모양을 상자에 난 구멍과 비교도 해보고 올바른 블록을 골라서 구멍 속에 집어넣을 것이다. 그리고 뭔가를 할 때 전보다 더 '의식적으로' 하고 다루는 것이 눈에 띌 것이다. 아기는 자신이 무엇을 하는지 알고 있는 것이다.

또한 아기의 반응에서 이제 특정한 '사건들'이 보통은 차례로 발생한다는 것을 의식하고 있음을 알 수 있다. 아기는 다음 '순서'로 어떤 일이 일어날지 미리 알고 있다.

<u>다니엘, 48주</u> "카세트에서 음악이 끝나면 아기는 이제 스피커를 쳐다보지 않고 카세트레코드를 쳐다봐요. 음악을 계속 들으려면 내가 카세트레코드를 만져야 한다는 것을 알고 있는 거예요."

아기는 차례대로 사람이나 동물, 사물을 가리키며 그 이름을 말한다. 엄마와 함께할 때는 뭔가를 가리키며, 엄마가 그 이름을 말해주기를 원하거나, 엄마가 자신이 가리킨 동물이나 물건이 내는 소리를 들려주기를 원할 것이다. 아기는 또한 스스로 이름을 부르고, 엄마로 하여금 해당하는 대상을 가리키게 하는 것을 재미있어할 것이다. 물론 엄마 혼자 어떤 대상을 가리키고 동시에 이름까지 말해도 이의를 제기하지 않을 것이다. 또한 아기를 안고 있으면 이제 아기가 스스로 판단하기에 엄마가 가야 한다고 생각하는 방향을 가리키는 것을 확인할 수 있다.

사람, 동물, 사물의 이름을 열심히 부르고 가리키는 것은 이 월령에 처음으로 눈에 띄는 현상이다. 아기는 사람, 동물, 사물의 이름이나 소리를 대상과 연관 지을 수 있게 된다. 이 역시 '순서'이다.

아기가 순서를 지각하고 만들 수 있으면 아기는 또한 어떤 소리와 사물, 현상을 주체적으로 연결할 수도 있다. 가령 어떤 아기는 더러운 것뿐 아니라, 조심해야 할 모든 것을 "지지"라고 표현하기도 한다.

✏️ 아기가 경험하는 '순서들'의 세계

사람, 동물, 사물의 이름이나 소리를 대상과 연결시킨다

- ❀ 커다란 그림이나 포스터를 볼 줄 알고, 실생활에서 엄마가 명명하는 사람, 동물, 물건을 차례로 가리킨다.
- ❀ 사람, 동물, 사물을 가리키며 엄마가 그 이름을 불러주기를 원한다.
- ❀ 사람, 동물, 사물을 차례로 가리키며 나름대로 그 이름을 말한다.
- ❀ 의식적으로 책을 넘기면서 그림에 맞는 여러 가지 소리를 낸다.
- ❀ 엄마가 "코 어디 있어?" 하고 물으면 코를 가리킨다.
- ❀ 자신의 코나 엄마 코를 가리키며 엄마가 "코" 하고 단어를 말해주기를 원한다.
- ❀ 엄마가 명명하는 동물소리를 흉내 낸다. 가령 엄마가 "고양이가 어떻게 해?" 하고 물으면 "야옹"이라고 말한다.
- ❀ 엄마가 "누구(아기 이름)는 얼마나 커?" 하고 물으면 팔을 공중으로 활짝 치켜든다.
- ❀ 한입 더 먹고 싶을 때 "이거", "으응" 하며 의견을 표시한다.

❀ 뭔가를 하기 싫거나 가지기 싫을 때 "아니, 아니"라고 말한다.
❀ 똑같은 말을 다양한 상황에 적용한다. 가령 "지지"라는 말을 뭔가가 더러울 때도 쓰지만 무언가를 조심해야 할 때도 쓴다.
❀ 그 밖에 눈에 띄는 것들 :

_____

뭔가가 서로에게 속해 있거나, 연달아 일어나는 일들을 인식한다
❀ 둥근 블록을 둥근 구멍에 넣을 수 있다는 것을 안다. 많은 블록 더미에서 정확히 둥근 블록을 골라내어 그것을 모양 넣기 상자의 둥근 구멍에 맞추어 넣는다.
❀ 세 조각으로 이루어진 간단한 퍼즐을 맞출 수 있다.
❀ 동전을 저금통에 넣을 수 있다.
❀ 크기가 다양한 상자들을 서로 포개려고 한다.
❀ 탁자에서 열쇠를 집어 수납장 문에 달린 자물쇠에 집어넣는다.
❀ 엄마가 스위치를 누를 때 전등 쪽을 바라보며 손을 뻗는다.
❀ 블록을 그 모양에 해당하는 모양 넣기 상자 구멍에 넣고는 상자의 뚜껑을 열고 블록을 상자 속에서 꺼낸 다음 다시 구멍에 넣는 행동을 되풀이한다.
❀ 피라미드 모양에 링을 꿴다.
❀ 장난감 자동차를 밀면서 "부릉" 하는 소리를 낸다.
❀ 삽으로 모래를 떠서 통에 담는다.
❀ 욕조에 앉아 있을 때 작은 주전자에 물을 채웠다가 다시 붓곤 한다.
❀ 두 개의 듀플로 블록을 유심히 바라보고 그것을 끼우려고 한다.
❀ 색연필로 종이에 끼적이려고 한다.
❀ 그 밖에 눈에 띄는 것들 :

_____

대상을 다룰 줄 안다
❀ 걷는 데 도움이 될 만한 대상을 스스로 찾는다.
❀ 서랍을 열고는 그것을 옷장으로 기어오르는 발판으로 사용한다.
❀ 엄마에게 안겨 있을 때면 손가락으로 자신이 원하는 방향을 가리키고, 엄마가 그 쪽으로 가줄 것을 기대한다.
❀ 그 밖에 눈에 띄는 것들 :

_____

운동 영역

❀ 계단이나 소파, 의자에서 뒤로 내려간다.
❀ 엄마의 도움으로 재주넘기를 하기 전에 머리를 땅에 대고 물구나무서기를 하려는 듯 힘을 준다.
❀ 무릎을 꺾고는 힘 있게 다리를 뻗어 발이 바닥에서 뛰어오르게 한다.
❀ (함께 또는 스스로) 공을 쫓아가서 공을 조준하고는 공을 찬다.
❀ 붙잡을 수 있는 대상이 있는 곳까지 혼자서 걸을 수 있는지를 가늠하고 실행한다.
❀ 그 밖에 눈에 띄는 것들 : _____
_____

놀이를 제안한다

❀ 엄마와 함께 본격적으로 논다. 먼저 해당하는 놀이를 시작하고 엄마도 함께 해주기를 기대하면서 어떤 놀이를 하고 싶은지 확실히 전달한다.
❀ 어떤 놀이를 반복한다.
❀ 도와달라고 요구한다. 도움이 필요한 것처럼 행동한다.
❀ 그 밖에 눈에 띄는 것들 : _____
_____

찾고 숨기기

❀ 엄마가 늘 다른 곳에 숨겨놓곤 하는 물건을 찾는다. 장난감일 수도 있고 엄마가 아기가 만지지 못하게 숨겨둔 물건일 수도 있다.
❀ 다른 사람 것을 숨기고는 다른 사람이 그것을 찾아내기를 기다리고, 찾아내면 웃는다.
❀ 그 밖에 눈에 띄는 것들 : _____

동작 흉내 내기

❀ 엄마가 순서대로 하는 두 가지 혹은 더 여러 가지 몸짓을 흉내 낸다.
❀ 이런 동작이 실제로, 그리고 거울 속에서 어떻게 보이는지 관찰한다.
❀ 엄마와 함께 노래를 부르면서 다양한 동작을 만들어낸다.
❀ 그 밖에 눈에 띄는 것들 : _____
_____

집안일을 돕는다

🌼 기저귀 등 엄마가 원하는 물건을 집어준다. 엄마에게 하나하나 건네주는 것을 재미있어한다.

🌼 빗처럼 단순한 물건을 가져오라고 하면 가서 집어온다.

🌼 엄마가 막 벗어놓은 스웨터를 집어 빨래통에 넣고 온다.

🌼 '인형 빨래'가 담긴 자신의 통을 들고 빨래들을 세탁기 안에 넣는다.

🌼 손빗자루나 청소기를 들고 바닥을 쓴다.

🌼 수건을 들고 먼지를 닦는다.

🌼 엄마가 케이크를 구울 때 도와준답시고 거품기로 젓는다.

🌼 그 밖에 눈에 띄는 것들 : _____

스스로 옷을 입고, 자신을 가꾼다

🌼 옷을 벗으려 한다. 발가락 부분을 잡아당겨 양말을 벗으려 한다.

🌼 양말, 신발을 신으려 한다. 가령 양말이나 신발을 들고 발에 대고는 문지른다.

🌼 엄마가 옷을 입힐 때 거든다. 엄마가 스웨터를 입히거나 벗겨줄 때 팔 등을 함께 움직여준다. 팔을 뻗어 소매 속에 넣으려 하고, 엄마가 신발이나 양말을 가지고 오면 발을 내민다.

🌼 머리를 빗는다.

🌼 이를 닦는다.

🌼 종종 아기 변기에 앉는다.

🌼 그 밖에 눈에 띄는 것들 : _____

스스로 먹고, 다른 사람도 먹인다

🌼 먹고 마실 때 다른 사람에게 한 입 혹은 한 모금을 준다.

🌼 한 입 먹기 전에 먹을 것을 입김을 불어 식힌다.

🌼 작은 포크로 빵을 찔러 먹는다.

🌼 음식을 숟가락으로 떠서 입에 넣는다.

🌼 그 밖에 눈에 띄는 것들 : _____

아기의 개성 파악하기 : 관찰한 것을 기록해보라

아기가 새로운 세계에서 모든 것을 한꺼번에 발견할 수 없음을 염두에 둬라. 46주에 아기는 처음으로 이 새로운 세계에 발을 들여놓았다. 그러나 아기가 언제 어떤 능력을 습득하는가는 아기의 관심사와 아기에게 얼마나 많은 기회가 주어지느냐에 달려 있다. 여기서 소개한 대부분의 것들을 할 수 있으려면 몇 달, 때로 더 오랜 시간이 지나야 한다!

아기의 관심사에서 개성을 발견하라

아기는 '순서'를 인식하고 만들어내는 능력을 얻었다. 새로운 세계가 열렸고, 그 세계는 새로운 가능성으로 가득 차 있다. 아기는 독자적인 선택을 한다. 아기는 자신의 소질과 흥미와 신체구조와 체중에 가장 적합한 활동을 선택할 것이다. 그러므로 다른 아기와 비교하지 말라. 모든 아기는 유일무이한 존재다.

아기를 정확히 관찰하라. 아기가 무엇에 관심 있는지 살펴보라. 〈그 밖에 눈에 띄는 것들〉에 아기가 무엇을 선택했는지 기록해보라. 생후 11~12개월 (46~51주) 사이에 아기는 이 세계에서 자신에게 가장 다가오는 능력을 고를 것이다. 아기의 선택을 존중하라. 그래야 아기의 개성이 어디에 있는지 알 수 있다. 아기의 관심을 존중하면 아기가 놀고 배움에 있어 아기를 가장 잘 도울 수 있다.

☺ **아기는 이래요!**

아기는 새로운 것을 가장 좋아한다. 그러므로 아기가 보이는 새로운 능력과 관심사를 존중하고 반응하라. 그러면 아기는 더 잘, 더 쉽게, 더 빨리, 더 많이 배울 것이다.

☀️ 도약의 성과 : 아기의 능력을 끌어올려라

아기는 새로운 능력과 솜씨를 발달시키기 위해 시간과 도움이 필요하다. 엄마는 도울 수 있다. 엄마는 아기에게 '순서'를 가지고 놀 기회와 시간을 줄 수 있다. 필요하면 아기를 격려하고 달래줄 수 있으며 새로운 아이디어로 이끌어줄 수 있다.

아기에게 '순서'를 접할 기회를 많이 줘라. 아기가 원하는 만큼 '순서'를 보고, 듣고, 느끼고, 냄새 맡고, 맛보게 하라. 아기가 '순서'와 더 많이 접하고 더 많이 놀면 놀수록 아기는 순서를 더 잘 이해하게 된다. 아기가 어떤 영역에서 더 두각을 나타내는지, 관찰 영역에서 혹은 손으로 다루는 영역에서, 혹은 언어나 소리나 음악이나 운동 영역에서 더 뛰어난 이해를 보이는지 하는 것은 그다지 중요하지 않다. 한 부분의 이해는 시간이 흐르면 쉽게 다른 영역으로 전이된다. 모든 것을 동시에 할 수 없음을 명심하라.

뭔가를 부단히 실험하는 아기, 안전에 유의하라

'순서'의 세계로 입장하면 아기는 처음으로 어떤 결과에 도달하기 위해서는 일을 특정한 순서로 해야 한다는 것을 깨닫는다. 아기는 어른들이 특정한 순서로 행동하는 것을 본다. 그러나 스스로 그렇게 하기 위해서는 끊임없는 연습과 시도의 과정을 거쳐야 한다. 그리고 이 과정에서 아기의 '방법'은 때로 이상하게 보일 수도 있다.

아기가 뭔가가 다르게도 만들어지는지 시험하는가? 가령 아기가 평소와 다른 방식으로 계단을 올라가거나 내려오고자 하는가? 왼손으로도 오른손만큼 잘 되는지 시험하는가? 거기 들어가야 할 게 아니라는 것을 알면서도 다양한 물건을 어딘가에 집어넣는가? 그렇다면 아기는 아주 정상적인 시도를 하고 있는 것이다. 아기는 '순서'를 변경시키면 어떤 일이 일어나는지 본다. 빨래가 빨래통이 아닌 쓰레기통이나 변기에 들어가면 왜 안 된단 말인가? 아기는 기어이 그렇게 해본다. 그러므로 언제나 주의하라. 아기는 아직 위험한 것과 그렇지 않은 것을 분별하지 못한다.

<u>다니엘, 48주</u> "콘센트에서 플러그를 빼어 벽에다 갖다 대고 눌러요. 플러그와 비슷하게 생긴 것만 보면 콘센트에 집어넣으려 하고요. 아기에게서 눈을 떼기가 겁나요."

<u>토마스, 42주</u> "아기의자에 앉아서 모든 것을 닥치는 대로 바닥에 던지면서 내가 그것을 다시 집어 올리는 것을 봐요. 슈퍼마켓에 가도 그래요. 아기는 내가 메모한 종이를 손에 들고 있으려고 해요. 그러다가 내가 "토마스! 엄마 메모지 잘 붙잡고 있니?"라고 물으면 그 메모지를 바닥에 던지고는 내가 그것을 집어 올리는 걸 봐요. 열 번이라도 그렇게 하지요."

아기는 이제 사람들이 계단을 어떻게 올라가는지 안다. 그러나 <u>스스로</u>는 아직 높은 계단에 오를 수 없다. 그리하여 아기는 기어서 한 계단 한 계단 올라

간다. 아기는 한 계단 올라갈 때마다 매번 멈춘다.

<u>슈테판, 45주</u> "아기는 무조건 혼자서 계단을 올라가려고 해요. 보고 있으면 위험하기 짝이 없어요. 한 계단을 기어 올라가 거기서 서요. 그러고는 다시 무릎으로 한 계단 올라가서 또 서요. 계속 그렇게 하지요. 아주 위험해 보여서 눈을 뗄 수가 없어요."

모든 것을 스스로 하려고 하는가?

아기는 도움받는 것을 원하지 않고 자신의 일에 참견하는 것을 싫어한다. 할 수 있다고 생각하는 모든 것을 혼자서 하려고 한다. 당신의 아기도 그런가? 혼자서 먹으려고 하는가? 혼자서 비누칠을 하려고 하는가? 혼자서 걸으려고 하는가? 혼자서 계단을 오르려고 하는가? 되도록 그런 소망을 이해해줘라. 그것은 이 월령 아기의 특징이다.

<u>페터, 46주</u> "아기는 지금까지 나와 함께 걸음마 연습을 하는 걸 좋아했어요. 그런데 이제 내가 손을 잡아주려고 하면 곧장 앉아버려요. 내가 그냥 내버려 두면 혼자서

> ### 😞 아기의 좌절을 이해하라
>
> 엄마는 이제 아기가 고집이 세다는 걸 느낀다. 그러나 그렇지 않다. 아기는 단지 더 많은 것을 혼자 하고 싶을 따름이다. 아기는 무엇이 짝을 이루고, 어떤 순서로 해야 하는지 정확히 의식한다. 그리고 아직 많은 것을 배워야 하는데도 모든 것을 알고 있고 스스로 할 수 있다고 믿는다. 아기는 더는 엄마가 자기에게 뭔가를 빼앗거나, 어떻게 하는 것인지 알려주는 것을 원치 않는다. 그러나 엄마는 이런 아기에게 익숙지 않다. 이제까지 그래왔듯이 아기를 도와주려고 한다. 엄마는 아기가 의욕은 앞서지만 사실은 잘 못한다는 것, 그래서 모든 것을 뒤죽박죽으로 해놓을 수도 있다는 것을 알고 있다.
> 따라서 아기는 엄마를 귀찮게 여기게 되고, 엄마는 아기를 귀찮게 여기게 된다. 아기는 엄마와의 관계에서 사춘기 아이들과 비슷한 감정을 느낀다.

연습을 해요. 그럴 때는 한 걸음 걸을 때마다 신이 나서 나를 쳐다보지요."

<u>페터, 53주</u> "우리가 모양들을 상자의 구멍에 집어넣는 걸 도와주려고 하면 아기는 하지 않고 모양들을 집어던져요. 그러다가 혼자 놀 때는 그것을 열심히 해봐요. 그런 모습을 보면 난 화가 나요."

엄마에게 도전하는가?

계속 아기의 행동을 저지하고 물건들을 빼앗느라 시간을 다 보내는 느낌인가? 그렇다면 아기를 한번 정확히 관찰해보라. 아기가 단지 버릇없이 구는 것인가, 아니면 아기가 무언가를 '스스로 하려고' 하거나 '스스로 결정하고자' 하는가? 뭔가가 잘 안 되거나 금지당할 때 아기는 가족이 자신을 배려해주지 않는다고 생각하지 않을까?

<u>율리아, 50주</u> "아기가 정말로 힘들게 해요. 계속 자기 뜻대로 하려고 하지요. 뭔가를 빼앗거나 못 하게 하면 난리가 나요. 정말 피곤해요."

 이제 아기에게 요구할 수 있다

옛 습관을 버리고 새로운 습관을 들이는 것도 아기가 얻게 된 새로운 능력의 성과에 속한다. 엄마는 아기가 이해하게 된 만큼 아기에게 요구할 수 있다. 과하지도 모자라지도 않게 말이다.

<u>디르크, 49주</u> "나는 요즘 '안 돼, 만지지 마', '안 돼, 그냥 놔둬'라는 말을 달고 살아요. 하지만 아기는 원하는 것이 있고, 뭔가가 생각대로 되지 않으면 굉장히 화를 내요. 최근에는 너무 화가 난 나머지 붙잡아주지 않았는데도 혼자 벌떡 일어났다는 사실조차 깨닫지 못했어요."

잘못을 저지르면 지적하라

이 월령의 아기는 누군가가 제지하기 전까지는 가는 데까지 가보려고 한다. 그러나 아기가 뭔가 잘못된 행동이나 위험한 행동을 하고 있다면 무조건 아기에게 말을 해줘야 한다.

잘하는 행동은 칭찬하라

아기가 뭔가를 잘할 때는 칭찬을 해줘라. 그럼으로써 아기는 무엇이 '잘하는 것'이고, 무엇이 '잘못하는 것'인지 배운다. 대부분의 아기는 스스로 엄마가 그렇게 해주기를 원한다. 아기는 뭔가를 잘하면 칭찬 듣기를 원하며, 엄마를 쳐다보고 자랑스럽게 웃거나 주목을 요구한다. 오로지 칭찬받으려는 목적으로 어떤 행동을 계속 반복하는 경우도 있다.

좋아하는 것으로 관심 돌리기

아기가 어떤 것을 하다가 제지당했거나 잘 안 돼서 좌절한 경우, 아기가 좋아하는 것을 통해 아기의 관심을 다른 데로 돌리면 좋다.

> 페터, 48주 "이번 주에 아기는 축구를 아주 좋아하더라고요. 아기가 아주 힘차게 공을 찼고, 나는 아기를 꽉 안고 공을 쫓아갔어요. 아기는 계속 웃어댔고 종종은 너무 흥분한 나머지 진정하기 위해 바닥에 누워야 했어요."

> 티모, 48주 "아기는 언제나 돕고 싶어해요. 그러나 나로서는 아기와 함께 일을 처리하려면 시간이 아주 많이 걸려요. 수납장에 기저귀를 정리할 때도 아기와 함께 하면 시간이 평소의 열 배는 걸려요. 기저귀를 하나하나 집어서 주니까요."

아기가 단어를 가지고 노는가?

일단 '순서'의 세계에 진입하면 아기는 대상을 가리키면서 이름을 부른다. 무언가를 가리키면서 해당하는 단어를 말하는 것은 일종의 '순서'다. 그런 모습에 관심을 가져야 한다. 아기가 말을 하고 엄마가 아기의 말을 알아들을 수 있다는 것이 얼마나 근사한 일인지 느끼게 해줘라. 아기의 발음을 개선하거나 고쳐주려고 하지 말라. 그런 일이 되풀이되면 아기가 말에 흥미를 잃어버린다.

대신 엄마 스스로 올바른 단어를 사용하도록 하라. 그러면 시간이 지나면서 아기는 저절로 올바른 발음을 배우게 된다.

> 페터, 48주 "고양이인형을 보고 갑자기 '나나'라고 불렀어요. 우리가 고양이를 그렇게 부른 적이 없는데요. 아기는 동물인형을 많이 가지고 있는데, 이제 내가 '나나, 어디 있어?'라고 물으면 아기는 계속 고양이를 가리켜요."

엄마에게 뭔가를 설명하려 하는가?

많은 아기는 몸짓과 소리로 자신이 경험한 상황을 이야기하거나, 자신이 본 사람에 대해 '설명'한다. 아기가 이렇게 할 수 있거나 하고 있음을 느끼면 관심을 가져주어라. 아기와 함께 많이 이야기하고, 아기에게 엄마가 본 것을 말해줘라. 나중에 아기가 그것에 대해 '이야기'하는 것을 들을 수 있을 것이다.

> 페터, 49주 "우리는 매주 수영을 하러 가요. 대부분 똑같은 사람들이 오지요. 한번은 거리를 지나다가 수영장에서 봤던 엄마와 아기를 만났어요. 그러자 갑자기 아기는 "오, 오" 하면서 알아본다는 듯 그들을 가리켰어요. 그리고 수영장에서 우리 집 근처에 살았던 여자아이를 보았을 때도 "오, 오" 하며 그 애를 가리켰지요."

> 토마스, 42주 "텔레비전을 보고 싶으면 의사표현을 뚜렷이 해요. 텔레비전을 쳐다보고 나를 쳐다보고, 리모컨을 쳐다보고, 다시 텔레비전을 쳐다보고…… 그러면서 자신의 의사를 강조하려는 듯 낑낑대는 소리를 내요."

아무것도 강요하지 않기

뭔가를 함께 하다가 아기가 더는 흥미가 없다는 것이 느껴지면 중단하라. 그러면 아기는 다른 것, 즉 지금 이 순간 더 흥미롭게 다가오는 것에 몰두할 것이다.

<u>디르크, 49주</u> "나는 아기와 함께 '아빠'라는 말을 연습하고 '코는 어디 있나? 여기' 하면서 신체부위를 짚어주는 놀이에 열심을 내고 있어요. 하지만 지금까지 별 성과는 없어요. 아기는 웃으며 내 코를 깨물거나 머리를 잡아당기기 위해 펄쩍펄쩍 뛰어오를 따름이에요."

아기의 두려움 이해하기

새로운 능력을 연마할 때 아기는 자신이 반쯤밖에 이해하지 못하는 사물이나 상황에도 부딪치게 된다. 그러면 아기는 지금까지 몰랐던 새로운 위험들을 발견한다.

모든 것을 더 잘 이해하게 되면 두려움도 다시 사라진다. 따라서 아기를 이해하고 동감해주는 것이 좋다.

<u>율리아, 50주</u> "아기는 계속 아기변기에 앉으려고 해요. 아무것도 싸지 않았는데도 변기를 가지고 화장실로 가서 비우는 척하고는 물을 내려요. 그러니까 물을 내리고 싶은 거예요. 하지만 물을 내리는 걸 재미있어하는 동시에 무서워해요."

 | 46~51주(±2주) | 아기의 발달을 돕는 놀이와 활동

돕기

아기는 도움을 주고 싶어한다. 그러므로 아기의 도움을 요하다는 것을 아기에게 전달하라. 사실 이 월령의 아기는 진짜 도움이 되지는 못한다. 그러나 아기는 행동(순서들)을 이해한다. 그리고 적극적으로 돕는 행동은 다음 도약의 밑거름이 된다.

_ 집안일 돕기

엄마가 음식을 만들고 방을 정리하고 닦는 것을 아기에게 보여줘라. 그리고 이 모든 것이 어떻게 이루어지는지 설명해주어라. 아기로 하여금 엄마가 필요로 하는 물건들을 건네주도록 부탁하라. 방을 닦을 때는 아기에게 걸레 하나를 주어라. 케이크를 구울 때는 숟가락으로 거품을 내보도록 해줘라.

_ 옷 입히는 것 거들기

아기가 자기의 모습을 볼 수 있게 하면서 옷을 벗기고 수건으로 톡톡 두드려주고 다시 옷을 입혀라. 수건으로 톡톡 두드리며 말려주면서 신체부위를 말해줘라. 이미 아기가 도와주려는 게 느껴지면 도움을 부탁하라. 스웨터를 입히거나 스타킹을 신길 때는 팔 또는 다리를 뻗으라고 부탁하라. 그리고 아기가 그렇게 하면 칭찬해줘라.

_ 스스로 가꾸기

아기로 하여금 무언가를 스스로 해보게 하라. 이것도 거울 앞에서 하면 좋다. 그러면 아기는 자신의 행동을 볼 것이고 더 빨리, 더 많이 배울 것이다. 거울 앞에서 아기의 머리를 빗겨줘라. 그러고는 스스로 빗게 하라. 또한 아기 혼자서 세수를 하고 싶어하는지 시험해보라. 아기를 욕조에 앉히고 "얼굴을 씻어봐" 하고 말하라. 아기가 한번 시도할 때마다 열광적으로 칭찬해줘라.

_ 숟가락으로 혼자서 떠먹기

아기가 혼자 숟가락질을 하게 해보라. 또는 작은 포크로 빵조각이나 과일을 스스로 찍어 먹게 해보라. 아기의자 밑에 커다란 비닐을 깔아두면 아기가 흘리는 음식들을 쉽게 치울 수 있다.

가리키고 부르는 놀이

아기는 종종 엄마가 생각하는 것보다 훨씬 많은 것을 이해하며, 그것을 보여주는 것을 좋아한다.

_ "이건 코, 이건 귀"

몸의 각 부분을 짚으면서 이름을 말해주면 아기가 몸을 발견하는 데 도움이 된다. 옷을 갈아입히거나 아기가 곁에 앉아 있을 때 이런 놀이를 하면 좋다. "코는 어디에 있지?" 하고 물어보는 것도 좋다.

_ 가리키고 명명하기

많은 아기는 무언가를 가리키며 이름을 부르는 것이나 어떤 그림을 보며 그에 해당하는 소리를 내는 것을 정말로 좋아한다. 거리에서, 기저귀를 갈면서, 그림책을 보면서. 아기가 무언가를 엉뚱한 이름으로 불러도 내버려 둬라.

노래와 율동

아기는 이제 적극적으로 함께 할 수 있을 것이다. 또한 이제 율동을 스스로 만들어내기 시작할 것이다. 여기 좋은 예들이 있다.

_ 박수를 치면서

아기와 마주 앉아 노래를 해보라. "곰 세 마리가 한 집에 있어. 엄마 곰, 아빠 곰, 아기 곰. 엄마 곰은 날씬해, 아빠 곰은 뚱뚱해, 아기 곰은 너무 귀여워. 으쓱으쓱 자란다."

숨바꼭질

많은 아기는 엄마가 장난감을 숨겼다가 다시 나타나게 하면 엄청 재미있어한다.

_ 소포 뜯기

아기 앞에서 예쁜 포장지나 바삭거리는 과자봉지로 장난감을 말아놓아라. 그러고 나서 아기에게 포장한 것을 주고는 '주문 비슷한 것을 외면서' 아기가 포장을 뜯게 하라. 할 때마다 아기를 격려하라.

_ "어떤 컵 아래에 있게?"

장난감을 아기 앞에 놓고 컵으로 덮어씌워라. 그 옆에 똑같은 컵 하나를 세워놓고 아기에게 장난감이 어디 숨어 있는지 물어보아라. 장난감을 찾으면 아기를 칭찬하라. 컵 대신 수건을 사용해도 좋다. 또한 역할을 바꾸어 아기로 하여금 뭔가를 숨겨보게 하고 엄마가 찾아보라.

 | 46~51주(±2주) | 아기의 발달을 돕는 장난감과 가재도구

❀ 나무블록으로 된 기차 세트
❀ 자동차들
❀ (작은 우유병이 딸린) 인형
❀ 칠 수 있는 북, 혹은 냄비나 팬

❀ 동물 그림이 그려진 책
❀ 통과 삽이 있는 모래놀이 장난감
❀ 테니스공에서 비치볼까지 다양한 공. 너무 딱딱하지 않은 공들. 축구를 좋아하는 아기는 중간 정도 크기의 공을 특히 좋아할 것이다.
❀ 커다란 플라스틱 구슬들
❀ 빨래집게
❀ 누르면 음악이 나오는 봉제 동물인형
❀ 동요
❀ 다양한 모양의 구멍이 뚫려 있어 모양을 맞춰 집어넣을 수 있게 되어 있는 모양 넣기 상자
❀ 스스로 앉을 수 있는 자전거, 자동차, 혹은 트랙터
❀ 나무블록
❀ 레고 같은 작은 플라스틱 블록
❀ 거울

조심! 치우거나 안전조치를 취할 것
❀ 콘센트
❀ 계단
❀ 오디오 세트, 텔레비전, 비디오 · DVD
❀ 진공청소기
❀ 세탁기
❀ 강아지들
❀ 돌, 바늘, 유리조각 같은 물건들

☀ 도약의 완성

47~52주, 즉 생후 11~12개월 사이에 다시 어렵지 않은 시기가 시작된다. 1~3주 정도의 기간 동안 아기는 독립적이고 명랑하다고 칭찬받는다. 엄마는 이제 아기가 말을 훨씬 잘 알아듣는다는 것을 느끼게 된다. 그리고 더 조용하고 절제된 태도로, 혼자서도 잘 노는 것을 보게 된다. 아기는 눈에 띄게 어른스럽고 영리해 보인다.

<u>아스트리드, 52주</u> "아기와 함께하는 것이 점점 즐거워요. 아기는 더욱 명랑하고 어떤 일에 뛰어난 집중력을 보여요. 이번 주에 나는 놀이보호공간을 다시 설치했어요. 몇주 전에는 놀이보호공간을 보기만 해도 집이 떠나가게 울더니만 이제 장난감에 새로운 흥미를 갖고 놀이보호공간에서 아주 기분이 좋은 것 같아요."

<u>수잔네, 47주</u> "아기는 손위 언니와 제법 죽이 맞아요. 모두가 기대하는 반응을 보인다니까요. 울고, 웃고…… 두 자매는 이제 많은 것을 함께 해요. 함께 목욕도 하고요. 정말 즐겁게 지내지요."

'일상'이라는 '프로그램'을 연구하는
꼬마 아인슈타인

김수연 선생님의 조언 이 시기 대부분의 아기들은 혼자서 걸을 수 있다. '엄마' 혹은 '아빠', '맘마' 소리를 할 수도 있다. 이전에 '엄마' 소리를 한 아기의 경우, 더 이상 '엄마' 소리를 하지 않을 수도 있다. 저자들의 표현대로 도약을 위한 휴식이므로 언어발달이 퇴행되었다고 걱정할 일은 아니다. 걸음마가 가능하면 되도록 아기를 안지 말고 혼자서 걷도록 유도해야 한다. 밖에 나갈 때 안아주면 아기가 혼자서 걷지 않으려고 떼를 부릴 수도 있다.

첫돌은 특별한 의미를 지닌다. 이제 아기는 아기에서 점점 아이가 된다. 물론 많은 면에서 아직 아기 같기는 하다. 아기의 세계는 아직 발견하고 탐구해야 할 많은 비밀을 감추고 있다. 이제 활동적인 아이일수록 더욱 열심히 관심 분야에 뛰어들게 된다.

첫돌 직후, 약 55주 정도(±2주)에 엄마는 아기가 새로운 능력을 얻었음을 확인한다. 아기는 '프로그램'의 세계로 입장했고 단번에 훨씬 '똑똑해' 보인다. 아기의 행동양식을 잘 관찰하라. 그러면 아기의 새로운 세계관이 어떻게 형성되는지 볼 수 있을 것이다.

'프로그램'이라는 개념은 추상적으로 들린다. 지난 도약에서 아기는 '순서들'을 습득했다. 즉 '사건들'이 차례로 등장하거나 어떤 것들이 특정한 방식으로 결합된다는 사실을 배웠다. '프로그램'은 '순서'보다 약간 더 복잡하다. 프로그램 단계에서는 다양한 방식으로 목표에 도달할 수 있기 때문이다. 프로그램을 지각할 능력을 갖게 되면 아기는 빨래를 하고, 점심을 먹고, 청소하고, 옷을 입고, 블록을 쌓고, 전화를 하는 등 일상의 일들이 무슨 의미인지 이해한다. 이 모든 일이 프로그램이다.

아기는 일찌감치 도약이 가까워졌음을 느낀다. 그리하여 생후 12개월이 되기 전 51주(±2주)쯤 아기는 다시 지난 1~3주 전보다 힘들어한다. 아기는 자신의 세계가 달라졌음을, 자신이 세계를 다르게 경험하고 있음을 느낀다. 아기는 알지 못하던 것을 보고, 듣고, 냄새 맡고, 맛보고 느낀다. 아기는 혼란스러워진다. 그래서 되도록 가장 친숙한 대상에 달라붙어 있으려고 한다. 바로 엄마에게 말이다. 이런 어려운 시기는 대부분 4~5주간 계속되며 짧게는 3주, 길게는 6주가 걸린다.

기억하세요!

아기가 보채면 아기가 새로운 것을 할 수 있거나 하려고 하지는 않는지 유심히 살펴보세요.

 도약의 시작 : 엄마 곁을 맴돈다

아기는 평소보다 더 쉽게 운다. 아기는 엄마 곁을 맴돈다. 엄마는 이제 아기가 왜 이렇게 변덕스럽고, 불만스럽고, 보채고, 칭얼대고, 초조해하고, 툭하면 화를 내는지 모르겠다며 투덜댄다. 아기에 따라 정도의 차이가 많이 난다.

> 다니엘, 52주 "아기는 때로 완전히 홱가닥 하는 것 같았어요. 한동안 혼자서 놀다가 갑자기 흥미를 잃으면 오랫동안 칭얼대고 울었어요. 안아달라고 하고 내 곁에 붙어 있으려고 했어요. 기분은 시시때때로 왔다 갔다 했지요."

> 디르크, 52주 "내가 무슨 일을 시작하면 꼭 안아달라고 해요. 그러다가 안아주면 다시 밑으로 내려가려 하고 나보고 쫓아오라고 그래요. 아주 불안해 보여요."

아기가 엄마 곁에 있으려 한다는 걸 어떻게 알까?
엄마의 치맛자락을 붙들고 늘어지는가? 많은 아기는 되도록 자주 엄마 곁에 달라붙어 있으려 한다. 안아달라고 하거나 다리를 잡고 늘어진다. 어떤 아기는 무조건 엄마 곁에 있으려 하는 것은 아니지만 다른 것을 하다가 잠깐 잠깐씩 엄마 곁으로 온다. 마치 '엄마'표 기름을 주유하고 가려는 듯하다.

수잔네, 54주 "아기는 계속 내 주위를 맴돌아요. 잠깐씩 떨어져서 놀다가 다시 내게로 와요."

낯을 가리는가? 아기는 낯선 사람이 가까이 있으면 전보다 더욱 엄마에게 달라붙는다. 아기는 다시 다른 사람들에겐 호기심이 없어진다. 때로는 아빠에게도 말이다.

율리아, 56주 "아기는 때로 아주 막무가내로 내게만 붙어 있으려고 했어요. 내가 아기를 떼어놓거나 남편에게 넘기면 울고불고 난리가 나요."

아빠에게만 붙어 있으려는 아기도 있을 수 있다.

슈테파니, 53주 "이틀 밤 동안 아빠만 찾았어요. 내가 아기를 섭섭하게 한 기억 같은 게 없는데 나를 완전히 무시해버렸지요."

신체접촉을 중단하려 하지 않는가? 많은 아기는 안아주면 엄마를 꽉 껴안는다. 그리고 절대로 내려놓지 못하게 한다. 혹시 내려놓는 것까지는 용인하더라도 엄마가 자기를 내버려 두고 다른 데로 가버리는 것은 용납하지 않는다.

안나, 53주 "나는 아기를 내려놓고 부엌에 뭔가를 가지러 갈 때도 조심해야 해요. 아기는 곧장 강아지한테로 다가가 강아지를 쓰다듬으려는 듯하다가 강아지의 수염이나 털을 잡아당겨요."

더 많은 관심을 원하는가? 아기는 보통 때보다 더 많은 관심을 원한다. 까다로운 아기는 온종일 엄마를 꼼짝 못하게 하고, 순하고 조용한 아기도 엄마와 뭐든지 함께하는 것을 좋아한다.

질투를 하는가? 아기는 엄마가 다른 사람이나 다른 일에 관심을 기울이면 변덕을 부리거나 버릇없이 굴거나 화를 낸다. 어떤 아기는 과장된 애교를 떨면서 엄마의 관심을 끌려고 한다.

율리아, 54주 "내 친구가 딸내미를 데리고 왔어요. 내가 친구 딸에게 잠깐 말을 거니까 우리 아기가 과장된 웃음을 흘리면서 나를 자꾸 쳐다보지 뭐예요."

변덕스러운가? 아기는 한순간 얌전했다가 다음 순간 화를 내거나 심술을 피우거나 한다. 딱히 별 이유도 없이 말이다.

슈테판, 52주 "어떤 때는 아주 얌전하게 앉아서 블록을 만지고 놀아요. 그러다가 아무 이유도 없이 마구 화를 내지요. 소리를 지르며 블록을 치우거나 집어던지고요."

잠을 잘 못 자는가? 대부분의 아기는 잠이 줄어든다. 잠자리에 눕고 싶어하지 않으며, 어렵게 잠들고 더 일찍 깨어난다. 어떤 아기는 낮잠을 별로 자지 않고 어떤 아기는 밤잠을 잘 자지 않는다. 또 어떤 아기는 밤낮 가리지 않고 잘 자지 않는다.

아스트리드, 54주 "이번 주 들어 처음으로 밤에 잠깐씩 깨요. 때로는 울기도 해요. 하지만 대부분은 안아주면 곧장 잠이 들지요."

토마스, 49주 "아기가 이상하게 오래 자요. 새로운 도약이 가깝다는 표시예요. 예전에도 이랬거든요. 유난히 많이 잔 후에는 꼭 힘든 시기가 왔다니까요."

나쁜 꿈을 꾸는가? 아기는 자다가 갑자기 깨어 울어 젖힌다.

다니엘, 52주 "아기는 밤에 규칙적으로 깨어나 무엇에 놀란 것처럼 울어대요. 어떤 때는 울음을 그치기까지 꽤 오래 걸려요."

때로 조용히 앉아 멍하니 앞을 쳐다보는가? 아기는 종종 가만히 앉아서 멍하니 앞을 응시한다. 마치 자신만의 세계에 갇혀 있는 것처럼 말이다. 엄마는 이런 백일몽을 이상한 행동으로 여기고, 아기가 그렇게 하는 것을 '방해'하고자 한다.

> 슈테파니, 54주 "때로 아기는 무엇엔가 몰입한 듯이 앉아서 몸을 흔들흔들하며 공중을 뚫어져라 쳐다봐요. 그러면 나는 아기를 다시 깨어나게 하려고 여러 수단을 동원해요. 아기가 넋을 잃고 앉아 있으면 굉장히 섬뜩하거든요."

잘 먹지 않는가? 아기는 이제 먹고 마시는 것에 별 관심을 갖지 않는다. 엄마는 걱정이 되고 화가 난다. 아직 모유를 떼지 않은 아기는 종종 젖을 물고 있으려 한다. 그러나 젖을 먹으려는 게 아니라 그냥 엄마 젖을 물고 있는 것이 좋아서다.

> 아스트리드, 53주 "요즘 아기는 먹는 데 별 관심이 없어요. 전에는 15분 정도면 다 먹었는데 이제는 충분히 먹지 못해요. 때로 족히 30분은 아기 옆에 앉아 먹여야 해요."

더 아기같이 구는가? 때로 이미 사라졌던 아기 같은 행동이 다시 나타난다. 엄마는 이런 행동을 싫어한다. 진보를 기대하기 때문이다. 그러나 어려운 시기에 퇴보가 나타나는 것은 매우 정상적인 일이다. 이런 행동은 아기가 막 진보하고 있다는 표시다.

> 율리아, 55주 "걸을 줄 알았는데 다시 기어 다녔어요. 대부분의 경우는 주목을 끌려고 그렇게 했지요."

<u>루돌프, 53주</u> "다시 떠먹여주기를 원해요. 먹여주지 않으면 도무지 먹지 않아요."

과장된 애교를 떠는가? 아기는 불쑥불쑥 엄마에게 다가가 잠시 껴안고 뽀뽀를 한 다음 다시 간다.

<u>아스트리드, 53주</u> "종종 잠시 내게 애교를 떨러 와요. '아~이'라고 말하며 나를 쓰다듬지요."

동물인형을 더 자주 만지는가? 아기는 이제 전보다 더 많이 뭔가를 만지작거린다. 특히 피곤하거나 엄마가 다른 일로 바쁠 때는 말이다. 아기는 봉제 동물인형, 수건, 슬리퍼, 더러운 속옷 같은 부드러운 것들을 만지작거린다. 봉제 동물인형을 쓰다듬고 뽀뽀해준다. 엄마는 그것을 보면서 감동한다.

<u>얀, 51주</u> "내가 다른 일을 하고 있을 때 보면 아기는 뭔가를 만지작거리고 있어요. 한 손으로는 코끼리인형의 귀를 만지작거리고, 다른 손의 손가락 두 개는 입속에 들어가 있지요. 정말 볼 만해요."

눈에 띄게 버릇없이 구는가? 아기는 버릇없이 굴면서 엄마의 주목을 끈다. 특히 엄마가 바쁘거나 아기에게 시간을 내지 못할 때면 말이다.

<u>율리아, 53주</u> "나는 계속 뭔가를 하지 말라고 야단쳐야 해요. 하지만 그렇게 해도 아기는 하지 말라는 것을 계속하지요. 내가 가만히 있으면 저절로 그만둬요. 하지만 언제까지 내버려둘 수는 없어요. 그러면 아무것도 남아나지 않을 테니까요."

툭하면 화를 내는가? 때로 아기는 자신이 원하는 것을 얻지 못하면 정말로

돌아버린다. 어떤 때는 '충동적으로' 화를 내는 것처럼 보인다. 종종 애초부터 금지된 것들을 원한다.

<u>티모, 52주</u> "아기는 내가 다시 자기를 안고 우유병에 주스를 넣어서 먹여주기를 원해요. 자신이 원하는 것을 빨리 해주지 않으면 우유병을 집어던지고, 소리를 지르고, 울고, 발버둥치기 시작하지요. 자신의 뜻이 이루어질 때까지요."

☹ **아기가 혼란스럽다는 것을 어떻게 알까?**

❀ 더 많이 운다. 자주 변덕을 부리고 칭얼대고 까탈을 부린다.
❀ 웃음이 곧장 울음으로 변한다.
❀ 더 많은 관심을 원한다.
❀ 더 자주 치맛자락을 붙잡고 늘어지며 엄마 곁에 있으려고 한다.
❀ '과장된' 애교를 떤다.
❀ '과장되게' 버릇없이 군다.
❀ (더 자주) 화를 낸다.
❀ 질투를 한다.
❀ (더 자주) 낯을 가린다.
❀ 신체접촉이 중단되면 이의를 제기한다.
❀ 잠을 잘 못 잔다.
❀ (더 자주) 나쁜 꿈을 꾼다.
❀ 잘 먹지 않는다.
❀ 때로 가만히 앉아 멍하니 앞을 응시한다.
❀ 엄지손가락을 (더 자주) 빤다.
❀ 동물인형을 (더 자주) 만지작거린다.
❀ 더 아기 같은 행동을 한다.
❀ 그 밖에 눈에 띄는 것들 : _____

<u>라우라, 55주</u> "아기를 데리고 친구 집에 가서 앉아 수다를 떨고 있었어요. 그런데 갑자기 아기가 내 찻잔을 집더니 차와 함께 바닥에 내동댕이쳤어요."

걱정, 헷갈림, 다툼

엄마는 불안하다 이 어려운 시기의 초반에 엄마들은 대부분 걱정을 한다. 엄마는 아기가 왜 저렇게 보채는 것일까 답답해한다. 그러나 이 시기 엄마들의 '걱정'은 쉽게 '화'로 옮겨간다. 몇몇 엄마는 아기가 왜 기대에 부응하지 않는지 자문한다. 그들은 아기가 뭔가 신체적 이상이 있는 것은 아닌지 두려워한다.

<u>안나, 53주</u> "나는 규칙적으로 아기와 걸음마 연습을 해요. 왜 아직 혼자서 걷지 못하는 것일까 신경이 쓰여요. 아기의 발 하나가 약간 안쪽을 보고 있는데 그것 때문에 자꾸 비틀거리는 게 아닌지 의심이 가요. 소아과 의사에게 보이니까 괜찮은 거라고 말해주었어요. 아기가 걷기만 한다면 너무나 기쁠 것 같아요."

엄마는 화가 나서 행동에 돌입한다 이 어려운 시기의 막바지에 달하면 엄마는 점점 아기의 행동에 화를 낸다. 아기가 '일부러 버릇없이' 구는 것과 자신의 뜻을 이루기 위해 툭하면 화를 내고 우는 것에 화가 난다.

<u>티모, 56주</u> "아기는 내 관심을 끌기 위해 계속 화분에 다가가요. 다른 것으로 주의를 돌리려는 것도 소용이 없지요. 나는 이제 마구 꾸지람을 하며 아기를 끌어내거나 엉덩이를 때려줘요."

<u>아스트리드, 53주</u> "툭하면 울어대요. 계속 그러면 그냥 침대에 던져버리고 싶은 심정이 돼요. 2주 전쯤 아기가 그러기 시작했을 때는 약간 귀엽다고 생각했어요. 하지만 이제는 진짜 화가 나요. 언니들도 아기를 비웃어요. 울 만큼 울어서 화가 풀리면 아기는 멋쩍은 미소를 지어요. 그러면 나도 마음이 풀어지지요."

다툼이 일어난다 이 어려운 시기 동안 엄마는 불쑥불쑥 치솟는 화를 참지 못하여 아기와 다툼을 한다.

　지금까지 모유 수유를 하던 엄마는 이 어려운 시기를 보내면서 젖을 끊기로 결심한다. 이 시기엔 아기가 왠지 모르게 계속 젖을 물고 있으려 하기 때문에, 또는 젖을 물고 있으려 하는 것과 동시에 떼를 쓰고 짜증을 부리기 때문이다.

　<u>티모, 53주</u> "나는 정말 젖을 끊었어요. 우리의 '관계'는 완전히 엉망이 되었지요. 아기는 내 옷을 잡아당기며 발버둥 치고 소리 지르고, 나는 화를 내고…… 분노의 발작은 이제 약간 줄어들고 있어요. 아기는 돌을 기점으로 마지막 모유를 먹었어요."

새로운 능력의 분출

생후 13개월이 되기 전, 55주쯤 되면 엄마는 아기가 한결 덜 힘들어한다는 것과 아기가 다시 아주 새로운 것을 하거나, 하려고 하는 것을 발견한다. 그리고 사람과 장난감 등을 대하는 아기의 태도가 '좀더 어른스러워'진 것과 아기의 기호가 바뀐 것을 확인하게 된다. 이런 변화는 이 월령의 모든 아기에게 '프로그램'을 지각하고 행하는 능력이 분출되기 때문이다. 이런 능력은 새로운 세계가 열리는 것과 같고, 그 세계에서 아기는 '프로그램'에 관련한 아주 많은 것들을 발견할 수 있다. 아기는 자신의 소질과 기호와 성향에 따라 자신만의 선택을 한다. 아기는 이제 다시 발견여행을 떠나고 새로운 것들을 습득할 수 있다. 그리고 엄마는 아기를 도울 수 있다.

도약하는 아기 : '프로그램'의 세계에서 논다

아기가 '프로그램'을 지각하고 행하게 되면 아기는 빨래를 하는 것, 설거지를 하는 것, 밥상을 차리는 것, 먹는 것, 청소를 하는 것, 옷을 입는 것, 블록을 쌓는 것, 전화를 하는 것 등의 의미를 알게 된다. 이 모든 것들이 프로그램이다.

프로그램의 특징은 정해진 순서를 따라 일어날 필요가 없고 융통성이 있다는 것이다. 먼지를 닦을 때도 무조건 매번 똑같이 할 필요는 없다. 의자 다리 하나를 먼저 훔치고 의자 판의 먼지를 훔쳐도 되고 반대로 해도 된다. 의자 다리 네 개를 모두 먼저 닦을 수도 있다. 순서는 언제나 바꿀 수 있다. 날에 따라, 방에 따라, 의자에 따라 가장 알맞게 여겨지는 대로 말이다. 그러나 어떻게 하든 진행되는 프로그램은 '먼지 훔치기'이다. 따라서 프로그램은 자유롭게 변형시킬 수 있는 순서들의 네트워크다.

아기가 하나의 프로그램에 몰두하면 아기는 그 프로그램 내에서 다양한 길을 갈 수 있다. 아기는 계속해서 어떻게 할 것인지 선택의 교차로에 서게 된다. 식사를 할 때에도 아기는 한입 먹은 다음에 또 한입 먹을 것인지, 아니면 한 모금 마실 것인지, 연속해서 세 모금 마실 것인지 선택을 한다. 아기는 다음 먹을 것을 손가락으로 집을 것인지 숟가락으로 먹을 것인지를 선택할 수 있다. 그리고 어떻게 선택하든지 상관없이 그것은 '식사 프로그램'이다.

아기는 모든 교차로에서 다양한 선택 가능성을 가지고 '논다'. 아기는 시험해본다. 아기는 교차로에서의 각 결정이 어떤 결과를 초래하는지 배워야 한다. 가령 아기는 숟가락 가득 음식을 담아 입에 넣는 대신 마룻바닥에 쏟기로 결정할 수 있다. 아기는 가능한 선택과 불가능한 선택을 모두 고려할 것이다.

아기는 이제 스스로 특정한 프로그램을 시작하기로 '계획'할 수 있다. 아기는 빗자루를 수납장에서 꺼내어 방을 쓸 수도 있다. 그리고 밖에 나가기 위해 겉옷을 가져올 수도 있다. 그러나 아기는 쉽게 오해를 불러일으킬 수 있다.

아직 자신의 의중을 제대로 설명할 수 없기 때문이다. 그리하여 엄마는 아기의 뜻을 쉽게 오해하고 화를 내게 된다. 또한 엄마가 아기의 뜻을 안다 해도 나가고 싶지 않거나 나갈 채비를 하는 데 시간이 걸릴 수도 있다. 그때 아기는 쉽게 좌절한다. 이 월령의 아기는 아직 '기다린다는 것'을 이해하지 못하기 때문이다.

아기는 프로그램을 실행할 뿐 아니라 지금 어떤 프로그램이 진행되고 있는지를 지각할 수도 있다. 아기는 가령 엄마가 커피를 준비하고 있다는 것과 곧 커피타임이 될 거라는 것을, 거기에 쿠키가 곁들여질 것인지 말 것인지를 이해한다.

프로그램을 지각하고 실행할 수 있게 된 아기는 이제 특정한 프로그램을 거부할 권리도 갖는다. 그리하여 아기는 엄마가 지금 하는 행동을 원하지 않을 수도 있으며, 그럴 때 엄마가 그 행동을 계속하면 좌절하고, 때로는 화를 낸다. 이때 엄마 눈에는 아기가 공연히 화를 내는 듯이 보인다.

 두뇌가 쑥쑥

아기의 뇌파는 12개월 전후로 눈에 띄게 변한다. 머리둘레가 대폭 늘어나며 뇌 속의 당대사도 변한다. 아기들의 두뇌 영역이 확장되면서 새로운 정보를 스폰지처럼 흡수한다.

 아기가 경험하는 '프로그램'의 세계

<u>스스로 프로그램을 시작한다</u>
❀ 빗자루나 수건을 가져와서 바닥을 쓸거나 먼지를 훔쳐낸다.
❀ 화장실에 가서 솔로 세숫대야를 닦는다.
❀ 쿠키 통을 가져와서 티타임을 기대한다.
❀ 쇼핑하러 가자는 뜻으로 겉옷과 모자, 가방을 가지고 온다.
❀ 모래놀이를 하러 놀이터에 가자는 뜻으로 겉옷, 모자, 모래놀이 도구를 가져온다.
❀ 강아지 목줄을 잡고 밖으로 나가려고 한다.
❀ 옷을 들고 입으려고 한다.

❀ 그 밖에 눈에 띄는 것들 : _____

진행되고 있는 프로그램에 참가한다
❀ 엄마가 청소를 하면 의자의 쿠션을 내려놓는다.
❀ 엄마가 설거지 후에 마른행주질을 끝내면 마른행주를 도로 걸어둔다.
❀ 엄마가 식탁을 차리면 자기 접시와 식기를 식탁으로 가지고 온다.
❀ 식사를 끝내면 아이스크림 같은 디저트가 나온다는 것을 알고 있다.
❀ 스푼을 찻잔에 넣고 젓는다.
❀ 막 구입한 물건을 들고 나르려고 한다.
❀ 옷을 입을 때 스스로 옷을 입으려고 한다. 가령 슬리퍼 같은 것을 신는다. 그리고 엄마가 다리를 바지에 끼워주면 혼자서 바지를 올린다.
❀ CD나 비디오를 고르고 기계를 작동시키는 것을 돕는다. 가령 어느 단추를 눌러야 되는지 정확히 안다.
❀ 그 밖에 눈에 띄는 것들 : _____

엄마의 지도하에 스스로 프로그램을 실행한다
❀ 엄마가 무엇이 어디에 들어가야 하는지 알려주면 다양하게 생긴 모양을 상자의 올바른 구멍에 끼워 넣는다.
❀ 엄마가 시키면 아기변기에 소변을 본다. 그러고는 변기통을 화장실로 들고 가거나 (아직 걷지 못하는 경우) 엄마가 그렇게 하는 것을 도와주고 버린다.
❀ 엄마가 어떻게 하는지 보여주면 연필을 들고 종이에 끼적인다.
❀ 그 밖에 눈에 띄는 것들 : _____

프로그램을 독립적으로 실행한다
❀ 인형과 봉제인형에게 먹을 것을 주면서 자신의 식사 프로그램을 모방한다.
❀ 인형을 목욕시키면서 엄마가 자신을 목욕시키는 흉내를 낸다.
❀ 스스로 아기변기를 이용하고 난 후에 인형을 변기에 앉힌다.
❀ 혼자서 주어진 음식을 다 먹는다. 종종 식탁에 앉아 어른처럼 먹으려 한다.
❀ 최소한 세 개의 블록을 이용하여 탑을 쌓는다.
❀ 제법 전화 통화를 잘한다. 때로는 스스로 먼저 버튼을 누르려고 하고, 통화를 끝낼 때 끝인사를 하기도 한다.
❀ 스스로 길을 선택하여 방 안을 기어 다닌다. 때때로 출발하기 전에 먼저 목표로

하는 방향을 가리킨다. 의자와 탁자들 사이로 기어 다니고 작은 터널을 통과하기도 한다.

❀ "부릉부릉" 하며 자동차나 기관차를 밀면서 방을 기어 다닌다. 그럴 때 다양한 길을 선택한다. 의자와 탁자 밑을 통과하거나 소파와 벽 사이로 지나다닌다.

❀ 엄마가 숨겨놓아 전혀 보이지 않는 물건을 찾을 수 있다.

❀ 그 밖에 눈에 띄는 것들 : _____

다른 사람들이 실행하는 프로그램을 주시한다

❀ 텔레비전의 유아방송을 본다. 그러나 집중하는 시간은 3분 정도밖에 되지 않는다.

❀ 라디오나 테이프에서 나오는 짧은 이야기를 잘 듣는다. 이때 이야기는 간단하고 아기 수준에 맞는 것이라야 한다. 이야기의 길이가 3분이 넘어서는 안 된다.

❀ 책 속의 그림을 이해한다. 가령 그림에 아이나 동물이 먹는 것이 나오거나 먹을 것을 들고 있는 그림이 나오면 "마(맘마)"라고 말한다.

❀ 엄마가 봉제 동물인형이나 인형에게 먹을 것을 한입 주고, 목욕시키고, 옷 입히고, 말을 시키고, 대답하는 것을 유심히 보고 듣는다.

❀ 더 큰 아이들이 장난감을 가지고 프로그램을 연출하는 것을 유심히 살핀다. 큰 아이들이 가게놀이를 하거나 차고가 딸린 자동차나 침대가 딸린 인형을 가지고 노는 것 등.

❀ 아빠나 엄마, 다른 사람들이 어떤 프로그램에 몰두하는 것을 연구한다. 옷을 입고, 먹고, 요리하고, 만들고, 뭔가를 수선하고, 전화하는 등.

❀ 그 밖에 눈에 띄는 것들 : _____
_____

아기의 개성 파악하기 : 관찰한 것을 기록해보라

_____
_____
_____

아기가 새로운 세계에서 모든 것을 한꺼번에 발견할 수 없음을 염두에 둬라. 55주에 아기는 처음으로 이 새로운 세계에 발을 들여놓았다. 그러나 아기가 언제 어떤 능력을 습득하는가는 아기의 관심사와 아기에게 얼마나 많은 기회가 주어지느냐에 달려 있다. 여기서 소개한 대부분의 것들을 할 수 있으려면 몇 달, 때로 더 오랜 시간이 지나야 한다!

아기의 관심사에서 개성을 발견하라

모든 아기는 프로그램을 지각하고 수행하는 능력을 얻었다. 새로운 세계가 열렸고, 그 세계는 새로운 가능성으로 가득 차 있다. 아기는 독자적인 선택을 한다. 아기는 자신의 소질과 흥미와 신체구조와 체중에 가장 적합한 활동들을 고를 것이다. 그러므로 다른 아기와 비교하지 말라. 모든 아기는 유일무이한 존재다.

아기를 정확히 관찰하라. 아기가 무엇에 관심이 있는지 살펴보라. 〈그 밖에 눈에 띄는 것들〉에 빈칸이 마련되어 있다. 그곳에 아기의 선택을 기록해보라. 생후 12~14개월, 즉 55~61주 사이에 아기는 이 세계에서 아기에게 가장 다가오는 능력을 고를 것이다. 아기의 선택을 존중하라. 그래야 아기의 개성이 어디에 있는지 알 수 있다. 아기의 관심을 존중하면 아기가 놀고 배우는 것을 잘 도울 수 있다.

☺ **아기는 이래요!**

아기는 새로운 것을 가장 좋아한다. 그러므로 아기가 보여주는 새로운 능력과 관심사에 반응하라. 그러면 아기는 더 잘, 더 쉽게, 더 빨리, 더 많이 배울 것이다.

🌤 **도약의 성과 : 아기의 능력을 끌어올려라**

아기에게 프로그램을 가지고 놀 수 있는 기회를 줘라. 엄마가 프로그램에 열중하는 것을 아기에게 보여줘라. 아기로 하여금 돕게 하고, 아기 스스로 프로그램에 집중하게 해보라. 그럴 때 아기는 프로그램이 무엇인지 잘 이해할 수 있을 것이다.

옷 입고 몸 가꾸기가 놀이가 된다

아기가 옷을 갈아입고 자신을 가꾸는 것을 좋아하면 아기에게 엄마가 어떻게 하는지를 보여줘라. 아기는 엄마가 생각하는 것보다 더 많이 이해한다. 아기가 스스로를, 또는 다른 사람을 씻겨주고, 말려주고, 옷을 입혀줄 기회를 만들어줘라. 아기가 이런 것을 제대로 하지 못할지라도 아기는 이런 것들이 어떤 의미를 지니는지 터득한다.

율리아, 55주 "아기는 스스로 바지를 입으려 하거나 신발을 신으려고 해요. 하지만 아직 정말로 하지는 못하지요. 최근에는 갑자기 내 슬리퍼를 끌고 다녔어요."

디르크, 59주 "지난주에 아기는 모든 걸 그냥 머리 위에 올려놓았어요. 앞치마, 손수건, 때로는 이 사람 저 사람의 속옷을 머리 위에 쓰고는 아주 점잖게 걸어 다녀요. 제 누나들이 그 모습을 보면 아주 배꼽을 잡아요."

율리아, 56주 "인형들에게 먹을 것을 주고 목욕탕으로, 침대로 데리고 다니고, 인형들도 변기 위에 앉히려고 해요."

놀이삼아 혼자 먹기

아기가 혼자 먹으려고 하면 한번 내버려 둬 보라. 아기는 이제 창조적으로 다양한 식사법을 시험해볼 것이다. 그러다 보면 집 안이 꽤나 엉망이 될 수 있음을 염두에 둬라. 아기가 먹는 자리에 커다란 비닐을 깔아놓으면 나중에 쉽게 치울 수 있다.

루돌프, 57주 "숟가락질하는 것을 배우고부터 혼자서 먹으려고 해요. 떠먹여주면 아예 먹지를 않아요. 그리고 밥 먹을 때면 다른 가족들처럼 무조건 식탁 앞에 앉으려고 해요."

<u>안나, 60주</u> "밥을 다 먹으면 '아스끄'라고 말해요. 디저트를 달라는 거지요. 디저트까지 먹어야 의자에서 내려가려고 해요."

<u>토마스, 56주</u> "아기는 무조건 혼자 먹으려고 했어요. 숟가락으로 치고, 음식을 거칠게 휘젓고…… 아주 많은 에너지를 쏟지만 제대로 먹지는 못했지요. 그러는 동안 아기는 몸무게가 3.5킬로그램이나 빠졌어요. 아기는 최근에야 숟가락질을 제대로 하게 되었어요. 살이 빠질 정도로 열심히 연습한 것이 보람이 없지는 않았던 거죠. 이제 아기는 때로 떠먹여줘도 잘 먹어요. 한편으론 스스로도 먹을 수 있다는 것을 알았기 때문이고, 다른 한편으론 혼자 먹는 것이 더 힘들다는 것을 깨달았기 때문이겠지요."

장난감 가지고 놀기

이제 많은 아기는 프로그램을 구사할 수 있는 장난감에 흥미를 느끼게 된다. 자동차가 있는 차고 세트, 나무기차 세트, 동물들이 있는 농장 세트, 부속품이 딸려 있는 인형 세트, 소꿉놀이 세트 같은 장난감을 좋아한다. 아기가 이런 장난감을 가지고 놀게 하라. 아기가 그런 놀이를 할 때 함께 거들어주어라. 혼자 그런 놀이들을 하기에는 아직 힘이 든다.

<u>수잔네, 55주</u> "혼자 놀다가 뭔가가 뜻대로 안 되면 아기는 '엄마!' 하고 나를 불러요. 그럴 때 난 뭘 해줘야 하는지가 분명하죠."

<u>안나, 57주</u> "아기는 듀플로 블록을 재미있어하고 잘 끼워요. 특히 사람 모양의 블록과 자동차 블록을 좋아해요. 블록이 튼튼하게 맞춰져 잘 분해되지 않기 때문에 한참 동안 가지고 놀 수 있어요."

아기에게 '실물'을 보여줘라. 차고 세트를 가지고 잘 놀면 정말로 주차장에 데리고 가서 주차되어 있는 차들을 보여줘라. 말을 좋아하면 진짜 말을 한번 보러 가라. 트랙터나 크레인을 흥미로워하면 진짜 그런 기계들이 작업을 하고 있는 현장을 보여줘라.

실물을 좋아하는 아기

손가방, 돈지갑, 텔레비전, 화장품 등 아기는 모든 것을 엄마처럼 사용하고 싶어한다. 어떤 아기는 실물을 더 좋아해서 장난감은 찬밥 신세가 된다. 어렵더라도 아기의 관심을 이해하라.

> 디르크, 56주 "오늘 아기는 전화 단추를 누르고 수화기를 귀에 대고 종알종알하면서 놀았어요. 때로 수화기를 놓기 전에 '빠이빠이' 하더라고요."

> 율리아, 57주 "카세트레코더를 작동시키려면 어떤 단추를 눌러야 하는지 정확히 알고 있어요. 동요 테이프를 가지고 와서는 자기가 집어넣으려고 하지요."

진짜 흉내 내기

아기는 상상력을 동원하여 '진짜 일'들을 흉내 낸다.

<u>토마스, 57주</u> "때로 우리는 아기놀이를 해요. 우리 둘 다 아기가 되는 거지요. 토마스는 어린 아기처럼 '응애 응애' 하고 말해요. 그러면 나는 (아기처럼) 뭔가를 하지 못하는 것처럼 행동해요. 가령 계단 입구를 막아놓은 문을 열지 못해서 낑낑거리는 것처럼 해요. 그러면 토마스가 와서 도와줘요. 그러다가 어느 순간 놀이에 싫증을 느끼면 '이제 그만해요, 난 엄마가 이 문을 열 수 있다는 걸 잘 알아요' 하는 뜻을 표현해요."

'이야기'를 가지고 놀기

프로그램에 관심을 갖기 시작하면 대부분의 아기는 이야기를 좋아하게 된다. 아기에게 각종 이야기를 들려줘라. 유아방송에서 들려주는 이야기를 틀어주거나, 그림책을 읽어주거나, 엄마 스스로 이야기를 꾸며서 해줄 수도 있다. 어떤 아기는 자동차 이야기를, 어떤 아기는 꽃이나 동물인형 이야기를 좋아할 것이다. 이 월령의 아기는 대부분 3분 이상 이야기에 집중할 수 없다. 이야기는 짧고 단순해야 한다.

<u>루돌프, 58주</u> "아기는 진짜로 텔레비전을 봐요. 유아방송을 보면서 제법 호응을 보여요. 웃겨요. 얼마 전에는 보여줘도 시큰둥했는데 말이에요."

함께 그림책을 본다든지 할 때 아기 스스로 이야기를 해보도록 아기에게 기회를 줘라.

<u>수잔네, 57주</u> "아기는 책 속의 그림을 이해해요. 자신이 보는 것을 말하지요. 가령 그림 속의 아이가 다른 아이에게 먹을 것을 주면 그림을 보면서 '맘마' 라고 말해요."

아기는 이야기 속의 일을 흉내 내기도 한다. 무엇보다 자기 자신에 대한 이야기일 때 말이다.

<u>토마스, 56주</u> "토마스는 내 이야기를 잘 알아들어요. 내가 최근에 친정엄마하고 전화 통화를 하면서 토마스가 이것저것을 한다고 이야기하고 있는데, 저쪽에서 토마스가 이 모든 것을 흉내 내고 있는 거예요. 이젠 내가 제 할머니하고 전화를 하면 더 이상 조용히 있지 않아요. 죄다 엿듣고 있다가 제 얘기가 나오면 마치 주인공이 된 듯 으쓱하는 것을 느낄 수 있어요."

아기는 수다쟁이

많은 아기는 정말로 수다쟁이다. 그들은 묻고, 부르고, 말을 잠시 멈추는 등 제법 수다를 떠는 것처럼 한다. 또한 대답을 기대한다. 아기가 무슨 말을 하는 건지 잘 알아듣지 못하겠더라도 아기의 이야기를 진지하게 들어주려고 노력하라. 주의 깊게 듣다 보면 때로는 한 단어쯤 알아들을 수도 있을 것이다.

<u>디르크, 59주</u> "이야기를 많이 해요. 정말 수다를 떨지요. 때로는 말을 멈추고 내가 뭐라고 해줄 때까지 나를 쳐다봐요. 그러고는 다시 말을 이어요. 최근에는 '푸푸' 라고 하는 깃 같더니 나한테 와서 뽀뽀를 해주었어요. 이제 나는 아기의 말에 더 귀를 기울여요. 정말 멋져요."

'음악'으로 놀기

아기는 3분 이내짜리 동요를 잘 듣는다(동요도 '프로그램'이다). 이제 아기는

동요에 속한 율동도 배운다.

<u>율리아, 57주</u> "혼자서 〈곰 세 마리〉 노래를 대충 부르며 율동을 곁들여요."

아기는 스스로 음악을 만들어내는 것도 아주 좋아한다. 북이나 피아노를 치고 피리를 불고 하는 것은 인기 만점이다. 대부분의 아기는 장난감 악기보다 진짜 악기를 더 좋아한다.

<u>수잔네, 58주</u> "아기는 장난감 피아노에 거의 열광해요. 한 손가락으로 뚱땅거리면서 소리를 들어요. 아빠가 진짜 피아노를 치면 유심히 봐요. 그러다가 장난감 피아노로 가서 건반을 뚱땅거리며 치죠."

아기의 도움을 기꺼이 즐겨라

아기의 도움을 허락하라. 아기는 엄마가 무엇을 하는지 알고 약간의 도움도 줄 수 있다.

<u>안나, 62주</u> "아기가 도와주려고 해요. 쇼핑한 물건들을 들어주려고 하고요. 설거지를 하고 마른행주질을 마치면 마른행주를 걸어줘요. 내가 상을 차리면 제 식기를

상으로 가져가기도 해요."

자신의 프로그램을 계획하는 아기

아기는 이제 스스로 프로그램을 '계획'하고 시작할 수 있다.

<u>토마스, 58주</u> "이제 토마스가 자신의 '프로그램'을 시작할 줄 알게 되었어요. 가령 텔레비전을 켜기 위해 리모컨을 들어서는 팔을 길게 뻗더군요. 아빠가 아래층으로 가면 컴퓨터를 하러 가는 줄 알고 따라가요. CD롬을 골라서는 아빠에게 틀어달라고 하고요. 아빠가 딴 일을 하면 자신의 '프로그램'이 중단된 것을 느끼곤 불만스럽다는 말과 표정을 해요."

다른 사람에 대한 배려 가르치기

많은 아기는 이제 엄마도 설거지를 하는 등 프로그램에 몰두할 수 있다는 것을 이해한다. 아기의 이해가 넓어지면 엄마가 어떤 프로그램을 끝낼 수 있도록 배려해줄 것을 아기에게 요구할 수 있다. 물론 엄마의 프로그램이 끝나기까지 시간이 오래 걸려서는 안 된다.

 이제 아기에게 요구할 수 있다

옛 습관을 버리고 새로운 습관을 들이는 것도 아기가 얻게 된 새로운 능력의 성과에 속한다. 이제 엄마는 아기가 이해하게 된 만큼 아기에게 요구할 수 있다. 과하지도 모자라지도 않게 말이다.

아기에게 새로운 해법을 찾게 하라

 아기에게 한 프로그램 안의 다양한 행동양식을 시험해보게 하라. 때로 아기는 일반적으로 어떤 일이 대충 어떻게 행해지는지를 안다. 그러나 한번

다르게 해보는 것도 좋아한다. 아기는 같은 프로그램 안에서 같은 목표에 이르는 다른 길을 선택해본다. 그로써 아기는 모든 것을 굳이 똑같은 방식으로 할 필요가 없다는 것을 배운다. 아기는 '아니'라고 말하면서 전략을 변화시킨다. 그러고는 똑같은 것을 하더라도 이번에는 가령 어떤 대상을 도움의 수단으로 사용한다. 아기는 독창적이 된다.

> 루돌프, 55주 "뭔가를 열심히 하다가 때로 고개를 흔들며 '아니야'라고 말해요. 그러고는 다르게 해요."

> 율리아, 54주 "내가 '한번 해볼래?' 하고 물으면 가서 정말로 그렇게 해요. 아기변기에서 오줌을 누고는 아기변기를 가지고 화장실로 가요. 때로는 변기에 앉았다가 다시 일어서서 변기 옆에서 오줌을 싸요."

아기는 연구자

많은 아기는 쉬지 않고 사물을 탐구하는 데 열중한다. 그러면서 장난감이 바닥에서 어떻게 떨어지고, 뒤집어지고, 서로 어떻게 부딪치는지를 시험해보는 등 프로그램이나 실험을 행해본다. '꼬마 아인슈타인'은 이런 연구를 아주 매력적으로 생각해서 거의 중단하려고 하지 않는다. 가령 인형이나 블록을 몇십 번이고 집어 탁자 위에서 떨어뜨려보기도 한다. 아기가 그렇게 몰두할 때는 조용히 내버려 둬라. 아기는 이런 식으로 사물의 성질을 연구하는 것이다. 나중에 어떤 프로그램 중간에 무언가를 어떻게 해야 할지 선택할 때 이런 정보를 유용하게 활용하는 것이다. 그냥 놀기만 하는 게 아니다. 열심히 연구하고 때로는 야근까지 마다하지 않는다.

> 짐, 56주 "모양에 따라 분류하는 것에는 별 관심이 없어요. 목적상 필요할 때만 그런 분류를 해요. 요전에는 먹다가 남은 음식과 가느다란 물건들을 냉장고와 수납

장 사이의 틈에 밀어 넣어 그곳에 모아놓았어요. 그러다가 내게 '비밀 장소'를 들켰지요."

<u>토마스, 56주</u> "토마스는 탁월한 관찰자예요. 하루 종일 다른 사람들이 걷고, 돌고, 물건을 만지는 것을 쳐다보고, 물건을 어떻게 다루는지, 가령 장난감 자동차를 어떻게 미는지 유심히 관찰해요. 그러면서 손으로 다른 사람들의 동작을 흉내 내요. 나중에는 정말 어떤 물건이나 장난감을 손에 들고 그 동작을 되풀이해요. 어떤 물건이 어떻게 작동되는지 아주 관심이 많아요."

예기치 못한 두려움 앞에 선 아기

새로운 능력을 연마할 때 아기는 새롭고 자신이 완전히 이해하지 못하는 상황에 맞닥뜨리게 된다. 아기는 지금까지 몰랐던 새로운 위험들을 발견한다. 하지만 그것을 아직 말로 표현하지는 못한다. 모든 것을 더 잘 이해하게 되면 두려움도 다시 사라진다. 그러므로 아기의 입장을 이해하고 동감하라.

<u>율리아, 58주</u> "아기는 깜깜한 걸 무서워해요. 잠을 잘 때는 괜찮은데 환한 방에 있다가 깜깜한 방으로 데리고 가면 무서워해요."

<u>다니엘, 55주</u> "제트기 소리처럼 커다란 소리에 놀라요. 전화벨이 울리거나 문짝이 울려도 깜짝깜짝 놀라고요."

 |**55~60주(±2주)** | **아기의 발달을 돕는 놀이와 활동**

스스로 일하기
아기는 혼자서 뭔가 어른스러운 일을 하는 것을 좋아한다. 물을 첨벙거리는 일은 특히 인기가 많다. 대부분의 아기는 물을 가지고 놀 때 조용해진다. 아주 생동감 있는 아기들도 말이다. 한번 시도해보라.

_ 인형 목욕시키기
아기에게 때밀이수건과 비누를 주고 인형이나 봉제인형을 비누칠하게 한다. 아기는 인형 머리 감기는 것을 아주 좋아한다. 인형 목욕시키기가 끝나면 인형을 닦아주도록 손수건을 줘라. 그러지 않으면 아기도 물속에 들어가버릴 것이다.

_ 세발자전거나 트랙터 씻기
물을 쓸 수 있는 자리에 세발자전거나 트랙터를 갖다 놓아라. 마당에서 하면 가장 좋다. 양동이에 미지근한 물을 채우고 거품을 낸 다음 아기에게 솔을 줘라. 가는 물줄기가 흘러나오는 정원용 호스를 줘도 좋다. 아기는 그것으로 거품을 씻어낼 수 있을 것이다.

_ 설거지하기
아기에게 커다란 앞치마를 둘러준 다음 싱크대 앞에 의자를 놓아주고 그 위에 올라가게 하라. 싱크대를 미지근한 물로 채우고 아기에게 수세미와 플라스틱 접시, 컵, 나무 순가락 같은 깨지지 않는 그릇들을 줘라. 아기는 거품을 내는 것을 재미있어할 것이다. 아기의자가 미끄럽지 않도록 주의하라. 흥분한 나머지 미끄러질 수도 있다.

중요한 일을 돕게 하기
아기는 대부분의 일들을 아직 혼자 하지 못한다. 그러나 엄마를 도울 수는 있다. 아기는 식사 준비, 밥상 차리기, 쇼핑을 도울 수 있다. 물론 이렇게 하면 엄마는 귀찮기만 할 것이다. 하지만 아기는 그러면서 배운다. 아기를 일에 참여시키면 아기는 자신을 중요한 사람으로 여기고 만족스러워할 것이다.

_ 쇼핑한 물건 풀기

아기에게 물건 푸는 것을 돕게 하기 전에 위험한 물건들은 먼저 치워놓아야 한다. 아기에게 물건 하나하나를 집도록 할 수도 있고 "~ 줘요" 하고 요청할 수도 있다. 정리가 끝나면 아기에게 수납장 문을 닫게 해보라. 아기가 최선을 다했다면 마음껏 칭찬해주고 엄마가 아기의 도움에 기뻐한다는 것을 보여줘라. 일을 한 다음에 함께 맛있는 간식을 먹으면 아기는 좋아할 것이다.

숨기기 놀이

이 놀이는 이전보다 한 단계 복잡해질 수 있다. 아기는 기분이 좋으면 기꺼이 자신의 기술을 보여줄 것이다. 아기에게 맞춰라. 놀이를 너무 어렵게도, 너무 쉽게도 하지 말라.

_ 이중으로 숨기기

아기 앞에 컵 두 개를 엎어놓고 아기가 보는 앞에서 컵 아래에 장난감 한 개를 숨겨라. 이어 컵을 밀면서 컵의 위치를 바꿔라. 컵 A가 있던 자리에 컵 B가 있게 하는 것이다. 아기가 컵을 옮기는 것을 보게끔 유도하라. 그리고 아기가 장난감이 숨어 있는 컵을 맞추어보게 하라. 매번 할 때마다 아기를 칭찬하라. 이 놀이는 아직 아기에게는 어렵다.

_ 어디에서 소리가 나지?

많은 아기는 소리 찾기를 굉장히 좋아한다. 아기를 무릎에 앉히고 장난감 시계처럼 음악이 나오는 것을 보여주거나 듣게 하라. 그리고 다른 사람이 그 장난감 시계를 숨기게 하라. 어디에 숨기는지 아기가 보지 못하도록 하라. 소리를 들려주며 아기에게 장난감 시계를 찾아보라고 하라.

 | 55~60주(±2주) | 아기의 발달을 돕는 장난감과 가재도구

- ✿ (물속에 집어넣어도 되는) 인형, 인형 유모차, 인형 침대
- ✿ 동물들과 울타리가 있는 농장 세트
- ✿ 차고와 차들
- ✿ 기차, 선로, 터널
- ✿ 소꿉놀이 세트
- ✿ 장난감 전화
- ✿ 듀플로 블록
- ✿ 세발자전거, 자동차, 트랙터, 말, 기관차 등 아기 스스로 속에 들어가 앉을 수 있는 것들

- 물건을 실어 옮길 수 있는 장난감 수레
- 흔들의자, 흔들목마
- 다양한 모양의 블록을 상자 구멍에 집어넣게 되어 있는 장난감
- 고리 던지기 장난감
- 걸레, 솔, 손빗자루, 삽
- 욕조를 닦거나 욕조에서 놀 수 있는 여러 가지 색깔의 스펀지
- 커다란 종이와 두꺼운 색연
- 동물들, 아이들, 자동차, 화물차, 트랙터 그림이 나와 있는 책들
- 북, 피아노, 오르간 등의 악기

조심! 치우거나 안전조치를 취할 것
- 아기 외에 다른 가족들의 물건이 보관되어 있는 모든 장이나 서랍
- 비디오, 오디오, 가전제품, 가스레인지의 단추들
- 전등과 콘센트

<u>안나, 56주</u> "빠르게 다가오는 것에 놀라요. 앵무새가 머리 주위에서 퍼덕거릴 때도, 제 오빠가 달려와 아기를 잡으려 할 때도요. 모두 아기에게는 너무 속도가 빠른 것 같아요."

☀ 도약의 완성

생후 14개월이 되기 전, 59주쯤 되면 대부분의 아기는 다시 돌보기 쉬워진다. 어떤 아기는 말을 배우기 시작하면서 칭찬을 받는다. 또 어떤 아기는 집안일을 잘 도와준다고 칭찬을 받는다. 이제 아기가 자신의 뜻을 이루기 위해 화내는 일을 부쩍 줄인다. 아기가 다시 독립적이고 명랑해지는 것이다. 하지만 많은 엄마는 그래도 아기가 약간 힘들다고 생각한다.

<u>디르크, 59주</u> "쏜살같이 온 집 안을 뛰어다니며 가끔 하지 말아야 할 것까지 해요.

찾잔이나 맥주병, 신발을 치우는 데는 아주 창조성을 발휘해요. 내가 한눈을 파는 날에는 그것들이 변기나 쓰레기통에 들어가 있기도 해요. 그렇게 했다고 내가 꾸지람을 하면 싫어하는 표정이 역력해요."

<u>니나, 58주</u> "이제 장난감은 쳐다보지도 않아요. 어른들 흉내를 내고, 어른들과 뭔가 함께하는 것이 훨씬 재미있으니까요. 이젠 종종 주도권을 잡아요. 그래서 나가고 싶으면 잠바와 가방을 가져와서 나가자고 해요. 빗자루를 들고 와 청소를 하려고 하고요. 정말 다 큰 애처럼 굴어요."

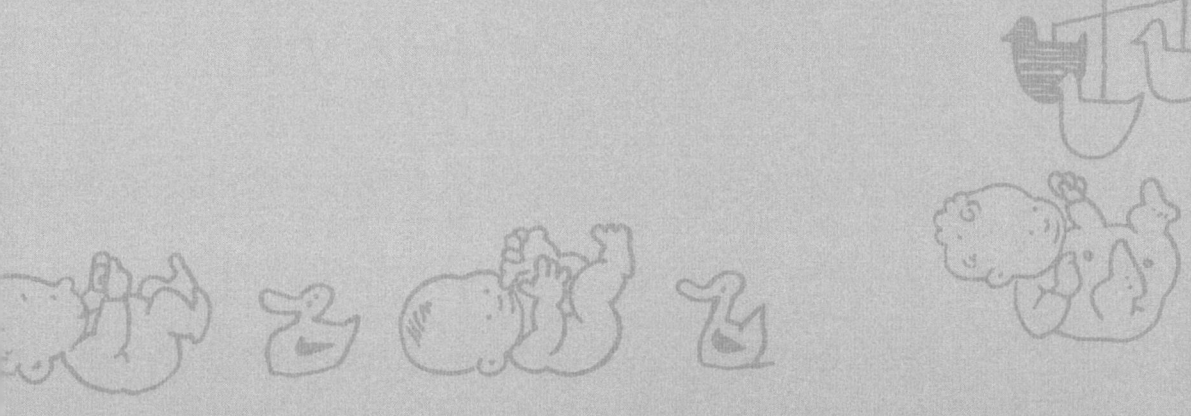

원칙과 규율을 습득한다

김수연 선생님의 조언 이 시기의 아기는 또래 아기들에게 흥미를 보이며 다가가지만 같이 정답게 놀기는 어렵다. 아직 혼자서 걷기가 불안한 아기들은 운동성이 좋은 아기들과 만나면 무서워하고 엄마 뒤로 숨거나 안아달라고 하게 된다. 이 시기의 운동성은 아기의 사회성에 영향을 미치므로 연관시켜서 이해하려는 노력이 필요하다. 또 눈치로 엄마의 의도를 알아차릴 수도 있다. 아직 문장을 말하지 못하므로 고집을 피울 때 바닥에 눕는 등 과격하게 떼를 부릴 수도 있다.

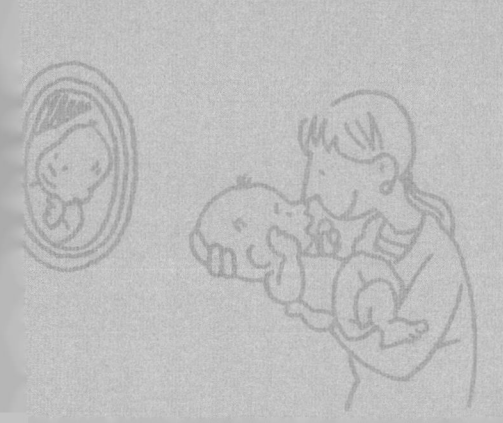

지난번 도약 이래 아기는 '프로그램'이 무엇인지 알게 되었다. 아기는 이제 먹는 프로그램, 씻는 프로그램, 외출하는 프로그램, 노는 프로그램에 친숙해졌다. 때로 엄마는 아기가 엄마의 프로그램에 관심을 쏟다가 자신의 프로그램으로 전환해 열중한다는 것을 느낀다. 아기는 엄마가 원하는 것과 다르게 프로그램을 진행한다. 가령 청소를 한답시고 작은 끈 하나를 손가락으로 주울 뿐이다. 걸레로 닦을 때는 마루에 물만 묻혀놓는다. 정리를 한답시고 흩어진 물건들을 감쪽같이 없애버린다. '꼬마 도우미' 프로그램은 아직 서툴다. 아기는 프로그램으로 가득 찬 복잡한 세계에 입문한 지 얼마 되지 않았으므로 자신의 프로그램을 제대로 맞추지 못하는 것이 당연하다.

어른은 각 프로그램의 순서를 변화시키면서 새로운 조건에 맞출 수 있다. 가령 어른은 할인점에 장을 보러 갔다가 제과코너에 사람들이 북적거리고 정육코너가 한가한 것을 보면 고기를 먼저 사기로 결정한다. 이런 결정은 쇼핑을 빨리 할 수 있게 해준다. 아니면 정육코너에서 고기 재우는 법에 대해 조언을 구하기도 한다. 어른은 프로그램을 주변 사람들에게 맞추기도 한다. 자신의 의견을 말

할 때 질문하는 사람의 연령이나 지위를 고려하여 언어를 선택한다.

그 밖에도 프로그램은 우리 자신의 기분이나 연출하고자 하는 분위기에 따라 달라진다. 손님을 초대했다면 평소와 다른 요리를 선보일 것이고, 보통 때와는 약간 다르게 식탁을 차릴 것이다. 우리는 프로그램을 특정한 상황에 적합하도록 변화를 줄 수 있다. 어른들의 프로그램은 유연하고 자연스럽다.

다음번 도약을 하게 되면 아기는 좀더 능숙하게 다양한 상황에 맞추는 것을 배운다. 이제 '원칙'의 세계가 열리는 것이다. 아기가 64주 정도(약 15개월) 되면 엄마는 아기가 새로운 것을 시험하고 있음을 보게 될 것이다. 아기 스스로도 일찌감치 이런 도약이 시작되고 있음을 느낀다.

생후 14개월이 시작되어 59~63주에 아기는 익숙한 세계가 변한다는 것을 느낀다. 새로운 인상들이 뒤죽박죽되면서 친숙하던 세계는 혼란스러워진다. 그러나 아기는 새로운 것을 곧장 소화해내지는 못한다. 먼저 혼란스러운 것에 질서를 잡아야 한다. 아기는 불안해지며 가장 친숙한 대상으로 돌아가고자 한다. 아기는 힘들어진다. '엄마' 기름을 다시 주유해야 하기 때문이다.

 기억하세요!

아기가 보채면 아기가 새로운 것을 할 수 있거나 하려고 하지 않는지 유심히 살펴보세요.

 도약의 시작 : 엄마의 관심을 구한다

이 시기의 엄마는 아기가 툭하면 울고 거의 웃지 않는다고 불평을 한다. 아기가 종종 '심각하고' '슬픈' 듯하다고 말한다. 슬픈 순간은 예기치 않게 찾아오며, 뚜렷한 이유도 없다. 그러나 다행히 오래가지는 않는다.

아기는 예민해지고 초조하고 불안하며, 엄마가 자신의 뜻을 알아듣지 못하
거나 바라는 것을 해주지 않을 때, 엄마가 물건을 빼앗거나 뭔가를 하지 말라
고 할 때, 좌절하고 화를 낸다. 블록으로 쌓은 탑이 무너지거나, 의자를 미는
데 의자가 끄덕도 않거나, 탁자에 부딪쳤을 때에도 그런 반응을 보인다.

루돌프, 65주 또는 약 15개월 "이번 주에 굉장히 까탈을 부렸어요. 자기가 원하는 것이
빨리 되지 않으면 크게 소리 지르고 화를 냈어요. 내가 바빠서 원하는 걸 제대로
해주지 않거나 안아줄 수 없을 때도요."

아기가 엄마 곁에 있으려 한다는 걸 어떻게 알까?

엄마의 치맛자락을 붙들고 늘어지는가? 아기는 원래 가능하면 엄마 곁에서
많은 시간을 보내고자 한다. 그러나 커갈수록 서서히 중간중간 눈을 맞추는
것으로 만족한다. 독립적이 되어가는 것이다. 그러나 이 어려운 시기가 도래
하면 대부분의 아기는 다시 더 어린 아기 같은 행동을 보인다. 엄
마 무릎에 앉아 있거나 엄마가 안아줘야만 만족한다. 때로 신체
접촉에 대한 욕구는 매우 커서 엄마는 아기를 업고 다니는 수밖
에 뾰족한 수가 없는데, 이런 조치는 아기가 가장 좋아하는 것이다!

<u>라우라, 63주 또는 14개월 반</u> "다림질거리가 밀려 있었어요. 그래서 나는 아기를 안아서 장난감이 있는 곳에 데려다 놓고는 냉큼 와서 다림질을 했어요. 하지만 아기가 금세 내게 와서는 무조건 안기려 했지요. 내가 아기를 떼어놓자 아기는 엉겁결에 다리미 줄을 잡아당겼고 다리미는 급기야 내 다리 위로 넘어졌어요. 내가 놀라서 소리를 지르자 아기는 자지러지듯 울음을 터뜨렸어요. 간신히 다리미를 다리에서 떼어낸 나는 한 손으로 아기를 안고 욕조의 차가운 물로 다리를 씻었어요. 이 난리를 통해 아기가 가까이 있을 때는 결코 다림질을 하면 안된다는 걸 배웠어요!"

<u>막스, 63주 또는 14개월 반</u> "아기는 놀면서 계속 나하고 눈을 마주쳐요. 나와 눈을 마주칠 때마다 나를 보고 잠시 환하게 웃어주지요. 이런 커뮤니케이션이 아주 즐거워요."

<u>디르크, 66주 또는 15개월</u> "아기는 놀면서 잠깐씩 내 무릎으로 달려와 엉덩이를 디밀고 앉아요. 그리고 내가 아기 곁을 지나갈 때마다 잠깐씩 안아주기를 원해요."

낯을 가리는가? 대부분의 아기는 낯선 사람이 가까이에 있으면 엄마에게 찰싹 붙어 떨어지지 않는다. 엄마만이 아기를 만질 수 있고, 때로는 엄마만이 말을 걸 수 있다. 간혹 아빠도 거부당한다.

<u>그레고르, 64주 또는 14개월 후반</u> "우리 집에 손님들이 오거나 우리가 다른 집에 가면 한동안은 나한테서 떨어지지를 않아요. 그러다가 시간이 지나면서 차차 조금씩 발을 떼지요. 그런데 그때 누군가가 아기를 만지기라도 하면 다시금 나한테 와서는 찰거머리처럼 들러붙어요."

<u>야나, 64주 또는 14개월 후반</u> "심지어 아빠가 말을 걸어도 고개를

돌려버려요. 아빠가 목욕시키려고 욕조에 앉히면 울부짖기 시작하지요. 계속 내 옆에만 있으려고 해요."

신체접촉을 중단하지 않으려 하는가? 아기는 엄마와의 거리가 멀어지는 것을 싫어한다. 아기가 먼저 이동하면 괜찮지만 엄마가 먼저 이동하면 난리가 난다. 엄마가 자기 곁에 무조건 머물러 있기를 원한다.

라우라, 62주 또는 14개월 "내가 다른 방으로 가버리면 아기는 질색을 해요. 혼자 샤워도 못할 지경이에요. 아침에 일어나 잠시 아기를 아빠와 함께 있게 하면 아기는 소리를 지르기 시작해요. 이전엔 이 정도는 아니었는데요."

마르크, 66주 또는 15개월 "자기를 놀이방에 맡기는 걸 싫어해요. 데려올 때는 아기가 화가 나 있어요. 그래서는 나를 한동안 무시해요. 하지만 조금 지나면 다시 애교를 떨어요. 내 어깨에 고개를 대고 파고들고요."

더 많은 관심을 원하는가? 대부분의 아기는 혼자 놀기보다 엄마와 함께 놀려고 한다. 엄마가 방을 떠나면 걷거나 기어서 엄마를 쫓아다닌다. 아기는 엄마가 하는 집안일을 재미있어하는 것처럼 보인다. 하지만 그것은 오래가지 않으며, 모든 아기가 그렇지도 않다. 머리 좋은 아기는 때로 엄마를 놀이로 유혹하기 위해 새로운 전략을 생각해낸다. 그럴 때 아기는 아주 매력적으로 굴기 때문에 엄마는 저항하기가 쉽지 않다. 엄마는 '아기가 이렇게 엄마를 필요로 하는 시기가 얼마나 가겠어, 일단은 아기와 놀아주자' 하면서 기꺼이 집안일을 제쳐놓는다.

로빈, 63주 또는 14개월 반 "요즘 나와 함께 계속 유아 CD를 들으려고 해요. 그러면 나는 아무것도 하지 않고 아기 옆에 앉아 있어야 하지요. 잡지를 들추는 것도 허용되지 않아요."

질투를 하는가? 엄마가 다른 사람한테 관심을 보일 때, 특히 그 대상이 어린 아이일 때 아기는 불안해서 엄마의 주목을 끌기 위해 노력한다. 아기는 엄마를 독점하려 하고 엄마가 자기에게만 관심 갖기를 원한다.

토마스, 61주 또는 14개월 "내가 다른 사람들, 특히 아이들에게 관심을 보이면 아기는 주목을 끌기 위해 애를 써요. 정말 질투를 하지요. 내가 잠시 혼자 놀라고 말하면 그렇게 하긴 하지만 언제나 나와 가까운 곳에 있어요."

변덕을 부리는가? 이 시기의 아기 기분은 순식간에 180도 변할 수 있다. 한순간에 입이 샐쭉해졌다가 곧 다시 명랑해지곤 한다. 또는 엄마에게 사랑스럽게 뽀뽀를 하고 나서 금방 화를 내며 찻잔을 넘어뜨리고 울음을 터뜨리기도 한다. 거의 사춘기를 겪는 듯하다. 확실한 것은 이 월령의 아기가 자신의 감정을 표현할 수 있는 다양한 행동양식을 구사할 줄 알고, 불안한 시기를 만난 참에 그런 행동양식을 전부 다 시험해본다는 것이다.

마르크, 65주 또는 약 15개월 "난폭하게 굴다가 금방 세상에서 가장 순한 아기가 되기도 하고, 나를 때렸다가 다시 사랑스럽게 뽀뽀를 하기도 해요. 그리고 이따금 모든 것을 혼자서 하려고 하면서 절대로 간섭하지 못하게 하다가, 금방 찡찡대면서 나한테 전폭적으로 의존하지요."

잠을 잘 못 자는가? 이 시기의 많은 아기는 잠을 덜 잔다. 밤낮으로 잠자리에 들지 않으려 하고 잠을 재우려 하면 짜증을 부린다. 어떤 엄마는 아기의 수면습관이 하루 두 번씩 낮잠을 자다가 한 번만 길게 자는 것으로 바뀌는 현상인가 하고 추측한다. 아기가 드디어 잠이 들어도 그리 오래가진 않는다. 잠자다가 울던가, 계속 깨어 찡찡댄다. 어떤 아기는 안고 얼러주어야 다시 잠이 들고, 어떤 아기는 엄마가 옆에 눕혀줘야만 잠을 잔다.

소피, 62주 또는 14개월 "낮에 도무지 자지 않으려 해서 아기와 함께 누웠어요. 하지만 예상은 완전히 빗나갔어요. 아기는 잠이 들지 않았고 우리 둘은 하루 종일 피곤했지요. 아기가 여태까지는 낮잠을 오전, 오후로 두 번 잤었는데 이제는 오후에 한 번 길게 자는 것으로 습관이 변하는 과정인 것 같아요."

그레고르, 65주 또는 약 15개월 "잠이 별로 필요 없는 듯해요. 계속 수면시간이 늘어지고, 자다가 깨면 30분은 놀고 자려고 해요."

나쁜 꿈을 꾸는가? 어떤 아기는 나쁜 꿈을 꾸는 듯 불안하게 잔다. 자다가 놀라서 깨어나면 불안하거나 무서워하는 듯하고, 때로는 실망스럽거나 화가 난 것처럼 보인다.

그레고르, 62주 또는 14개월 "이번 주에는 밤에 자다가 두 번이나 깼어요. 소리를 지르고 땀에 흠뻑 젖어서 공포에 질린 듯이 보였어요. 30분 정도 안고 달래주니까 울음을 그쳤지요. 그러고도 한동안 잠을 이루지 못했어요. 처음 있는 일이에요."

<u>라우라, 64주 또는 14개월 후반</u> "잠든 아기를 놓고 방문을 닫고는 아래층으로 내려왔어요. 그러자 금방 깨어 엄청나게 큰 소리로 울부짖었어요. 얼른 올라가보니 아기는 자지러지게 울며 발버둥을 치고 난리였지요. 나는 아기를 안아주려고 했어요. 하지만 아기는 팔다리를 뻗쳤어요. 아기의 분노가 사그라질 때까지 좀 기다려야 했죠."

조용히 앉거나 누워 멍하니 앞을 바라보는가? 아기는 때로 움직이지 않고 가만히 앉거나 누워서 꿈꾸는 것처럼 넋 나간 표정으로 앞을 응시한다. 자신만의 세계에 빠져 있는 듯한 인상이다.

잘 먹지 않는가? 많은 아기는 이제 별로 밥맛이 없는 듯 적게 먹고, 이따금 식사를 거부한다. 엄마는 걱정을 한다. 그러나 아기는 그런 식으로 주목받기를 간절히 원하는 것이다. 순한 아기도 이제 좀더 자주 젖을 찾는데, 한 모금도 제대로 먹지 않고 다시 젖꼭지를 놓고는 흥미롭게 주변을 바라보거나, 젖을 먹지는 않고 그냥 물고 있으려고 한다. 이렇게 하여 아기는 엄마 곁에 있고 싶은 소망을 이루는 것이다.

<u>디르크, 64주 또는 14개월 후반</u> "이번 주에 아기는 잘 먹지 않았어요. 특히 저녁에는요. 뭘 주어도 한 숟가락도 받아먹지 않고 고개를 돌려버렸어요."

더 아기 같은 행동을 하는가? 엄마는 아기가 다시 '사라졌던 아기짓'을 한다는

인상을 받는다. 이 모습은 진짜 퇴보를 의미하는 것이 아니라, 새로운 진보가 시작되는 어려운 시기에 나타나는 전형적인 특징일 뿐이다. 이 월령쯤 되면 아기들은 이미 많은 것을 할 수 있기 때문에 이런 '뒷걸음질'은 특히 눈에 잘 띈다.

<u>막스, 63주 또는 14개월 반</u> "잘 걸어 다닐 수 있는데도 다시 기어 다녀요."

<u>안나, 62주 또는 14개월</u> "다시 우유병으로만 먹으려고 해요. 게다가 우유병을 혼자 잡고 먹지도 않아요."

과장된 애교를 떠는가? 쓰다듬고 뽀뽀하고 볼을 비비고, 많은 엄마는 이 시기 아기들의 애정공세를 받는다. 아기는 이제 칭얼거리고 달라붙는 것보다는 이런 애교가 엄마에게 더 잘 먹혀든다는 것을 안다. 애교작전으로 나가면 쉽게 자신이 절박하게 필요로 하는 '엄마 사랑'을 주유할 수 있다는 것을 말이다.

 <u>니나, 65주 또는 약 15개월</u> "이토록 애교를 떤 적은 없었어요. 나를 껴안고 내 목에 팔을 두르고 뺨과 뺨을 비벼대고 내 얼굴을 쓰다듬거나 뽀뽀를 해요. 내 외투의 털을 쓰다듬으며 거기에 뽀뽀를 하기도 하고요."

봉제인형을 더 자주 만지작거리는가? 무엇보다 엄마가 다른 일로 바쁠 때면 아기는 자주 수건이나 봉제인형, 다른 부드러운 것들을 만지작거린다.

<u>티모, 65주 또는 약 15개월</u> "아기는 동물인형을 꼭 껴안고 있어요."

눈에 띄게 버릇없이 구는가? 더 버릇없이 구는 것도 이 시기 아기들의 특징이다. 버릇없는 행동으로 엄마의 주의를 집중시킬 수 있으니까 말이다. 아기가 깨지기 쉽거나 더럽거나 위험한 것들을 만지고 있으면 엄마는 다른 할 일이 있어도 아기에게 올 수밖에 없다. 이런 방식으로 아기는 '엄마 사랑'을 주유받고자 하는 것이다.

<u>막스, 62주 또는 14개월</u> "최근에 아기가 물건들을 일부러 발코니 난간 위에 집어던졌어요. 나는 단단히 화가 났지요. 아기가 또 그러려고 했을 때 나는 아기를 번쩍 들어서 놀이보호공간에 앉혀놓고는 그런 행동이 왜 나쁜지 자세히 설명해주었어요."

<u>그레고르, 66주 또는 15개월</u> "하지 말라고 하는 것들만 하는 날이 있어요. 그러면 나는 인내심 있게 하지 말라는 말을 반복해야 하고 아기를 눈에서 뗄 수가 없지요."

눈에 띄게 화를 잘 내는가? 아기는 평소보다 예민해지고 화를 잘 내며 쉽게 흥분한다. 뭔가가 흡족하지 않거나, 당장에 뜻대로 되지 않거나, 엄마가 자신의 뜻을 오해하거나 하면 울면서 바닥에 드러눕거나, 주변의 것들을 마구 치거나, 화가 나서 발로 땅을 박찬다. 이런 분노는 전혀 합당한 이유 없이 시작된다.

<u>야나, 63주 또는 14개월 반</u> "아기는 발작적으로 화를 내요. 정말 새로운 행동이에요. 처음에는 아기가 어디 아픈 줄 알았어요. 갑자기 쪼그려 앉아서 소리를 질렀기 때문이지요. 그러나 화를 내는 게 틀림없었어요. 듣고 있으면 정말 신경질이 나요!"

"혼자서 먹겠다는 걸 우리가 곧장 알아듣지 못했더니 울음을 터뜨리며 몸을 펄쩍펄쩍 뛰기 시작했어요. 그런 행동은 상상할 수도 없었는데, 정말 난리법석을 떨더군요."

☹ 아기가 혼란스럽다는 것을 어떻게 알까?

- ❀ 더 자주 울고 변덕을 부리고 칭얼대고 까탈을 부린다.
- ❀ 웃음과 울음이 교차한다.
- ❀ 더 많은 관심을 원한다.
- ❀ 더 자주 치맛자락을 붙잡고 늘어지며 엄마 곁에 있으려고 한다.
- ❀ 과장된 애교를 떤다.
- ❀ 과장되게 버릇없이 군다.
- ❀ (더 자주) 화를 낸다.
- ❀ 질투를 한다.
- ❀ (더 자주) 낯을 가린다.
- ❀ 신체접촉이 중단되면 이의를 제기한다.
- ❀ 잠을 잘 못 잔다.
- ❀ (더 자주) 나쁜 꿈을 꾼다.
- ❀ 잘 먹지 않는다.
- ❀ 때로 가만히 앉거나 누워 멍하니 앞을 쳐다본다.
- ❀ 동물인형을 (더 자주) 만지작거린다.
- ❀ 더 아기 같은 행동을 한다.
- ❀ 화가 나면 안아주려 할 때 팔과 다리로 방어를 한다.
- ❀ 그 밖에 눈에 띄는 것들 : _____

화, 다툼

엄마는 화가 나서 참지 못한다 이 월령쯤 아기가 치맛자락을 잡고 늘어지며 보채고 칭얼대면 엄마는 예전처럼 많이 참아주지 못한다. 아기가 더 어렸을 때는 아기가 힘들어하는 시기에 엄마는 주로 걱정을 했다. 그러나 이제는 걱정보다는 짜증이 앞선다.

> 마리, 69주 또는 약 16개월 "지금까지는 잠자는 거 가지고 힘들게 하지는 않았어요. 하지만 이제 달라요. 며칠 밤을 몇 시간씩 울더라고요. 나는 정말 화가 머리끝까지 났어요. 밤이라도 좀 호젓한 나만의 시간을 갖고 싶은데……. 이것이 일시적인 일이기를 바라요."

엄마는 이제 자신이 화났다는 사실을 말하고, 칭얼대는 아기에게 좋지 못한 행동임을 가르쳐주려고 한다. 엄마는 아기에게 무엇을 고쳐야 할지 설명해준다. 말은 이제 중요한 역할을 한다. 그러나 아기는 잘 알아듣지 못한다. 엄마의 인내심은 무한하지 않다. 엄마는 아기에게 엄마의 필요를 고려해주기를 바란다.

> 로빈, 65주 또는 약 15개월 "아기는 하루 종일 내 무릎에 앉아 있으려 하거나 젖을 물고 있으려고 해요. 나는 힘이 들어서 아기를 놀이로 유도해서 내게서 좀 떨어뜨려 놓으려고 해보지요. 하지만 아기는 금세 다시 와서는 나를 잡고 늘어져요. 어떨 때는 아기를 침대에 눕히고 문을 닫아버릴 때도 있어요."

> 요나스, 67주 또는 15개월 "아기가 계속 버릇없이 굴고, 무엇을 원하는지 자기도 모르면서 하찮은 일로 울음을 터뜨리고, 내 말을 듣지 않을 때면 나는 아기가 피곤해서 그런 거라고 여기며 아기를 침대에 눕히고 문을 닫고 나와요. 그렇게라도 해서 한숨 돌리지 않으면 안 돼요. 계속 아기가 내 신경을 긁어서 참을 수 없어지니까요."

엄마와 아기의 다툼 아기가 성장할수록 엄마와 아기 사이에는 의견차가 생긴다. 아기가 칭얼대고 달라붙고 까탈을 부린다고 엄마가 아기를 혼내면 아기는 점점 더 반항을 하고, 때로 다툼으로 발전하기도 한다. 이때는 아기도 엄마도 예민해져 있기 때문이다.

<u>막스, 63주 또는 14개월 반</u> "징징대는 것으로 자신의 뜻을 달성하지 못하면 아기는 그냥 울어버려요. 한참을 지나도 울음을 그치지 않으면, 나는 아기를 놀이보호공간에 넣어버려요. 아기는 거기에 들어가기 싫으니까 더 화가 나지요. 나는 그칠 때까지 그냥 울고불고하게 내버려 둬요. 이 모든 과정이 정말 힘들어요."

<u>율리아, 65주 또는 약 15개월</u> "아침 7시부터 밤 10시 반까지 계속 사람을 힘들게 하고 뜻대로 되지 않으면 울어대요. 그럴 때는 저절로 엉덩이를 때려주게 돼요. 아기는 말을 전혀 들어먹지 않아요. 낮잠도 한번 찔끔 자고 일어나고, 우리 부부는 절대로 호젓한 시간을 가질 수가 없지요. 아기가 우리 삶을 완전히 지배하고 있어요."

<u>율리아, 66주 또는 15개월</u> "때때로 정말 참을 수 없어요. 그래서 매를 들고 싶을 때도 있지요. 하지만 매는 도움이 안 돼요. 이번 주에 나는 '네가 그런 식으로 하면 엄마는 네가 싫어. 저리 가!'라고 말했어요. 그렇게 말하고는 나 스스로 너무나 놀랐어요. 아기가 아주 불쌍하게 울었기 때문이지요. 때리는 것보다 말이 더 상처가 되는 것 같아요."

새로운 능력의 분출

생후 15개월이 될 때쯤 엄마는 아기가 한결 수월해진다는 것을 느낀다. 아기는 다시금 왕성한 탐구욕을 나타낸다. 아기는 점차 의지가 강해지고, 전과는 다르게 생각하고, 장난감이나 물건을 전과 다르게 다루고, 전과는 다른 것들을 보고 웃는다. 그 이유는 이 시기의 아기에게서 '원칙'을 지각하고 응용하는 능력이 깨어나기 때문이다. '원칙'이라는 주제로 발견할 것이 엄청나게 많은, 새로운 세계가 열린다. 소질과 기호와 기질에 따라 아기는 이제 자신만의 선택을 하게 된다. 아기가 관심을 갖는 것이 무엇인지 이해하고 아기를 도와줘라. 아기의 새로운 능력은 때때로 아기로 하여금 골머리를 앓게 만든다.

<u>토마스, 67주 또는 15개월 반</u> "아기는 이제 다시 내 무릎에 앉아 있기보다는 열심히 세상을 탐구하고 있어요."

<u>막스, 67주 또는 15개월 반</u> "간혹 약간 걱정이 돼요. 아기 안에서 뭔가가 진행되고 있는 것 같은 느낌이에요. 아기는 상당히 자신에게 몰입해 있는 것 같아요. 나와 가까이 있으려 할 때가 많은데, 놀고 싶어서가 아니라 그냥 내 옆에 있고 싶은 것 같아요."

아기는 이제 다시 꽤 오랜 시간을 놀이에 열중하고, 더 침착해지며 진지해지고 자신에게 몰입할 수 있는 동시에 탐구를 좋아하고 호기심이 많아진다. 아기는 독립적인 태도를 보이고 장난감에 매달리지 않고 집안일에 더 많은 관심을 보인다. 그 밖에도 바깥놀이를 매우 좋아하게 된다. 바깥은 새로운 것으로 가득 차 있기 때문이다.

🐛 도약하는 아기 : '원칙'의 세계로 가는 첫걸음을 뗀다

아기가 '원칙'의 세계로 발을 내딛게 되면 엄마는 아기가 이제 익히 아는 '프로그램'을 더 손쉽게 행하는 것을 확인하게 될 것이다. 아기는 이제 자신이 무엇을 하고 있는지, 또 무엇을 하고 싶은지 더 빨리 파악한다. 아기의 사고가 변했기 때문이다. 아기는 이제 더 복잡하고 더 어른스럽게 생각한다. 원칙은 아기의 사고에 영향을 끼친다. 이제 아기는 마치 선생님처럼 '학습자료'보다 더 우위에 있다. 아기는 이제 프로그램 속에 '사로잡혀' 있지 않고 프로그램을 더욱 발전시키고 변화시키며 자신의 유익을 위해 사용한다. 아기는 프로그램에 대해 생각하기 시작한다. 이제 아기는 프로그램을 수행하면서 부딪치게 되는 교차로에 대해 계속 생각하고, 이렇게 할까 저렇게 할까를 결정한다. 원칙의 세계에서 아기는 어느 정도 '생각에 대해 생각'한다고 할 수 있다. 많은 것은 이제 아기의 머릿속에서 진행되며, 아기는 그것을 느낀다.

<u>막스, 67주 또는 15개월 반</u> "아기가 세계를 머리로 더듬는 것 같아요. 아기는 모든 것을 머리로 만져요. 바닥, 탁상다리, 책, 접시, 다른 물건들. 때로 아기는 나를 불러서 내게 자신의 생각을 말하는데, 나는 아기가 무슨 말을 하려고 하는지 잘 파악하지 못해요. 아기의 사고에 변화가 있는 듯하고, 아기가 머리로 세계를 파악할 수 있다는 느낌이 들어요."

원칙의 세계에서 아기는 미리 생각하고, 숙고하고, 가능한 행동의 결과들을 고려하고, 계획을 세우고, 장단점을 파악한다. 가령 어떻게 하면 아빠나 할머니가 자신에게 초콜릿을 더 잘 줄지, 어떻게 하면 잠자리에 들 시간을 좀더 연장할 수 있을지 생각하면서 전략을 세운다. 물론 아기는 어른들처럼 능숙하고 복잡하게 계획을 세우지는 못한다. 우리 어른들은 계속 프로그램을 행하고 그것을 다양한 상황에서 수천 번, 아니 수만 번 재점검하면서 '원칙'을 파악했다. 그러나 아기는 이 분야에서 아직 초심자다. 아기는 '이상한 나라의 앨리스'처럼 원칙이라는 복잡한 세계를 유랑한다. 아기는 자신이 아침 일찍부터 저녁 늦게까지 결정을 내려야 한다는 사실을 의식한다. 그리고 심지어 그것이 한꺼번에 되는 것이 아니라는 사실을 깨닫는다. 엄마는 아기가 때로 꽤 오랜 시간을 가만히 서서 이렇게 해야 할까, 저렇게 해야 할까 고민하는 것을 볼 수 있을지도 모른다. 이 월령의 아기에게

'생각'이라는 일은 이른바 '하루일과'이다.

<u>막스, 67주 또는 15개월 반</u> "아기는 아주 의식적으로 결정을 하고 그것에 필요한 시간을 내요. 나는 종종 아기가 한동안 어쩌지도 못하고 가만히 서 있는 걸 봐요. 아기는 텔레비전을 틀 것인지 말 것인지, 무언가를 발코니 난간으로 던질 것인지 말 것인지, 자기 침대에 누울 것인지 엄마 아빠 침대에 누울 것인지 등등을 생각해요."

　　원칙의 세계에서 아기는 무엇을 하고 싶은지 혹은 해야 할지를 결정해야 할 뿐 아니라, 블록으로 탑을 쌓는다든지 하는 결정을 실행에 옮기면서도 여전히 새로운 선택 앞에 놓이게 된다. 가령 탑을 그만 쌓고 부술 것인지 그냥 내버려둘 것인지, 아니면 더 높이 쌓을 것인지 등등 말이다. 그리고 엄마가 이제 그만 자야 한다고 말하면 그 말에 순종할 것인지, 아니면 약간의 놀 시간을 얻어낼 것인지 결정해야 한다. 그리고 어떤 전략으로 늦게 잠자리에 들지를 생각해내야 한다. 가령 아기는 이렇게 생각한다. '엄마가 나를 침대에 눕히려고 할 때 빨리 도망칠까?' 아니면 '화분에서 식물을 뽑을까?' 아니면 '엄마 아빠를 웃길까?' 아기는 끊임없이 생각하고 결정하고 시험해본다. 그리고 엄마를 절망시키기도 한다.

　　이를 통해 아기는 엄마 아빠처럼 자기도 주도권을 행사할 수 있다는 것을 알게 된다. 아기는 자기 장난감을 더는 다른 아이들에게 잘 양보하지 않는다.

자신의 중요성을 의식하며 자기 생각대로 일을 처리하려고 한다. 아기의 '자기 뜻'은 자신을 과로하게 만든다.

이 시기 엄마는 아기가 자신의 결정을 실험하는 것에 놀라게 된다. 아기는 한번은 가득 찬 물컵을 조심스럽게 탁자에 놓기도 하고, 한번은 탁자 위에 주스가 튀어나올 정도로 거칠게 놓기도 한다. 한번은 엄마에게 쓰다듬고 뽀뽀하면서 엄마에게 과자를 얻어내고자 하고, 한번은 과자 때문에 운다는 것을 알지도 못하는 엄마 앞에서 무조건 큰 소리로 울어댄다. 모든 가능한 방법을 시험해보고 다른 사람들의 반응을 연구한다. 아기는 차츰차츰 언제 어떤 상황에서 다정하게 하는 것, 돕는 것, 칭얼대는 것, 공격하는 것 등이 가장 효과적인지 알게 된다. 아기는 어떤 전략들은 스스로 고안해내고 어떤 전략들은 모방한다. 가령 다른 아기가 엄마를 때리는 것을 보면 아기는 이런 전략을 시험한다. 차츰 원칙의 세계를 알게 되면서 아기는 학습과정에서 엄마와 다른 어른들의 도움을 받는다.

우리 어른들은 원칙의 세계에서 수십 년간 경험을 쌓았다. 우리는 이것저것 시험해보았고 이 세계에서 무엇이 효과적인지 알아냈다. 그리하여 정의, 친절, 인간애, 도움, 아이디어, 만족, 성실, 조심, 협동심, 꼼꼼함, 이성, 자신감, 인내, 보살핌 등에 대해 정확한 표상을 갖고 있다. 우리는 다른 사람들을 배려할 줄 알고, 효율적으로 행동하고, 협동하고, 사랑스럽거나 공손하게 행동할 줄 안다. 우리는 일반적으로 다른 사람들이 우리에게 무엇을 기대하는지도 안다. 그렇지만 모든 어른이 전체의 원칙을 똑같은 방식으로 실행에 옮기는 것은 아니다. 가령 우리는 소개받은 사람에게 악수를 청하는 것이 예의 바른 것임을 알고 있다. 그것은 여러 나라에서 통용된다. 그러나 영국에서는 악수를 하지 않고 그저 친절하게 고개를 숙이는 것만으로 족하다. 한편 탄자니아에서는 두 손을 맞잡는 것이 일반적이다. 탄자니아에서 한 손으로만 악수를 하면 뭔가 감추는 게 있다는 뜻이다. 그리하여 한 손으로만 악수를 하면 예의가 바르지 않다고 여긴다. 우리의 인격 특성, 환경, 문화에 따라 원칙은 다르게 적용된다.

일반적으로 '원칙'이라 하면 어떤 목표를 추구할 때 (전체의 개별적인 단계들을 구체적으로 규정함 없이) 적용하는 일반적인 전략이라고 말할 수 있다. 지금까지 언급한 예들은 가치와 규범에 기초한 도덕적인 원칙들에 대한 것이었다. 그러나 그 밖에도 아주 다른 원칙들이 있다. 체스놀이에도 원칙이 존재한다. 체스판의 중앙을 더 잘 제어하는 자가 이길 확률이 높다. 기사를 작성할 때도 기사를 읽을 독자의 필요를 고려하여 작성해야 한다는 원칙이 있으며, 기업의 장부 작성에도 원칙이 있다. 신체가 어떻게 움직이는지를 기술하는 물리학적 법칙이나 단순한 원소가 복합적인 물질을 이루는 것을 보여주는 화학공식도 모두 원칙들이다.

이런 체스의 원칙이나 어른들의 가치와 규범 같은 원칙들을 아기는 아직 모른다. 원칙이라는 말 자체가 아기에게는 너무 어렵다. 그럼에도 아기는 자신만의 간단한 방식으로 원칙의 세계로 첫걸음을 내딛는다. 가령 아기는 가능하면 잠자리에 늦게 들기 위한 자신만의 전략을 개발한다. 또 어떻게 장난감 자동차로 경사진 면을 달리게 할 것인지 몇 시간 동안 시험해볼 것이다.

우리 어른들의 일상에서 원칙은 아주 다양한 형태로 표출된다. 우리는 끊임없이 변화하는 여건에 맞춘다. 그리하여 우리는 모든 상황에서 똑같이 인내하거나 신중하지 않고, 모든 사람에게 똑같은 관심과 존경을 표시하지는 않는다. 그것은 때로 그럴 만하다. 때로 누군가에게 완전히 정직하게 대하는 것이 좋지 않은 경우도 있으니까

말이다. 그런 결정은 상대방의 삶의 상황이나 나이를 고려해 내려진다. 아기와 남편이 원숭이를 그려 와서 당신의 평을 듣고자 한다고 하자. 남편에게는 남편이 그린 원숭이가 전혀 원숭이 같지 않다고 정직하게 말해줄 수 있을 것이다. 하지만 아기에게는 솔직하게 말하는 대신 "너무 잘 그렸네. 지금까지 본 원숭이 중에서 가장 예쁜 원숭이야" 하고 칭찬을 할 것이다. 당신은 별 생각 없이 원숭이를 그린 사람의 나이를 고려하고 있는 것이다. 아기에게 정직한 평을 해주면 아기가 실망한 나머지 아예 그림에 대한 흥미를 잃게 될지도 모르니까 말이다.

그러나 15개월 된 아기는 아직 변화하는 여건에 적응하지 못한다. 그러기에 아기는 아직 융통성이 부족하다. 아기는 우선 처음으로 파악한 전략에 집착한다. 아기는 지금 막 원칙을 처음으로 알게 되어서 우선은 아주 경직된 자세로 그것을 적용할 수밖에 없기 때문이다. 그러나 다음번 도약이 완성되면 아기는 환경에 더 많이 적응하고 전략을 환경에 맞출 수 있을 것이다. 원칙의 세계로 도약한 후 아기가 '프로그램'이라는 '학습자료들 위에' 서 있게 된 것처럼, 다음 도약 후 아기는 행동방식에 선택의 가능성이 있다는 것을 파악하게 된다. 그때가 되면 아기는 정직하게, 친절하게, 협력적으로, 신중하게, 인내심 있게, 효율적으로, 독창적으로, 올바르게 결정할 수도 있고, 그렇게 하지 않기로 결정할 수도 있다. 그때가 되면 할아버지의 나이를 고려할 수도 있고 그렇게 하지 않을 수도 있다. 그리고 울고 있는 놀이 친구를 위로할 수도 있고, 강아지에게 조심스럽게 접근할 수도 있으며, 엄마 말을 잘 들을 수도 있고 그렇게 하지 않을 수도 있다.

레아, 87주 또는 20개월 "할머니는 부엌에서 요리를 하고 있었고 레아는 얌전하게 인형을 가지고 놀고 있었어요. 그러다가 차츰 레아는 '놀이터'를 부엌에서 복도로 옮겨갔지요. 레아는 아주 조용하게 부엌문을 닫고 현관문을 열었던 것 같아요. 레아가 너무 조용하다 싶어 할머니가 둘러보니 현관문이 열려 있는 것이 보였어요.

할머니는 놀라서 밖으로 뛰어나갔어요. 레아는 길을 건너 인형 유모차를 밀면서 바쁘게 걷고 있었지요. 할머니를 발견하자 레아는 깜짝 놀라서 '레아 가꺼야, 레아 가꺼야' 하고 소리쳤어요. 그러고는 현장을 목격당한 것에 대해 마구 화를 내는 것 같았어요. 그때부터 할머니 집 현관문에는 빗장이 채워졌어요."

<u>앙겔리크, 92주 또는 21개월</u> "아기는 여러 번 화장실 청소를 하고 싶어했어요. 나는 '안 해도 돼' 하고 거절했지요. 그런데 며칠 전 기어코 아기는 자신이 하고 싶은 일을 달성했어요. 화장실 문이 '딸깍' 하고 잠기는 소리가 들리더니 곧장 화장실 안에서 열심히 닦는 듯한 소리가 들렸어요. 솔로 박박 문지르고 뭔가 딸각거리고, 물을 붓고……. 온 가족이 화장실문을 두드리며 소리를 질러대도 아기는 절대 문을 열어주지 않았지요. 20분쯤 지났을까요. 꼬마 청소부는 욕실 문을 열고 힘차게 걸어 나왔어요. 완전히 젖은 몸으로 눈을 반짝반짝 빛내면서요. 그러더니 '다해쪄'라고 말하고는 저쪽으  로 가버렸어요. 욕실은 완전히 물바다였고 변기에는 두루마리 화장지가 빠져 있었으며 욕실 벽에도 물에 젖은 화장지가 붙어 있었지요."

💡 **두뇌발달**

미국 학자들이 408쌍의 일란성 쌍둥이를 연구한 바에 따르면, 14개월경 아기의 정신발달은 유전적 영향을 크게 받는다는 사실을 밝혀냈다. 유전적 영향은 비언어적 능력뿐 아니라 언어이해 능력에도 크게 작용한다는 것이 드러냈다.

아기가 경험하는 '원칙'의 세계

'자기 의지'를 표현한다

- ✿ 의식적으로 결정한다.
- ✿ 주도권을 잡는다.
- ✿ 다른 사람들이 무슨 계획을 세우면 끼어들려고 한다.
- ✿ 소속감에 대한 욕구가 강해진다. 인정받고 싶어한다.
- ✿ 장난감을 더는 양보하지 않는다.
- ✿ 그 밖에 눈에 띄는 것들 :

관찰하고 따라 한다

- ✿ 어른들을 관찰한다.
- ✿ 다른 아이들을 관찰한다.
- ✿ 사랑스런 행동을 모방한다.
- ✿ 공격적인 행동을 모방한다.
- ✿ 재주넘고 기어오르기 등 대근육 운동을 따라 한다.
- ✿ 연필 잡기 등 소근육 운동을 따라 한다.
- ✿ 절룩거리기나 구부리고 걷기 등 특이한 운동을 모방한다.
- ✿ 텔레비전이나 그림책에서 본 것을 따라 한다.
- ✿ 그 밖에 눈에 띄는 것들 :

전략을 시험하고, 한계를 알아내고, 독창성을 발휘한다

- ✿ 일련의 움직임을 실험한다.
- ✿ 대상을 숨겼다가 다시 가져오는 실험을 한다.
- ✿ 좁은 공간으로 기어 들어갔다가 다시 나오는 실험을 한다.
- ✿ 신중하게 대상을 다루는 실험을 한다.
- ✿ '내가 무엇을 할까?' 결정하는 실험을 한다.
- ✿ '예', '아니오'를 가지고 실험을 한다.
- ✿ 일부러 말을 듣지 않는 척하는 등 어느 정도 엄마를 속일 수 있는지 실험한다.
- ✿ 경사진 면이나 융기된 부분을 만져보고 탐구하고, 장난감 자동차로 그 위를 달리게 하는 등의 실험을 한다.

❀ 그 밖에 눈에 띄는 것들 : _____

_____

전략과 작전을 쓸 줄 안다

❀ (더 자주) 협력적이거나 협력적이 되고자 한다.

❀ (더 자주) 고분고분하거나 고분고분해지려고 노력한다.

❀ (더 자주) 신중하거나 조심스럽거나 그렇게 행동하려고 시도한다.

❀ (더 자주) 스스로 아직 어려서 도움이 필요하며, 그래서 어른 말을 따라야 한다는 것을 인정한다. 가령 거리가 위험한 장소라서 어른의 손을 잡고 가야 한다는 것을 파악한다.

❀ 다른 사람으로부터 무언가를 얻어내거나 다른 사람이 자신을 위해 무언가를 하게 하기 위해 장난을 친다.

❀ 자신의 뜻을 이루기 위하여 (더 자주) 특히 사랑스러워진다.

❀ (더 자주) 칭얼댐으로써 자신의 뜻을 관철시키고자 한다.

❀ 화를 낸다든지 하면서 (더 자주) 자신의 감정을 표현한다.

❀ (더 자주) 스스로 하고 싶은 것을 한다.

❀ 스스로는 접근할 수 없거나 엄마가 거절한 뭔가를 얻으려고 다른 사람에게 향한다. 가령 '엄마가 안 주는 과자를 아빠가 주지 않을까?' 하면서.

❀ 그 밖에 눈에 띄는 것들 : _____

_____

아기의 개성 파악하기 : 관찰한 것을 기록해보라

_____

_____

_____

아기가 새로운 세계에서 모든 것을 한꺼번에 발견할 수 없음을 염두에 둬라. 64주 또는 생후 15개월경에 아기는 처음으로 이 새로운 세계에 발을 들여놓았다. 그러나 아기가 언제 어떤 능력을 획득하는가는 아기의 관심사와 아기에게 얼마나 많은 기회가 주어지느냐에 달려 있다. 여기서 소개한 대부분의 것들을 할 수 있으려면 몇 달, 때로 더 오랜 시간이 지나야 한다!

아기의 관심사에서 개성을 발견하라

모든 아기는 '원칙'을 지각하고 응용하는 능력을 얻었다. 아기가 원칙의 세계를 속속들이 알기까지는 수년이 소요된다. 그러나 이 시기의 아기는 이 세계에 약간 망설이면서 첫발을 디뎠다. 이제 아기는 신중하게 할 것인지, 과감하게 할 것인지 등 어떻게 행동하고 싶은지를 스스로 결정하는 월령이 되었다. 아기는 엄마를 배려할 것인지, 아니면 칭얼댐으로써 자신의 의지를 관철할 것인지를 결정한다. 간단히 말해 스스로의 목표를 이루기 위해 어떤 전략을 쓸 것인지를 결정하는 것이다. 아기가 어떤 결정을 하는가는 우선적으로 아기의 소질과 민첩성과 기호와 환경에 달려 있다. 하여튼 64주 또는 생후 15개월에 아기는 원칙의 세계를 탐구하기 시작한다. 아기를 다른 아기와 비교하지 말라. 모든 아기는 저마다 독특하며 개인적인 선택을 한다.

아기를 정확히 관찰하라. 아기가 무엇에 관심이 있는지 살펴보라. 〈그 밖에 눈에 띄는 것들〉에 아기의 선택을 기록할 수 있는 빈칸이 마련되어 있다. 엄마 스스로 기록을 하면서 아기에게 유용하고 배울 가치가 있다고 생각되는 전략들을 파악할 수 있을 것이다. 아기가 생후 16개월 반쯤 되면 다음 도약이 시작된다. 그러면 엄마는 이 부분을 더 이상 기록할 수 없다.

도약의 성과 : 아기의 능력을 끌어올려라

원칙의 세계에서 아기는 다양한 방식으로 목표에 도달할 수 있음을, 스스로 다양한 전략을 쓸 수 있음을 발견한다. 아기는 신중하게 또는 과감하게 일에 착수할 수 있고, 목표에 도달하기 위해 칭얼대거나, 뽀뽀를 하면서 애교를 떨거나, 약간의 장난을 칠 수도 있다. 아기는 점점 독창적으로 행동한다. 아기는 더 안정감 있게 걸을 수 있고, 더 잰 동작으로 길 수 있고, 엄마의 말을 더 잘 이해할 수 있으며, 더 자주 스스로 대답할 수 있다. 아기는 감정을 더 장난스럽게 표현할 수 있으며, 이런 능력을 때로는 몰래 연습하기도 한다. 아기는 더 능숙하게 먹고 마시고, 블록으로 탑을 쌓고 치울 수 있으며, 다른 아이들을 밀거나 다른 아이들과 부딪치는 데도 더 능숙해진다. 이 월령의 아기에게는 모든 것이 더 쉬워진다. 그리고 아기는 새로운 전략을 시험하기 위해 새로이 습득한 모든 능력을 투입한다. 이 말은 아기가 생각한 모든 전략이 정말로 목표 달성으로 이어진다는 뜻은 아니다. 그러기에는 아직 많은 시간과 연습이 필요하다. 그러나 다양한 것을 시험해보면서 아기는 무엇이 효과적이고 무엇이 그렇지 않은지를 확인한다. 어떤 전략은 특히 효율적이고 어떤 전략은 쓸모없는 것으로 드러난다.

아기에게 다양한 전략을 실험해볼 수 있는 기회를 충분히 줘라. 그리고 아기의 전략에 반응을 보여줘라. 엄마의 반응이 곁들여진 연습은 아기가 특정한 상황에서 어떻게 행동하는 것이 가장 좋은지를 깨닫는 데 도움을 준다.

능숙함

꼬마 행위예술가 이 작은 행위예술가는 원칙의 세계에서 자리매김을 하고자 하고, 몸을 이용해 할 수 있는 모든 것을 알고자 한다. 즉 빨리, 천천히, 신중하게, 우습게 또는 영리하게 행동하고자 할 때 몸을 어떻게 사용하는지 말이다. 아기는 실험에 자신의 몸을 포함시키고 가능성을 시험한다. 아기는 '내가 몸으로 어떤 체조 연습을 할 수 있을까?' 혹은 '몸으로 어떤 모양을 만들 수 있을까?' 자문한다. 그리고 '내가 여기 틈에 들어갈 수 있을까?', '어떻게 하면 계단을 잘 올라갈 수 있을까?', '미끄럼틀에서 어떻게 내려갈 수 있을까?', '여기 누워야 편할까?', '블록들 위에 누우면 어떤 느낌일까?' 등등을 자문한다. 간단히 말해 아기는 자신의 몸을 다루는 데 독창적이 된다. 때로는 이 부분에서 아주 신중하지 않게 행동하는 바람에 엄마에게 걱정을 끼친다.

<u>수잔네, 67주 또는 15개월 반</u> "아무것도 잡지 않고 계단 하나를 올라갔다가 다시 내려오는 동작을 반복해요. 때로는 몇 시간 동안 그러고 있어요."

<u>티모, 70주 또는 16개월</u> "매일같이 새로운 놀이를 찾아내요. 얼마 전부터는 자기 침대 밑의 좁은 틈이 좋아 보였는지 계속 그곳에 팔을 들이밀어요. 어떤 때는 소파 밑으로 몸을 밀면서 몸이 어디까지 들어가나 시험해보기도 하고요."

<u>아스트리드, 64주 또는 14개월 후반</u> "어디서 어떻게 누울 수 있는지를 특히 재미있어해요. 인형 목욕통이나 욕조에도 누워보고요, 바닥에 놓인 이불과 쿠션 위에도 누워봐요."

<u>루돌프, 70주 또는 16개월</u> "최근에 아기는 의자나 보조의자 같은 큰 물건들을 이리저리 끌고 다녀요."

야외에서의 발견여행 이 월령의 아기는 일반적으로 정원이나 자연을 굉장히 흥미로워한다. 아기는 되는 대로 여기 찔끔, 저기 찔끔 뒤져보는 듯한 인상을 준다. 그러나 사실 아기는 주변환경을 연구하고 있는 것이다. 이 부분에서 엄마는 도움을 줄 수 있다. 많은 아기는 끊임없이 질문을 던진다. 아기는 자신이 발견한 것들이 무엇인지 알고자 하고, 엄마의 대답을 귀 기울여 듣는다.

<u>티모, 71주 또는 16개월 반</u> "물웅덩이만 보이면 꼭 디디고 지나가려고 해요. 재미있나 봐요."

<u>빅토리아, 61주 또는 14개월</u> "동물원에서 갑자기 소를 보더니 완전히 당황했어요. 감히 소를 쓰다듬지 못했지요. 집에 돌아오는 길에 아기는 조용히 생각에 잠겨 있었어요. 지금까지 그림책에서만 보던 소를 진짜로 본 게 인상 깊었던 것 같아요."

물건들을 능숙하게 다룬다 원칙의 세계에서 아기는 장난감과 다른 물건을 다루는 것에 점점 독창적이고 능숙해진다. 먹을 때도 스스로 숟가락을 잡고 먹을 수 있어야 얌전하게 먹는다. 엄마가 생각 없이 평소처럼 도와주면 아기는 음식을 바닥에 더 많이 흘린다. 블록과 링 던지기, 퍼즐도 더 능숙하게 한다. 수도꼭지나 뚜껑을 돌려서 열고 싶어하고, 유리컵 같은 것에도 흥미를 느낀다. 아기는 끊임없이 열려고 한다.

원칙의 세계에서 아기의 주된 관심은 어떤 전략이 목표에 이르는 데 효과적인지를 시험하는 것이다. 아기는 이것저것 고려한다. 가령 열쇠꾸러미를 옷장 뒤로 던진다든지, 침대 밑에 숨긴다든지 하면 어떻게 되는지 시험한다. 아기는 다시금 열쇠 꾸러미를 꺼내려고 작은 막대기를 활용하기도 한다. 아기는 이런 방식으로 대상을 치워버리고, 숨기고, 다시 가져오는 것을 배운다. 이런 일이 약간 능숙해지면 아기는 엄마 앞에서 자신의 '마술'을 선보여 엄마를 즐겁게 해준다. 많은 아기는 다른 아이들이 가지고 놀지 못하도록 장난감을 숨겨버리기도 한다. 아기가 어떤 행동에 몰두하는지 관찰하면 아기의 관심이 어디에 있는지 알 수 있다. 위험한 물건들은 아기 손이 닿지 않는 곳으로 옮겨라. 그리고 가능하면 '꼬마 연구자'에게서 눈을 떼지 말라.

루돌프, 65주 또는 약 15개월 "우리는 함께 퍼즐을 맞춰요. 열심히 참여하기는 하지만 제대로 맞추지는 못해요."

루카스, 64주 또는 14개월 후반 "얼마 전부터 고리던지기 놀이를 좋아해요. 틀린 고리를 던졌을 때는 곧장 알아채고 '아니'라고 말해요. 그리고 올바른 고리를 잡았을 때는 굉장히 자랑스러워서 나를 힐끔거리며 칭찬해주기를 기다려요."

안나, 68주 또는 15개월 반 "아기는 잡지꽂이에서 잡지 하나를 꺼내려고 힘을 썼어요. 끌어당기고 잡아당기고 한 끝에 드디어 성공하자 스스로 대견한 듯 미소를 지었어요. 지금까지 그런 웃음은 처음 보았어요."

빅토리아, 61주 또는 14개월 "거실 벽난로 위에 놓여 있는 초콜릿을 달라고 했어요. 나는 주지 않으려 했고 아기는 졸라댔지요. 나는 아기를 부엌으로 데려갔어요. 초콜릿을 잊어버리게 하려고요. 하지만 아니었어요! 다시 거실에 오자마자 아기는 기를 쓰고 벽난로 쪽으로 의자를 옮겼어요. 그렇게 하는 데 15분은 걸렸지요. 의자가 원하는 자리에 놓이자 아기는 제 오빠한테 올라가는 걸 도와달라고 했어요. 오빠는 청을 들어주지 않았지요. 저녁에 할아버지가 집에 들르셨어요. 할아버지는 초콜릿을 좋아해서 초콜릿을 보자마자 당장 하나 집어먹었고, 그 바람에 아기도 한 개 얻어먹었어요. 잠시 후 아기는 승리에 찬 미소를 지으며 자신의 노획물을 보여주었지요.

기어이 목적 달성을 한 것이었어요!"

언어로 놀기 원칙의 세계에서 아기는 주변 어른들이 서로 이야기하는 것과 자신에게 이야기하는 것을 점점 더 잘 알아듣는다. 아기는 이제 짧은 명령어를 알아듣고 스스로 중요한 사람이 된 듯한 기분에 열심히 시키는 대로 한다. 엄마가 이름을 말하면 아기는 아주 만족스럽게 엄마가 언급하는 신체부분이나 물건들을 가리킨다. 많은 엄마는 아기가 아는 것이 많으니까 말도 훨씬 잘해야 하는 거 아닐까 생각한다. 그러나 아는 단어라고 모두 말할 수 있는 것은 아니다. 다음 도약이 이루어진 후, 즉 21개월 정도 되어야 아기의 언어능력은 더 세련되어진다. 원칙의 세계에서 아기는 단순한 단어를 말하고, 동물소리 같은 다양한 소리를 따라하는 것으로 만족한다.

아기와 함께 가리키기 놀이를 해보라. 엄마가 단어를 말하면 아기가 해당하는 대상이나 신체부분을 가리키는 것이다. 이 월령의 아기들은 또한 '부르기 놀이'도 좋아한다. 아기가 엄마를 부르면 엄마 쪽에서 아기 이름을 불러주고, 아기가 다시 엄마를 부르게 하고 엄마가 다시 아기 이름 부르기를 반복하는 놀이다.

슈테파니, 69주 또는 약 16개월 "아기는 발, 발가락, 귀, 눈, 코, 배, 손, 머리 등 신체부위를 가리키는 것을 좋아해요. 또한 샴푸로 머리를 감는다는 것과 어떤 병에 샴푸가 들어 있는지도 알아요."

사라, 70주 또는 16개월 "아빠가 부엌에서 뭔가를 하고 있을 때 아기가 '아빠!' 하고 불렀어요. 그러자 금방 놀이가 시작되었지요. 아빠와 아기는 서로 이름을 번갈아 부르는 놀이를 시작했어요. '사라', '아빠', '사라', '아빠' 이렇게요. 사라는 이제 아빠가 시야에서 사라졌다 하면 이 놀이를 시작하려고 해요."

다른 사람 따라 하기 원칙의 세계에서 아기는 다른 아이들이나 어른들이 어떤

행동을 하고 그 행동이 어떤 결과를 맺는지를 관찰한다. 아기는 '아빠는 어떻게 그렇게 그걸 잘할 수 있을까?' 하고 자문하는 듯하다. 또는 '엄마와 아빠는 여전히 변기 위에 앉는구나. 어른은 다 그렇게 하는 것일까?', '저기 저 아기는 엄마의 다리를 계속 밟고 있는데, 그러면서 계속 웃는 걸 보니 재미있나봐'라고 생각하는 듯하다. 아기는 보고 따라 하면서 관찰한 행동을 시험해본다. 주변 사람들은 아기의 모범이 된다. 또한 그림책이나 텔레비전에 등장하는 행동양식도 아기의 영감의 원천이 되어준다.

그러므로 아기의 행동에 계속 반응을 보이고 엄마가 그런 행동을 어떻게 생각하는지 확실하게 보여줘야 한다. 그럴 때 아기는 어떤 것이 괜찮고 어떤 것이 안 되는지를 배우고, 어떻게 하면 특정한 일을 더 잘, 더 빨리, 더 효율적으로 할 수 있는지를 배운다.

토마스, 63주 또는 14개월 반 "지금 아기는 계속 다른 사람들을 따라 해요. 보는 행동마다 흉내를 내지요. 누가 발로 바닥을 구르면 자기도 그렇게 하고요. 누가 주변으로 팔을 휘두르면 자기도 똑같이 하고, 누가 넘어지면 자기도 넘어지고, 누가 무언가를 던지면 자기도 던지고, 누가 물면 자기도 물고요."

야나, 64주 또는 14개월 후반 "최근에 아기는 그림책을 한참 유심히 봐요. 텔레비전도 마찬가지예요. 텔레비전 방송에서 어떤 아기가 다른 아기들에게 혀를 쑥 내밀자 곧장 그것을 따라 했어요."

빅토리아, 61주 또는 14개월 "이제 혼자 양치하는 것을 좋아해요. 칫솔로 이쪽저쪽 문지르고 나서는 톡톡톡 하고 세면대 가장자리를 두드려요. 이어서 다시 한 번 솔질을 하고 다시 한 번 세면대를 치지요. 우스운 것은 그게 모두 내 흉내라는 거예요. 내가 칫솔질하는 행동을 본 거예요."

일상을 모방하기 원칙의 세계에서 아기는 집이나 바깥에서 이루어지는 일상적인 일들을 흉내 내면서 논다. 요리하고, 시장 보고, 산책 가고, 작별하고, 아기인형을 돌보는 등. 물론 아기는 이 모든 것을 아기 같은 방식으로 한다. 그럼에도 아기가 어떤 일을 흉내 내는지 금방 알 수 있고, 신중하게 하려고 노력한다는 것이 역력히 느껴진다. 때로 아기는 무뚝뚝한 소리를 내고, 때로는 아주 사랑스럽게 군다. 아마도 그런 행동이 아기가 설정한 상황 속의 '역할'에 어울린다고 생각해서, 또는 다른 사람이 그런 상황에서 그렇게 하는 것을 보았기 때문일 것이다.

아기에게 다양한 역할을 해보도록 충분한 기회를 주고, 때때로 함께 놀아줘라. 그로써 아기에게 자신의 행동이 가치 있는 것이라는 인상을 줄 수 있다. 이 월령의 아기는 인정받고 이해받기를 원한다.

안나, 68주 또는 15개월 반 "아기는 인형을 위해 '요리'를 해요. 그걸 보면 나는 아기에게 정말로 먹을 것을 조금 줘요. 그러면 아기는 먹을 것을 작은 통에 넣어 인형에게 먹여요."

수잔네, 64주 또는 14개월 후반 "아기는 자랑스럽게 유모차를 밀고 동물원을 누볐어요. 그러다가 염소가 길을 막자 염소와 생생한 대화를 시작했지요. 조금 떨어져 있어서 아기가 뭐라고 하는지 자세히 듣지는 못했지만 마치 염소를 혼내는 듯한 어조였어요."

막스, 66주 또는 15개월 "하루에도 여러 번 인형과 테디베어들을 안아주고 얼러주고 뽀뽀해주고 쓰다듬어주며 침대로 데리고 가요."

때로 아기는 부모 흉내를 낸다. 물론 먼저 엄마 아빠가 어떻게 행동하는지 정확히 관찰한다. 그리하여 꼬마 소녀가 '엄마놀이'를 하면 진짜 엄마는 불필요해지고, 이른바 경쟁자로 변한다. 아빠가 집에 있는데 꼬마 소년이 아빠 역할을 맡았을 때도 마찬가지다. 그럴 때 꼬마 소년은 특히 엄마가 '새로운 아빠'에게 어떻게 대하는지에 관심을 둔다.

아기가 몰두하고 있는 것을 이해하라. 아기가 선택한 놀이에 집중할 수 있도록 기회를 주고 때로 함께 놀아줘라. 아기는 아빠 또는 엄마 역할을 하면서 굉장히 많이 배운다.

밑줄 짐, 66주 또는 15개월 "아기는 침대에서 아빠 자리를 차지하고는 뿌듯한 표정으로 주변을 둘러봐요. 그러고는 다시 소파에 내려 앉아 신문을 펼치지요. 아빠 흉내 내기는 아기의 아주 중요한 임무예요. 그러면서 늘 내 반응을 살피지요."

감정을 실험하기 원칙의 세계에서 아기는 감정을 실험한다. 아기는 기쁘고, 하고 싶고, 슬프고, 수줍고, 화나는 것이 어떤 느낌인지, 또는 누군가에게 인사를 하면 어떤 느낌인지를 알고자 한다. 아기는 인사할 때 어떤 표정을 짓는지, 몸은 어떻게 움직이는지 시험한다. 아기는 자신의 느낌을 어떻게 다른 사람에게 보여줄 수 있는지 연습한다. 그리고 무언가를 하고 싶거나 갖고 싶을 때 어떻게 행동하면 효과적인지 연습한다.

밑줄 다니엘, 63주 또는 14개월 반 "때로 아이는 완전히 꾸민 웃음을 웃어요. 보고 있자니 마치 웃으면 '어떤 느낌'이 나는지를 시험해보는 것처럼 보여요. 울 때도 억지 울음을 울고요."

<u>야나, 65주 또는 약 15개월</u> "아기는 여덟 번씩이나 같은 책을 읽어달라고 해서 나는 진력이 나기 시작했어요. 그런데 갑자기 아기가 고개를 숙이고 한동안 있는 게 아니겠어요. 나는 아기가 얼굴 표정을 제대로 지으려고 애쓰는 것을 볼 수 있었어요. 느낌에 맞는 표정을 짓게 되자 아기는 입을 쑥 내밀고 나를 쳐다보았어요. 완벽하게 토라진 얼굴! 아기는 이어 내게 책을 다시 내밀었어요."

미리 생각하는 아기 원칙의 세계는 아기로 하여금 미리 생각하고 계획을 세우고 숙고할 수 있게 한다. 아기는 이제 부모님도 그렇게 한다는 것을 파악하고 (아기의 반응을 보면 알 수 있다), 엄마가 무언가를 원하거나, 하거나, 아기에게 요구할 때 어떤 결과가 빚어지는지를 파악한다. 따라서 아기는 갑자기 전에는 아무렇지도 않게 받아들였던 것들을 거부하기도 한다. 그런 행동을 한다고 우리 아기가 반항적인 아이는 아닐까 걱정할 필요는 없다. 그런 행동은 대부분 발달과정 중에 나타나는 정상적인 모습이다.

<u>에바, 67주 또는 15개월 반</u> "최근에 아기는 내가 출근하는 걸 막아요. 얼마 전까지만 해도 아무렇지도 않게 현관문까지 나와 '빠이빠이'를 했었는데…… '빠이빠이' 한다는 게 뭔지를 아는 거예요. 그걸 하면 엄마는 몇 시간 동안이나 나타나지 않으니까요. 이제는 그게 즐거운 일이 아니라는 것을 깨달은 거지요."

<u>막스, 63주 또는 14개월 반</u> "이제 자기가 어떤 물건을 감추거나 놓아둔 곳을 잘 기억해요. 그 전날 놓아두었더라도 말이에요."

<u>소피, 65주 또는 약 15개월</u> "우리는 핑거 페인트 놀이를 했어요. 현관 거울에 그림을 그려놓는 거요. 나는 아기가 욕조에 앉아 있는 동안 얼른 현관 거울을 깨끗이 닦아놓았지요. 그런데 아기가 목욕탕에서 나오자마자 거

울에다 자기가 그려놓은 그림을 찾는 거예요. 아기가 실망하는 표정에 너무나 미안했어요."

칭얼대며 자신의 뜻을 이루기

난리법석 아기가 자주 소리 지르고, 발로 박차고, 물건들을 집어던지거나, 바닥에 나뒹굴면서 자신의 뜻을 이루고자 하는가? 엄마가 관심을 쏟지 않는다든지, 뭔가를 하지 말라고 한다든지, 식사시간에 놀이를 중단시킨다든지 하는 조그만 일에도, 또는 별다른 이유 없이 걸핏하면 난리를 피우는가? 왜 그럴까? 아주 간단하다. 아기가 볼 때 엄마나 장난감이 해줘야 하는 것을 해주지 않기 때문이다. 실망을 느낀 아기는 가장 손쉬운 전략, 즉 걸핏하면 화를 내는 방법으로 자신의 감정을 표현하는 것이다.

더 빠르고 더 유쾌한 방식으로, 더 성공적으로 목표에 도달하는 방법을 아기는 아직 더 연습해야 한다. 이 시기에 아기는 자신의 뜻을 전달하는 제한된 행동양식밖에 사용할 수 없다. 아기의 좌절감을 이해하도록 노력하라. 아기가 한동안 난리를 치게 내버려 둬라. 목표를 달성하기 위한 더 좋은 전략이 있다는 것을 엄마는 알려주면서 아기를 도울 수 있다. 아기가 스스로 필요를 확실히 표현하면 엄마는 아기 의견을 존중할 용의가 있음을 이해시켜라.

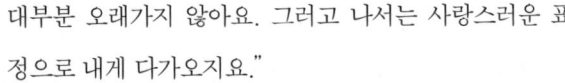

_라라, 64주 또는 14개월 후반_ "뭔가가 정확히 마음먹은 대로 돌아가지 않으면 바닥에 드러누워 계속 뒷머리를 박으면서 발버둥 치고 울어요. 하지만 그냥 내버려 두면 대부분 오래가지 않아요. 그리고 나서는 사랑스러운 표정으로 내게 다가오지요."

_티모, 68주 또는 15개월 반_ "요즘 툭하면 화를 내요. 무언가를 하지 말라고 하거나, 마음먹은 대로 곧장 되지 않거나, 한참 놀고 있는데 내가 밥 먹으라고 데려가면 소리 지르고,

장난감을 집어던지고, 가구를 발로 차요. 내가 빠르게 제 기분을 맞추어주면 아기는 금방 진정돼요. 하지만 화가 가시지 않아 한참을 울고불고하는 적도 많아요."

<u>라라, 65주 또는 약 15개월</u> "어제는 내가 침대에서 데려왔더니 난리가 났어요. 바닥에서 몸을 구르고, 머리를 여기저기 부딪치고, 발로 박차고, 계속 큰 소리로 울부짖었어요. 안아주고, 다른 것으로 주의를 돌리려고 해봐도 통하지 않았어요. 나는 정말이  지 이런 상황이 지긋지긋했어요. 그래서 한동안 아기를 보고만 있다가 부엌으로 가서는 사과 하나를 깎아 먹었지요. 그러자 아기는 서서히 울음을 그치더니 내게로 다가왔어요."

> **남자아이와 여자아이의 감정표현**
>
> 남자아이가 여자아이보다 실망과 불만의 감정을 더 강하게 표현한다. 부모들이 딸보다 아들의 강한 감정표현을 기꺼이 받아주기 때문이다. 전통적으로 여자아이는 얌전하고 순종적으로 행동을 할 것이라고 기대한다. 그래서 여자아이는 종종 분노의 감정을 안으로 삭인다. 그리하여 결과적으로 여자아이나 여자가 남자아이나 남자보다 우울한 감정에 빠질 확률이 높다.

아기의 발언권이 강해진다 원칙의 세계에서 아기는 모든 일이 어른이 원하는 대로 이루어질 필요가 없다는 것을 알게 된다. 아기는 발언권을 요구하고, 그러다 보면 도를 넘는 행동을 할 수도 있다. 막무가내로 자신의 의지를 관철하려고 한다. 아기는 이제 스스로 어떤 일을 시작하거나 주관할 수 있다는 것을, 엄마 아빠처럼 언제 어떻게 무슨 행동을 하고, 그 행동을 끝낼 것인지를 스스로 결정할 수 있다는 것을 알았다. 아기는 또한 가족의 결정에 더 자주 참여하고자 한다. 그리고 이런 바람이 받아들여지지 않으면 화를 내거나 실망한다.

아기를 이해하라. 아기는 마음먹은 일들이 언제나 곧장 이루어지는 것이 아니라는 것을 아직 더 배워야 한다. 그리고 다른 사람을 배려하고, 그럼에도 자신감 있는 태도를 취하는 법을 아직 더 배워야 한다.

디르크, 65주 또는 약 15개월 "뭔가 맘먹으면 그 생각에서 벗어나질 못해요. 누가 무슨 반대를 하든 귀를 닫아버리고 계획했던 일을 꾸미지요. 최근에는 제 누나들의 장난감이 들어 있는 수납장 차례였어요. 아기는 수납장을 뒤져 장난감을 끄집어냈지요. 그래서는 안 된다는 것을 아주 잘 알면서도요."

소피, 68주 또는 15개월 후반 "점점 고집이 세어져요. 얼마 전에 어린이 서점에서 그림책을 고르며 시간을 보냈어요. 내가 책값을 지불하고 서점을 나서려 하자 아기는 가기 싫어했어요. 서점 안에서 막무가내로 울부짖더니 길거리에서까지 난리를 쳤지요. 나는 정말 난감했어요."

라라, 66주 또는 15개월 "말을 도무지 듣지 않아서 자꾸 나와 부딪치게 돼요. 옷을 갈아입힐 때나, 밥 먹을 때, 또 어디를 빨리 가야 할 때 같은 때요. 어제도 그랬어요. 나는 자제심을 잃어 꾸짖고 소리를 질러댔지요."

아기의 공격성 많은 엄마는 순하던 아기가 때때로 화난 고양이처럼 공격적인 행동을 한다고 말한다. 그리고 그런 행동을 마음에 들어하지 않는다. 그러나 이런 '변신'은 매우 이해할 만한 것이다. 원칙의 세계에서 아기는 다양한 사회적 태도를 취해본다. 공격적 태도 역시 그것에 포함된다. 아기는 때리고, 물고, 주먹질하고, 발길질하고, 뭔가를 고장 낼 때 엄마나 다른 어른들, 또는 놀이 친구들의 반응이 어떤지 알아보고자 한다. 아기의 행동에 피드백을 해줘라. 그래야 아기는 공격

적인 태도가 사랑스럽거나 흥미롭거나 즐거운 것이 아니라 좋지 않은 것이며, 때리거나 발길질을 하면 다른 사람이 아프다는 것을 배우게 된다.

<u>수잔네, 70주 또는 16개월</u> "아기가 내 얼굴을 때렸어요. 내가 '그만해!'라고 하자 다시 때리더니 웃기 시작했어요. 나는 어찌해야 할 바를 몰랐지요. 아기를 기르는 일은 정말 간단한 게 아닌 것 같아요."

☹ 공격적인 행동의 원인과 대응법

연구 결과 신체적으로 공격적인 태도는 일반적으로 첫돌을 지난 아기에게서 처음으로 나타난다는 것이 밝혀졌다. 설문조사에 응답한 17개월 아기를 둔 90퍼센트의 엄마들이 아기가 가끔 공격적으로 행동한다고 응답했다. 신체를 사용하는 공격적인 태도는 두 돌 직전에 절정에 달하고, 이후 서서히 줄어들다가 유치원에 갈 월령까지는 대부분 사라진다. 정상적인 조건하에서 말이다.

그러나 특별히 더 공격적인 아이가 있다는 사실은 부인할 수 없다. 주변환경도 중요한 역할을 한다. 주변환경은 공격적 태도를 보이는 시기가 얼마나 오래 지속되는가에 결정적인 영향을 끼친다. 공격적인 행동을 보통으로 여기는 가정이라면 그 가정에서 자라는 꼬마는 공격적인 행동이 정상적인 사회적 행동이라고 여긴다. 반면 공격적인 행동이 용납되지 않고 친절한 행동이 보상받는 가정에서 자란 아기는 뭔가를 얻지 못하거나 꾸지람을 당해도 곧장 발로 박차거나 머리를 벽에 들이박거나 하지 않는다. 자신의 불쾌감을 다른 방법으로 표현할 수 있다는 것을 알기 때문이다.

내 것, 네 것 원칙의 세계에서 아기는 집 안의 특정 장난감이나 물건이 자신에게만 속한 것임을 안다. 아기는 스스로를 그것들의 자랑스러운 주인으로 여기며, 이를 통해 새로운 기분을 느낀다. '나의 것과 너의 것'이라는 개념이 정확히 성립되기까지는 시간이 더 걸린다. 그리하여 이 과정에서 누군가 아기 손에서 장난감을 빼앗으면 완전히 자제심을 잃고 울어버리는 등의 마찰을 빚을 수 있다. 어떤 아기는 미리 예방책을 강구하여 자신의 소유물을 보호하고 힘을 다해 영토를 지킨다. 아기는 다른 아이가 자신의 물건에 가까이 오거나 만지는 일이 없도록 다양한 전략을 구사한다. 이 월령의 아기는 장난감을 빌려주고, 나누고, 다른 아이들과 함께 가지고 논다는 것이 무슨 의미인지를 아직 모르며, 그것들을 차차 배워나가야 한다.

<u>에바, 64주 또는 14개월 후반</u> "아기는 정말로 주인 행세를 해요. 어른한테는 장난감을 자랑스럽게 보여줘요. 하지만 다른 아이가 있으면 얼른 장난감을 낚아채서는 나한테 보관해달라고 줘요. 다른 아이가 자기 장난감을 가지고 놀지 못하게 하려는 거죠."

<u>토마스, 65주 또는 약 15개월</u> "얼마 전부터 젖을 완전히 독점하려고 해요. 아빠가 젖을 한 모금 꿀꺽하는 척하면 입술로 젖꼭지를 꽉 감싸고, 한 손으로는 다른쪽 젖을 가리면서 아빠가 접근하지 못하도록 자신의 '구역'을 방어해요."

재미와 트릭으로 목적 달성하기

장난을 전략적으로 사용한다 원칙의 세계에서 재미와 익살은 점점 중요한 역할을 한다. 이 월령의 아기는 작은 장난을 꾸미고는 스스로 크게 웃거나, 다른 사람들이 장난을 걸어주는 것을 좋아한다. 그리고 일상에서든, 텔레비전에서든 사람들이나 동물들이 예기치 않은 행동을 하면 재미있어하고 우스워한다. 많은 아기는 어른들을 웃기면서 규칙들을 무마시키려 하고, 다른 방식으로는 안 되는 것을 이루기 위해 그런 행동을 전략적으로 활용한다. 계속 칭얼대는 대신 웃음을 띠우면 엄마가 더 나긋나긋해진다는 것을 알기 때문이다.

알렉산더, 69주 또는 약 16개월 "별것 아닌 일로도 고꾸라질 듯이 웃어요. 제 누나들이 얼굴 표정을 이상하게 하면 웃음을 터뜨리지요."

로빈, 70주 또는 16개월 "만화영화를 재미있게 봐요. 특히 뜻하지 않았던 일이 벌어지면 아주 재미있어하지요. 〈세서미 스트리트〉의 인형들을 아주 좋아해요. 뭐가 그렇게 재미있는지 고꾸라질 듯 웃어대요."

라우라, 66주 또는 15개월 "일부러 내 말을 안 들을 때나, 엄마를 바보로 만드는 데 성공하면 만족스럽게 웃지요. 어떤 물건을 가구 뒤에 집어넣어서 내가 더 이상 꺼내지 못해 끙끙댈 때도요……. 그러면 아기는 자기 스스로 굉장히 영리하다는 기분이 드나봐요."

협상과 떠보기 전에는 엄마의 말이 곧 법칙이었다. 그러나 이제는 달라진다. 아기가 협상을 배워 어른처럼 더 독자적으로 생각하고 행동할 줄 알게 되었기 때문이다. 원칙의 세계에서 아기는 협상능력을 갖게 된다.

고개를 끄덕이든, 말로 "응", "아니야", "좋아", "싫어"라고 말하든 간에 아기가 '예스'와 '노'라는 개념을 더 자주 실험하는가? 아기는 '예스'와 '노'를 의도적으로 반대되는 의미로도 사용할 것이다. 동물인형들과 놀거나 블록놀이를 하면서 아기가 '응', '아니야'라고 말하는 것을 자주 들을 수 있는가?

아기에게 '예스', '노'를 실험하고 연습할 기회를 줘라. 아기가 뭔가에 도달

하고 싶을 때 '응', '아니야'를 어떻게 적절히 써야 하는지 터득할 수 있게, 그 말이 엄마에게 어떻게 들릴지 알 수 있게, 특정한 상황에 '예스' 전략이 적당한 지 '노' 전략이 적당한지, 그리고 어떤 전략이 자신이 바라던 효과를 내는지 시험할 수 있게 말이다.

막스, 65주 또는 약 15개월 "아기는 이제 대부분의 질문에 '응' 또는 '아니야'로 대답할 수 있어요. 아직은 간혹 실수를 해서 '아니야'라고 생각하면서 '응'이라고 말하기도 하지만요. 잘못 대답했을 때 내가 아기의 대답에 해당하는 행동을 하면 웃으면서 금방 '아니야!'라고 말해요. 마치 '그렇게 하지 말라니까' 하는 것처럼."

슈테파니, 66주 또는 15개월 "요즘에는 계속 '응', '아니야'라고 말해요. 어떤 때는 그 말들을 의도적으로 틀리게 써서 나를 가지고 노는 것도 재미있어하지요."

도움을 요청하는 아기 이 월령의 아기는 자기 목적을 위해 다른 사람을 이용하는 것에 아주 독창성을 발휘한다. 아기는 어떻게 하면 원하는 것을 취할 수 있는지를 시험한다. 애교를 떠는 것이 효과적인지, 장난을 하는 것이 효과적인지.

엄마, 혹은 다른 사람들이 무언가를 해 주기를 원할 때 아기가 어떻게 하는지 유심히 보라. 그리고 끊임없이 피드백을 해 줘라. 원칙의 세계에서 아기는 아직 방향을 더 잡아나가야 한다. 아기는 엄마의 반응을 보고 배운다.

야나, 67주 또는 15개월 반 "최근에 아기는 자신이 원하는 것을 점점 더 분명하게 표현해요. 기저귀에 오줌이 꽉 차면 나를 기저귀가 있는 곳으로 데리고 가요. 내가 스위치 같은 것을 눌러줘야 할 때면 내 손가락을 잡아요. 그리고 뭔가를 하고 싶지만 혼자서는 감히 하지 못할 때 나를 끌고 가요. 아기는 무언가를 원하면 그것을 당장 실행에 옮겨야 해요."

<u>안나, 67주 또는 15개월 반</u> "오늘 우리는 아는 집에 놀러 갔어요. 그런데 아기가 집에 가고 싶었는지 계속 내 손을 현관 쪽으로 잡아끌었지요. 아기가 나를 현관문 쪽, 겉옷이 걸려 있는 곳으로 데리고 가서 의견을 묻는 듯한 표정으로 나를 쳐다보았을 때 깜짝 놀랐어요."

아기를 일상적인 일에 참여시키기 원칙의 세계로 입장하면서 아기는 엄마가 원하는 대로 행동할 것인지 아닌지를 결정할 줄 알게 된다. 그 밖에도 점점 더 말을 잘 알아듣는다. 이제 "신발 가져와", "병 집어주세요", "이거 쓰레기통에 버려요", "이거 아빠 가져다줘요", "이거 복도로 가져가", "이거 빨래통에 집어넣어" 등등 짧은 명령어를 잘 알아듣는다. 때로 엄마가 무엇을 원하는지 말해줄 필요도 없다. 몸짓으로 충분하다. 아기는 엄마가 무엇을 원하는지 파악한다. 그래서 아기와의 타협은 더 쉬워진다.

아기를 일상적인 일에 끌어들여라. 아기가 엄마를 끌어들이고 싶어할 때도 거부하지 말라. 그러면 아기는 엄마가 자신을 이해하고 중요하게 여긴다는 느낌을 받는다. 그리고 자존감이 생기게 된다. 아기가 엄마가 무엇을 하려는지 미리 눈치채면 아기를 칭찬해줘라. 그러면 아기가 미리 생각하는 습관을 갖게 된다.

<u>야나, 65주 또는 약 15개월</u> "우리가 외출하려고 하면 아기는 눈치 채고 제 점퍼를 가져와요."

<u>아스트리드, 68주 또는 15개월 반</u> "거실 탁자에 놓인 접시에 담긴 견과류를 먹지 못하게 했어요. 그랬더니 트릭을 고안하더라고요. 규칙을 지키면서도 땅콩을 먹을

수 있는 트릭이요. 부엌에서 다른 접시를 가져와서는 숟가락으로 땅콩을 퍼 담고는 숟가락으로 퍼먹는 거예요. 이런 식으로는 땅콩을 먹어도 된다고 느꼈나봐요."

협동심 원칙의 세계에서 아기는 예전과 마찬가지로 집안일에 관심을 보인다. 달라진 것이 있다면 이제는 보는 것만으로는 만족하지 않는다는 것이다. 아기는 엄마를 도와주고 힘이 되고 싶어한다. 집안일을 할 때 아기를 끌어들여라. 아기가 정말로 도울 수 있으며, 아기의 도움 없이는 일이 잘되지 않는다는 인상을 줘라. 그리고 돕는 아기를 칭찬하는 것을 결코 잊지 말라.

소피, 62주 또는 14개월 "상 차리고 정리하고 청소 같은 것을 할 때 도와주기를 좋아해요. 내가 부탁도 하지 않았는데 말이에요. 일을 빨리해야 돼서 내가 도움을 거절하면 매우 실망스러워해요."

빅토리아, 61주 또는 14개월 "내가 진공청소기를 손에 들면 아기가 금방 자신의 조그만 청소기를 손에 들고 나타나요. 나를 돕겠다는 거죠. 물론 아기는 엄마가 쓰는 커다란 진공청소기로 '일'을 해보고 싶어해요. 자기가 보기에도 더 그럴싸하니까요. 그러면 나는 아기에게 진공청소기를 양보하고 작은 청소기로 방 안을 누벼요."

거친 행동과 조심스러운 행동 엄마는 아기가 어떤 때는 조심스럽게 행동하고, 어떤 때는 거칠게 행동하는 것을 보게 될 것이다. 아기는 한번은 물에 가득 든 컵을 조심스럽게 탁자에 놓고, 또 한번은 그냥 구석에 던져버릴 것이다. 엄마에게는 거친 행동이 더 자주 눈에 띌 것이다. 서둘러 뛰어가고, 높은 곳에서 뛰어내리고, 기어 올라가는 등 거친 놀이가 전성기를 맞이하는 것처럼 보인다. 중요한 것은 아기가 이런 방식을 실험하면서 엄마의 반응을 통해 신중한 행동과 거친 행동이 어떤 의미를 지니는지 배운다는 것이다.

> <u>막스, 64주 또는 14개월 후반</u> "아기는 균형잡기 연습을 하는 것 같아요. 밖에 나가면 하늘을 향해 두 팔을 벌리고 방에서는 천장을 향해 그렇게 해요. 의자와 탁자에 기어 올라가고요. 거기 올라가봤자 천장에 닿지 않는다는 것을 알 텐데도. 그리고 때로는 갑자기 용기백배해서 밑으로 쿵 하고 뛰어내려요."

> <u>수잔네, 64주 또는 14개월 후반</u> "갑자기 들고 있던 컵 같은 것을 집어던지곤 해요. 가령 우리가 막 자전거를 타고 가는 도중에 말이에요. 그러고는 우리가 그런 행동에 어떤 반응을 하는지 곁눈질을 해요."

> <u>소피, 64주 또는 14개월 후반</u> "뭔가를 혐오스럽게 생각하면 그것을 역력히 표현해요. 침대에 더러운 것이 묻어 있으면 계속 '지지'라고 말해요. 아기가 너무 까다로운 사람이 되지 않을까 다소 걱정이 되더라고요."

아기의 두려움에 이해심을 보여라

새로운 능력을 시험하면서 아기는 새롭고 이해되지 않는, 그래서 지금까지는 몰랐던 새로운 위험상황과 맞닥뜨리게 된다. 그러나 아기는 자신의 불안을 아직 말로 표현하지는 못한다. 이런 두려움은 연관들을 더 잘 이해하게 된 다음에 비로소 다시 사라진다. 아기의 상황을 이해하고 동감을 보여줘라.

<u>슈테판, 61주 또는 14개월</u> "갑자기 건전지에 이상한 반응을 보이기 시작했어요. 건전지가 끼워져 있는 것마다 만지며 건전지를 끼웠다 뺐다 했지요. 우리는 이런 새로운 발전을 보고 놀랐어요."

<u>알렉산더, 66주 또는 15개월</u> "제 누나의 고무오리를 무서워해요. 오리가 바닥에 놓여 있으면 저만치 돌아서 다녀요. 그리고 어쩌다 한번 만지게 될 때는 못 만질 걸 만진 듯 금방 손을 떼요."

규칙 습득하기

아기는 자신의 뜻을 이루기 위해 칭얼대고 툴툴거린다. 끊임없이 자기를 시중들어 달라고 요구하고 공갈 젖꼭지 없이는 살 수 없는 갓난아기처럼 군다. 자신의 물건을 방 안에 어질러놓고, 다른 사람을 의도적으로 힘들게 하며, 전에 없이 버릇없게 군다. 짜증이 나는 엄마는 아기의 행동에 분개하는 것이 자기뿐일까 자문한다. 물론 그런 엄마는 부지기수다.

아기는 이제 신생아가 아니므로 제한선을 그어줄 때가 되었다. 아기가 많이 컸으므로 엄마는 아기에게 더 많은 것을 요구할 수 있다. 심지어는 아기 스스로 행동의 경계를 알기 원한다. 원칙의 세계로 입장한 후 아기는 규칙이 필요하게 되었다. 배고플 때 먹을 권리가 있는 것처럼 아기는 규칙을 가질 권리도 있다. 아기는 대부분의 규칙들을 엄마의 제시를 통해 습득한다. 아기에게 무엇이 예의 바른 행동이고 무엇이 예의 없는 행동인지 확실히 가르쳐줘라. 하지만 폭력을 사용해 가르쳐서는 안 된다.

소피, 68주 또는 15개월 후반 "울고 칭얼대며 자신의 뜻을 이루려고 해요. 그럴 때는 일관성 있는 태도를 유지하기가 정말 힘들지요. 이러면 안 된다는 걸 알지만 그냥 아기 말을 따라주는 것이 더 편해요. 내가 양보하지 않으면 무척 시끄러워지니까요. 힘겨루기가 시작되고 대부분은 아기가 이기지요."

페터, 69주 또는 약 16개월 "최근에 아기는 하지 말라는 일을 많이 해요. 완전히 의도적으로요. 블록을 집어던지고 건전지를 입으로 빨고 음식을 엎어놓고……. 그러면 나는 막 꾸지람을 하면서 아기가 손에 들고 있는 것을 빼앗아 손이 닿지 않는 곳에 놔요. 그러면 아기는 난리를 치지요."

베라, 70주 또는 16개월 "뜻대로 안 될 때 우리 아기만 울면서 바닥에 뒹구는 걸까요? 내가 너무 아기에게 끌려 다니는 걸까요? 내가 아기에게 지나친 관심을 써서 그런 걸까요? 어떻게 해야 하죠? 아기에게 행동의 경계선을 정해주는 것이 중요하다는 것은 알지만 너무 어려워요."

 |15~16개월| 아기의 발달을 돕는 놀이와 활동

능숙함
원칙의 세계로 입장하면서 아기는 이제 프로그램들을 끊임없이 반복하면서 실험하는 것을 즐긴다. 아기는 한층 능숙해지고 차츰 언제, 무엇을 위해, 어떤 프로그램이 적당한지 알게 된다. 그리고 다른 사람들의 행동을 유심히 보고 관찰한다.

_움직이기
이 월령의 아기는 뛰어다니고 기어 올라가는 것을 아주 좋아한다. 두꺼운 매트리스 위에서 뛰고, 넘어지고, 재주넘기 하는 걸 좋아한다. 다른 아이들과 씨름하는 것도 좋아하고, 잡기놀이를 하는 것도, 아무것도 잡지 않고 계단 한 칸을 오르내리는 것도, 나지 막한 둑을 따라 걷고 아래로 뛰어내리는 것도 좋아한다. 아기에게 이 모든 것을 할 수 있는 기회를 줘라.

_ 바깥나들이
이 월령의 아기는 바깥을 돌아다니며 탐구하는 것을 아주 재미있어한다. 동물원에 가거나 놀이터에 가는 것도 좋아하고, 엄마나 아빠가 캐리어를 이용하여 편안히 업어주면 몇 시간 걸리는 거리축제 같은 것도 무리 없이 즐길 수 있다.

_ 가리키고 이름 부르기
아기와 마주 앉아 엄마가 먼저 한 단어를 말하면 아기가 해당하는 물건이나 신체부위를 가리키는 놀이를 해보라.

_ 율동 있는 노래와 동시
운율 있는 동시나 노래에 움직임을 곁들이면 아기는 신이 난다. 가령 "엄지 어디 있니, 엄지 어디 있니? 여기 나와 있지, 여기 나와 있지" 혹은 "거미가 줄을 타고 올라갑니다" 등등.

_ 부르기 놀이
아기가 엄마를 부를 때 그것을 기회로 자연스럽게 부르기 놀이를 하면 재밌다. 아기가 엄마를 부르면 엄마가 아기 이름을 부르고, 다시 아이가 "엄마" 하고 부르도록 되풀이하는 것이다. 이 놀이는 아기가 중요한 사람이 된 듯한 느낌을 갖게 해준다.

재미
원칙의 세계에서 재미와 익살은 점점 중요한 역할을 한다. 아기는 이제 수많은 일상의 일들을 경험했기에 일상에서 벗어난 재미있는 일들을 보면 이상한 움직임이든, 장난스럽게 규칙을 어기는 것이든 아주 즐거워한다.

_ 익살 부리기
아기는 익살 부리는 것을 아주 재미있어한다. 얼굴을 찡그리거나 우스운 소리를 내는 것, 특히 아주 엉뚱한 행동을 하는 것을 좋아한다. 스스로도 익살을 부리지만 형이나 누나가 갑자기 이상한 표정을 짓는다든지 하면 고꾸라질 듯이 웃을 것이다.

_ 장난을 전략으로

아기는 이제 엄마에게서 무언가를 얻어낼 때 장난을 전략적으로 친다. 아기는 칭얼댈 때보다 장난을 칠 때 엄마가 더 기분 좋아한다는 것을 안다. 아기는 종종 재미로 규칙을 어기거나 엄마를 장난스럽게 떠본다. 엄마가 무슨 말을 해도 듣는 척하지 않거나, 머리를 써서 엄마를 속이는 것도 아기가 좋아하는 '놀이'다. 아기가 장난을 치면 막지 말라. 그러나 도가 지나치면 아기에게 그러지 말라고 말해줘라. 아기는 스스로 장난을 어디서 중단해야 할지 알지 못한다.

_ 만화영화, 인형, 동물

엉뚱하고 우스운 동물들은 웃음을 유발한다. 아기는 〈세서미 스트리트〉에 나오는 캐릭터들에도 열광할 것이다. 아기는 만화영화도 재미있어한다. 특히 줄거리가 뜻하지 않게 반전될 때 말이다.

집안일 따라 하기

원칙의 세계에 발을 들여놓으면 아기는 집 안이나 밖에서 이루어지는 일상적인 일들을 따라 한다. 아기에게 그렇게 할 수 있는 충분한 기회를 주고 이따금 아기의 놀이에 참여하라. 그럼으로써 아기를 존중하는 느낌을 줄 수 있을 것이다. 대부분 아기는 '진짜' 일을 돕는 것을 좋아한다. 다음과 같은 일들을 해보게 하라.

_ 요리하기

아기에게 플라스틱 그릇 몇 개를 주고, 먹을 것 조금과 물 한 컵을 줘라. 그리고 인형을 위해 요리를 하고 인형을 먹이도록 해보라.

_ 청소하기

장난감 가게에 가면 진짜를 본떠서 만든 어린이 진공청소기를 살 수 있다. 그것으로 아기는 청소를 재미있게 해볼 수 있다.

_ 설거지하기
설거지 놀이를 하다 보면 부엌이 반쯤 물바다가 되는 수가 있다. 그렇다 하더라도 하게 하라.

_ 엄마 놀이
엄마신발을 흩어놓아도 봐줘라. 아기가 엄마신발을 신고 '엄마가 된' 기분을 느껴보게 하라.

감정을 가지고 놀기
이 월령의 아기는 감정표현이 어떤 효과를 내는지 시험한다. 가령 인사를 할 때나 어떤 사람으로 하여금 자신이 원하는 것을 하게 할 때 말이다. 아기가 여러 가지 인사를 시험해보고 있다면 시간을 내어 함께 놀아줘라. 아기가 슬퍼하는 것이 어떤 것인지 느껴보고 있다면 당신도 슬픈 표정을 지어라. 그러면 아기는 깔깔대고 웃을 것이다.

숨바꼭질
_ 까꿍 놀이
까꿍은 시대를 초월해 인기 있는 놀이다.

_ 숨기
아기가 도약을 거듭할수록 숨기 놀이는 더 재미있어진다. 이제 아기는 숨었다가 금방 다시 나오지 않고 한참 동안 숨은 장소에 가만히 있을 것이다.

|15~16개월| 아기의 발달을 돕는 장난감과 가재도구

- ❀ 기어오를 수 있는 것. 사다리가 달린 미끄럼틀
- ❀ 공들
- ❀ 그림책
- ❀ 모래놀이 상자
- ❀ 플라스틱 용기(물을 담을 수 있는 찻잔 같은 것)
- ❀ 퍼즐
- ❀ 플라스틱 병이나 그릇
- ❀ 빗자루 같은 집안일에 쓰이는 도구들
- ❀ 어린이 진공청소기

- ❀ 끈으로 묶어 끌고 다닐 수 있는 장난감
- ❀ 세서미 스트리트
- ❀ 만화영화

조심! 치우거나 안전조치를 취할 것
- ❀ 쓰레기통
- ❀ 변기
- ❀ 손위 남매들의 잠재적인 위험이 있는 막대기나 봉

☀ 도약의 완성

68주 또는 약 16개월이 되면 아기는 다시금 더 돌보기 쉬워진다. 아기는 컸고 많은 것을 배웠으며 능숙하게 일상에 참여하므로 엄마 아빠는 간혹 아기가 아직 어리다는 것을 까먹기도 한다.

막스, 66주 또는 15개월 "아기는 토실토실하다기보다 이제 거의 늘씬해요. 얼굴은 더 갸름해졌고요. 식사시간에 조용하게 집중해서 먹는 걸 보면 많이 컸다는 생각이 들어요. 애늙은이 같다니까요!"

소피, 70주 또는 16개월 "부쩍 큰 것 같아요. 이제 많은 것을 할 수 있어요. 아주 자신감 있고 침착하게 상황에 대처해요. 저녁에는 잠 투정도 하지 않고 잠이 들고요."

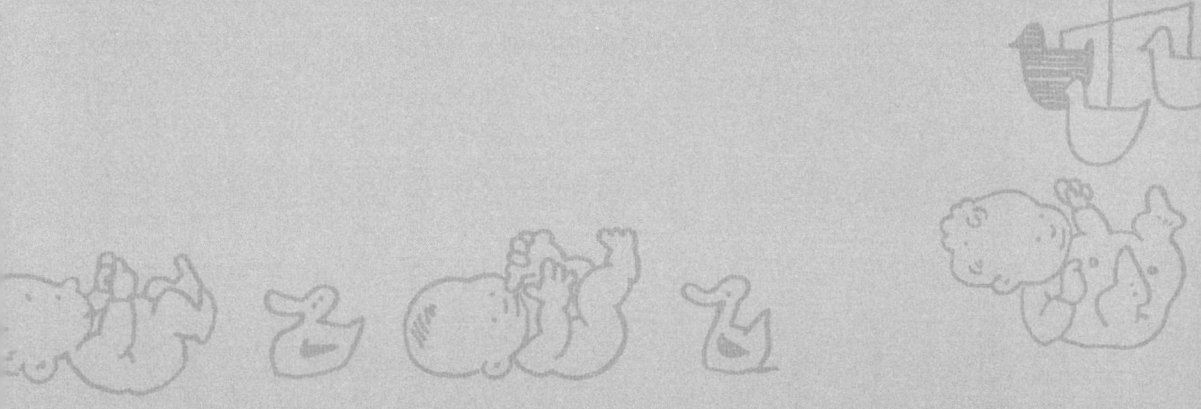

생후 17개월

비로소 '나'와 '너'를 인식한다

김수연 선생님의 조언 문장을 이해할 수 있는 시기이다. 따라서 그림책을 읽어주면 이해한다. 적극적으로 주변을 탐색하려고 하므로 하루 종일 집에서만 노는 일은 아기에게 정말 힘든 일이다. 말귀를 알아들으므로 놀이방에서의 생활에 적응할 수 있다. 이미 이 시기가 되면 아기는 간단한 말과 몸짓으로 우리와 의사소통할 수 있다. 아기의 몸짓도 언어로 이해하고 아기가 몸짓으로 하는 의사표현을 존중하고 반응해줘야 한다.

지난 도약 이래 아기는 서서히 원칙이 무엇인지 파악했다. 이른바 '학습자료'를 넘어서면서 아기의 프로그램은 유연해졌고, 아기는 프로그램을 평가하고 필요에 따라 변형시키는 능력을 얻었다. 아기는 같은 프로그램을 계속 변형시켰고, 또 그 결과들을 연구했다. 아기는 재주넘기 같은 신체 연습을 했고, 바깥에서 탐구하기를 좋아했으며, 물건을 다루는 데 더 능숙해졌고, 언어발달이 많이 이루어졌고, 다른 사람들을 흉내 내고, 감정표현을 연습했다. 아기는 미리 생각하기 시작했고, 간혹 격한 분노를 표출했으며, 발언권을 요구했다. 간혹 아기는 공격적인 태도와 자기 것에 대한 소유욕을 보였고, 자기 목표를 달성하기 위해 장난을 고안해내기도 했다. 그리고 "예", "아니오"라는 말이나 그에 해당하는 몸짓을 실험했다. 그리고 다른 사람을 자기 목적에 이용하는 것에 점점 독창성을 발휘하게 되었다. 아기는 집안일에 점점 협력하는 태도를 보이고, 과격한 행동과 신중한 행동을 실험했다.

'학습자료'보다 우위에 있기 전에 아기의 프로그램이 경직되었던 것과 마찬가지로 아기의 원칙은 처음에 유연하지 않았다. 아기는 각각의 환경을 고려하지 않은 채 원칙을 특정한 방식으로만 이용할 수 있었다.

우리 어른들은 원칙을 끊임없이 변하는 조건에 맞출 수 있다. 시야가 더 넓기 때문이다. 우리는 특정한 원칙들이 연관된 전체, 즉 음악과 같은 시스템을 본다. 우리는 높낮이, 음색, 길이가 다른 음들이 어우러진 멜로디를 듣는다. 그리고 우리는 템포, 음의 세기(가령 점점 세게, 점점 느리게, 점점 빠르게, 자유롭게) 등이 어떻게 작용하는지, 이 모든 것이 가곡과 소나타와 가보트와 교향곡과 오페라와 에튀드와 녹턴과 블루스와 레게음악에 사용되어 결국 우리가 음악이라고 부르는 총체적인 것을 이룬다는 것을 안다.

우리는 이런 식으로 서로 연관되는 구성요소를 토대로 '기능하는' 총체적인 조직을 '시스템'이라 칭한다. 시계나 어떤 건물의 전기설비, 인간의 근육시스템 등은 눈에 보이는 시스템들이다. 그런 시스템은 톱니바퀴라든가, 전압과 전기저항, 근육의 긴장과 이완 등 원칙을 토대로 작동한다. 그 밖에도 약간 추상적인 시스템들이 있다. 공동생활이나 공동작업을 위한 조직과 눈에 보이지 않는 원칙들을 생각해보자. 가령 어떤 특정한 직위에 속한 과제들, 상사가 제시한 목표를 실행에 옮기는 것과 관련한 원칙들 말이다. 이런 카테고리에 속하는 시스템으로는 제과점, 미용실, 가족, 극단, 경찰서, 가톨릭교회, 우리 사회, 우리 문화, 입법체계 등이 있다.

아기는 이번 도약으로 '시스템'의 세계로 들어가게 된다. 아기는 광범위하게는 아니지만 처음으로 시스템을 인식할 수 있다. 아기가 우리 사회나 문화를 이루는 모든 시스템을 알기까지는 많은 세월이 걸린다. 그러나 아기는 이제 단순하고 가까이에 놓여 있는 시스템을 처음으로 인식하기 시작한다. 우선 아기는 자기 자신을 시스템으로 파악한다. 그리고 자신이 아빠 엄마와 더불어 가족을 이루며, 가족 역시 시스템이라는 것을 파악한다. 그리고 자신의 가족은 친구들의 가족과 구별된다는 것을, 그리고 자신이 사는 집도 이웃집과는 다르다는 것을 의식하게 된다.

아기가 '원칙'의 세계로 도약함으로써 '프로그램'이라는 '학습자료'를 뛰어넘었던 것과 마찬가지로, 이제 아기는 이번 도약 후 처음으로 원칙을 다루는데 유연성을 발휘한다. 아기는 스스로 어떻게 하고 싶은지 선택할 수 있음을 이해하게 된다. 정직하게, 협력적으로, 신중하게, 인내하면서 할 수도 있고, 그와 반대로 할 수도 있다는 것을 말이다. 아기는 원칙을 더는 경직되게 적용하지 않고 변화하는 조건에 맞추는 것을 배운다.

아기가 생후 17개월쯤 되면 엄마는 아기가 새로운 행동을 보인다는 것을 확인하게 될 것이다. 아기는 '시스템'의 세계로의 도약이 눈앞에 다가왔음을 일찌감치 느낀다. 생후 16개월경에 아기는 자신의 세계가 변화하고 있음을 느낀다. 새로운 인상이 뒤엉키는 바람에 아기의 친숙한 세계는 혼란스러워진다. 아기는 곧장 새로운 것들을 척척 받아들이지는 못한다. 우선 혼란 속에서 질서를 잡아야 한다. 아기는 혼란을 느끼며 가장 친근한 사람에게 매달린다. 아기는 보채기 시작한다. 다시 한번 '엄마의 사랑'이 필요해지는 것이다.

 기억하세요!

아이가 보채면 아이가 뭔가 새로운 것을 할 수 있거나, 해보고 있지는 않은지 살펴보세요.

 도약의 시작 : 엄마의 사랑을 독점하려 한다

이 장에서는 도약이 시작되는 것을 어떻게 분별할 수 있는지 일일이 소개하지 않겠다. 그 동안 엄마는 도약의 시작 단계에서 나타나는 현상들을 잘 숙지할 수 있었을 것이다. 엄마의 기억을 뒷받침하기 위해 여기서는 아기가 보일

수 있는 행동목록을 간략하게 제시하고 넘어가겠다. 아기가 보채고, 달라붙고, 변덕스러워지면 엄마의 독점적인 관심과 사랑을 받고 싶어서라는 점을 알아둬라. 아기는 그 동안 크고 영리해져서 자신이 원하는 것을 얻기 위해 더 많은 수단과 방법을 강구할 것이다.

아기가 엄마 곁에 있으려 한다는 걸 어떻게 알까?
아래 목록의 〈그 밖에 눈에 띄는 것들〉에 아기의 다음 도약이 다가왔음을 어디서 알 수 있었는지 기록해보라.

☹ 아기가 혼란스럽다는 것을 어떻게 알까?

❀ 더 자주 울고, 변덕을 부리고, 칭얼대고 까탈을 부린다.
❀ 웃음이 순식간에 울음으로 변한다.
❀ 더 많은 관심을 원한다.
❀ 더 자주 치맛자락을 붙잡고 늘어지며 엄마 곁에 있으려고 한다.
❀ '과장된' 애교를 떤다.
❀ '과장되게' 버릇없이 군다.
❀ (더 자주) 화를 낸다.

화, 다툼

아기가 지나치게 달라붙고, 울고, 까탈을 부리면 엄마는 우선 걱정을 한다. 그리고 아기가 별다른 이유 없이 그런다는 게 느껴지면 화가 난다. 아기가 더 어렸을 때 대부분의 엄마는 화를 안으로 삭였다. 하지만 아기가 15개월이 넘어서면 엄마도 더는 화를 참지 못하고 종종 표출하게 된다. 그러다 보면 갈등이 일어난다.

이번 도약이 시작되면 모든 부모는 예외 없이 아기와 사춘기를 방불케 하는 갈등을 겪게 된다. 이를 사춘기에 비유한 이유는 이 월령의 아기가 사춘기를 맞은 아이들처럼 부모의 생활을 근본적으로 힘들게 하기 때문이다. 이제 아기는 부모 앞에서 자신의 뜻을 굽히지 않는다. 그리하여 부모는 앞으로 자녀가 사춘기가 되면 겪게 될 갈등을 조금이나마 맛보게 된다.

엄마는 화가 나서 행동에 돌입한다

<u>사라, 71주 또는 16개월</u> "뭔가를 해달라고 아기가 잔뜩 칭얼거리면 나는 목소리를 다정하게 해서 '엄마, ~해주세요 해봐' 하고 말해요. 그러면 아기가 사랑스럽게 '엄마, ~해주세요' 하지요."

<u>요나서, 73주 또는 약 17개월</u> "지난주에 나는 무지무지 화가 났어요. 하루 종일 한잠도 자지 않는 거예요. 나는 이제 하고 싶지 않은 걸 강요해봤자 소용이 없다는 것을 알았어요. 에너지만 소진될 따름이지요. 게다가 요즘에는 기저귀 차는 걸 싫어해요. 그래서 나는 종종 기저귀 없이 뛰어놀게 해요."

<u>엘리자베스, 74주 또는 17개월</u> "내가 어쩌다 저렇게 성질 급한 아이를 낳았나 하는 생각이 들었어요."

다툼

<u>라라, 72~74주 또는 16~17개월</u> "계속 아기하고 싸웠어요. 단것을 보자마자 먹으려고 하는데, 어떻게 달라는 대로 다 줘요? 이제 아기는 안 되는 걸 알면 어느 순간 포기해요. 그럴 때 엄마에게 화가 난 것 같은 표정을 짓진 않아요."

<u>니클라스, 74주 또는 17개월</u> "우리는 여러 번 싸웠어요. 별장을 빌려 쓰고 있는 참인데 남의 집 부엌을 엉망으로 만들어놓으면 안 되잖아요. 그런데 마구 사고를 치는 거예요. 나는 아기를 몇 번 밖으로 내쫓았어요. 물론 문은 열어놓았지요. 아기는 안으로 들어와서는 잔뜩 찌푸리고 있더라고요."

새로운 능력의 분출

아기가 17개월 정도 지나면 엄마는 아기 다루기가 좀 수월해진다는 걸 느낀다. 사춘기 아이 같은 분노와 그로 인한 엄마와의 다툼은 줄어든다. 아기는 다시 탐구욕이 강해진다. 엄마는 아기의 행동이 달라지고 자기 자신을 더 잘 의식하고 있다는 것을, 아기가 다른 방식으로 생각하고 시간감각이 더 발달한 것을, 장난감과 다른 물건들을 이전과는 다르게 다루고, 놀이할 때 상상력이 더 풍부해졌다는 것을 확인하게 될 것이다. 이제 아기는 전과 다른 것에 즐거워한다. 이런 변화는 '시스템'을 지각하고 다루는 능력이 깨어나고 있기 때문이다. 이런 능력의 획득은 아기에게 새로운 세계가 열린 것과 같다. 시스템이라는 주제로 발견할 것이 무궁무진해진 것이다. 이런 새로운 세계에서 아기가 어디에 가장 먼저 관심을 보이는가는 아기의 소질, 기호, 성향에 따라 달라진다. 아기가 지금 무엇에 관심을 보이는지 이해하려 노력하고, 필요한 경우 아기를 도와줘라(이 시기에는 아기가 모든 일을 스스로 하는 걸 중요하게 여긴다는 점을 염두에 둬라).

> 그레고르, 74주 또는 17개월 "아빠가 그래요. 아기가 이제는 제법 기다리고 참을 줄 아는 것 같다고요."

> 슈테파니, 75주 또는 17개월 "아기가 여전히 고집 세고 관심을 원하는데도 최근에는 모든 것이 무리 없이 돌아갔어요."

도약하는 아기 : 나는 나의 주인, 자아가 싹튼다

'시스템'의 세계로 입장하면 아기는 곧 '원칙'이라는 '학습자료' 위에 있게 된다. 이것은 이제 아기가 원칙을 융통성 있게 적용하고 변화하는 조건에 맞출 수 있다는 의미다. 아기는 이제 도덕 원칙을 토대로 행동하는 동시에 그것을 넘어설 수 있다. 또한 이 월령에서는 양심이 형성되며 가치와 규범을 체계적이고 의식적으로 대할 수 있게 된다.

> 율리아, 73주 또는 16개월 후반 "해서는 안 되는 것을 하다가 들키면 놀라서 큰 소리로 '아니야'라고 말해요."

아기가 매일 새로이 접하고, 그 안에서 그와 더불어 살고, 그러다 보니 가장 잘 알게 되는 시스템은 바로 자기 자신이다. 시스템의 세계가 열리면 아기의 자기 이해 및 자아의식이 발달된다. 이것은 많은 면에 영향을 미친다. 아기는 자신이 자기 몸의 주인이며 자신의 신체를 통제할 수 있다는 것을 의식한다. 그리고 자신이 결정한 일들을 스스로 하거나, 남을 시켜서 할 수 있다는 것을, 그런 많은 것들이 자신의 주권하에 있다는 것을, 스스로 자신의 의지를 표현할 수 있고 결정을 내릴 수 있다는 것을 의식한다. 이 모든 것은 높아진 자기 이해에서 비롯된다.

토마스, 80주 또는 18개월 "아기는 일부러 내가 시키는 대로 하지 않아요. '엄마한테 뽀뽀해줘!'라고 하면 아기는 먼저 방 안에 있는 모든 것에 뽀뽀를 한 후 킥킥거리며 내게 와서는 뽀뽀를 해줘요. 자신이 독립적인 존재이며 엄마의 일부가 아니라는 것을 과시하는 것 같아요."

아기는 이제 엄마와 아빠도 독립적인 인격으로 본다. '너'와 '나'라는 개념은 제 의미를 찾게 된다. 아기는 엄마 아빠의 신체적 차이에 굉장히 관심 있어 한다. 사내아이는 아빠가 자기와 같은 고추를 가지고 있는데 엄마는 그런 것이 없음을 발견한다. 아기는 또 아빠의 고추가 자기 것보다 훨씬 크다는 것을 의식한다. 물론 그 사실은 별로 탐탁치 않다. 아기는 이제 정확하게 일치하는 점과 차이점을 기억으로 남긴다. 아기는 처음으로 다른 사람의 입장이 되어볼 수 있고, 다른 사람이 자신과 다른 독립적인 존재라는 것을 알게 된다. 즉 다른 사람은 자신과 다른 것을 좋아한다는 것을 말이다. 따라서 이 월령쯤에 아기는 덜 '자기중심적'이 된다. 그 결과 다른 사람들을 위로해줄 수도 있으며, 아기의 팬터마임 능력은 최고조에 달한다. 끊임없이 주변에서 보는 것들을 흉내 내기 때문이다. 놀이를 할 때도 점점 상상력을 발휘한다.

아기는 이제 개미든 강아지든 다른 생물들에게서 매력을 느낀다. 결국 모든 생물들이 각각의 시스템이니까 말이다.

사춘기를 맞은 듯한 아기는 친근한 주변세계를 의식한다. 아기는 자신과 부모와 남매를 가족으로 파악한다. 그리고 경험을 통해 자신의 가족이 이웃 아이의 가족과는 다르다는 것을 알게 된다. 가족은 아기가 접하게 되는 최초의 인간 조직이고, 아기는 자연스럽게 이 조직과 조직의 규칙들을 알게 되며, 다른 조직과의 차이를 인지하고 깨닫는다. 가령 아기는 이웃집을 방문해서 이 집에서는 야채를 다 먹은 후에 푸딩이 나오지 않는다는 것을, 즉 다른 가족에게는 다른 규칙들이 통용된다는 것을 확인한다.

이 월령쯤 되면 어떤 옷을 입든 아무래도 상관없던 때는 지나간다. 어떤 아기는 정말 허영심을 부린다. 그리고 자신의 소유권을 매우 고집한다. 장난감에 관한 한 특히 그렇다.

그 밖에도 엄마는 아기의 그림이 전과 달라졌음을 느낄 것이다. 마구 칠해놓는 게 아니라 '말', '배' 등 형체를 그릴 줄 안다. 아기는 처음으로 자기 얼굴을 그린다. 음악 듣는 것도 좋아할 것이다. 음악 역시 이미 언급했듯이 시스템이다.

시간감각도 변해서 아기는 이제 과거와 미래를 더 의식하게 된다. 아기는 과거의 경험을 더 잘 기억할 수 있다. 그리고 앞으로 어떤 사건(가령 놀러 간다거나)이 있을 거라는 것을 안다.

어떤 아기는 이제 문장을 구사하게 될 것이다. 그러나 다른 능력들처럼 아기가 문장으로 말하기를 시작하는 시점은 개인차가 크다. 어떤 아기는 일찌감치 말문이 트이고 어떤 아기는 말이 늦다. 언어능력은 다양한 방식으로 발달되며, 부모가 아기의 언어능력을 어떤 방식으로 계발하고 북돋우는지에 따라 달라진다. 어떤 아기는 아직 몇 단어밖에 사용하지 못한다. 어떤 아기는 단어는 많이 알지만 아직 문장을 구사하지 못하고 많은 것들을 몸짓으로 표현한다. 또 벌써 짧은 문장을 구사하는 아기들도 있다. 어떤 경우든 이제 아기는 주변 사람들이 하는 말을 곧잘 알아들을 것이다.

시스템이 무엇을 뜻하는 것인지 더 잘 이해할 수 있도록 어른들의 세계에서 몇 가지 예를 들어보겠다.

우선 수학을 예로 들어보자. '프로그램'의 차원에서 우리는 논리적으로 생각하고, 수학적 기호를 사용한다. '원칙'의 차원에서는 '생각에 대해 생각'하며, 그로써 수학을 어떻게 적용할 것인지에 대해 생각한다. 그리고 '시스템'의 차원에서 우리는 수학을 총체적인 지적 시스템으로 본다. 물리학도 세월이 흐르면서 발견되고 유추된 원칙들로 이루어진 시스템이다. 생물학이나('자연선택'이라는 원칙으로 설명되는 진화론을 생각해보라) 다른 학문들도 마찬가지다.

세계상이나 세계관도 시스템에 속한다. 일상에서 이와 관련한 많은 예를 들 수 있다. 가령 영양에 대한 우리의 사고관에서 영양섭취에 관한 원칙들이 나오고 다양한 식사 프로그램이 나온다. 잠의 기능에 대한 우리의 사고관이나 경제가 사회에 미치는 기능에 대한 우리의 사고관 역시 그런 역할을 한다.

민주주의도 시스템이다. 다른 인간조직에서처럼 민주주의의 어떤 면들은 구체적으로 손에 잡히고 증명이 가능한 것들이다. 그리고 어떤 면들은 추상적이고 변화하는 것들이다. 국회의사당 건물, 예산안, 자전거를 타고 출근하는 환경부 장관 등은 구체적인 면에 속한다. 그리고 권위, 협동, 밀실정치, 타협 등은 보이지 않고 손에 잡히지 않는 추상적인 면에 속한다.

가정에서의 사회화에 대해 생각해보자. 가정에서 가치와 규범과 원칙들은 아이들에게 내면화된다. 매일 다양한 상황 상황을 아이가 보며 따라 하기 때문이다. 부모는

때로 별 생각 없이 아이들에게 자신들의 행동방식을 보여준다.

수학이나 물리학 같은 시스템은 언뜻 다르게 보인다. 그래서 당신은 "그런 것들은 꼬마에게는 너무 어려워요"라고 이의를 제기할지도 모른다. "아기가 좀더 커야 그런 것들을 배울 수 있다"고 말이다. 그러나 아기가 노는 것을 관찰해보라. 가령 아기가 공으로 물의 저항을 느끼거나 장난감 자동차들을 경사면으로 구르게 하는 것들은 바로 물리학 원칙을 실험하는 과정이다. 뉴턴이 사과가 떨어지는 간단한 현상에서 중력의 법칙을 발견했음을 생각할 때 이것은 전혀 과장된 생각이 아니다. 그러므로 물리학 교사들은 작은 아이들을 관찰하는 가운데 수업 진행에 대한 아이디어를 얻을 수도 있는 것이다.

 두뇌발달

16~24개월 사이에 대뇌에서는 굉장히 많은 신경들이 서로 연결된다. 연결은 각각의 영역 안에서 이루어질 뿐 아니라 서로 다른 영역의 신경들도 서로 연결된다. 18개월이 지나면 대뇌의 전두엽이 성숙해지고 이를 통해 아기는 새로운 능력을 많이 획득한다. 먼저, 도약적으로 이루어지는 우뇌의 성장은 약 18개월에 마무리되고, 이어 나중에 성숙하기 시작하는 좌뇌의 성장이 이루어진다. 좌뇌는 특히 언어발달을 관장하는 뇌이다. 아기 때 두뇌 영역이 확장되면서 새로운 정보를 가장 잘 받아들인다.

 아기가 경험하는 '시스템'의 세계

양심 영역
* 하지 말아야 할 것을 하다가 들키면 놀라서 큰 소리로 "아니야"라고 말한다.
* 하지 말라는 것을 하면서 엄마를 자극한다.
* 텔레비전에서 본 행동양식을 흉내 낸다.
* 뭔가를 하다가 부당하게 금지를 당하면 뾰로통해지고 혼란스러워한다.
* 거짓말을 할 줄 안다.
* 그 밖에 눈에 띄는 것들 :

자기 이해 영역

❀ 나와 나의 몸을 이해한다.

❀ 나는 내 몸을 가눈다.

❀ 나는 어떤 일을 혼자서 할 수 있다.

❀ 나는 스스로 결정을 내릴 수 있다.

❀ 나는 힘을 원한다.

❀ 그 밖에 눈에 띄는 것들 :

눈에서는 사라졌지만 사고작용은 계속된다

❀ 스스로 몸을 숨기고 찾으라고 한다.

❀ 어떤 사람들을 마지막으로 본 장소에서만 찾지 않는다.

❀ 그 밖에 눈에 띄는 것들 :

'나'와 '너'를 독립적으로 구분한다

❀ 아빠와 엄마가 독립적인 인간이라는 것을 파악한다.

❀ 어려움 없이 공통점과 차이점을 확실하게 감지한다.

❀ 자신의 '자아'를 확인하고 싶어한다.

❀ 다른 사람의 입장이 되어볼 수 있다.

❀ 다른 아이는 다른 것을 원한다는 것을 이해할 수 있다.

❀ 다른 사람들을 위로할 수 있다.

❀ 몸짓과 표정으로 의사를 표현하는 것을 좋아한다.

❀ 놀면서 더욱 상상력을 발휘한다.

❀ 장난감을 자율적으로 행동하는, 살아 있는 대상인 양 대한다.

❀ 그 밖에 눈에 띄는 것들 :

생물의 존재를 인식한다

❀ 새들과 비행기를 보고 손을 흔든다.

❀ 꽃향기를 맡는다.

❀ 닭이나 오리에게 먹이 주는 것을 좋아한다.

❀ 벌, 개미, 무당벌레 등에 관심을 갖는다.

❀ 뱀이 쥐를 잡아먹는 등의 동물영화를
　보며 고꾸라질 듯 웃는다.

❀ 식물에 물을 주고자 한다.
❀ 그 밖에 눈에 띄는 것들 :

가족에 대한 이해
❀ 각각의 가족 구성원이 독립적인 사람이라는 것과 그럼에도 함께한다는 것을 파악한다.
❀ 먹이고 재우는 등 인형이나 동물인형을 잘 가지고 논다.
❀ 자신의 가족 외에 다른 가족도 존재한다는 것을 이해한다.
❀ 그 밖에 눈에 띄는 것들 :

친척, 친구들과의 관계가 서서히 정립된다
❀ 자신의 친척과 놀이 친구의 친척을 구별할 줄 안다.
❀ 누가 누구에게 속하는지 정확히 안다.
❀ 할머니, 할아버지에게 전화를 하려고 한다.
❀ 할머니, 할아버지를 만나러 가려고 한다.
❀ 그 밖에 눈에 띄는 것들 :

집 · 주변 · 환경 · 방향을 기억한다
❀ 집 주변의 환경을 지도처럼 기억 속에 저장한다.
❀ 집이나 집 주변의 어디서 어떤 것을 발견할 수 있는지 정확히 안다.
❀ 자신이 사는 집과 할머니 할아버지가 사는 집을 알아본다.
❀ 모퉁이를 돌아 슈퍼마켓으로 가는 길을 안다.
❀ 그 밖에 눈에 띄는 것들 :

소유 개념
❀ 빨래를 갤 때 어느 옷이 누구의 것인지 정확히 말할 수 있다.
❀ 어떤 장난감이 누구의 것인지, 그리고 어떤 물건에 손을 대서는 안 되는지 정확히 안다.
❀ 자신의 장난감을 다른 아이들과 함께 가지고 놀려고 하지 않는다.
❀ 물건을 움켜쥐고 그것을 놓으려 하지 않는다.
❀ 그 밖에 눈에 띄는 것들 :

퍼즐이나 작은 물건을 가지고 놀 줄 안다
❀ 7개, 12개 또는 최대 20개의 퍼즐을 맞출 수 있다.
❀ 소근육 운동이 점점 능숙해진다.
❀ 단추와 병뚜껑을 잘 가지고 논다.
❀ 세부적인 것에 관심을 갖는다.
❀ 그 밖에 눈에 띄는 것들 :

놀이를 고안한다
❀ 놀이와 그 규칙을 생각해낸다.
❀ 속임수를 생각해낸다.
❀ 그 밖에 눈에 띄는 것들 :

예술에 대한 관심
❀ 자신의 장난감이 사람들, 동물들, 어른들 물건의 축소판이라는 것을 이해한다.
❀ 그림이 달라진다. 마구 칠해놓는 대신 원, 사각형 등 형태가 나온다.
❀ 말, 배, 비행기, 강아지, 할머니, 할아버지, 자기 얼굴을 그린다.
❀ 엄마가 그림을 그려주면 좋아한다.
❀ 음악을 좋아하는 아기라면 상대적으로 긴 음악도 들을 수 있다.
❀ 피아노를 뚱땅거리는 걸 좋아한다.
❀ 그 밖에 눈에 띄는 것들 :

시간감각이 생긴다
❀ 이전의 경험을 기억한다.
❀ 할머니 댁에 놀러 가기로 한 약속을 엄마에게 계속 상기시킨다.
❀ 계획을 하고 미래를 준비한다. 가령 엄마가 밥 먹은 다음 그림을 그려도 된다고 말해놓고는 깜박 잊고 종이와 색연필을 줄 생각을 하지 않으면 화를 내거나 뾰로통해진다.
❀ 아침에 깨어나서는 전날 밤에 했던 일을 기억한다.
❀ 그 밖에 눈에 띄는 것들 :

생활 속의 물리학적 원리에 민감하게 반응한다

❀ 물의 저항을 느끼며 공이나 다른 물건을 물속에 집어넣으려고 한다.

❀ 액체를 이 그릇에서 저 그릇으로 부어 옮기는 것을 좋아한다.

❀ 색깔에 관심이 많다.

❀ 눈이 내리는 걸 처음 보면 무서워한다.

❀ 전동칫솔을 무서워한다.

❀ 간단한 물리적 과정이나 현상을 이해한다.

❀ 그 밖에 눈에 띄는 것들 :

놀면서 건축의 원리를 실험한다

❀ 건축 일을 하는 사람들을 관찰한다.

❀ 모래와 물을 섞으며 시멘트 반죽을 흉내 낸다.

❀ 모래로 집을 만든다.

❀ 장난감 기차의 선로를 만든다.

❀ 더 작은 레고블록으로 쌓기를 시도한다.

❀ 그 밖에 눈에 띄는 것들 :

언어 영역

❀ 주변 사람들이 이야기하는 내용을 많이 알아듣는다.

❀ 서로 다른 두 언어를 구분하고 그중 하나를 무시할 수 있다.

❀ 아는 단어의 수가 점점 늘어간다.

❀ 단어로 짧은 문장을 조합하기 시작한다.

❀ 동물 울음소리를 흉내 낸다.

❀ 손발을 사용하여 여러 가지 뜻을 전달한다.

❀ 그림책을 좋아하고 CD나 카세트로 짧은 이야기를 듣는다.

❀ 그 밖에 눈에 띄는 것들 :

아기의 개성 파악하기 : 관찰한 것을 기록해보라

아기가 새로운 세계에서 모든 것을 한꺼번에 발견할 수 없음을 염두에 둬라. 17개월이 지나 아기는 처음으로 이 새로운 세계에 발을 들여놓았다. 그러나 아기가 언제 어떤 능력을 습득하는가는 아기의 관심사와 아기에게 얼마나 많은 기회가 주어지느냐에 달려 있다. 여기서 소개한 대부분의 것들을 할 수 있으려면 몇 달, 때로 더 오랜 시간이 지나야 한다!

아기의 관심사에서 개성을 발견하라

모든 아기는 '시스템'을 인식하고 다룰 능력을 얻었다. 아기가 시스템의 세계를 완전히 자기 것으로 만들기까지는 몇 년이 더 소요된다. 그러나 아기는 75주 또는 17개월에 이 세계에 입장을 하고 머뭇거리며 첫발을 내딛는다. 자신과 자신의 몸, 그리고 몸의 움직임을 통제하고 조합하는 법에 몰두하느라 언어에는 별로 관심이 없는 아기들도 있을 수 있다. 그리고 몇몇 단어를 말하는 것으로 만족하고, 단어를 아직 문장으로 조합시키지 못할 수도 있다. 가족, 친척, 친구, 집, 가까운 환경에 강한 관심을 가지는 아기도 있을 것이며, 그림 그리기를 좋아하고 음악을 즐겨 듣는 아기도 있을 것이다. 아기가 시스템의 세계에서 무엇에 가장 관심을 두는가는 아기의 소질과 운동감각, 기호와 환경에 달려 있다. 다른 아기와 비교하지 말라. 모든 아기는 유일무이하고 각자 개인적인 선택을 한다.

이 시기에 아기를 정확히 관찰하면 아기가 무엇에 관심이 있는지를 알 수

☺ **아기는 이래요!**

아기는 새로운 것을 가장 좋아한다. 그러므로 아기가 보여주는 새로운 능력과 관심사에 언제나 반응을 보여라. 그러면 아기는 더 잘, 더 쉽게, 더 빨리, 더 많이 배울 것이다.

있을 것이다. 이제 아기가 어떤 부분에 특별한 능력과 재능이 있는지 서서히 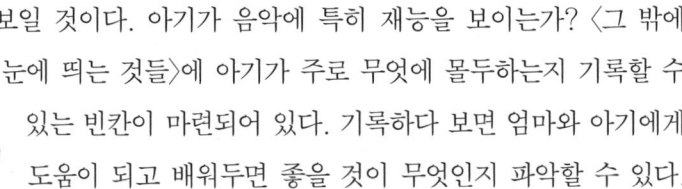 보일 것이다. 아기가 음악에 특히 재능을 보이는가? 〈그 밖에 눈에 띄는 것들〉에 아기가 주로 무엇에 몰두하는지 기록할 수 있는 빈칸이 마련되어 있다. 기록하다 보면 엄마와 아기에게 도움이 되고 배워두면 좋을 것이 무엇인지 파악할 수 있다.

아기가 20~21개월이 되면 다음 도약이 시작된다. 그러면 이 부분을 더 이상 기록할 수 없을 것이다.

☀ 도약의 성과 : 아기의 능력을 끌어올려라

시스템의 세계에서 아기는 원칙을 융통성 있게 적용하는 것을 배운다. 아기는 자기 자신과 가족과 친척과 친구들과 집과 주변환경을 발견하고, 그림이나 음악에 관심을 갖는다. 한마디로 시스템을 발견하고 관심을 갖는 것이다.

아기에게 다양한 시스템을 접할 충분한 기회를 줘라. 연습하고 시험해보고, 자신의 행동에 대한 엄마의 반응을 보면서 아기는 시스템의 세계에서의 연관을 알고 이해할 것이다.

"양심이 뭔지 어렴풋이 알아요"

양심은 도덕적 원칙, 가치, 규범, 규칙으로 이루어진 시스템이다. 양심의 형성은 아기가 다양한 행동을 시험해보고, 다른 사람의 행동을 모방하고, 엄마에게서 피드  백을 얻음으로써 이루어진다. 이로써 아기는 어떤 행동이 용납되고 어떤 것이 안 되는지를 배운다. 아기가 이 영역에서 충분한 경험을 쌓아 스스로 결론을 유추하기까지는 상당히 오랜 기간이 걸린다. 중요한 것은 엄마의 반응이 일관적이어야 한다는 것이다. 엄마가 같은 상황을 두고도 이랬다저랬다 하면 아기는 모순된 가치를 받아들이게 되고 학습과정은 지연된다. 75주부터 아기는 점점 더 많은 시스템적인 연관들을 발견한다. '가치, 규범, 규칙'의 영역에서도 말이다. 아기는 매일 먹고 마시는 것처럼 규칙을 필요로 하며, 행동의 경계선을 가늠하는 기회를 가져야 한다.

<u>빅토리아, 76주 또는 17개월 반</u> "아기는 수납장 위의 장난감들이 제 오빠 것이라는 걸 알아요. 그런데도 때로 의자 위에 기어 올라가 그것들에 손을 대지요. 그러다가 나한테 들키면 막 손에 들었던 것을 떨어뜨리며 '왜요? 만지는 게 뭐 잘못됐어요?' 하는 눈빛으로 쳐다봐요."

<u>짐, 81주 또는 18개월 반</u> "내가 뭐라고 말을 해도 들은 체 만 체하고 종종 거친 행동을 하는 것이 눈에 띄어요. 이유 없이 다른 아이들의 머리를 때리거나 스웨터를 세게 잡아당겨서 넘어지게 해요. 난 몇 번은 진짜로 화가 났어요. 다른 아이들을 그렇게 아프게 하면 안 된다고 몇 번이나 말을 했었기 때문이지요. 내 잔소리가 듣기 싫어서 아예 못 들은 척하는 것 같아요."

"내 일은 내가 결정할 수 있어요"

아기가 처음으로 알게 되어, 이 시기에 집중적으로 관심을 쏟는 시스템은 자기 자신이다. 아기는 자신이 신체의 주인임을 발견한다. 그리고 자신의 움직임을 통제할 수 있다는 사실을 알게 된다. 아기는 자신이 특정한 일을 스스로 하거나 남을 시켜 할 수 있다는 것을 깨달으며, 결정을 내리는 자신의 의지와 능력을 강하게 의식한다. 이 시기 아기의 사고는 완전히 '자기'라는 단어로 요약된다.

나와 나의 몸

마르크, 72주 또는 16개월 후반 "아기는 요즘 자기 고추에 특히 흥미를 보여요. 종종 고추를 잡아당기거나 다양한 물건들에 비벼요. 나는 종종 발가벗겨서 뛰어놀게 해요."

니나, 82주 또는 약 19개월 "아기는 요즘 천사를 아주 매력적으로 생각해요. 내가 천사 그림을 보여주면서 '이게 너야?' 하고 묻자 아이는 환하게 웃음을 띠며 '응!' 이라고 대답했어요."

베라, 74~87주 또는 17~20개월 "얼마 전부터 혼자서 옷을 입고 벗으려고 해요. 아무도 도와주지 못하게 하고요. 거의 공주병에 가까워요. 새로운 것을 사주면 거울 앞에 서서 빙 돌아봐요. 바지 대신 무조건 치마를 입겠다고 고집을 부리고요. 그리고 미용실에 가는 걸 좋아해요. 머리카락 자르는 걸 멋지다고 생각하는 것 같아요."

"위험한 도전을 하고 싶어요"

알렉산더, 76주 또는 17개월 반 "요즘 기어오르는 것을 좋아해요. 올라갈 수 있는 곳에는 모두 올라가지요. 하지만 그러면서 무척 조심을 해요. 위험을 의식하는 거죠."

<u>빅토리아, 76주 또는 17개월 반</u> "금지된 물건을 손에 넣으려 할 때 점점 독창성을 발휘해요. 나는 그런 물건들을 아기의 손이 닿지 않는 곳에 두었어요. 하지만 어떻게든지 그것에 다가갈 방법을 찾아내죠. 의자를 끌어다가 올라가서는 기어코 물건을 꺼내고 말아요."

<u>니클라스, 83~86주 또는 19~20개월</u> "높은 곳에서 뛰어내리는 걸 좋아해요. 그럴 때 높이가 뛰어내리기에 적당한지 아주 잘 파악하지요. 너무 높을 경우에는 '우이' 하고 말하며 팔을 벌려요. '나 혼자서는 할 수 없어요. 엄마가 도와주세요' 하는 의미지요. 또한 낮고 가느다란 둑이나 보도블록 가장자리를 걷는 것을 좋아해요. 때로는 높은 담 위도 걸으려고 해요. 그러면 나는 아슬아슬한 마음에 가슴을 쓸어내려요."

"스스로 할 수 있어요"

<u>라라, 73~75주 또는 17개월</u> "아기의자에는 더는 앉지 않으려고 해요. 다른 가족들처럼 일반 의자에 앉고 싶어하지요. 턱받이도 차지 않으려 하고요. 떠먹여주는 것을 싫어하고 혼자 먹고 싶어해요."

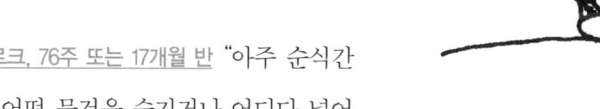

<u>디르크, 76주 또는 17개월 반</u> "아주 순식간에 어떤 물건을 숨기거나 어디다 넣어버려요. 사이즈가 맞는지 안 맞는지는 상관하지 않아요. 오직 자신이 그걸 할 수 있나 없나를 실험할 뿐이에요. 내가 요리를 하면 열심히 쳐다봐요. 하지만 이제는 내가 요리하는 과정과 재료를 설명해줘야 하는 것이 아니라, 오히려 아기 <u>스스로</u>

재료의 이름을 말하려고 해요. 모양 넣기 상자를 가지고도 전과 다르게 놀아요. 모양이 맞지 않는 구멍에다 마구 집어넣으려고 하지요. 여차해서 맞는 구멍이 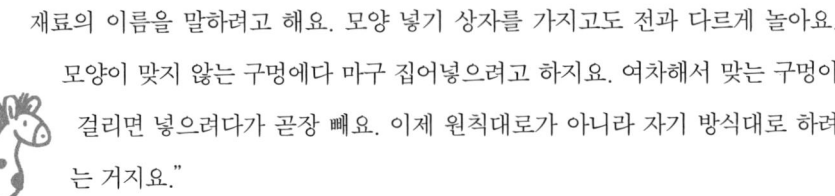 걸리면 넣으려다가 곧장 빼요. 이제 원칙대로가 아니라 자기 방식대로 하려는 거지요."

<u>사라, 77주 또는 17개월 후반</u> "'엄마가 해줄까?'라고 물으면 아기는 종종 '아니, 사라'라고 말해요. 그리고 무언가를 고장 냈을 때 누가 그랬느냐고 물으면 '사라'라고 말해요. 아기는 이제 자의식을 가지고 있어요. 때로는 뭔가를 떨어뜨리거나 고의로 바닥에 던지고는 마구 웃어요."

<u>토마스, 80주 또는 18개월 반</u> "심부름꾼으로 부리면 아주 즐거워해요. 나한테 리모컨, 잡지 같은 것을 가져다줘요. 세탁기도 켜주고, 신발도 가져오고, 청소도구도 날라요. 나는 '다 큰' 아들이 자랑스러워요. 말을 하면 즉시 심부름을 해주니까요. 가끔은 우리가 꼬마를 너무 혹사시키는 건 아닌가 하고 미안할 때가 있죠."

<u>니나, 80~83주 또는 18~19개월</u> "대부분은 변기에서 얌전하게 볼일을 봐요. 기저귀를 차고 있을 때 기저귀를 갈고 싶으면 '아~아' 하고 말해요. 어떤 때는 '어른 변기'에도 가요."

<u>사라, 87주 또는 약 20개월</u> "며칠 전 처음으로 '진짜 변기'에 큰것을 누었어요."

"내가 하고 싶은 대로 할 거예요"

<u>슈테판, 78주 또는 약 18개월</u> "요즘 아기는 혼자 일에 상당히 몰두해요. 나는 아기에게 눈을 떼지 못하지요. 종종 위험한 짓을 하니까요. 며칠 전 아기가 뜨거운 냄비가 올려져 있는 가스레인지를 점화하려는 걸 발견하고는 무척 놀랐어요. 그러다가 냄비에 손을 가볍게 데었지요. 앞으로는 그러지 않길 바라요. 아기와 함께 요리하

는 것은 재미있거든요."

라우라, 78주 또는 약 18개월 "요즘 장난감에는 별 흥미가 없고, CD 플레이어처럼 만져서는 안 되는 것들에 오히려 흥미를 보여요."

루카스, 76주 또는 17개월 반 "최근 눈에 띄게 버릇이 없어졌어요. 어떤 행동은 해도 되고 안 되는지, 자신의 행동이 어떤 결과를 초래하는지 시험해보는 것 같아요. 이제는 어떤 행동을 해서는 안 되는지 잘 알고 있어요. 아기는 버릇없는 행동을 하곤 '난 내가 하고 싶은 대로 할 거예요. 보세요. 뭐라고 하실 건가요?' 이런 심사예요."

엘리자베스, 81주 또는 18개월 반 "점점 독립적이 되어가요. 며칠 전 내 친구가 와서 아기한테 아줌마랑 같이 뭐 사러 가자고 하니까 좋아서 따라가더라고요. 나한테 흔쾌히 '빠이빠이'를 하더니 가버렸지요."

알렉산더, 81주 또는 18개월 반 "요즘 혼자 잘 놀아요. 수요일에는 블록을 쌓고 자동차를 가지고 놀았어요. 아기는 반시간 정도 쥐죽은 듯 조용했지요. 나는 뜻밖에 찾아온 휴식이 너무나도 달콤했어요."

아스트리드, 83~86주 또는 19개월 "자의식이 점점 강해지고 있어요. 좋고 싫음이 분명해요. 때로 헤어지면서 나한테 뽀뽀를 해줘요. 다른 사람들에게 어떤 물건을 건네는 모습을 보면 아기가 자신과 타인 간의 차이를 파악하고 있다는 것을 확연히 알 수 있어요."

"내가 선택할래요"

<u>에바, 76주 또는 17개월 반</u> "사고를 치기로 마음먹으면 그 전에 나를 보고 싱긋 웃어요."

<u>레아, 86주 또는 약 20개월</u> "기저귀가 꽉 차면 나한테 와서 '봐'라고 말해요. 이어 기저귀를 어디서 갈 것인지 아이 스스로 결정하게 하면 기저귀를 아주 편안하게 갈 수 있어요. 그러면 평소 기저귀를 갈 때처럼 몸을 뒤틀고 반항하지 않지요. 요즘 옷을 입힐 때도 그렇게 해요. 내가 '어디서 옷 입혀줄까?' 하고 물으면 아기는 장소를 선택해요."

<u>토마스, 86주 약 20개월</u> "요즘 무슨 옷을 입을지 스스로 선택하고 싶어해요. 아무 옷이나 좋아하지 않아요. 요즘 편안한 트레이닝복 바지는 '아웃'된 상태예요. 때로 아기는 아침에 아빠 콤비에 넥타이를 목에 두르고는 나를 깨우러 침대로 와요."

"나도 '힘'이 있다고요"

<u>디르크, 74주 또는 17개월</u> "아기는 뱀이나 쥐가 있는 것처럼 하면서 나와 이웃집 꼬마를 놀래주려고 해요."

<u>그레고르, 76주 또는 17개월 반</u> "아기는 제 것을 주는데도 자꾸만 내 앞에 놓인 음식과 음료를 마시려고 해요. 아기 앞에 있는 것도 똑같은 것이라고 재차 말해주지만 소용없어요. 그러면 나는 못 가져가게 하고 우리 사이에 싸움이 일어나요."

<u>루돌프, 78주 또는 약 18개월</u> "요즘 아기는 기분이 좋고 에너지가 넘쳐요. 때로는 뭔가에 너무 열중해서 내가 화를 내도 신경을 못 써요. 또 간혹 물건을 있는 힘껏 집어 던지기도 하고, 닥치는 대로 마구 치고 난폭하게 굴지요. 아마도 '힘'을 과시하려는 것 같아요. 그러면 나는 아기를 타이르며 벌을 주겠다고 말하지요. 그래도 소용없으면 벌로 놀이보호공간에 넣어버려요. 그러면 거기서 한동안 쪼그려 앉아 있어요. 하지만 꺼내주자마자 얼마 안 가 도로 마찬가지가 돼요. 이 모든 것이 아기에게는 학습과정이겠지요."

<u>로빈, 77주 또는 17개월 후반</u> "제 뜻대로 되지 않으면 불같이 화를 내요. 가령 밖으로 나가고 싶어 겉옷을 가리킬 때 내가 '안 돼' 하면 곧장 울부짖기 시작하지요. 초콜릿을 먹고 싶은데 안 된다고 하거나, 친구네 집에 갔는데 친구가 없을 경우에도 화를 내기 시작해요."

<u>엘리자베스, 86주 또는 약 20개월</u> "'아기' 취급을 당하지 않으려고 해요. 며칠 전 우리는 아주 비싼 아이스크림 집에 갔어요. 주문하면서 남편은 '엘리자베스는 엄마 아빠랑 함께 먹자' 하면서 나하고 남편 것만 주문했어요. 아이스크림이 오자 아기에게 한입 먹여주었어요. 그러자 아기는 금방 '으앙' 하고 울음을 터뜨렸지요. 남편이 몇 블록 더 가서 값싼 소프트 아이스크림을 사주었어요. 아기는 아이스크림을

손에 쥐었지만 먹으려고 하지 않았어요. 아직 화가 풀리지 않은 것이었지요. 아기는 억울했는지 제 아빠를 때리기까지 했어요."

"눈에 보이지 않아도 '있다'는 걸 알아요"

아기는 이제 스스로를 개인적인 시스템으로 파악할 수 있으므로 사람이나 물건이 시야에서 사라져도 그들이 계속 존재한다는 것을 안다. 아기는 이제 엄마나 아빠가 자신의 시야에 존재하지 않아도 계속 존재한다는 것을 의식한다. 그리고 다른 사람들이 무조건 같은 자리에 있지 않고 옮겨 다니며 다른 곳으로 갈 수도 있다는 것을 안다. 구체적인 예로 아기는 아빠를 찾을 때 아빠를 마지막으로 보았던 자리에서만 찾으면 안 된다는 것을 알고 있다.

> <u>야나, 85주 또는 19개월 반</u> "수납장 속에 숨어서 미닫이문을 닫고는 '엄마!' 하고 불러요. 그러면 나는 못 찾는 척하다가 마지막으로 아기를 찾아내지요. 그러면 아기는 고꾸라질 듯 웃어요."

나와 너

스스로가 시스템이라는 것을 알게 된 후 아기는 '나'와 '너'라는 개념을 제대로 파악하고 그에 맞게 사용할 수 있다. 이제 아기는 엄마와 아빠도 독자적인 삶을 영위하는 개인이며 나름의 삶을 산다는 것을 이해한다. 아기는 자신과 엄마 아빠를 비교하고 자연스럽고 정확하게 차이와 공통점을 인식한다.

> <u>빅토리아, 72주 또는 16개월 후반</u> "아기는 아빠에게도 페니스가 있다는 것을 발견했고, 지금은 그것을 '잠지'라고 불러요."

> <u>마르크, 75주 또는 17개월</u> "최근에 자기를 가리켰다가, 또 나를 가리켰다가 그래요.

우리 둘 사이의 차이를 지적하려는 것 같아요."

<u>니나, 75주 또는 17개월</u> "'산책 갈까?' 하고 말하면 아기는 '나 말이야?' 하고 묻는 듯이 자신을 가리켜요. 방 안에 자기 말고 다른 사람이 있는 것처럼 말이에요."

<u>디르크, 79~86주 또는 18~20개월</u> "요즘 아기는 아빠에게 아주 관심이 많아요. 샤워실로, 침실로, 화장실로 계속 아빠를 따라다니고, 아빠에 대해 이야기해요."

<u>슈테파니, 86주 또는 약 20개월</u> "이번 주 들어 '내가', '네가'라고 연신 말해요."

다른 사람과 자신이 다르다는 것을 배운 후에 아기는 점차 다른 사람의 입장이 되어 생각할 줄 안다. 실험 결과 13~15개월 된 아기는 다른 사람들이 자신과 다르게 결정할 수 있다는 것을 아직 모르는 것으로 드러났다. 그러다가 18개월 정도 되면 아기는 이런 인식을 하게 된다. 그리고 이런 인식은 한결 성숙한 행동을 낳는다.

주의 돌리기 작전

<u>레아, 87주 또는 약 20개월</u> "슈퍼마켓에서 나오니까 아이들이 탈 수 있는 작은 헬리콥터가 서 있었어요. 동전을 넣으면 한동안 덜거덕덜거덕 움직이며 빛을 발하는 것이었지요. 레아가 너무 타고 싶어해서 태워주려고 했지만 먼저 타고 있던 아이가 있었어요. 그때 레아가 어린이용 쇼핑카트를 잡더니 그것을 밀며 한 바퀴 빙 돌았어요. 그러자 헬리콥터에 앉아 있던 아이가 헬리콥터에서 내려 레아가 밀던 쇼핑카트를 밀려고 했어

요. 레아는 그 아이에게 얼른 쇼핑카트를 넘겨주고 부리나케 헬리콥터에 올라갔지요."

"엄마 아빠, 위로해줄게요"

율리아, 79~80주 또는 18개월 "우리더러 울라고 해요. 그러고는 우리에게 뽀뽀를 하고 빰을 부드럽게 쓰다듬어요."

"나는 팬터마임 배우"

마리, 83~86주 또는 19개월 "요즘 계속 몸짓이나 운동을 모방하는 데 열중해요. 심지어 고양이 흉내를 내려고 하지요."

베라, 87주 또는 약 20개월 "다른 아이들의 행동을 잘 따라 해요. 어떤 아이가 울타리에 올라가는 것을 보고는 자기도 그렇게 해요. 어떤 아이가 창문을 두드리니까 자기도 그렇게 해보고요. 재채기나 한숨 쉬는 소리도 따라서 해요."

상상력을 발휘해서 놀아요 아기는 이제 인형이나 곰인형을 마치 살아 있는 동물처럼 가지고 논다. 놀이의 줄거리를 지어내면서 말이다.

야나, 71주 또는 16개월 "아무것도 없는데 손에 먹을 것이 있는 척하면서 먹는 시늉을 했어요. 여러 번 그렇게 하는 것이 눈에 띄었지요. 이렇게 상상력을 동원해서 노는 것은 처음이에요."

빅토리아, 75주 또는 17개월 "갑자기 아기가 훨씬 더 독립적이 된 것 같아요. 혼자서도 열중해서 놀아요. 때로 아기는 상상의 세계로 들어가지요. 요즘 새로 나타난 현상이에요. 아기는 놀면서 인형과 상상으로 소꿉놀이 같은 걸 해요. 그리고 나한테 그 이야기를 들려주지요."

<u>그레고르, 84주 또는 19개월</u> "어느 날 오후 아기가 갓난아기 적 사진을 보고 나더니 동물인형들을 죄다 아기라고 부르면서 침대에서 가지고 놀았어요."

다른 생물들에 대한 관심

모든 생물은 각각의 행동 규칙과 프로그램을 갖는 고유한 시스템이다. 아기는 다른 생물들에게서 매력을 느낀다.

<u>에바, 73주 또는 약 17개월</u> "이번 주에 아기는 새들에게 관심이 있어요. 새가 잔디에서 날아가 사라졌다가 잠시 후 다시 오면 아기는 좋아서 웃어요. 새가 보이기 전에 들리는 지저귐 소리도 재미있어해요. 또한 비행기에도 관심이 많아요. 그리고 식물에 다가가서 코를 대고 킁킁거리며 꽃봉오리의 향기를 맡아요."

<u>루카스, 79주 또는 18개월</u> "정원에 가는 길에 달팽이를 보더니 달팽이가 죽었다고 말했어요. 내가 미처 달팽이를 보기도 전에요. 나중에 남편이 그러는데 아기와 달팽이에 대해 자주 이야기했었다고 하더군요."

<u>티모, 84주 또는 19개월</u> "이번 주에 계속 바깥 정원에 기어 다니는 개미들하고 놀았어요."

<u>아스트리드, 85주 또는 19개월 반</u> "요즘 아기는 식물에 물을 주는 걸 좋아해요. 식물 앞에서 짭짭거리며 날더러 식물들이 '배가 고프다'는 표시를 해요. 하루에도

몇 번이고 식물에게 먹이를 주려고 해요. 물뿌리개에 물을 채워 물을 '선물'하는 것을 재미있어하지요."

나는 가족의 일원

다른 모든 사람들의 조직들처럼 가정 역시 시스템이다. 가정은 자연스럽게 알게 되는 첫 번째 사람들의 조직이다. 태어난 이래 아기는 가정에서 살고 있지만 이제야 가정이 통일체, 즉 시스템이라는 것을 의식한다.

<u>빅토리아, 73주 또는 약 17개월</u> "요즘 아기는 엄격한 노동 분업을 원해요. 아빠한테는 주스병을 꺼내달라고 하고 엄마한테는 컵을 가져다 달라고 하지요."

<u>베라, 75주 또는 17개월</u> "누가 누구네 식구인지 정확히 알고 있어요. 어떤 물건을 누가 선물해줬는지도 말해요."

<u>토마스, 78주 또는 약 18개월</u> "나를 마치 친구처럼 대해요. 나한테 자신의 장난감 자동차를 타고 싶은지, 함께 책을 읽거나 그림을 그리고 싶은지 물어요."

<u>빅토리아, 79주 또는 18개월</u> "제 형을 학교에 데려다주거나 데려올 때 내가 다른 아줌마들을 보고 '누구 엄마'라고 말하니까 아기는 처음에 혼란스러워했어요. '엄마'라는 단어를 붙일 수 있는 사람은 아기에겐 단 한 명, 나밖에 없었으니까요. 이제 아기는 우리 외에도 많은 다른 가족들이 있다는 것과 학교 교문에서 만나는 아줌마들이 다른 아이들의 엄마들이라는 것을 알고 있어요. 그럼에도 여전히 어떤 아이가 '엄마'라고 부르면 믿지 못하겠다는 듯이 쳐다봐요. 예나 지금이나 '엄마'는 나뿐이고, 아기가 느끼기에 다른 아줌마들은 '누구의 엄마'니까요."

<u>알렉산더, 82주 또는 약 19개월</u> "제 형이나 누나가 내 무릎에 앉으면 마구 화를 내요. 자리를 비워줄 때까지 무작정 앞에 서 있어요."

<u>빅토리아, 84주 또는 19개월</u> "아기는 이제 우리 가족 외에도 다른 가족이 있다는 것을 알아요. 최근에 빅토리아와 이웃집에 갔어요. 그 집에서 커피 한잔 하면서 앉아 있는데 빅토리아가 계속 그 집 딸 이름을 부르는 거예요. 그 언니가 어디 있는지 알고 싶었던 것 같아요. 그 집 가족의 일원이었으니까요. 그 애는 친구네 집에 놀러 가고 없었거든요. 빅토리아는 그 언니 없이는 가족이 불완전하다고 느꼈던 거예요. 자기가 보기에는 뭔가 맞지 않았던 거죠."

<u>알렉산더, 87주 또는 20개월</u> "때로 언니 오빠가 놀면서 알렉산더를 왕따시켜요. 알렉산더를 복도로 밀어내고 코앞에서 문을 닫아버리지요. 알렉산더는 그러면 아주 화가 나서 나한테 와서는 위로해달라는 눈빛을 해요."

나와 친척과 친구들

자기 가족이 시스템인 것처럼 또한 친척과 친구들도 시스템이다. 아기는 이런 사실을 차츰 알아간다. 그리고 각각의 가족이 서로 다르다는 것을 배운다.

<u>슈테파니, 78주 또는 약 18개월</u> "한 손엔 전화를, 다른 손엔 할아버지 할머니의 사진을 들고 와서는 할아버지 할머니에게 전화를 하고 싶다는 뜻을 전해요."

<u>슈테판, 78주 또는 약 18개월</u> "내가 아이의 친구 이야기를 하면 기분이 좋은 듯 친구 이름을 불러요. 그러면서 친구 모습을 생생히 떠올리는 것 같아요."

<u>토마스, 80주 또는 18개월</u> "옆집 아줌마가 식사 준비를 하러 집에 가야 한다고 일어나자 토마스는 아줌마를 따라가려 했어요. 내가 가도 좋다고 하자 '빠이빠이'를 하고 가버렸지요. 나는 아이가 금방 집에 올 거라고 생각했어요. 하지만 아니었어요. 아이는 한 시간 반이 지나도록 오지 않았어요. 나는 아이를 데리러 갔지요. 하지만 집으로 오려고 하지 않았어요. 아이는 옆집에서 아주 기분 좋게 놀고 있었어요. 옆집 아줌마가 나보다 훨씬 너그럽게 해주었으니까요. 심지어 아줌마가 요리를 하는 동안 싱크대 위에 앉아 싱크볼 안에 발을 넣고 물장구를 쳐도 되었으니까요."

나의 집, 주변, 방향 잡기

거주하는 집도 시스템이다. 그리고 주변환경도 시스템이다. 아기는 이 두 가지를 의식하게 되고 기억 속에 '지도'를 입력하면서 방향을 잡는 것을 배운다. 이런 머릿속 지도 역시 시스템이라고 할 수 있다.

<u>루카스, 74주 또는 약 17개월</u> "아기는 점점 길을 잘 찾아요. 많이 가보지 않은 곳에서도 특정 건물 같은 것을 잘 알아봐요. 전에 한번 보았던 것을 발견하면 무척 신나서 곧장 표시를 내요. 때로는 얼마 안 가 자신이 아는 곳이 나온다는 것을 일러줘요."

<u>다니엘, 74주 또는 약 17개월</u> "한 달 전에 우리는 모래언덕 뒤편만 산책하고 바다까지 가지는 않았어요. 그러다가 아기가 오늘 모래톱에서 바다를 보더니 기쁨의 탄성을 질렀어요. 바다를 정복하려는 듯이 큰 소리를 지르며 바다로 내달렸지요."

<u>토마스, 83주 또는 19개월</u> "아기는 주변 지도를 머릿속에 넣고 있는 것 같아요. 무엇이 어디 있는지 잘 알아요. 집에서든 바깥에서든 아빠 사무실에서든 말이에요. 종종 가는 슈퍼마켓 길은 거의 외우고 있어요. 아빠 사무실 가는 길도요. 그리고 아빠 사무실이 있는 건물에 도착하면 아기는 별다른 어려움 없이 아빠의 사무실을 찾아가요."

"내 것을 알아요"

모든 가족 시스템은 가치와 규범과 규칙 같은 원칙들 위에 성립된다. "골고루 나눠 먹어야 해"와 같은 규칙이나 "도둑질하면 안 돼" 같은 도덕 계명 같은 것, 그리고 어떤 물건은 가족이 함께 쓰는 것이고, 어떤 것은 개인에게 속한 것인지도 터득한다. 아기는 일상의 규칙을 배운다. 때로 아기의 학습과정은 놀랄 정도로 자연스럽게 저절로 이루어지고, 어떤 경우는 계속 설명하고 해명해줘야 한다.

내 옷을 구별해요

<u>니나, 82주 또는 약 19개월</u> "가방과 옷 등이 누구 것인지 정확히 알아요. 우리가 외출하려고 하면 아기는 그런 물건들을 가져와서 각자 주인에게 줘요."

<u>빅토리아, 83주 또는 19개월</u> "세탁기에서 빨래를 꺼내어 건조기에 넣기 전에 나는 일단 세탁기 위에서 빨래가 구겨지지 않게 대충 개어요. 그럴 때 아기는 옆에 서서 일일이 '아빠 거', '토마스 거', '엄마 거', '빅토리아 거'라고 말해요."

물건을 다룰 줄 알아요

<u>안나, 78주 또는 약 18개월</u> "물건을 어디에 두었는지 기억을 잘해요. 내가 아기에게 이런저런 물건이 어디 있는지 물으면 아주 잘 찾아줘요."

빅토리아, 83주 또는 19개월 "어느 날 아기는 내 손을 잡고는 나를 온실로 이끌었어요. 그곳에 장난감이 여기저기 놓여 있었지요. 아기는 장난감을 차례로 가리키며 '토마스 거, 토마스 거, 토마스 거…… 빅토리아 거?'라고 말했어요. 그것은 격렬한 항의였어요! 얼마 전 제 오빠 토마스가 빅토리아에게 자기 장난감을 만지지 못하게 했거든요. 빅토리아가 자꾸만 고장을 내니까요. 오빠 장난감을 제하고 나면 빅토리아 것은 거의 없었지요."

수잔네, 87주 또는 20개월 "사촌 리아(25개월)가 놀러 오면 아주 난리가 나요. 자기 장난감에 손도 못 대게 하지요! 리아가 장난감 하나를 손에 들면 당장에 낚아채버려요."

"청소가 재밌어요"

어떤 아기는 지저분한 것을 참지 못하고 깔끔을 떨어 엄마를 당황스럽게 만든다. 그러나 이 시기를 즐겨라. 이런 현상은 오래가지 않기 때문이다. 아기는 정확히 다음 도약이 시작되기 전까지만 그런 깔끔을 떤다. 그러고 나서 다시 정리에 대한 감각이 생기기까지는 몇 년이 소요될 것이다. 그런 감각이 생기기나 한다면 말이다. 아무튼 18개월 정도의 아기는 모든 것이 깨끗이 정리되어 있는 것을 좋아한다.

토마스, 86주 또는 약 20개월 "물건이 너절하게 어질러져 있는 것을 보면 아기는 참지 못해요. 최근에 나는 친정 부모님에게 '엄마 아빠가 가르쳐주지 못한 것을 내 아들이 가르쳐주고 있어요. 아들 등쌀에 모든 것을 정리하고 치워요'라고 말했어요. 토마스는 매일 저녁 레고블록을 상자에 담아두어야 한다고 주장해요. 그림책을 보고 난 후에는 제자리에 정확히 갖다 두죠."

퍼즐과 작은 물건 가지고 놀기

퍼즐 또한 시스템이다. 각각의 조각이 맞추어지면 퍼즐은 조직된 통일체, 즉 전체를 이룬다.

루돌프, 72주 또는 16개월 후반 "얼마 전부터 동물 퍼즐을 좋아해요. 열두 조각짜리 하나와 일곱 조각짜리 하나를 가지고 있지요. 아기는 이 퍼즐을 척척 맞춰요. 몇 조각이 뒤집어져 놓여 있어도 언제나 알맞은 조각을 찾아내지요. 때로는 너무 성급하게 맞추는 바람에 조각들이 들뜨게 돼요."

사라, 73주 또는 약 17개월 "소근육 운동이 점점 능숙해지고 있어요. 이번 주에 열심히 구슬을 막대기에 끼우고 그 막대기를 작은 구멍에 집어넣었어요. 슈퍼마켓 계산대에서도 지갑에서 동전을 꺼내어 지불하려고 해요."

토마스, 80주 또는 18개월 "나는 일부러 퍼즐을 잘 못 맞추는 것처럼 행동했어요. 내가 조각을 틀린 자리에 놓으려고 할 때마다 아기는 '아니, 아니' 하면서 어디에다 넣어야 하는지 가르쳐주었죠. 아기의 도움으로 여러 번 퍼즐을 간신히 맞추는 척한 후에 나는 한번 다른 작전을 써보았어요. 나는 이제 퍼즐 조각을 마구 섞어놓고는 아주 빨리 제대로 맞추었어요. 그러고는 자랑스러운 표정으로 아기에게 '봐, 나도 할 수 있다!' 하고 말했어요. 그러자 아기는 비아냥거리는 표정을 짓더니 '아니야!' 하고 말했어요. 정확히 보니 퍼즐 한 개가 약간 위로 튀어나와 있더군요. 아기는 그것을 납작하게 눌렀고 그제야 만족스러운 표정을 지었어요!"

놀이 고안하기

퍼즐은 다른 사람들이 고안한 시스템이다. 이제 아기는 자신만의 시스템, 즉 특정한 규칙이 있는 놀이나 마술 같은 것을 생각해낼 수도 있다.

<u>마르크, 83~86주 또는 19개월</u> "아기는 스스로 놀이를 고안했어요. 한 사람이 주사위를 던지면 그 다음에는 다른 사람이 주사위를 던지는 놀이지요. 아기는 언제나 엄격하게 번갈아가며 던져야 한다고 주장해요. 그리고 자기 차례가 되면 종종 주사위가 줍기 까다로운 장소로 굴러가게끔 해요."

<u>빅토리아, 83주 또는 19개월</u> "오늘 아기는 마술을 선보였어요(오빠가 마술을 하는 것을 유심히 본 적이 있거든요). 아기는 구슬을 하나 집더니 병 속에 넣으며 '오, 오' 하고 말했어요. 그러고는 병을 흔들며 '아니야'라고 말했어요. 그러니까 구슬이 거기서 나올 수 없다는 뜻이었지요. 그리고 이어 방을 한 바퀴(정말 마술사처럼) 돌더니 병을 한 바퀴 빙 돌리고는 거꾸로 뒤집었어요. 아브라카다브라~ 구슬이 나왔죠!"

나는 꼬마 예술가

생후 18개월쯤 되면 아기는 장난감이 무엇을 본떠 만들고, 무엇을 상징한 것인지를 안다. 아기는 이제 장난감으로 자신에게 친숙한 일상을 재현한다. 상상력을 동원해 스스로 줄거리를 고안하면서 말이다.

상징을 인지하는 아기의 능력은 아기의 그림을 지금까지와는 완전히 달라지게 만든다. 아기는 이제 자동차, 강아지, 자기 자신 등 실제 세계의 것들을 그린다. 이런 새로운 능력은 차츰차츰 발달하는 것이 아니라 도약을 통해 갑작스럽게 이루어진다. 꼬마 예술가들은 열심히 그림의 세계에 빠져들고, 엄마는 곧 '방대한 미술작품'을 관리해야 한다. 흥분되는 것을 경험하면 꼬마는 그 인상을 그림 형태로 표현할 것이다.

아기는 그리기뿐 아니라 (모래나 블록으로) 만들기도 좋아할 것이다. 음악을 좋아하는 아기는 피아노를 뚱땅거리고 나이에 비해 놀랄 정도로 긴 음악도 들을 것이다.

니클라스, 79주 또는 18개월 "최근에는 말과 양도 그려요. 오늘 아침에는 열심히 사각형을 그리더니 사각형 안에 원을 그렸어요. 그러고는 자기 자신을 그렸다는 듯이 자기를 가리켰어요."

요나스, 83주 또는 19개월 "쌓기를 점점 잘해요. 지금까지는 부수는 걸 더 좋아했었는데요."

토마스, 83주 또는 19개월 "아기는 자동차를 그렸어요. 정말 자동차 같았어요. 방바닥에 옆으로 누워 머리를 팔에 괴고는 그림을 그려요. 동그라미 두 개, 그러니까 바퀴를 그리고는 한 원에서 다른 원으로 선 하나를 그었어요. 그리고 원들을 가리키며 '부릉부릉'이라고 했어요. 비행기랍시고 옆에 짧은 '다리'가 달린 것도 그렸어요. 운전대는 '달팽이 모양'으로 그리고요. 운전대는 돌아가니까요."

엘리자베스, 85주 또는 19개월 반 "아기는 『아기사슴 밤비』 책을 가지고 있어요. 그 책에 주머니쥐 비슷한 동물이 꼬리를 나뭇가지에 감고 거꾸로 매달려 있는 그림이

나와요. 아기는 '이상하다. 뭔가 잘못되어 있다'라고 생각했는지 주머니쥐가 똑바로 세워지도록 책을 거꾸로 돌렸어요."

<u>토마스, 86주 또는 약 20개월</u> "음악을 아주 좋아해요. 아이 키보드를 가지고 놀며 리듬을 자유자재로 만들어내요. 얼마 전 쇼핑을 가서는 비비 세라디의 CD를 거의 처음부터 끝까지 들었어요. 한 시간 동안이나요!"

일본에서는 두 돌배기가 바이올린을 배우는 일이 그리 드물지 않다. 어린 꼬마들이 특별 제작된 작은 바이올린을 꽤나 잘 연주한다! 물론 어떤 사람들은 그렇게 어린 꼬마를 훈련시키는 것이 바람직한지 의심한다. 하지만 개인적인 의견이 어떻든지 간에 우리는 이 월령의 아기가 기본적으로 악기를 배울 능력이 있다는 점을 지적하고 싶다.

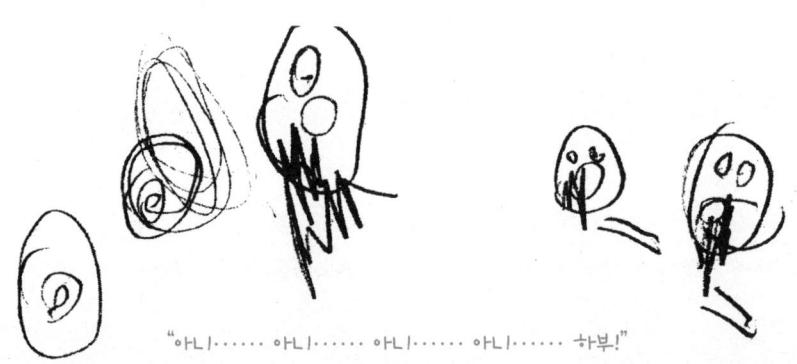

"아니…… 아니…… 아니…… 아니…… 하부!"

네 번 '실패한' 그림과 하나의 '성공한' 할아버지 그림[23개월 토마스의 그림]

♥ 인간의 진화와 미술

인간의 진화과정에서 예술은 상대적으로 늦은 시기에야 등장했다. 생물학적 진화는 수백만 년에 걸쳐 진행되었지만 가장 오래된 미술품은 고작 3만 5천 년 전의 것이다. 그러나 그 시대를 기점으로 '가히 예술의 폭발'이라 부를 만큼 많은 동굴벽화, 석상, 악기가 발견되었다. 악기는 더 오래전부터 사용되었던 것으로 추정된다. 9만 년 전의 것으로 보이는 피리의 일부분이 발굴되었으니 말이다. 예술작품을 만드는 것은 전형적인 인간의 능력이다. 예술작품의 탄생은 인간의 뇌 용량이 대폭 증가한 다음에 이루어졌다. 정확한 연관은 아직 밝혀지지 않았지만, 자기 이해, 상상력, 언어의 발달, 대뇌 전두엽의 확장이 예술의 탄생에 기여했다고 말해도 좋을 것이다.

<u>토마스, 101주 또는 23개월</u> "아기는 할아버지를 그리겠다고 말했어요. 네 번씩이나 얼굴을 그렸는데 그릴 때마다 만족하지 못했어요. 매번 '아니야' 하고 말하더군요. 다섯 번째에야 드디어 수염이 제 위치에 오자 아기는 만족한 듯이 그림을 쳐다보고는 '하부지' 하고 말했어요."(왼쪽의 할아버지 그림과 비교해보라.)

시간감각 : 과거 · 현재 · 미래

아기의 시간감각은 차츰 발달된다. 아기는 과거를 더 잘 기억하고 다가올 사건을 기억 속에 저장하며 그것과 연관하여 행동할 수 있다.

<u>빅토리아, 78주 또는 약 18개월</u> "아침에 '우리가 이따 오후에 할아버지 할머니한테 갈 거'라고 말을 해주면 아기는 온종일 나한테 '함미? 하부지?' 하고 물어요."

<u>그레고르, 82주 또는 약 19개월</u> "아기는 우리가 무슨 약속을 했는지 기억해요. 가령 목욕을 하고 나서 함께 재미있는 것을 하자고 말했다면 아기는 그것을 계속 기억하고 있어요. 그리고 아침에 일어나서 때로 우리가 잠들기 전에 했던 것에 대해 말해요."

물리학 현상에 몰두하는 아기

꼬마들이 노는 것을 관찰하면 종종 아기가 단순한 물리학 현상에 몰두하고 있다는 인상을 받는다.

<u>루카스, 77주 또는 17개월 반</u> "아기는 공 같은 장난감을 물 위에서 눌러 저항을 느껴요. 며칠 전에는 장난감 전화기를 분해했어요. 벨소리가 어디에서 나오는지 궁금했나봐요. 전화기는 완전히 고장이 났지요. 그래도 아기는 다른 장난감의 '속생활'을 살피는 것을 멈추지 않았어요. 잘 분해가 되지 않을 때는 냅다 벽에다 집어던지기도 해요."

<u>야나, 78주 또는 약 18개월</u> "색깔에 아주 관심이 많아요. 초록, 빨강, 노랑. 내가 노란색과 빨간색을 나란히 놓으면서 똑같은 색이라고 하면 비웃듯이 깔깔거려요."

'원칙의 세계'에 입장하면서 아기는 '생각에 대해 생각'하기 시작했다. '시스템의 세계'가 열리면 아기는 처음으로 경험으로 유추한 원칙을 시스템과 연결시킬 수 있다. 아기가 조용하고 뭔가 생각하는 것 같다면 이런 '문제'에 몰두하고 있는 것일 게다.

<u>토마스, 80주 또는 18개월</u> "때로 아기는 혼자 있고 싶어해요. '빠이빠이'를 하고는 혼자 자기 방에 앉아 생각을 하기도 하지요. 조금 놀다가는 다시 10분 정도 움직임 없이 앉아 앞을 뚫어져라 봐요. 마치 오십대나 된 것처럼 진지하게. 이런 시간이 끝나면 아기는 다시 생동감 있어지고 명랑해져요. 나한테 와서는 피곤한지 곧 잠이 들어요. 긴 생각 후에 달콤한 휴식이 필요한 게 틀림없어요."

<u>얀, 83주 또는 19개월</u> "처음에 아기는 전동칫솔을 무서워했어요. 하지만 이내 익숙해져서 내가 전동칫솔을 들고 있으면 '치카치카' 하고 말해요."

<u>짐, 86주 또는 20개월</u> "컴퓨터 앞에서 비행 시뮬레이터를 가지고 놀 때면 아기는 조종기를 거칠게 잡아당기지 않고 아주 의식적으로 다루고 조심해서 착륙시키려고 해요. 자신이 의도하는 것이 실제로 되는지 확인하려는 것 같아요."

건축의 원리를 갖고 논다

아기는 건축도 재미있어한다. 때로 한참 동안 계속 건축 일을 유심히 관찰한다. 지난 도약 이래 놀 때도 블록을 쌓거나 컵을 포개놓는 등 '건축'을 많이 하는 것이 눈에 띌 것이다. 또한 개별적인 부분을 이어놓는 것에도 능숙해진다.

<u>안나, 82주 또는 약 19개월</u> "레고 신제품 테스트에 참여해서는 상품으로 기차 세트를 받았어요. 그런데 집에 와서 기차선로를 아주 능숙하게 만들지 뭐예요. 놀랐어요. 곧은 선로는 잘 맞춰요. 굽어진 것들은 잘 못 맞추고요. 선로를 만들고 나서 아기는 건널목 차단기를 기차 위에 올려놓고는 기차를 선로 위에서 밀었어요. 나는 아기에게 건널목 차단기는 기차 위에 올리는 게 아니라고 말했어요. 하지만 아기는 요지부동이었지요. 하지만 나중에 레고상자를 보고는 아기가 상자의 사진을 따라 한 것이라는 것을 알았어요. 사진에는 기차 위로 차단기가 보였던 거예요."

나는 말한다

아기는 생후 17~22개월경 급격한 언어발달이 이루어져 성인 언어에 근접하게 된다. 아기가 활용하는 단어 수는 굉장히 늘고, 말을 지속하는 평균시간도 늘며, 많은 아기는 단어를 조합하여 짧은 문장을 구사한다. 아기는 또한 두 개의 다른 단어를 구별하고 그중 하나를 무시해버릴 수도 있다. 또한 18개월부터는 다른 사람들의 말을 알아듣는 데 있어서도 괄목할 만한 성장을 한다.

그러나 언어발달은 개인차가 크다. 어떤 아기는 아직 단어 몇 개밖에 사용하지 못한다(여섯 개 정도). 이 아기들의 부모는 아기가 말을 잘 알아듣기는 하는데 왜 사용하는 단어는 그렇게 적을까 의아해한다. 어떤 아기는 들은 것을 따라 하든(많은 경우 중요한 음절을 따라 한다), 스스로 말하든 상대적으로 많은 단어를 구사하지만 아직 문장을 조합하지는 못한다. 그들은 몸짓과 표정으로 자신이 원하는 것을 전달하고 상당히 많은 표현을 할 수 있다. 또 어떤 아이는 이제 문장을 구사한다. 하지만 표정과 몸짓도 동시에 사용한다.

말은 잘 알아듣는데 몇 마디 하지 못해요

<u>알렉산더, 76주 또는 17개월 반</u> "아기는 '엄마', '아빠', '까까(과자)', '맘마', '무(물)' 등 아직 몇 마디밖에 하지 못해요. 하지만 말은 아주 잘 알아들어요. 내가 뭔가를 시키면 다 알아듣고 시키는 대로 해요."

<u>라우라, 80주 또는 만 18개월</u> "이제 많은 말을 따라 해요. 장난감 전화를 잡고서는 '엽세요?' 하고 말하고요. '엄마', '아빠', '빠이빠이', '맘마', '무', '빵', '까까' 등의 말을 해요. 싫으면 고개를 흔들고 좋으면 고개를 끄덕여요."

<u>알렉산더, 83주 또는 19개월</u> "아기에게 말을 하거나 뭔가를 물으면 잘 알아들어요. 아

주 모험심이 강하고, 언제나 뭔가에 열중하고 있어요. 노래를 부르며 집 안을 왔다갔다하고 하루 종일 뭐라고 종알거리며 다녀요."

<u>알렉산더, 86주 또는 19개월 반</u> "아기는 이제 새로운 단어들을 배웠어요. 종종 '네' 하고 대답하고요. '우유', '맘마'는 기본이지요. 하지만 전체적으로 볼 때 말을 즐기는 편은 아니에요. 보통은 손가락으로 가리키면 자기가 원하는 뜻을 잘 전달할 수 있으니까요."

말을 알아듣고 많은 단어를 알아요. 그러나 문장은 사용하지 못해요

<u>요나스, 74~77주 또는 17~18개월</u> "말하는 방식이 달라졌어요. 아기가 말하는 소리를 대부분은 알아들을 수 없지만 아기가 하는 말이 마치 문장처럼 들려요. 아기는 몸짓과 단어들을 섞어 내가 없을 때 했던 일을 알려줘요. 가령 아기가 할머니와 같이 부엌에 있다가 내가 있는 침실로 왔을 때 내가 할머니와 무엇을 했느냐고 물어보니까 뭐라고뭐라고 대답을 했어요. 내가 알아들은 단어는 '레이드'뿐이었어요. 그래서 '할머니가 빵에 마멀레이드 발라줬어?' 하고 물었죠. 아기는 고개를 끄덕였어요."

<u>엘리자베스, 74주 또는 17개월</u> "금방 말이 트일 것 같아요. 한참 전부터 주변에 있는 물건들의 이름을 물어봐요. 그리고 알려주면 귀 기울여 들을 뿐 아니라 그 말을 따라서 해요. 아주 정확하고 완벽하게 발음하는 단어들도 있지만 대부분은 좀 줄여서 말해요. '물' 대신 '무'라고 하죠. 아기의 목소리를 듣는 것이 즐거워요. 아기는 자신의 새로운 능력에 대해 아주 자랑스러워하고 내가 해보라고 하면 방금 말한 단어를 반복하고 만족스럽게 웃어요."

<u>루돌프, 78주 또는 약 18개월</u> "아기는 이제 자신이 무엇을 했는지, 하고 있는지, 하고 싶은지를 말하고 싶

어하는 것 같아요. 말로 설명할 수 없는 것은 몸짓을 동원해서 표현해요. 그리고 전보다 더 또렷하게 말하고, 한 음절만 하지 않고 단어들을 거의 완전하게 말해요. 내가 단어들을 미리 말해주지 않아도 혼자서 단어들을 기억 속에서 불러와요."

<u>아스트리드, 82주 또는 19개월</u> "이제 많은 단어를 사용해요. 어떤 때는 음절이 뒤바뀌어 나오지만 알아들을 수 있어요. 가령 '오이'를 '이오'라고 말하거든요. 아기는 이제 매일매일 새로운 단어를 배워요. 그러고는 그 단어를 정말로 잘할 수 있을 때까지 한동안 연습을 하지요. 어떤 단어들은 발음하기 힘들어해요. 특히 'ㅎ' 발음과 'ㄹ' 발음을요."

<u>니클라스, 82주 또는 19개월</u> "아기가 결정적인 단어를 몰라 내가 아기의 말을 이해하지 못할 때 아기는 그와 관련된 주변 단어들을 언급해요. 그러면 나는 대부분 아기가 하려는 말을 이해해요."

<u>요나스, 83주 또는 19개월</u> "'예쁘다'라는 말을 할 수 있어요. 그림책을 가지고 나한테 와서 표지에 있는 공주 그림을 가리키며 '예쁘다' 하고 말해요."

<u>루돌프, 83~86주 또는 19개월</u> "때로 '깨달음'을 얻으면 아기는 상당히 긴 단어로도 말해요. 그러면 나는 아기를 칭찬해주고 아기는 자랑스러워하지요. 하지만 아기는 아직 문장을 구사하지는 못해요. 대신 종종 몸짓으로 복귀하지요. 아기는 하루에도 몇 번씩 내가 무엇을 하는지 보려고 해요. 그리고 그때마다 아주 단호하게 눈을 가리키지요. 그런 동작으로 내게 '보고싶단 말이야'라고 말하는 거예요."

<u>니클라스, 83~86주 또한 19개월</u> "무언가가 무서우면 아기는 '무셔' 하고 말해요. 하지만 아기가 '무섭다'는 말을 정말로 이해하는지는 잘 모르겠어요. 커다란 소리가 들리거나 동물을 보거나 하면 그 말을 써요. 하지만 '무섭다'는 것이 도망가고 싶다는 의미는 아니에요. 아기는 종종 무서움을 극복하고 무섭게 만드는 것들에게 다가가지요."

말을 잘 알아듣고, 단어를 많이 알고, 때로 문장을 구사해요

<u>율리아, 73주 또는 약 17개월</u> "아기는 이제 단어들을 연결할 수 있어요. 가령 '산토끼 토끼야' 노래를 부를 때 내가 '산토끼'라고 하면 아기는 '토끼야'라고 해요."

<u>빅토리아, 75주 또는 17개월</u> "요즘 책을 읽어요. 진짜라니까요. 그림책의 그림을 보면서 이야기를 하는 것처럼 들려요. 뭐라고 하는지 도저히 알아들을 수 없지만 그런 모습이 너무나 귀여워요. 아기는 완전한 문장도 구사할 수 있어요."

<u>율리아, 75주 또는 17개월</u> "고양이를 부를 때 아기는 '나비이, 이욘(이리온)'이라고 해요!"

<u>안나, 76주 또는 17개월 반</u> "아기는 우리가 말하는 것을 따라 하고 보통은 그것이 무엇을 뜻하는 것인지 아주 잘 알아요. 앵무새처럼 그냥 입으로만 따라서 하는 것이 아니라 아주 의식적으로 하는 것이죠."

<u>토마스, 80주 또는 18개월 반</u> "얼마 전에 넋을 잃은 것처럼 멍해졌어요. 그 시기가 지나자 갑자기 새로운 단어들을 아주 많이 말하게 되었죠. 나는 아기가 좌절해서 그렇게 조용했었다고 생각해요. 말을 하려고 하는데 어째서인지 잘 되지 않았으니까요. 며

칠 전 동물원에 갔다 온 후 아기는 거기서 본 동물들의 소리를 흉내 냈어요."

토마스, 82주 또는 약 19개월 "아기는 샤워젤을 원했어요. 나는 아기의 말을 이끌어내기 위해 '뭘 달라고?' 하며 말을 시켰지요. 그랬더니 아기는 '응, 저거, 나'라고 말했어요."

율리아, 82주 또는 약 19개월 "내가 '눈 괜찮아?' 하고 물으면 아기는 '좋아'라고 말해요. 그리고 때로 물건을 찾을 때는 '어디쩌?'라고 물어요."

아기의 두려움을 이해하라

새로운 능력을 시험하면서 아기는 새롭고 이해가 가지 않는 물건이나 상황에 부딪치게 된다. 아기는 지금까지 알지 못했던 새로운 위험을 발견하게 된다. 아기가 모든 것을 더 잘 이해하게 되면 두려움은 다시 사라진다. 이런 상황을 배려하라.

페터, 72주 또는 16개월 반 "진공청소기가 켜질 때와 수돗물이 나오기 시작할 때 화들짝 놀라요. 그런 소리를 무서워해요."

티모, 73주 또는 약 17개월 "풍선을 무서워해요. 그리고 동물원에 가면 양과 염소 사이를 잘 걸어 다니지 못해요. 무서워서 안아달라고 하지요. 회전목마를 탈 때도 목마 위에 앉지 않으려고 해요. 하지만 동물을 구경만 하는 것은 아주 좋아해요."

니나, 75~76주 또는 17개월 "기차나 비행기 같은 것이 지나가는 소리를 무서워해요. 그리고 깜깜하면 무서워해요."

그레고르, 80~81주 또는 18개월 반 "꿩이 우는 소리를 들으면 무서워해요. 거미, 말, 강

|17~20개월|아기의 발달을 돕는 놀이와 활동

❀ 단어를 이상하게 발음하고 이상한 움직임을 곁들이는 놀이
❀ 소리 지르며 뛰어다니기
❀ 아는 사람들을 다시 만나기
❀ (도와주면) 물구나무서기, 기어오르기, 균형잡기 연습
❀ 그림 그리기
❀ 비눗방울 놀이
❀ 낮은 둑에서 뛰어내리기, 둑이나 보도블록 가장자리 위를 걷기
❀ 간질이기, 익살 부리기, 몸을 자유자재로 움직이며 놀기
❀ 아빠와 함께 씨름하기
❀ 바깥놀이
❀ 다른 아이들과 놀거나 싸움하기
❀ 공놀이
❀ 꼬마 귀신이 되어 엄마 놀래기
❀ 빙글빙글 돌다가 침대에 쓰러지기
❀ 서커스 놀이
❀ '머리 어깨 무릎 발'처럼 동작을 곁들일 수 있는 동요 부르기
❀ 아빠의 어깨나 등에 말 타기
❀ 잡기놀이
❀ 숨바꼭질
❀ 이야기 듣기
❀ 혀 밀기 : 엄마가 혀를 볼 안쪽에서 혀를 밀어 볼을 불룩하게 하면 아기가 이 불룩한 것을 민다. 그러면 엄마가 혀를 쑥 내민다.

 |17~20개월|아기의 발달을 돕는 장난감과 가재도구

❀ 장난감 자동차
❀ 점토 또는 찰흙(아기가 먹지 않도록 조심할 것)
❀ 〈세서미 스트리트〉, 〈뽀로로〉 등 텔레비전 유아방송

- ❀ 그림책
- ❀ 단추, 작은 컵, 작은 병 같은 작은 물건들
- ❀ 맞추거나 집어넣을 수 있는 부품들
- ❀ 장난감 차고
- ❀ 양동이, 모래, 물
- ❀ 타서 밀고 다닐 수 있는 자동차
- ❀ 작은 플라스틱 의자
- ❀ 공
- ❀ 세발자전거
- ❀ (봉제) 동물인형, 테디베어, 기타 인형들
- ❀ 스티커
- ❀ 모래상자
- ❀ 유아 비디오, DVD, 또는 동요 테이프
- ❀ 미끄럼틀
- ❀ 색연필과 종이
- ❀ 끌고 다닐 수 있는 장난감 화물차
- ❀ 비눗방울 놀이 세트
- ❀ 장난감 기차 세트
- ❀ 흔들의자(아기는 이제 일반 의자에 앉아서도 몸을 흔들 수 있다. 조심하라.)
- ❀ 흔들목마
- ❀ 20조각 퍼즐
- ❀ 자전거에 다는 바람개비

조심! 치우거나 안전조치를 취할 것
- ❀ 변기
- ❀ 쓰레기통

아지도 무서워해요. 전에는 그러지 않았는데요. 새롭게 습득한 자율성인가 싶어요."

<u>로빈, 82주 또는 약 19개월</u> "목욕을 할 때 계속 욕조 옆에 웅크리고 오줌을 싸요. 그러다가 고추를 보고는 이번에는 고추를 아주 낯설어하는 것 같았어요."

☀ 도약의 완성

79주 또는 생후 18개월이 되면 대부분의 아기는 약간 돌보기 쉬워진다. 물론 아기가 이제 칭얼대거나 울거나 까탈을 부리는 대신, 자의식이 강해져서 자기 뜻을 이루거나 힘을 행사하려고 하기 때문에 종종 엄마와 충돌을 빚게 되지만 말이다. 인내하면서 아기가 어떤 진보를 이루었으며, 지금도 이루고 있는지를 확인하되, 아기의 행동을 좀더 자제시킬 수 있도록 노력하라. 이제 아기에게 (행동) 규범을 제시하고, 아기 자신이 세상의 중심이 아니며, 다른 사람들을 배려해야 한다는 것을 가르쳐줄 때가 되었다.

이를 위해 논쟁이나 논리는 그리 추구할 만한 것이 아니다. 논리는 프로그램에 속하고 원칙과 시스템에 종속된다. 무언가를 변화시키고 싶다면 먼저 원칙을 변화시켜야 하고, 원칙을 변화시키기 위해서는 시스템을 변화시켜야 한다.

문제는 시스템 차원의 개념들은 쉽게 변화시킬 수 있는 것이 아니라는 점이다. 시스템 차원의 모든 변화는 종속된 차원에 많은 영향을 끼치므로 그리 쉽게 이루어지지 않는다. 역사를 고찰하면 그런 변화는 혁명이나 투쟁을 통해 이루어졌음을 볼 수 있다. 자연과학자가 단추 하나만 누른다고 갑자기 신비주의자로 변할 수 없고, 이슬람교도가 단추 하나로 기독교인이 될 수 없다.

그러나 시스템과 관련한 개념 형성은 나중에 이미 형성된 개념을 변화시키는 것보다 훨씬 쉽게 이루어진다. 이 월령은 이런 개념이 막 형성되기 시작하는 시기다. 아기는 이런 개념들을 주위환경에서 획득하고 넘겨받는다. 부모님이 특정한 원칙이나 개념을 중요시하고 이런 것들을 우선적으로 전달하는 것을 우리는 교육과 사회화라고 한다.

아기는 새로운 세계를 탐구하기 시작한 단계에 있다. 아기의 시스템의 세계는 아직 작다. 아기는 우선 중요하고 가까이 있는 시스템을 발견한다. 세계관이나 삶에 대한 이해를 갖게 되기까지는 아직 많은 세월을 살아보고 유년을 훌쩍 넘겨야 한다. 그러나 시작은 이미 이루어졌다.

그리고 이 시작은 굉장히 중요하며 미래에 엄청난 영향을 끼친다. 이 시기는 양심이 형성되기 시작하고 부모를 통해 가치와 규범이 전수되기 때문이다. 여기서 잘못되면 몇 년 후에는 뚜렷하게 표시가 난다. 이 시기의 아기에게 필요한 적절한 주의집중을 기울이면 아기 자신과 엄마와 나중에 아기와 함께할 다른 사람이 더 수월하고 즐거울 수 있다.

물론 시스템의 세계로 첫걸음을 내딛는 것은 다양한 영역과 관련되어서도 중요하다. 아기가 음악에 열광하든지, 만들기를 좋아하든지, 언어표현에 월등하든지, 물리현상에 관심이 있든지, 꼬마 체조선수 같든지 등 아기가 재능을 시험하고 발달시킬 수 있도록 충분한 기회를 줘라. 그러면 당신은 많은 기쁨을 함께 경험할 수 있을 것이다.

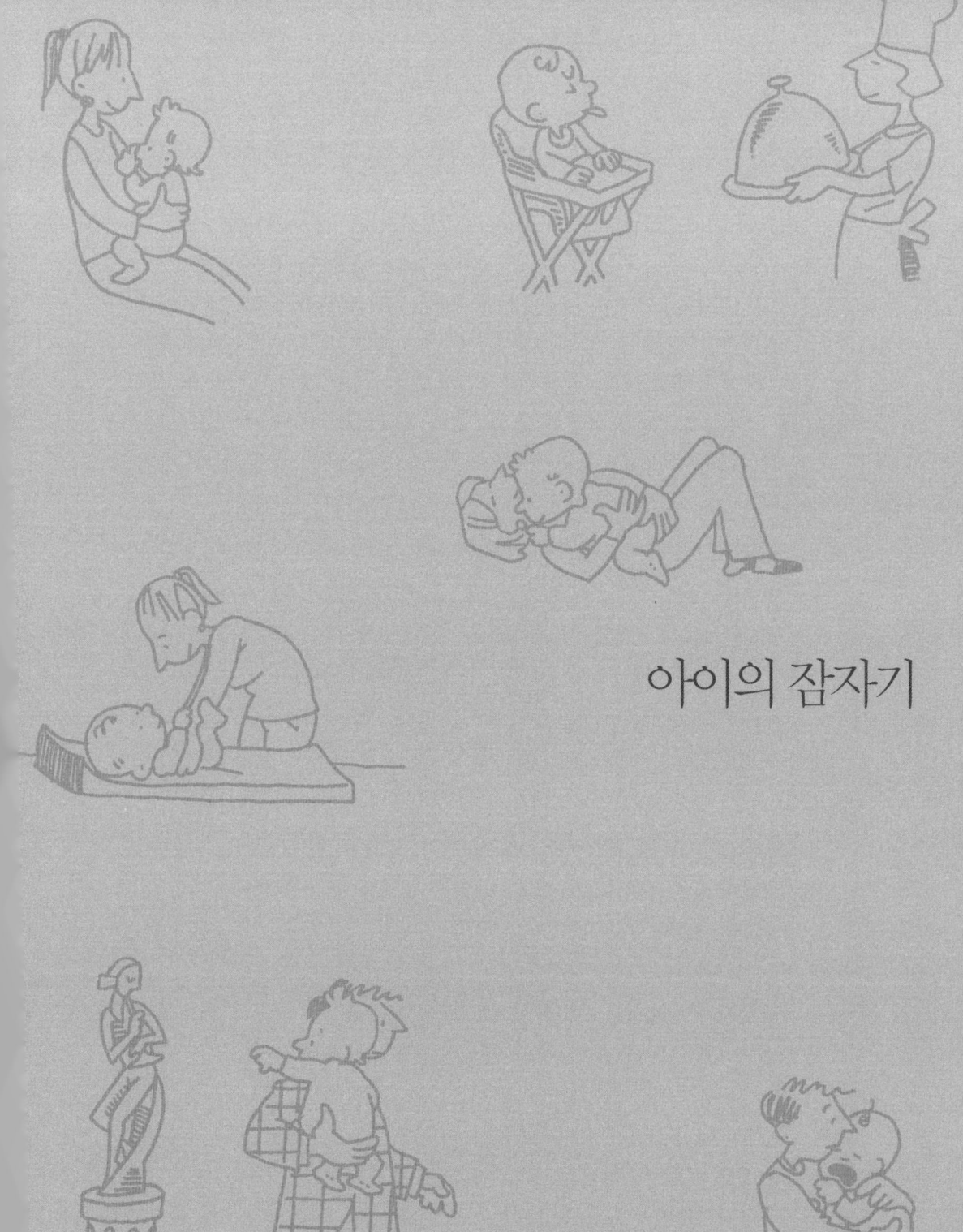

아이의 잠자기

잠, 참으로 중요한 단어다. 아기가 태어나면 잠이 삶에서 얼마나 중요한지를 뼈저리게 느끼게 된다. 그래서 이번 개정증보판에서 수면에 관한 내용을 추가했다. 매일 전 세계의 부모들로부터 수백 통의 메일이 도착하는데, 그중 많은 것이 바로 잠에 관한 내용이다. 이 가운데 특히 많은 내용은, 아기가 도무지 잠을 잘 자지 못한다는 것이다. 아기가 잠을 잘 자지 않으면 엄마, 아빠, 형제자매들은 괴롭다. 새로 태어난 아기 때문에 온 가족이 잠을 설치기 때문이다. 그래서 새내기 부모는 아기가 잠을 잘 자게 하는 마법 같은 것이 있으면 좋겠다는 심정이 된다. 어떤 부모는 달력을 들여다보며 언제쯤이면 아기가 푹 잘 수 있을지 가늠해본다. '100일만 견디면 밤에 자꾸 깨는 시기가 지나고 쭉 잔다는군(쭉은 아니어도 한 번에 몇 시간은 잔대).' 계속해서 잠을 설치게 되는 통에 피곤이 쌓인 부모는 이렇듯 달력을 넘겨보며 희망을 갖는다. 독자 여러분도 그럴 것이다. 하지만 유감스럽게도 일단 실망부터 드려야겠다. 아이가 어느 월령, 연령에 얼마만큼 잠을 자는지에 관해서는 확실한 예측이 불가능하다. 또한 수면 시간을 조절하는 비법도 없다.

그 이유는 다음과 같다.

1. 아이의 수면 필요는 어른과 다르다. 미리 말해두자면, 아기의 수면 욕구와 수면 사이클은 물과 불처럼, 낮과 밤처럼 너무나 다르다. 도무지 서로 맞지 않는다.

2. 아기의 유익을 우선한다면 억지로 아기의 수면에 개입하는 것이 좋은 해결책은 아니다.

3. '몇 개월 아기의 평균 수면 시간은 몇 시간이다'라는 통계는 당신의 아이에 대해서 신빙성 있는 잣대가 되지 못한다.

상당히 실망스러운가? 이제 위로가 되는 소식을 전하고자 한다. 약속하건대 희망이 있기 때문이다. 독자들은 이번 장에서 아기의 수면 습관에 대한 많은 소중한 지식을 알게 될 것이다. 이 책에서는 아기의 건강한 (부모에게는 힘들게 다가오겠지만) 수면 패턴이 어떤 모습인지를 소개할 것이며, 아기에게 주도권을 빼앗지 않는 선에서 부모가 아기를 어떻게 도울 수 있을지를 조언하고자 한다. 무엇보다 자연적인 수면 패턴을 인위적으로 바꾸지 않고 그 자체로 존중하는 것이 참으로 중요하며, 수면과 도약 사이의 연관성도 조명하고자 한다. 이런 사실을 짚어나가다 보면 아기의 수면에 관한 궁금증이 풀릴 것이다. 아기의 수면은 인지능력처럼 발달한다. 이에 관해 알면 아기와 온 가족이 유익을 얻을 수 있다.

수면과 성인

충분한 수면의 중요성에 관해서는 널리 알려져 있지만, 아이를 키우지 않는 성인 중에도 평소 잠을 충분히 자는 사람은 그리 많지 않다. 충분한 수면은 건

♥ 수면에 문제가 있다고요?

아기들이 수면에 문제가 있는 것처럼 말하는 사람이 많다. 앞으로 살펴보게 되겠지만, 아기의 수면 행동은 일반적으로 문제가 없다. 오히려 부모가 문제다. 아기의 수면 패턴이 부모를 힘들게 하는 것은 맞다. 하지만 앞으로는 아기의 수면과 관련하여 '문제'라는 말을 쓰지 말도록 하자. 아기의 정상적인 수면 행동을 문제라고 이야기하는 것은 아기에게 불공평하기 때문이다. 그러므로 이제부터 '다르게 잔다'라고 하자.

강에 유익하고 행복감도 증가시키며, 안색도 좋아지게 하고, 비만 예방에도 도움이 되는 등 여러 가지 장점이 있다. 하지만 이런 사실을 알면서도 사람들은 수면을 충분히 취하지 않는다. 한동안 잠을 줄여도 그리 큰 문제가 일어나지 않기 때문이다. 성인은 하루에 약 7~8시간의 수면이 필요하지만, 그보다 오랜 시간 잠을 자야 하는 사람도 있다. 이 시간은 물론 밤잠 기준이다.

수면과 아기

아기는 잠이 필요하다. 어른과 마찬가지다. 충분히 자지 못하면 신체적·감정적·정신적으로 제대로 발달할 수가 없다. 아기에게 얼마나 많은 수면이 필요한지는 월령과 연령에 따라 다르며, 개인에 따라서도 차이가 난다. 잠이 많은 아기도 있고, 적은 아기도 있다. 그러나 확실한 것은, 아기가 어른보다 수면 리듬이 빠르고 수면 주기가 짧다는 사실이다. 아기는 수면 욕구 면에서 근본적으로 성인과 다르기에 '다르게 잔다.' 아기는 한동안 자다가 깨어나 한동안 '논다.' 그런 다음 다시 잠이 들고 깨기를 반복한다. 그러면 수면 욕구 면에서 볼 때 건강하게 잠을 잔 것이다. 그러나 부모는 이런 아기를 보며, 아기가 잠을 푹 자지 못했고, 잠이 모자란다고 생각한다. 수면 부족이 아기의 발달에 부정적인 영향을 끼칠까 우려한다. 그러나 전혀 그렇지 않다. 아기의 수면에 문제가 있다는 생각은 어른이 자신의 수면 욕구와 수면 리듬을 아기에게 투사하는 데서 비롯한다.

부모의 수면과 아기의 수면
부모의 수면 욕구와 아기의 수면 욕구는 많이 다르므로 불가피하게 '충돌'할 수밖에 없다. 그리고 이로 인해 괴로운 것은 어른들뿐이다(다행이다). 아기는 괴롭지 않다. 아기의 수면 행동이 어른의 수면 행동에 영향을 미치기 때문에 어른이 힘든 것이다. 아기는 밤에 세 번 깨어나는 일이 아무렇지도 않다. 아기에겐 아주 정상이다. 반면 부모는 그렇지 않다.

아기가 깨어나 울 때마다 자다가 힘들게 몸을 일으켜, 아기를 보살피고, 수유를 하거나, 기저귀를 갈아주고, 아기를 달래서 다시 재워야 한다. 그런 다음에 잠을 청하면 곧바로 잠이 드는 것도 아니므로, 아침에 일어나면 두들겨 맞은 듯이 피곤할 때가 많다. 게다가 아기가 없던 시절보다 보통은 더 일찍 일어나야 한다. 만일 손위 형제자매가 있어서, 그 아이마저 밤에 간혹 깨어 부모의 보살핌이 필요한 경우에는 서로 다른 세 가지 수면 패턴에 대처해야 하는 상황이 되는데, 이것은 정말 쉽지가 않다. 당사자인 아이는 별로 힘들지 않다는 사실을 상기하면 안심이 되지만, 실생활은 여전히 힘들다. 수면 부족 상태가 계속되면 기분이 저하되고 예민해지며, 무엇보다 '만성피로' 상태가 되기 때문이다. 그러면 온종일 힘들어진다. 따라서 이런 상태를 피하거나 견딜 만한 정도로 상황을 개선하는 것이 중요하다. 아기가 왜 지금과 같은 수면 행동을 보이는지를 이해하고, 앞으로 어떤 상황이 될지, 이 시기를 좀 더 쉽게 넘기려면 어떻게 해야 할지를 알면 도움이 될 것이다. 하지만 잠을 설치는 정도가 심해서 가족 모두가 심각하게 힘들어지는 경우라면 도움을 구해야 할 것이다.

다행인 점은 아이가 커갈수록 수면 행동이 어른과 비슷해진다는 사실이다. 아이가 사춘기가 되면, 아침에 일어나지 않는 아이를 깨우느라 애를 먹게 될 것이다. 생각만 해도 행복해지지 않는가!

어쨌든 당신이 수면 부족과 싸워야 하는 시기는 영원하지 않고, 언젠가는 지나가게 되어 있다. 당신은 무수한 선배 부모들과 마찬가지로 이 시기를 잘

♡ 알아두세요!

아기를 키우는 부모의 90퍼센트가 수면 부족을 호소한다. 그러므로 당신이나 아기에게 무슨 문제가 있는 게 아니다. 당신의 수면 욕구·패턴과 아이의 수면 욕구·패턴이 자연적으로 상충하기 때문에 빚어지는 일이다.

넘기게 될 것이다. 최소한 엄마는 수면 부족으로 인한 다크서클을 화장으로 가릴 수 있으니 다행이다.

밤낮 리듬과 수면 각성 리듬

아기 수면의 특징을 이해하려면 일반적으로 수면이 무엇인지를 알아야 한다. 수면은 그저 '눈을 감고 쉬는 것' 이상이다. 수면은 인간의 발달과 건강에 직접 영향을 미치는 복합적인 과정이다. 아기는 어른과 같은 패턴으로 잠을 자는 데 필요한 두뇌 속 중추가 아직 성숙하지 않은 상태이며, 바로 이것이 어려움을 초래한다.

'밤낮 리듬'이라고 하면 우리는 자연적으로 수면 리듬을 떠올린다. 그러나 수면 리듬은 여러 밤낮 리듬의 하나일 따름이다. 두뇌 중심부에 위치한 중추가 밤낮 리듬을 조절하는데, 이 중추는 눈과 연결되어 있어 주변이 밝은지 어두운지, 즉 밤인지 낮인지를 감지한다.

🚗 성인 밤낮 리듬의 예

- ✿ 심박동 변화(낮에는 빠르고, 밤에는 느려진다)
- ✿ 체온 변화(밤에는 체온이 떨어진다)
- ✿ 소변량 변화(밤에는 적게 생산된다)
- ✿ 수면 호르몬 분비, 스트레스 호르몬 생산 저하(모두 밤에 나타나는 현상이다)
- ✿ 테스토스테론 같은 성장호르몬 분비 수준의 변화(낮과 밤의 분비량이 다르다)
- ✿ ...마지막으로, 가장 중요한 수면 각성 리듬

생체 시계: 24시간마다 0시로 맞춰지다

성인의 두뇌 중심부에는 밤낮 리듬을 담당하는 영역이 있다. 이를 '생체시계' 혹은 '체내 시계'라고 부른다. 이 시계는 외부의 영향이 전혀 없는 경우에 하루 남짓한 시간이 주기로 하지만, 눈과 연결되어 있어 주변이 밝은지 어두운지, 즉 낮인지 밤인지를 감지한다. 생체시계와 눈이 연결되는 것은 좋은 일이다. 밝기의 감지 없이 생체시계에만 맡겨놓으면 정확하게 24시간 주기인 지구의 리듬과 서로 어긋나버릴 것이기 때문이다. 이렇게 어긋나지 않도록 생체시계는 밤낮을 기준으로 24시간마다 0시로 맞춰진다. 그리하여 다시금 지구의 밤낮 주기와 동기화된다.

♥ **아기의 생체시계**

아기의 생체시계는 임신 중기에 형성된다. 밤낮 리듬의 토대가 마련되는 것이다. 태어난 아기는 생체시계를 토대로 밤낮 리듬을 발달시킨다. 이런 이유에서 미숙아로 태어난 아기를 자연스러운 밤낮의 교대에 빨리 익숙해지게 하는 것이 나은지, 아니면 엄마의 뱃속처럼 깜깜하게 해주는 것이 좋은지 자못 논란이 일기도 했다.

수면 호르몬 멜라토닌

성인의 경우 밤낮 리듬이 '수면 호르몬'이라고도 부르는 멜라토닌 분비에 영향을 미친다. 그리하여 어두워지자마자, 두뇌의 송과체에서 멜라토닌이 생성된다(하지만 신생아의 두뇌는 아직 멜라토닌을 생성하지 못한다). 코르티솔(주의력을 끌어올리는 스트레스 호르몬) 같은 다른 호르몬은 어두워지면 분비량이 줄어든다. 그래서 긴장이 풀어지고 잠들기 쉬운 상태가 되는 것이다. 따라서 밤새 푹 자려면 무엇보다 수면 각성 리듬이 존재하고, 두뇌 속에서 특정 물질이 분비되어야 한다.

그러나 신생아에겐 아직 수면 각성 리듬이 존재하지 않는다. 게다가 호르몬 대사도 성인과 매우 다르다. 따라서 생물학적으로 볼 때 아기는 아직 밤낮 리듬에 따라 생활하지 못한다. 이 사실만 알아도 약간의 안도감이 생길 것이다. 부모가 무언가를 잘못해서 아기가 푹 자지 못하고 자꾸만 깨는 것이 아님을 알게 되기 때문이다. 갓난아기가 '다르게 자는 것'은 자연스러운 일이다.

수면 각성 리듬의 탄생: 생물학적 과정

가장 궁금한 질문은 아기가 과연 언제 수면 각성 리듬과 밤낮 리듬을 갖는가 하는 것일 터이다. 이 질문에 답하기 위해서 수면 각성 리듬이 어떤 단계를 거쳐 형성되는지를 살펴보자.

임신 초기

'태아'는 아직 자신의 리듬이 없다. 밤낮을 구분하지 못하며 수면 각성 리듬도 아직 생기지 않았다. 배꼽을 통해 공급되는 엄마의 혈액 속 멜라토닌을 통해 밤낮 리듬을 부여한다.

임신 중기

'태아'의 뇌 속에 생체시계가 형성된다. 좀 더 정확히 말하자면, 생체시계의 기초가 마련된다고 할 수 있다. 이 단계에 이미 생체시계와 눈이 연결되는 것으로 보인다.

신생아

탯줄이 끊기고 나면 엄마의 멜라토닌이 더는 아기에게 전달되지 못한다. 아기는 아직 스스로 멜라토닌을 생성할 수 없는 상태이므로 밤낮을 구분하지 못한다. 따라서 신생아의 수면 각성 리듬은 참으로 뒤죽박죽이다. 짧게 자기도 하고, 길게 자기도 하고, 낮에 자기도 하고, 밤에 자기도 한다. 바깥이 환하건 어둡건 상관없이 불규칙적으로 잠을 잔다. 그때그때 내키는 대로 자는 것이다.

생후 6주까지

아기의 잠은 하루 24시간에 걸쳐 조각조각 나뉜다. 여하튼 특정 패턴이 없다. 이 시기에 밤낮, 즉 밝음과 어두움은 아기의 잠에 영향을 미치지 못한다.

생후 첫 주

아기의 체온에서 밤낮 리듬이 감지되기는 하지만, 진정한 수면 각성 리듬이 생기기까지는 갈 길이 멀다. 그러나 그 첫걸음은 이미 떼었다. 체온의 밤낮 리듬은 나중에 수면 각성 리듬의 바탕이 된다. 즉 수면 각성 리듬이 들어가는 틀을 이룬다.

생후 6주

아기에게서 차츰 수면 각성 리듬이 생겨난다. 하지만 아직 이것을 수면 리듬이라고 말할 수는 없다. 수면 각성 리듬이 수면 리듬보다 빨리 생겨난다. 그러나 이제 수면 각성 리듬으로 성큼 나아간다. 학자들은 생후 7주가 된 아기의 혈액 속에 이미 옅은 농도의 멜라토닌이 존재한다는 것을 확인했다. 부모는 아기가 깨어 있는 시간이 점점 큰 덩어리로 뭉쳐진다는 것을 깨닫게 된다. 처음에는 깨어 있는 시간과 자는 시간이 밤낮 구별 없이 혼란스럽게 배열되었다면, 이제 서서히 구조가 생겨난다. 아직 리듬이라고 부르기에는 좀 불규칙하지만, 그래도 리듬이 생겨나고 있음이 틀림없다.

생후 2개월

아기는 제대로 된 수면 각성 리듬의 전 단계에 도달한다. 수면 리듬도 서서히 형태를 갖추기 시작하기 때문이다. 이것은 눈에 확연히 보이는 현상이 아니라, 무심코 지나칠 수도 있다. 하지만 알아두는 것이 좋다. 기적을 기대하지 말고 눈에 띄는 작은 진보에 기뻐하라.

생후 3개월

낮 동안 잠자는 시간은 점점 줄어드는 대신 밤잠이 많아진다. 아기가 중간에 자주 깰 수도 있지만, 여기서는 전체 시간이 중요하다. 아기가 밤에 여섯 시간을 잔다고 해도(그런 경우는 거의 없지만), 그것은 여섯 시간을 내리 잔다는 의미가 아니다. 중간중간 연신 깨어나 우는 것은 이 월령에서는 아주 평범한 일이다. 생화학적 관점에서 밤낮 리듬은 멜라토닌 농도에서나 겨우 확인할 수 있다.

3개월에서 6개월

멜라토닌 분비에 관한 패턴이 점차 뚜렷해진다. 그리고 이제 코르티솔 분비량도 밤낮의 차이가 난다. 생후 15주쯤 되면 서서히 24시간 단위로 이루어지는 아기의 수면 패턴을 확인할 수 있다. 낮뿐 아니라 밤에도 특정 시간대에 잠을 자게 되는 것이다. 물론 4개월경에 찾아오는 네 번째 도약기에는 새로이 획득한 수면 패턴이 상당히 흐트러진다. 하지만 이런 일시적인 흐트러짐(도약 4단계 내용 참고)을 제외하면 리듬은 점점 분명해진다. '대부분'의 아기에게서는 그렇다. 하지만 늘 예외가 있음을 염두에 두라. 아기는 개성적인 존재이므로, 당신의 아기에게서 수면 패턴이 나타나지 않는다고 해도 걱정할 이유는 없다.

기본적으로 다음 두 가지를 명심하라. 첫째, 신생아는 밤에 내리 잘 능력이 없다. 생물학적으로 밤에 내리 자는 것을 가능하게 하는 밤낮 리듬이 아직 생기지 않았다. 두 번째, 밤낮 리듬(체온 변화, 심박동 변화, 소변량 변화 등) 중 수면 각성 리듬이 맨 마지막으로 발달한다. 부모에게 가장 중요한 것이 가장 마지막에 발달하는 것이다. 따라서 밤에는 자고 낮에 깨어 노는 수면 각성 리듬이 나타나기 훨씬 전부터 이미 아기는 밤낮 리듬을 갖고 있다.

밤낮 리듬이 생겨난 뒤에는 밤에 깨지 않고 내리 잘까?

유감스럽지만 그렇게 단순하지 않다. 어느 순간에 수면 각성 리듬이 생겨도, 모든 아기는 다르게 잔다. 모든 아기가 같을 수 없다. 밤에 깨어나도 부모가 알지 못하게, 소리 없이 스스로 다시 잠이 드는 아기가 있는 반면, 엄마 아빠가 안아주고 얼러줘야만 다시 잠이 드는 아기도 있다. 그러므로 수면 패턴과 관련하여 평균 월령이나 시기 등을 기입한 표에 너무 매이지 말라. 태어난 지 몇 개월 되지 않은 아기가 밤에 내리 자기를 기대할 수는 없다. 월령표의 수치는 아기가 그 기준에 맞지 않는 경우 공연히 걱정과 실망만 안겨줄 수 있다. 아기에게 이런 잣대를 들이대는 것은 아기의 개성을 무시하는 처사이며, 아기의 수면 행동이 통계 수치에서 약간 어긋난다는 이유로 아이가 무언가 이상하다고 착각을 할 위험이 있다.

 ### 도약의 시작: 아기는 어른과 다르게 잔다

아기의 잠은 여러 면에서 성인과 차이가 있다. 우선 수면 사이클이 다르다. 왜 그럴까? 다 이유가 있다. 아기의 수면 사이클은 아기가 생명을 유지하는 데 필요한 생물학적 이점이 있기 때문이다. 그러므로 밤에 자주 깨어나는 것은 아기에게 바람직한 일이다. 아기의 수면 행동을 파악하고, 무엇보다 잠든 아기를 언제쯤 눕히면 깨지 않고 한동안 잠을 잘 것인지 알기 위해 이제 아기의 수면 사이클에 대해 살펴보기로 하자.

비렘

아이·어른을 막론하고 수면에는 대략 두 가지 타입이 있다. 바로 비렘 수면 (Non-Rem: Non-Rapid Eye Movement)과 렘 수면(Rem: Rapid Eye Movement)이다. 비렘 수면은 깊은 잠이다. 비렘 수면을 취할 때 뇌는 낮에 체험한 것을 처리하기 위한 자극을 받지 않고 뇌와 몸이 모두 쉰다. 하지만 비렘 수면도 단계에 따라 그 깊이가 다르다.

비렘 수면 1단계

이 단계의 잠은 깊은 휴식이라고 말할 수 있을 정도로 얕다. 눈은 감겨 있지만, 쉽게 깨어날 수 있는 상태다. 비렘 수면 1단계는 가령 텔레비전을 보다가 눈이 스르르 감기며 졸 때 나타난다. 깨어 있는 상태에서 수면으로 들어가는 과도기적 상태라고 말할 수 있다.

비렘 수면 2단계

안정된 수면으로 옮아가는 단계다. 심박동이 느려지고, 체온이 떨어지며, 근육이 이완된다.

♥ **알아두세요!**

잠결에 돌아다니거나, 잠꼬대를 하는 현상은 비렘 수면 3단계 초입에 나타난다. 악몽이나 야경증은 비렘 수면 3단계 후반부에 일어난다. 아주 깊은 잠을 잘 때도 여러 가지 일이 일어나는 것이다.

♥ **렘 수면과 도약**

도약이 시작되면 대부분의 아기는 평소보다 잠을 잘 못 자고, 툭하면 깨어난다. 그래서 많은 부모가 품 안에서 잠든 아기를 눕히지 못하고 전전긍긍한다. 눕힐라치면 금세 깨고, 다시 재우려면 힘들기 때문이다. 도약을 하는 아기는 깊고 고요한 수면 단계(비렘 수면 단계)에 들어가기가 아주 어려워 보인다. 이 시기는 뇌 속에서 새로운 연결이 대폭 이루어지며, 주로 렘 수면을 취하는 것으로 추측된다. 그러므로 도약기에는 아기에게 되도록 안정적인 조건을 마련해주는 것이 좋다. 아기를 눕히면 금방 깨고 계속 당신의 품 안에 안겨 잠을 잔다면, 되도록 그렇게 하도록 허락해주라. 잠든 아기를 침대에 눕히고, 미루었던 집안일을 해결하고 싶은 마음이 크겠지만, 그보다는 아기를 다리 위에 눕히고, 틈틈이 독서를 하는 편이 나을 것이다. 그러면 아기는 잠을 더욱 잘 자고, 깨어난 다음에도 기분이 좋을 것이다. 각 도약의

영향이 얕은 렘 수면을 통해 처리되기 때문이다. 아기가 편안하도록 뒷받침하는 것이 아기뿐
아니라 온 가족을 위해서도 좋다.

비렘 수면 3단계

쉽게 깨어나지 않는 깊은 잠을 자는 단계다. 근육은 완전히 이완되고, 체온과
심박동수는 대폭 떨어진다. 비렘 수면 3단계에 이어 렘 수면이 시작된다.

아기의 잠: 활동적인 수면량이 두 배

렘 수면은 일명 '활동적 수면'이라고 부른다. 얕게 자면서 쉽게 깨는 렘 수면
단계에서는 뇌 속에서 정보가 처리되고 학습이 이루어진다. 빠른 눈 운동이
이를 시사한다. 눈 운동은 (의식적으로) 깨어 있을 때보다 렘 수면 단계에서
더 빠르다(렘 수면이라는 말 자체가 빠른 눈 운동을 하는 수면이라는 뜻이다).
놀랍게도 활동적인 수면에서 활동적인 것은 오직 뇌뿐이고, 신체는 깊은 휴식
을 취한다. 아기도 마찬가지다. 잠자는 아기를 유심히 살펴보면, 눈꺼풀 아래
서 눈이 왔다 갔다 움직이는 것을 볼 수 있다.

렘: 아기의 건강한 발달에 중요한 수면

예전에 학자들은 렘 수면 단계에서는 낮 동안의 체험이 처리될 뿐이라고 보았
다. 하지만 최근의 연구 결과, 렘 수면은 그 밖에도 아기에게 중요한 의미가
있는 것으로 나타났다. 렘 수면을 취하는 동안 뇌 속
으로 공급되는 혈액이 거의 두 배가 되어 뇌 속 뉴런
이 더욱 강한 자극을 경험하기 때문이다. 전문가들은
이런 자극이 뇌 속에서 새로운 연결을 가능케 함으로

써 뇌 발달을 촉진한다고 본다.

　뇌 속의 새로운 연결은 많은 수가 자동적으로 생겨난다. 그런 다음 사용되는 신경길은 계속 유지되고, 사용되지 않는 것은 퇴화한다. '쓰지 않으면 사라진다!' 그러므로 도약으로 가능해진 능력을 아기가 더욱 잘 습득하도록 돕는 놀이를 하면 새로운 신경 연결이 집중적으로 사용되고, 강화된다. 도약이 이루어진 뒤에는 아이의 관심을 살펴서 아이가 흥미로워하는 활동을 함께 하라. 가능한 많은 뇌 속 연결이 유지되도록 뒷받침할 수 있어서, 유익하다. 생후 첫 2년간은 뭐니 뭐니 해도 두뇌 발달이 중요하기 때문이다.

 알아두세요!

뇌 신경 연결은 체험이나 활동과 무관하게 이루어지기도 하고, 전제가 되어 이루어지기도 한다. 신경 연결을 위해 체험이나 활동이 필요한 경우도 있고, 그렇지 않은 경우도 있는 것이다. 가령 정신발달에서 이루어지는 도약은 경험과 무관한 종류에 속한다. 아기들은 원하든 원치 않든 도약을 하며, 이런 도약은 외적 영향과 무관하다. 도약으로 인한 뇌 속 연결은 자연스럽게 이루어지며, 그 결과 인지능력이 생겨난다.

알고 있나요?

렘 수면을 취하는 동안 '자동 호흡'을 관장하는 뇌 영역에 특히 많은 혈액이 공급된다는 것을 알고 있나요?

도약하는 아기: 수면 사이클의 변화가 일어난다

이제 실제적인 유익함을 끌어낼 수 있는 측면을 살펴보자. 이론적 배경을 알고, 아기의 수면을 자세히 '연구'해보면, 잠든 아기를 언제쯤 누이면 아기가 금방 깨어나지 않고 한동안 잠을 잘 수 있는지 알게 되고, 그 시간을 이용해 밀린 집안일을 처리할 수 있다. 아기가 잠들면 비렘 수면에 이어 렘 수면이 시작되고, 그 뒤에 다시금 비렘 수면과 렘 수면으로 이루어진 두 번째 사이클로 들어간다. 다음으로 세 번째 사이클이 이어지며, 그렇게 계속되다가 마지막에 깨어난다.

영아와 어른의 수면 사이클 차이

아기의 수면 사이클은 순서상으로는 어른의 사이클과 같지만, 시간에서 차이가 있다. 신생아의 경우 한 번의 사이클은 약 40분이며, 생후 9개월 무렵에 이르러서도 50~60분에 불과하다. 반면 어른의 수면 사이클은 120분이다. 비렘 수면과 렘 수면의 비율도 아기와 어른이 다르다. 아기는 렘 수면 시간이 어른보다 두 배 이상 길지만, 비렘 수면 시간은 훨씬 짧다.

유아의 수면 사이클도 어른과 다르다

수면 사이클의 변화는 서서히 이루어지므로, 아이의 수면 사이클이 어른과 비슷해지기까지는 상당히 오랜 세월이 걸린다. 취학 연령기 아동의 수면 사이클은 90~100분으로, 어른의 사이클에 상당히 근접한다. 비렘 수면과 렘 수면의

🛩️ 요약

❋ 렘 수면 단계와 비렘 수면 초입에 아기는 쉽게 깨어난다.
❋ 아기의 렘 수면 시간은 어른의 두 배 이상이다.
❋ 수면-각성 시간만이 밤낮 리듬을 구성하지는 않는다. 생리적 요인도 밤낮 리듬에 따라 돌아간다. 그리하여 잠잘 때는 체온도 떨어지고, 심박동도 느려지며, 소변량도 적어진다. 스트레스 호르몬 분비량도 줄어든다. 반면 두뇌로 유입되는 혈액량은 증가한다.
❋ 비렘 수면(즉 비활동적 수면)은 세 단계로 이루어진다.

- 비렘 수면 3단계에서 신체는 완전히 이완되고, 혈압과 체온이 떨어진다. 이 단계에서 아기는 깊게 자고, 쉽게 깨어나지 않는다.
- 비렘 + 렘 = 수면 사이클
- 아기의 수면 사이클은 어른보다 훨씬 짧다.
- 밤잠은 여러 개의 수면 사이클로 구성된다.
- 각 수면 사이클이 끝날 때 잠에서 깨어나거나 새로운 사이클로 들어간다.

아기의 수면

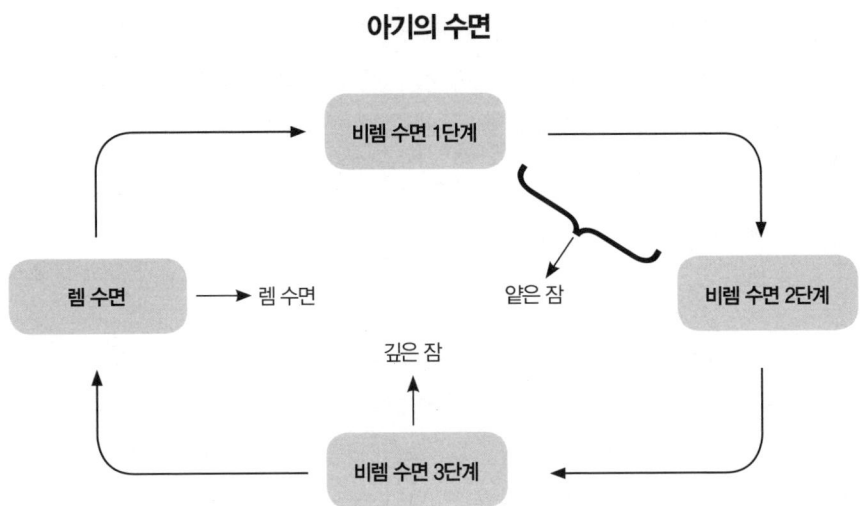

비율도 갑자기 변하지 않는다. 세 살 정도가 되면 렘 수면이 점차 늘어나 전체 수면 시간의 약 50퍼센트를 차지하게 되는데, 어른의 경우 렘 수면 시간이 전체 수면의 약 20퍼센트다. 따라서 수면 패턴은 한 번 고정되어 변하지 않는 것이 아니라, 나이가 들면서 발달한다. 이것은 좋은 일이다. 아기가 어른과 다르게 자는 것은 생존과 건강한 발달에 유익하기 때문이다.

비렘 수면 1단계

내용

- 잠이 얕다.
- 눈은 감겨 있다.
- (매우) 쉽게 깨어난다.

아기와 어른의 차이

- 어른의 수면 사이클에서 비렘 수면 1단계가 차지하는 비율은 아이에 비해 상당히 적어서, 전체 수면 시간의 2~4퍼센트에 불과하다.
- 어른의 경우 이 단계는 종종 '소파에서 꾸벅꾸벅 조는' 형태로 나타난다. 반면 아기에게 이 단계의 수면은 일반적인 형태다.

실제

- 이 단계에서 아기는 쉽게 깨어나기 때문에 아기를 침대에 눕히고 방을 나갈 수 없다.

비렘 수면 2단계

내용

- 신체가 점차 이완되어 팔다리가 축 늘어진다.
- 심박동이 느려진다.
- 체온이 떨어진다.

아기와 어른의 차이

● 성인의 경우 비렘 수면 2단계가 전체 수면 시간의 45~55퍼센트에 이른다. 그러나 아기의 경우는 그 비율이 훨씬 적다.

● 아기가 커가면서 전체 수면 시간에서 차지하는 비렘 수면 2단계의 비율이 높아지는 반면, 렘 수면의 비율은 줄어든다.

실제

● 침대에 눕힐 수 있을 정도로 아기가 깊이 잠들었는지 테스트해볼 수 있다. 아이의 한쪽 팔을 살짝 들었다가 놓아보라. 팔이 아래로 축 늘어지면 아기는 2단계의 끝이나 3단계에 접어들었고, 깊이 잠이 들었다는 표시다. 팔이 축 늘어지지 않고 약간 힘이 들어간 느낌이 들면 아기는 아직 2단계 중간에 있다는 의미다. 이런 경우는 굉장히 조심해서 눕혀야 하므로, 몇 분 더 기다려 3단계로 접어든 다음 눕히는 편이 낫다.

비렘 수면 3단계

내용

● 잠이 깊이 들었다.

● 신체는 완전히 이완 상태다.

● 이 단계 초입에 잠꼬대를 하거나 잠결에 일어나 움직일 수 있다.

● 이 단계 막바지에 악몽이나 야경증이 나타날 수 있다.

● 완전히 이완되어 있지만, 아기의 수면에서 이 단계가 가장 길지는 않다.

아기와 어른의 차이

● 어른은 렘 수면 3단계에서 더 깊게 자고, 시간도 더 길다.

실제

- 이제 아기가 깊은 잠에 빠졌으므로, 아기를 누이고 방을 나올 수 있다.
- 이 단계는 아기의 전체 수면 사이클의 중간 정도에서 시작한다.
- 이 단계가 끝나면(아기가 깨어나지 않는 한) 잠은 다시 얕아지므로 그에 대비한다.

렘 수면

내용

- 렘 수면을 '활동적인 수면'이라고 부른다.
- 꿈을 꾸는 것은 이 단계에 이루어진다.

♡ 아이의 수면 패턴을 관찰·기록해보라

아기가 자기 시작한 뒤 몇 분 뒤에 깊은 잠에 들고, 언제부터 잠이 얕아지는지, 그리고 어느 때 깨어나거나 다시 다음 수면 사이클로 들어가는지 규칙적으로 점검하고 메모해보면 도움이 된다. 그러면 언제쯤 안심하고 아기를 침대에 눕힌 뒤 방문을 닫고 나와 다른 일을 해도 되는지 알 수 있다. 언제까지 조용히 움직이고, 언제부터 마음 놓고 옆방에서 진공청소기를 돌릴 수 있을지를 가늠할 수 있다. 물론 각 도약과 함께 아기의 수면 리듬이 변할 수 있으므로, 계속해서 아이의 수면 행동을 관찰하는 것이 좋다.

1. 아기가 처음 눈을 감은 시간을 메모하라. 아기의 신체가 완전히 이완되는 느낌이 드는 것은 몇 분 뒤인가?
2. 팔 테스트를 (두세 번) 해보라. 조심스레 아기의 팔을 살짝 올렸다가 내려놓는다. 팔이 완전히 아래로 축 늘어진다면 아기는 깊이 잠이 든 것이다. 반면 팔에 약간 힘이 들어간 느낌이라면 아직 깊은 잠에 빠지지 않은 것이다. 아기가 눈을 감은 뒤 몇 분 뒤에 깊은 잠이 시작되는지 메모하라.
3. 아기를 유심히 관찰해보라. 잠자던 아기가 뒤척이면 곧바로 깊은 잠은 끝났다고 보아야 한다. 자, 이제 아기가 깨어나는가? 아니면 다음 수면 사이클로 들어가는가?
4. 이 과정을 3일 정도 반복하고, 각각 시간을 적어둔다. 이 기록을 통해 아기의 수면 사이클을 파악할 수 있다.

- 신체는 휴식 상태지만, 눈은 빠르게 움직인다.
- 뇌는 강한 자극을 받는다.
- 뇌 속에 새로운 연결이 생겨난다.
- 뇌에 공급되는 혈액이 두 배가 된다.

아기와 어른의 차이

- 아기는 렘 수면 시간이 어른의 두 배에 이른다.
- 눈꺼풀 아래에서 아기의 눈이 움직이는 것을 볼 수 있다.

실제

- 렘 수면은 도약을 처리하는 데 도움을 준다.
- 도약하는 동안에 아기의 잠에서 전체적으로 렘 수면 시간이 많아지는 것이 눈에 띄는 경우, 이것은 아주 정상적일 뿐 아니라, 아기에게도 좋은 일이다. 그러므로 아기가 더 오래, 더 깊게 자게끔 하려고 애쓰지 않아도 된다.
- 아기는 쉽게 깨어난다. 그러므로 렘 수면 동안에는 아이를 눕히고 방을 나가는 것을 별로 권장하지 않는다.

중간에 깨어나는 것이 건강에 유익하다

부모와 아기의 수면 사이클이 처음부터 서로 비슷하다면 얼마나 편할까? 하지만 현실은 그렇지 않다. 아기가 밤에 여러 번 깨는 것은 부모에겐 힘든 일이지만(특히 아기가 깨어나 크게 울 때 더욱 그렇다), 이렇게 밤에 깨어나는 것이 여러 가지 면에서 아기의 건강과 안전에 도움이 된다. 이런 행동이 중요한 이유는 아기가 아직 굉장히 연약하기 때문이다.

- 아기는 규칙적으로 수유가 필요하다. 아기는 어른보다 훨씬 자주 먹어야 한다. 위가 아직 작고, 모유나 분유는 상대적으로 소화가 빠르기 때문이다. 그래서 밤에 깨지 않으면, 여러 시간 동안 아무것도 먹지 못하게 되므로 아이의 성장이 저해될 수 있다. 물론 이것은 아직 고형 음식을 섭취하지 못하는 어린 아기에게만 해당한다. 죽 같은 고형 음식은 모유나 분유보다 소화가 오래 걸리므로 포만감이 오래간다. 그러므로 이유식을 시작하면 아기가 밤에 배고파서 깨는 횟수가 훨씬 줄어드는 것을 확인할 수 있다.

- 깊은 잠을 짧게 자고, 전반적으로 얕은 잠을 자는 것도 아이의 건강에 유익이 된다. 무언가 불편하거나 위험이 있을 때 깨어나는 것은 중요하다. 가령 기저귀가 젖었을 때도 그렇다. 밤새 젖은 기저귀를 그대로 차고 있으면 오줌 속의 산성 성분이 피부를 자극할 수 있다. 그러므로 깊은 잠을 오래 자지 않고 자꾸 깨어서 칭얼댐으로써 기저귀를 갈 시간이 되었음을 알려주는 것이 좋다.

- 콧물이나 코막힘 등 아기의 호흡 상태가 좋지 않은 경우도 생각해 보라. 아기는 아직 어른처럼 호흡 능력이 좋지 않기에 얼른 잠에서 깨어나는 것이 중요하다. 제대로 호흡을 하지 못하는 상태에서 계속 깊은 잠을 자면 산소 공급이 제대로 되지 않아 위험할 수 있다.

- 많은 아기는 방에 혼자 있지 않고 부모와 함께 있을 때 더욱 잘 잔다. 아기는 자신을 사랑으로 돌봐주는 사람이 없으면 스스로 생존하지 못할 것임을 직감하며, 혼자일 때보다 보호자 곁에 있을 때 더욱 안전하다는 것을 안다. 잠들기 위해 어느 정도로 직접적인 스킨십을 원하는가는 아기마다 다르다. 어떤 아기는 엄마의 목소리가 들리거나 엄마의 손을 느끼는 것으로 충분하다. 월령도 이에 영향을 미치는데, 보통은 월령이 높을수록 직접적인 스킨

십 욕구가 줄어든다. 그러나 확실한 가이드라인은 없다. 흔히 자칭 수면 전문가라고 하는 사람들이 아기를 재우기 위해 스킨십을 해주거나 낮은 소리로 얼러주는 게 그리 바람직하지 않다고 말하곤 한다. 그렇게 하면 나중에 아기가 혼자 잠드는 법을 배우기가 쉽지 않기 때문이라고 한다. 하지만 경험에 따르면, 안아주고 얼러주며 재운 아기도 나중에 혼자 잘 잔다. 오히려 아기 때부터 안정감을 맛보고, 부모가 늘 자기 곁에서 보살펴준다는 것을 느낀 아이가 부모와 자신에 대한 든든한 기본적인 신뢰감을 가지고, 안정감 있게 일찌감치 혼자 잠이 들 확률이 더 높다.

- 아기는 아직 어른처럼 체온을 잘 조절하지 못한다. 따라서 춥거나 더울 때 곧장 깨어나는 것이 생존에 중요하다. 또한 아기는 추위나 더위를 어른보다 빠르게 지각하지 못한다. 그러므로 아이가 울음으로 신호를 보내면 즉각 조치를 해주어야 하며, 아기가 너무 덥거나 춥지 않은지 규칙적으로 살펴주어야 한다.

- 그 외 다른 문제가 있을 때도 아기는 밤에 자다가 깬다. 가령 발가락이 이불 커버 가장자리에 끼일 수도 있다. 어른에게 이런 일이 일어나면, 얼른 알아채고 발을 빼지만, 아기는 그럴 수 없다. 아기가 깨어나서 울 때쯤이면 이미 아픈 상태다. 그러므로 빨리 조치를 해주어야 한다. 물론 이런 조치는 아기가 깨어서 울음으로 '무언가 불편함'을 표시할 때만 가능하다. 너무나 당연한 말이지만, 울음은 기본적으로 불편하다는 표시로 무언가 유쾌하지 않다는 것을 나타낸다. 아기가 우는 데는 이유가 있다. 어른이 보기엔 이유 없이 우는 것처럼 보일 때가 많지만, 그것은 어디까지나 어른의 생각일 뿐이다. 여기서 중요한 것은 아기의 입장과 아기의 유익이다. 발가락이 끼이는 것은 쉽게 이해가 되는 이유다. 하지만 아기는 '그저 불편해서' 울 수도 있다. 아기에게 이것은 아주 실제적인 이유다. 부모는 이를 염두에 두고, 아기를 사랑스럽게 위로해줘야 한다.

 유념하세요!

아기의 수면 행동에 관한 한 실제 상황보다 미화되어 묘사되는 경우가 종종 일어난다. 부모가 일부러 거짓말을 하고 속인다기보다는 아기가 잠을 잘 못 자는 것, 아니 '다르게' 자는 것이 마치 부모 책임인 것처럼 여기는 사회 분위기 탓이다. 아기가 잠을 잘 자고 못 자는 것은 부모의 자질에 달린 것이 아니라 아이의 개성과 연령에 달린 것임을 유념하라.

 무조건 유념하세요!

밤에 한 번도 깨지 않고 내리 자는 사람은 없음을 명심하라. 수면 사이클이 한 번 지나고 나면 수면과 각성의 중간쯤 되는 과도기에 들어가고, (이때 깨어나지 않는 한) 다음 사이클로 넘어간다. 따라서 당신과 아기 모두 밤새 깊이 잠만 자는 능력은 없다. 물론 어떤 아기는 한 사이클에서 다음 사이클로 넘어갈 때 실제로 깨어나지 않고 자연스럽게 잠을 이어갈 수 있지만, 중간에 한 번도 깨지 않는 경우는 없다. 자연이 그렇게 만들어놓지 않았다.

자, 이제까지의 설명으로 당신은 아기가 밤에 자다 깨는 것에는 의미와 목적이 있음을 알았을 것이다. 한편 아이가 간혹 오랜 시간 깊은 잠을 자도 보통은 걱정할 필요가 없다. 우리의 방대한 경험과 세계 전역의 여러 소아과 의사들의 지식에 근거하여 이렇게 주장하고 싶다. 아기는 자신에게 무엇이 좋고 무엇이 나쁜지를 느끼게끔 프로그램되어 있다.

최근에 점점 많은 의사와 수면 전문가는 자연을 거슬러 아기를 더 오래, 더 깊게 재우기 위해 인위적으로 행하는 수면 훈련을 반대하는 목소리를 내고 있다. 이들에 따르면 그런 조치는 아기에게 유익보다 해가 된다. 그러므로 아기의 수면을 돕고 싶다면 아기가 졸릴 때 편안히 잘 수 있는 환경을 만들어주면 된다. 아기의 수면 욕구를 만족할 수 있는 조건을 조성해주면 되는 것이다. 반면 아기가 당신의 바람이나 생각과 다르게 잔다고 해서 수면 훈련을 하는 것은 좋지 않다. 아기의 자연스러운 수면 과정에 중대하게 개입하는 행위는 신뢰성 있는 유대관계를 형성하는 데 그리 바람직하지 않기 때문이다.

☀ 도약의 성과: 아기의 능력을 끌어올려라

아기에게 밤낮 리듬이 생긴 경우, 아기가 도약하는 동안에 수면 행동을 비롯한 밤낮 리듬이 변화한다. 이것이 규칙이다. 그러나 모든 규칙에는 예외가 있는 법이다. 어떤 아기는 도약 시기에도 수면 리듬이 흐트러지지 않는다. 그러나 이것은 예외적인 경우이고, 보통은 도약이 수면 행동에 영향을 미치게 된다. 도약하는 시기에는 아기가 스트레스를 받고, 머릿속에서 여러 가지 일이 동시에 이루어지기 때문이다.

도약기 외의 수면 '문제'

정신발달의 도약은 아기를 힘들게 하므로, 아기는 엄마에게 더욱 달라붙고, 울고, 칭얼대며 보챈다. 그리고 (한사코 엄마 젖을 물고 있고자 하지만) 먹는 양도 줄어든다. 이유식도 잘 먹지 못하고 얕은 잠을 잔다. 도약이 완료되면 아기는 덜 달라붙고, 울거나 보채는 일도 줄어든다. 다시 잘 먹고, 더욱 잘 자게 된다. 하지만 수면 행동은 도약기가 끝나고 좀 더 편한 시간이 돌아왔다고 해서 확연히 좋아지지 않는 경우가 많다. 어쨌거나 아기가 어른과 '다르게' 자는 것은 '팩트'이기 때문이다. 많은 부모가 이것을 아기에게 수면 문제가 있다고 생각하는 것은, 앞에서 말했듯이 부당하다.

수면과 처음 세 번의 도약

첫 세 번의 도약에서는 아기에게 아직 밤낮 리듬 자체가 없으므로 도약이 수면에 어떤 영향을 미치는지 쉽게 알 수 없다. 리듬이 없으므로 리듬에서 벗어나는 것을 확인할 수 없다. 하지만 유심히 살펴보면 낮잠에서 차이를 느낄 것이다.

첫 세 번의 도약기에 어떤 아기는 낮잠 자는 시간이 짧아지고, 얕아진다. 반면 어떤 아기는 낮잠 자는 시간이 더욱 길어진다. 머릿속에서 세계의 변화를 처리해야 하는 아기가 낮잠을 짧고 얕게 자는 것은 놀랄 일이 아니다. 반면 어떤 아기는 더욱 '영리하게' 접근한다. 자신에게 밀려드는 새로운 것에 잠을 많이 자는 것으로 대처하는 것이다. 아기가 도약을 처리하는 방법은 한편으로는 아기의 개성에, 한편으로는 외부 상황에 달려 있다. 이 가운데 개성은 부모가 어떻게 바꿀 수 없지만, 외부 상황은 조절해줄 수 있다. 중요한 것은 아기에게 수면에 필요한 좋은 조건을 마련해주는 것이다. 이 말은 너무나 당연하게 들릴 것이다. 아기는 자고 싶으면 언제든지 잘 수 있지 않은가. 하지만 그렇지 않다. 도약의 시기에는 아기가 처리해야 하는 자극의 물결이 빠르게 부담으로 작용한다. 그러므로 부모가 시간을 내어 아기가 잠을 잘 자도록 돕는 것이 좋다. 아기가 피곤하고 졸린 것 같으면 아기를 안고 소파에 앉거나 소파에 함께 누우라. 아기가 중간중간 잠을 잘 수 있도록 배려를 해주라.

수면 퇴행? 도약에 다다른 것을 환영합니다!

'수면 퇴행기'라는 말을 들어본 적이 있을 것이다. 이 말은 수면 리듬이 흐트러지고, 잘 못 자는 기간을 말한다. 이런 시기는 마른하늘에 날벼락처럼 아무런 이유 없이 나타나는 것이 아니라, 도약과 관련되어 나타난다. 아기가 정신 발달에서 경험하는 모든 도약은 진보를 의미한다. 도약이 끝나면 아기는 복잡한 상황을 파악함으로써 자신의 세계를 더욱 높은 수준에서 이해할 수 있게 된다. 각각의 도약은 이전에 할 수 없었던 일을 할 수 있는 인지 능력을 부여해준다. 이런 면에서 볼 때 몇몇 도약은 다른 도약보다 영향력이 큰 듯하다. 이것을 상급 도약이라고 부를 수 있다. 이전의 도약들로 얻은 능력을 종합하는 것이기 때문이다. 이것은 벽돌로 담쌓기에 비유할 수 있다. 벽돌을 한층 한층 쌓으면 담이 점점 높아진다. 하지만 맨 마지막 줄의 의미는 좀 다르다. 이것은 벽을 높일 뿐 아니라, 구조물에 안정성을 부여한다. 단순하게 표현했지만 대략 이해가 갈 것이다.

그렇다면 어떤 것이 상급 도약일까? 아기가 4개월, 8개월, 17개월쯤에 경험하는 4, 6, 10단계 도약이 그것이다. 문화를 초월하여 세계 각지의 부모가 이 도약기들을 가장 힘든 시기로 꼽는다. 그 이유는 여러 가지다. 엄마와 떨어지려 하지 않고, 울고, 떼를 쓰는 것은 물론, 잘 먹지 않고 잠도 잘 못 잔다. 특히나 수면 행동은 부모를 정말 힘들게 한다. 아이가 잠을 안 자면 부모도 잠을 못 자기 때문이다. 결론적으로 말해, 수면 퇴행기(이런 용어가 그리 적확하다고 생각하지는 않지만)는 뜬금없이 찾아오는 것이 아니라, 도약으로 인한 것이다. 따라서 아기가 무슨 조치가 필요한 '수면 문제'를 가지고 있다고 생각하지 말라. 걱정하는 대신 아이가 그 도약을 잘 헤쳐나가도록 사랑과 도움을 베풀라. 도약이 완료되면, 아기의 수면은 다시 좋아질 것이다.

한편 힘든 도약기가 끝난 뒤에도 아기의 수면이 쉽사리 좋아지지 않을 수도 있다. 이런 현상은 두 가지 요인에서 비롯한다. 첫째는 도약이 미치는 압도적인 영향 때문이다. 정신발달 도약은 아기에게 새로운 인지능력을 선사할 뿐 아니라, 새로 얻게 된 인지능력을 토대로 신체를 투입하여 그동안 할 수 없었던 능력을 습득하도록 자극한다. 가령 손 활용(도약 4단계), 기기, (경우에 따라) 첫걸음마(도약 6단계), 걸음마를 배우고 경사진 곳을 기어오르기 및 각종 신체 연습(도약 10단계) 등이다. 따라서 정신 발달 도약만이 아니라, 도약으로 인한 신체적 결과도 수면에 영향을 미친다. 두 번째는 치아 발육 등 그 외 스트레스 요인도 추가된다. 도약과 이런 요인이 합쳐져 아기의 수면을 힘들게 한다.

네 번째 도약과 그 이후

여러모로 보아, 네 번째 도약이 가장 격한 도약이라 할 수 있다. 네 번째 도약 때 부모는 아기의 수면이 궁금하고, 답답하며, 불안하고, 때로는 절망한다. 이 도약이 완료되면 최악의 상황은 이미 지나갔다는 것을 염두에 두라.

> 앙겔리카, 17주 "전에도 보통 엄마 손을 느껴야지만 잠이 들었어요. 그런데 네 번째 도약에서는 그것으로도 충분하지 않은 듯해요. 이제는 손으로 쓰다듬으면서 동시에 나지막이 말을 하며 얼러주기까지 해야 해요. 내 목소리를 들으면서 잠이 들지요. 전처럼 쉽게 잠이 들진 않지만요. 잠이 훨씬 적어졌어요."

도약이 시작되었다는 신호

도약을 특징짓는 모든 요소(엄마와 붙어 있으려고 하기, 울기, 칭얼대고 보채기, 자꾸만 젖을 물려고 하기, 낯 가리기 등) 중 가장 눈에 띄는 것이 바로 수면이다. 말하자면 잠을 잘 자지 못하는 것이 첫 번째 신호다. 밤낮 리듬이 생긴 네 번째 도약부터 이를 뚜렷이 감지할 수 있다. 수면 패턴의 변화는 이후 도약할 때마다 더욱 분명해진다. 아기가 엄마 아빠를 괴롭히려고 일부러 자주 깨서 울고, 떨어지지 않으려 하는 게 아님을 생각하라. 아기는 어쩔 수 없이 그렇게 하는 것이다. 새로운 세계를 경험하며, 밤낮으로 그것에 몰두하다 보니, 낯설고 불안하고, 엄마에게서 떨어지지 않으려고 하는 게 당연하다. 부모는 '폭풍이 불어닥치는 시기에 의지할 수 있는 안전한 항구'이기 때문이다.

낮잠과 도약

네 번째 도약부터는 도약이 낮잠에도 영향을 미치는 것을 뚜렷하게 느낄 수 있다. 아기의 머릿속에는 여러 가지 정보가 밀려들므로 낮잠 시간은 짧아지고, 얕아지며, 잠드는 것 자체가 힘들다. 계속해서 새로운 것을 탐구하다 보니 아기가 스스로 쉼을 허락할 수 없는 것인지도 모른다. 한편 얕은 렘 수면에서는 혈액이 두뇌로 많이 유입되어 새로운 신경 연결이 생성되므로, 도약의 시기에 얕은 잠을 자는 것은 그 자체로도 긍정적이다. 하지만 두뇌의 '지속적인 활동'이 낮잠의 질에도 영향을 미치다 보니 엄마는 힘들다. 도약이 완료되고 나면, 아이의 낮잠 패턴이 달라졌음을 확인하게 될 것이다. 그러나 이런 변화는 하루아침에 이루어지지 않고 차근차근 진행된다. 그리고 다음 도약이 가까워지면, 모든 것이 처음부터 다시 시작된다!

악몽과 야경증

달콤한 낮잠이나 밤잠 도중에 악몽이나 야경증이라는 방해꾼이 찾아오기도 한다. 야경증(밤 공포증)은 보통 세 돌이 지난 뒤부터 나타나지만, 경우에 따라 그 이전(생후 2년 차)에도 나타날 수 있다. 야경증은 자다가 공포 발작을 경험하는 것으로 영어로는 '나이트 테러(Night Terror)'라고 부른다. 야경증이 있는 아이는 자다 깨어나 비명을 지르고 울면서 팔을 내젓고 발로 차는 등 안절부절못한다. 야경증이 부모를 힘들게 하는 이유는, 이런 증상이 나타날 때 아무리 옆에서 말을 하고 큰 소리로 불러도 도저히 진정되지 않기 때문이다. 야경증은 악몽과 다르다. 악몽은 생후 4개월에도 나타날 수 있다. 악몽을 꾼 아기도 상당히 놀라서 깨어나지만, 달래주면 말을 알아듣고 금방 진정이 된다. 또 하나의 차이는, 야경증은 잠에서 깬 뒤 자신이 그런 발작 증세를 보였다는 것을 전혀 기억하지 못하는 데 비해, 악몽은 자신이 깨어났다는 것을 잘 기억할 수 있다는 점이다. 하지만 그렇더라도 아기는 아직 말을 할 수가 없으므로 밤에 왜 그랬냐고 물어도 의미 있는 답변을 할 수 없다. 따라서 악몽이 연거푸 나타나는 시기에 부모는 약간 답답한 상황이 된다.

<u>율리안, 23주</u> "아이가 때로 자다가 울어요. 그러면 아이 배에 손을 올리고, 속삭여주면서 달래지요. 대부분은 정신을 차리지 못해요. 그래도 아이는 울음이 잦아들다가 결국 그쳐요."

<u>요한나, 22주</u> "간혹 비명을 지르면서 깨어나요. 그럴 때마다 난 침대에서 일어나 얼른 아기를 안고 달래요. 감았던 눈을 뜨고, 엄마 품에 안겨 있다는 걸 깨닫기까지는 2, 3분 정도 걸려요. 그러면 진정돼서 다시 잠이 들지요. 하지만 늘 그런 건 아니에요. 때로는 안고 달래도 소용이 없어요. 도무지 깨어나지 못하고 눈을 감은 채 온 힘을 다해 울부짖어요. 그러면 나는 아기를 내 침대에 눕히고, 부드럽게 뺨을 쓰다듬어주며 계속 이름을 불러주지요. 아이가 눈을 뜨고 나를 볼 때까지 말이에요."

악몽과 분리불안

분리불안이 나타나는 시기에는 악몽도 잦아진다. 분리불안은 정상적인 발달에 속하는 것이므로 예방할 수는 없다. 그러나 너무 심해지지 않게 조절해줄 수는 있다. 당신이 방을 나가도 영원히 사라지는 것이 아니라, 다시 돌아온다는 것을 아기가 배우게끔 도우라. '연관'의 세계로 도약(6개월 정도에 일어난다)이 시작된 뒤부터 181~184쪽에 소개한 놀이를 하면 좋을 것이다. 분리불안은 8개월에서 10개월 사이에 정점을 이루는데, 규칙적으로 놀이를 해주면 그리 심하게 나타나지 않는다. 그러면 악몽에도 덜 시달리게 될 것이다. 하지만 악몽 또한 정상적이므로 완전히 피할 수 없으며, 굳이 피하려고 애쓸 필요도 없다. 아기에게 당신이 곁에 있음을 일깨워주는 한 걱정하지 않아도 된다.

<u>사라, 46주</u> "얼마 전 일곱 번째 도약기를 맞이했을 때였어요. 아이가 갑자기 커다랗게 소리를 지르며 잠에서 깨어나더군요. 베이비폰(Babyfon)으로 확인해보니 아기가 아직 깨지는 않았더군요."

깨울까, 말까?

악몽을 꾸는 아기를 잠에서 깨워야 할까? 이런 질문에 대해서는 소아과 의사를 비롯한 전문가 사이에서도 의견이 갈린다. 요즘은 아기를 계속 재우도록 권장하는 경향이다. 적극적으로 깨우지는 말고, 손으로 아기의 머리나 배를 쓰다듬어주며 부드러운 음성으로 괜찮다고 속삭여주라. 그렇게 하면 아기가 다시 고요히 잠드는 데 도움이 될 것이다. 하지만 이것은 꼭 그렇게 해야 한다는 것은 아니다. 늘 직관을 신뢰하라. 아기가 악몽으로 너무 힘들어해서 깨우는 편이 낫다는 생각이 들면, 자신의 판단대로 하라. 부모는 누구보다 자신의 아기를 잘 알기에, 주체적으로 결정할 수 있다.

 안심하세요!

아기가 스트레스를 받으면 악몽을 더욱 자주 꾼다. 그러므로 스트레스가 많은 도약기에는 당연히 그렇게 된다. 하지만 다른 도약기에도 밤잠, 낮잠에 상관없이 악몽을 겪을 수 있다. 아기가 악몽을 꾸는 것은 결코 부모가 무언가를 잘못하고 있다거나, 아기의 상태가 비정상적이라는 의미는 아니다.

♡ **악몽에 대해 알아두어야 할 것**

4개월밖에 되지 않은 아기도 악몽을 꿀 수 있다. 여섯 번째 도약기에는(이때쯤이면 두 번째 수면 퇴행기를 겪게 된다) 약 40퍼센트의 아기가 악몽을 꾸고, 10번째 도약(약 17개월)기에는 50퍼센트가 악몽을 꾼다. 악몽을 꾸는 아기의 비율은 점차 증가한다. 연령·성별을 막론하고 모든 인간은 간혹 악몽을 꾼다는 점을 염두에 두라.

 <u>루이자, 37주</u> "자면서 때때로 미친 듯이 소리를 질러요. 얼굴이 공포스럽게 일그러지고요. 안아서 진정시키려 애써도 한동안은 소용이 없었어요. 처음에는 오히려

증상이 심해지다가 어느 순간 갑자기 깨어나곤 했죠. 그런데 이런 방법이 별로 좋다는 느낌이 들지 않았어요. 이제는 아기가 악몽을 꾸어도 안아 올리지 않고, 그냥 옆에서 부드러운 목소리로 아이를 안심시켜주기만 해요. 내가 보기에 오히려 이 방법이 더 도움이 되는 듯해요. 계속 악몽을 꾸지만, 낮에는 생기가 넘치고 기분이 좋거든요. 도움이 되는 방법을 찾아서 기뻐요."

부모를 위한 조언

아기는 당신과 다르게 잔다. 당신은 이제 이 사실을 잘 알고 있다. 당신은 아기의 수면 행동을 바꿀 수 없다. 지금까지 누누이 이야기했듯이, 아기가 어른과 다르게 자는 데는 다 이유가 있기 때문이다. 당신이 할 수 있는 것은, 무엇보다 당신이 너무 힘들지 않게끔 수면 행동을 아기의 수면 행동에 적절히 맞추고 스트레스를 해소할 수 있는 여유 시간을 규칙적으로 확보하는 것이다. 여기서 다른 부모에게 도움이 되었던 조언을 소개한다. 다음의 조언을 한번 시험해보라. 틀림없이 도움이 될 것이다.

- 간혹 혼자 '동네 한 바퀴' 돌고 오라. 산책을 하면서 신선한 공기를 마시는 것은 기적을 일으킨다. 특히 수유를 한 뒤 지친 기분이 들 때 잠시 산책을 해주는 것만으로도 심신이 한결 나아진다.
- 파트너가 집에 있어서 아기를 맡길 수 있을 때 잠시 눈을 붙이라('꿀잠'). 30분 정도만 꿀잠을 자도 에너지를 재충전할 수 있다.
- 파트너와 협의하여 교대로 게스트룸이나 거실 소파에서 단잠을 자라. 아기가 먹을 모유는 미리 유축기로 짜놓으면 된다.
- 따뜻하고 기분 좋은 목욕을 하고 나면 아기는 훨씬 안정되고 조용해질 것이다. 목욕을 꼭 밤에만 할 필요는 없다. 낮에도 한번씩 해보라.
- 주변 사람에게 도움을 부탁하라. 특별히 힘든 아기가 아니어도 아기를 돌

보는 일은 쉽지 않다. 아이를 키워본 사람이나 키우는 사람은 당신을 이해하고, 될 수 있는 한 도와주려고 할 것이다. 한 시간만 자기 시간을 가져도 상당히 홀가분해진다. 여유 있게 목욕을 하거나, 산책을 하거나, 피트니스센터에 가는 등 자신만의 시간을 가져라. 잠시 혼자 숨을 돌리고 싶은 욕구는 아주 당연하다. 공연히 죄책감을 가질 필요가 없다!

- 싸개로 단단히 싸주었을 때 안 깨고 더 잘 자는 아기가 많다. 어떻게 싸주어야 하는지 궁금하면 유튜브 영상을 참고하라.

- 아기 옆에서 같이 자보라. 대부분의 아기는 엄마 혹은 아빠와 함께 잘 때 더 잘 잔다. 아기 옆에서 잠을 자면, 아기가 잠에서 깨어날 때마다 침대에서 일어나 곁으로 갈 필요가 없어서 편하다. 모자 실험실을 운영하는 노트르담대학(미국 인디애나주)은 아기와 함께 자기와 관련한 그간의 연구 결과를 웹사이트에 자세히 소개하고 있다. www.cosleeping.nd.edu 참고.

- 아기띠를 이용하라. 아기띠로 아기를 업거나 안고 다니면 아기는 훨씬 안정감을 느낀다. 당신 자신도 아기띠를 이용하면 두 손이 자유로워져서 집안일을 쉽게 처리할 수 있다. 업히거나 안겨서 잠을 자는 아기는 엄마나 아빠와 몸을 맞대고 있기에 쉽게 깨지 않고, 깨었다고 해도 다시 곧 잠이 든다.

- 달콤한 간식이나 커피, 에너지 드링크는 기운을 북돋워주는 것 같지만, 그것은 단기적인 효과일 따름이다. 장기적으로는 오히려 더욱 지치게 만든다. 그러므로 가뜩이나 에너지를 아껴야 하는 마당에 이런 것을 많이 먹지 않는 게 좋다. 통곡물 식품과 채소, 과일 위주로 건강한 식사를 하는 것이 장기적으로 에너지를 내는 데 도움이 된다.

- 아기가 낮잠을 자는 동안 당신도 함께 눈을 붙여라. 물론 그렇게 하면 집안일이나 미루어두었던 일을 못 한다는 단점이 있지만, 한걸음 떨어져서 보면 휴식이 주는 유익이 훨씬 크다. 휴식을 하고 나면 이런저런 일을 하기가 더욱 쉬워질 것이다.

요나스, 세 돌 반 "첫 아이 때 나는 탈진 직전까지 갔어요. 신경이 굉장히 날카로워져서 남편에게 소리를 지르기 일쑤였고, 작은 일에도 히스테리 반응을 보였죠. 이제 익숙해져서 둘째 아이를 키우면서는 아기랑 함께 자요. 물론 밤에 아기가 깨면 나도 눈을 떠야 하는 터라 낮 동안 조금 피곤하긴 해도, 첫 아이 때만큼 힘들지는 않아요."

☀ 도약의 완성

지금까지 아기의 수면 행동에 관한 소중한 인식을 살펴보았다. 이런 내용이 당신에게 도움 되기를 바란다. 이미 말했듯이, 빠른 해결책은 없기에 제공하지도 않았다. 그 이유는 아기에게 도움 되지 않기 때문이다. 그럼에도 이번 장의 내용이 유익할 것이라 믿는다. 여기서 소개한 내용을 통해 자신감을 얻어 다른 사람의 말에 휘둘리지 않기를 바란다.

중요한 것은 아기에게 아무것도 강요하지 않고, 아기가 잠을 '다르게' 자는 시간이 언젠가는 지나간다는 사실을 받아들이는 것이다. 그리고 가족이 이런 시기를 되도록이면 유쾌하게 보낼 수 있도록 지혜를 발휘하는 것이다('부모를 위한 조언' 참고). 적극적으로 주변 사람(이웃, 친구, 친척)에게 도움을 청하거나, 소아과 의사에게 전문적인 조언을 구하라.

아기는 생후 20개월 동안 열 번 태어난다

모든 엄마는 때때로 '엄마의 사랑'을 공급받으려고 칭얼대고, 까탈을 부리고, 치맛자락을 붙잡고 늘어지고, 가끔은 정말 신경을 긁는 아이와 함께해야 한다. 그리하여 모든 엄마는 예외 없이 지치고 힘든 상황에 놓인다. 모든 엄마는 같은 시기에 같은 걱정과 분노를 겪고, 그 시기가 지나가면 그것을 쉽게 다시 잊어버린다.

아기가 일시적으로 보채고 걱정을 끼치는 것이 정상적인 발달과정의 일부라는 것을 의식한다면 엄마는 한층 안심하고 자신감을 가질 수 있게 될 것이다. 오히려 그런 시기에 무엇을 할 수 있을지 알게 된다. 아기에 대한 사용설명서 같은 것은 주어지지 않는다. 아기는 각각의 도약 후 '발견여행'을 떠나고 자신만의 독특한 선택을 한다. 여기서 엄마가 할 수 있는 단 한 가지는 아기를 돕는 것이다. 아기를 가장 잘 아는 사람만이 아기를 가장 잘 도울 수 있다. 그 어떤 사람이 아닌 엄마가 아기를 가장 잘 도울 수 있는 것이다. 자신의 아기에 관한 한 엄마는 절대적인 전문가다. 엄마에게 필요한 것은 각 도약 때마다 아기에게 어떤 일이 일어나는가를 아는 것이다. 우리는 이 책에서 그 지식을 엄마들에게 제시했다.

엄마는 아기의 발달에 영향을 끼칠 수 있다. 이웃도 친척들도 아닌 엄마가 자신의 아기를 가장 잘 알며, 아기의 필요를 가장 잘 아는 사람이다. 아기는 제각기 아주 다르기 때문에 아기를 직접 키우지 않는 사람은 아기에 대해 왈가왈부할 수 없다. 우리는 이 사실을 이 책에서 강조했으며, 엄마들이 자신감을 가지고 주변 사람들의 모순적인 충고에 대해 면역력을 가질 수 있기를 바란다.

우리는 이 책에서 모든 아기는 생후 첫 20개월 동안 열 번은 다시 '태어난다'는 것을 보여주었다. 아기는 열 번이나 혼란스러워진다. 그때마다 아기는 어쩔 줄 모르며 필사적으로 엄마에게 매달린다. 아기는 매번 자신의 가장 안전한 토대로 되돌아간다. 그리하여 각 발달단계에서 도약을 하기 전에 자신의 배터리를 충전('엄마 사랑'을 주유받는 것)한다.

물론 아기의 도약은 생후 첫 20개월이 지난 다음에도 완전히 마무리되지는 않는다. 아기가 스스로 삶의 능력을 얻기까지 도약은 몇 번 더 반복될 것이다.

18개월에서 16세까지의 아이들을 대상으로 실시한 뇌파 검사(EEG) 결과, 이렇게 정신적으로 도약하는 시기에 뇌파에 갑작스런 변화가 일어나는 것이 확인되었다. 사춘기가 시작될 때도 도약이 나타난다. 오랫동안 사춘기는 호르몬 분비로 인해 비롯된다고 생각되었다. 그러나 얼마 전 뇌에서 일어나는 갑작스런 변화가 사춘기의 시작에 중요한 영향을 끼친다는 것이 밝혀졌다. 뇌파가 변할 뿐 아니라 뇌의 특정영역이 갑자기 확장되는 것이다. 그리고 뇌의 중요한 영역들이 성숙하면서 머릿속 신호들의 교환이 더 빨라진다. 사춘기의 시작과 더불어 아이는 새로운 체험세계로 들어가며, 그들의 인식과 견해는 대폭 달라진다. 물론 사춘기에 접어든 청소년들은 이것을 인정하고 싶지 않을 것이다. 아기 때도 그랬듯이 스스로를 우월한 존재로 느끼기 때문이다.

심지어 어른들도 도약과 싸워야 한다. "인간은 우리가 엄마 뱃속에서 나오는 날에 최종적으로 태어나는 것이 아니며 (……) 삶이 그들을 차츰차츰 새로운 세계로 들어가게"(가브리엘 가르시아 마르케스『콜레라 시대의 사랑』중에서) 하기 때문이다.

아기에게 새로운 세계가 열릴 때마다 함께할 수 있기를…

이 책을 받아들고 몇 장 넘겼을 때 불현듯 나의 뇌리를 스치는 기억이 있었다. 첫 아이를 키울 때였다. 태어난 지 한 달쯤 되었을까 이놈이 하루 종일 끔찍하게 울어댔다. 기저귀를 갈아줘도, 우유를 줘도 마냥 울어 젖히기만 했다. 내가 안아주다가, 할아버지가 안아주다가, 할머니가 안아주다가…… 정말이지 걱정도 되고 힘도 들었다. 왜 그럴까? 어디가 불편한 걸까? 급기야 나는 아기를 둘러업고 소아과로 달려갔는데, 진찰을 마친 소아과 의사는 나더러 아기가 울면 바깥으로 나가서 한번씩 콧바람을 쐬어주고 들어오라고 했다. 그 방법이 효과가 있었는지 어쨌는지 지금은 잘 기억이 나지 않는다. 하지만 이 책을 받아든 나는 생후 4~5주경에 첫 번째 도약기와 함께 힘든 시기가 시작된다는 내용을 읽고 무릎을 쳤다. 그때 이런 사실을 알고 있었더라면…….

그 후로도 이유 없이 울어대고 보채는 시기를 많이 겪었다. 몇 권의 육아책을 끼고 살았던 것 같다. 옹알이는 언제 시작되는지, 몇 개월이 되면 혼자 앉을 수 있는지 등의 정보를 내 아이의 발달과 비교해보면서 재미있기도 하고 조바심이 나기도 하고…… 하지만 육아책 중에 아기들이 왜 때로 이유 없이 울고 보채는지, 왜 그렇게 때로 엄마들을 힘들게 하는지에 대해 알려주는 책은 없었다.

대신 앓고 나면 재롱이 한 가지 늘고 더 큰다는 어른들 말씀이 조금은 위로가 되었다. 보채고 힘들어할 때면 이러고 나면 부쩍 크겠지 하는 생각으로 위안을 삼았다. 지금 생각해 보니, 이 책처럼 체계적인 연구 결과는 없었지만, 우리 조상들은 경험상 힘든 시기가 지나가면 아이가 도약한다는 걸 알고 있었던 듯하다.

이 책은 두 발달 심리학자가 30년에 걸쳐 연구한 결과들을 토대로 쓰였다. 두 저자는 아기를 키우는 가정을 연구 무대로 삼았고, 아기들이 태어나서부터 생후 20개월까지 발달을 위한 열 번의 도약기를 거친다는 것을 확인했다. 생후 첫 3년에 아동의 발달이 가장 중점적으로 이루어진다고 하니, 첫 20개월 동안 겪는 이 열 번의 도약기는 아기의 생애에서 가장 중요한 시간이라고 할 수 있을 것이다.

이 책에는 이 도약기에 아기에게 어떤 일이 일어나는지, 아기에게 어떤 새로운 세계가 열리며, 엄마는 그것에 어떻게 대처하고 아기를 어떻게 도와줄 수 있을지를 상세히 기록하고 있다. 어떻게 발달을 자극할 것인지, 어떻게 힘이 되어줄 것인지, 어떻게 놀이파트너가 되어줄 수 있을 것인지……. 더욱이 월령 별로 또래 아기 엄마들의 체험담은 힘든 시기를 지나는 부모들에게 위로와 공감이 되어줄 것이다.

이 책을 번역하면서 8년 터울로 두 아이를 키웠으면서도 이런 내용들을 전혀 알지 못해 가장 중요한 시기에 아이들에게 적절한 도움을 주지 못했던 것이 미안하고 아쉬웠다. 이 책을 진즉 만났더라면 좀 더 안심하는 가운데 아이의 발달을 적절히 도울 수 있었을 텐데, 무엇보다 아이에게 새로운 세계가 열릴 때마다 나도 그 세계에 동참하며 신기해하고 행복해할 수 있었을 텐데 말이다. 특히 모유 수유를 중단해야 할지 말아야 할지 등의 구체적인 갈등 상황에서 그렇게 고민하지 않고 쉽게 올바른 길을 찾을 수 있었을 것 같다.

그리하여 이 책과 더불어 소중한 아기와 함께하는 삶을 시작하게 된 엄마들에게 축하의 말을 전하는 바이다. 내친김에 재미있고 이상한 상상을 한번 해본다. 앞으로 대한민국 아기 엄마들이 둘로 갈리게 될 거라는 상상! 이 책을 친구삼아 아기를 키우는 엄마들은 서로 만나 그들만의 언어로 대화를 나눌지도 모른다. "글쎄 우리 아기가 '사건의 세계'에 진입하더니 내가 커피 타는 걸 유심히 관찰하지 뭐야." "그래? 우리 아기는 막 '순서의 세계'에 진입했어. 내가 전등을 켜려고 스위치에 손을 대니까 전등 쪽을 쳐다보더라고." 어떤 엄마는 그 옆에서 멍한 표정을 짓고 있을지도 모른다. "도대체 '사건의 세계'가 뭐람? 그리고 '순서의 세계'는 또 뭐야? 이 사람들 외계인 아니야?" 하면서……. 황당무계한 상상이라고?

유영미

| 찾아보기